Technik, Politik und Gesellschaft

Europäische Hochschulschriften

Publications Universitaires Européennes
European University Studies

Reihe XXXI
Politikwissenschaft

Série XXXI Series XXXI
Sciences politiques
Political Science

Bd./Vol. 385

PETER LANG
Frankfurt am Main · Berlin · Bern · New York · Paris · Wien

Petra Grabner

Technik, Politik und Gesellschaft

Eine Untersuchung am Beispiel des österreichischen Gentechnikgesetzes

PETER LANG
Europäischer Verlag der Wissenschaften

Die Deutsche Bibliothek - CIP-Einheitsaufnahme

Grabner, Petra:

Technik, Politik und Gesellschaft : eine Untersuchung am Beispiel des österreichischen Gentechnikgesetzes / Petra Grabner. - Frankfurt am Main ; Berlin ; Bern ; New York ; Paris ; Wien : Lang, 1999
(Europäische Hochschulschriften : Reihe 31, Politikwissenschaft ; Bd. 385)
ISBN 3-631-33645-4

Gedruckt mit Unterstützung
der Stiftungs- und Förderungsgesellschaft
der Paris-Lodron-Universität Salzburg.

ISSN 4721-3654
ISBN 3-631-33645-4

DANKSAGUNG

Volkmar Lauber, Andrea Lenschow und Elisabeth Wolfgruber schulde ich großen Dank für wertvolle Anregungen, konstruktive Kritik und unschätzbare Hilfe bei der Fertigstellung dieses Buches. Ebenso danke ich Helfried Carl und Steven Ney für ihre Kommentare zu einer früheren Version. Außerdem verdienen Barbara Blümel und Helge Torgersen Dank für rasche Hilfe bei Recherchen in letzter Minute.

Tiefere Einsichten in die österreichische und europäische Biotechnologiepolitik konnte ich überdies durch die Mitarbeit in der Concerted Action der Europäischen Union „Biotechnology and the European Public", die durch die DG XII gefördert wurde, bzw. deren österreichisches Teilprojekt „Biotechnology in the Austrian Public Discourse", das durch die Förderung des Fonds zur Förderung der wissenschaftlichen Forschung ermöglicht wurde, gewinnen. Allen Kolleginnen und Kollegen im Rahmen dieser beiden Projekte gebührt mein besonderer Dank für kontinuierliche Diskussionen zu diesen Themen.

Schließlich danke ich der Stiftungs- und Förderungsgesellschaft der Paris-Lodron-Universität Salzburg für ihre Unterstützung beim Druck dieser Studie.

Salzburg, im Februar 1999

INHALTSVERZEICHNIS

ABKÜRZUNGSVERZEICHNIS

AIDP	*Association Internationale de Droit Penal*
AK	Arbeiterkammer
APuZ	Aus Politik und Zeitgeschichte
BIP	Bruttoinlandsprodukt
BKA	Bundeskanzleramt
BMFuT	Bundesministerium für Forschung und Technologie
BMfUJF	Bundesministerium für Umwelt, Jugend und Familie
BMG	Bundesministerium für Gesundheit, Sport und Konsumentenschutz
BMLuF	Bundesministerium für Land- und Forstwirtschaft
BMÖWV	Bundesministerium für Öffentliche Wirtschaft und Verkehr
BMW(u)F	Bundesministerium für Wissenschaft und Forschung
BMWV	Bundesministerium für Wissenschaft und Verkehr
BOKU	Universität für Bodenkultur/Wien
BST	*Bovines Somatotropin*
BT-DRS	Bundestags-Drucksache
B-VG	Bundesverfassungsgesetz
BWK	Bundeswirtschaftskammer
CUBE	*Concentration Unit for Biotechnology in Europe*
DNA (= DNS)	*desoxyribonucleic acid* (= Desoxyribonukleinsäure)
DSG	Datenschutzgesetz
EFTA	*European Free Trade Association*
EG	Europäische Gemeinschaft
EK-B	Bericht der parlamentarischen Enquete-Kommission betreffend „Technikfolgenabschätzung am Beispiel der Gentechnologie“
EPA	Europäisches Patentamt
EU	Europäische Union
EuGRZ	Europäische Grundrecht-Zeitschrift
EWG	Europäische Wirtschaftsgemeinschaft
F&E	Forschung & Entwicklung
FAO	*Food and Agriculture Organisation*
FAZ	Frankfurter Allgemeine Zeitung
FDA	*Food and Drug Administration*
FET	*Foundation on Economic Trends*
FFF	Forschungsförderungsfonds für die gewerbliche

	Wirtschaft
FINNRET	*Feminist International Network on the New Reproductive Technologies*
FINRRAGE	*Feminist International Network of Resistance to Reproductive and Genetic Engineering*
FMedG	Fortpflanzungsmedizingesetz
FPÖ	Freiheitliche Partei Österreichs
FR	Frankfurter Rundschau
FT	*Financial Times*
FTB	Forschungsstelle für Technikbewertung
FWF	Fonds zur Förderung der wissenschaftlichen Forschung
GEN	Gen-Ethisches Netzwerk
GDI	Gottlieb-Duttweiler-Institut für Wirtschaftliche und Soziale Studien
GID	Gen-Ethischer Informationsdienst
GG	Grundgesetz
GP	Gesetzgebungsperiode
GPA	Gewerkschaft der Privatangestellten
GenTG	Gentechnikgesetz (BRD)
GTG	Gentechnikgesetz (A)
GMO	*genetically modified organism*
GVO	gentechnisch veränderter Organismus
HBl	Handelsblatt
HGDP	*Human Genome Diversity Project*
HGP	*Human Genome Project*
H.i.O.	Hervorhebung im Original
HUGO	*Human Genome Organisation*
IFA	Interuniversitäres Forschungsinstitut für Agrarbiologie
IMAS	Institut für Markt- und Sozialanalysen
IMP	Institut für Molekulare Pathologie
ITF	Innovations- und Technologiefonds
IVF	*in vitro-Fertilisation*
JBl	Juristische Blätter
KritJ	Kritische Justiz
KritV	Kritische Vierteljahresschrift für Gesetzgebung und Rechtswissenschaft
KSÖ	Katholische Sozialakademie Österreichs
MPI	Max-Planck-Institut(e)
MRK	Menschenrechtskonvention
NGO	*Non Governmental Organisation*

NIH	*National Institute of Health*
NKZ	Neue Kronen Zeitung
ÖAW	Österreichische Akademie der Wissenschaften
ÖB	Ökologische Briefe
OECD	*Organisation for Economic Cooperation and Development*
ÖGNU	Österreichische Gesellschaft für Natur- und Umweltschutz
ÖI	Ökologie-Institut
ÖNP	Österreichische Naturgesetz-Partei
ÖRZ	Österreichische Richterzeitung
ÖSTAT	Österreichisches Statistisches Zentralamt
ÖVP	Österreichische Volkspartei
ÖZP	Österreichische Zeitschrift für Politikwissenschaft
PVS	Politische Vierteljahresschrift
RAC	*Recombinant Advisory Committee*
RNA (= RNS)	*ribonucleic acid* (= Ribonukleinsäure)
SAGB	*Senior Advisory Group Biotechnology*
SN	Salzburger Nachrichten
SPÖ	Sozialdemokratische Partei Österreichs
SPP	*Science and Public Policy. Journal of the International Science Policy Foundation*
StGG	Staatsgrundgesetz
SWS	Sozialwissenschaftliche Studiengesellschaft
SZ	Süddeutsche Zeitung
TA	Technikfolgen-Abschätzung (*technology assessment*)
taz	die tageszeitung (Berlin)
UBA	Umweltbundesamt
UNESCO	*United Nations Educational, Scientific and Cultural Organisation*
VfGH	Verfassungsgerichtshof
VDI	Verein Deutscher Ingenieure
VwGH	Verwaltungsgerichtshof
WIFO	Wirtschaftsforschungsinstitut
WSI	Wirtschafts- und Sozialwissenschaftliches Institut (WSI-Mitteilungen = Monatszeitschrift des Wirtschafts- und Sozialwissenschaftlichen Instituts des Deutschen Gewerkschaftsbundes)
ZRP	Zeitschrift für Rechtspolitik
ZfRSoz	Zeitschrift für Rechtssoziologie
ZfS	Zeitschrift für Soziologie
ZKBS	Zentrale Kommission für Biologische Sicherheit

EINLEITUNG

Den Ausgangspunkt der hier angestellten Überlegungen bildet die Annahme, daß Technikdebatten nie rein technische Debatten sind - in Wirklichkeit handelt es sich bei Technikkontroversen um Geltungskonflikte konkurrierender Weltbilder, die eine bestimmte Sicht der Natur, der Gesellschaft und schließlich der Rolle der Technik in der so imaginierten Welt repräsentieren. Insofern muß sich die Vorstellung, Konflikte um Technik- und Umweltfragen auf rein natur- und ingenieurwissenschaftlicher Basis lösen zu können, zwangsläufig als technokratische Illusion erweisen (Huber 1990). Diese Prämisse läßt es nötig erscheinen, über Technik und Technikentwicklung umfassend zu diskutieren und konfligierende gesellschaftliche Einstellungen in einen Diskurs treten zu lassen. Für die Politik erhebt sich in diesem Zusammenhang die zentrale Fragestellung nach den Möglichkeiten von Techniksteuerung und Technikgestaltung, die die diversen gesellschaftlichen Anforderungen zu einem Ausgleich bringt.

> Als im gesellschaftlichen Raum entstehendes, existierendes und wirkendes Phänomen ist die Technik notwendigerweise gesellschaftlichen Diskussionen, Auseinandersetzungen und Kontroversen ausgesetzt. Die Geschichte der Technik zeigt, daß bislang noch fast jeder umfassende technische Wandel in der Geschichte der modernen Gesellschaft, von der Einführung der Eisenbahn über die Automobilisierung und Automatisierung bis hin zur Atom-, Informations- und Gentechnik, von Technikdebatten und -kontroversen begleitet war. Die Technikdebatten der Gegenwart bilden also lediglich die vorläufig letzten Glieder einer ganzen Kette von Modernisierungskontroversen, die sich zwangsläufig fortsetzen werden. Die Austragung dieser Kontroversen ist nicht nur unvermeidlich, sondern existentiell notwendig und daher als sinnvoll und wichtig zu akzeptieren und bewußt zu suchen. Als Strukturelemente unserer technischen Gesellschaft sind sie ein wertvoller Beitrag im Prozeß der soziotechnischen Entwicklung unserer Gesellschaft und sollten entsprechend ihrer großen Bedeutung in die Gesellschaft integriert und in ihr auch institutionell verankert werden. Gegebenenfalls sind zu diesem Zweck neue gesellschaftliche Organisationsformen zu entwickeln und aufzubauen (Albrecht 1993c, 467).

Die Frage nach den komplexen Zusammenhängen zwischen Politik, Technik und Gesellschaft wird theoretisch bereits seit langer Zeit und in den verschiedensten Disziplinen gestellt und immer schon auf divergierende Weise beantwortet. Das Wechselspiel zwischen sozialem und technischem Wandel beschäftigte bereits die großen Denker der Antike, und seit der Neuzeit, spätestens aber mit der Herausbildung der modernen Industriegesellschaft schienen wissenschaftliche Erkenntnis und technischer Fortschritt die Garanten für gesellschaftlichen Fortschritt und wirtschaftliche Prosperität zu sein. Hatte lange Zeit die Auffassung bestanden, die Technik sei ein selbstreferentielles System, das sich eigendynamisch und ihr innewohnenden Sachzwängen gemäß entwickelt, wurde diese Vorstellung abgelöst vom Bild der Technik als sozialem System. Der Wandel von Technikbildern, der in unmittelbarem Zusammenhang mit der ökologischen Krise der zweiten Hälfte des 20. Jahrhunderts und mit dem Bruch des Fortschrittskonsenses der Industriegesellschaft stand, löste die Suche nach neuen Antworten aus, wie auf die Entwicklung von Technik gestaltend einzuwirken sein könnte, wie erwünschte Effekte gefördert und befürchtete Gefahren vermieden werden könnten. Der theoretische Teil der vorliegenden Studie gibt einen Überblick über die verschiedenen Konzeptionen von Technik sowie über den Wandel von der Idee der Technikfolgenabschätzung in der Industriegesellschaft hin zu Überlegungen in Richtung gesamtgesellschaftlicher Technikgestaltung.

Das Thema Gentechnologie bietet sich vor diesem Hintergrund aus vielerlei Gründen an: Durch die Definition als Schlüsseltechnologie für das beginnende 21. Jahrhundert erwächst ihr nicht zuletzt aus den in sie gesetzten ökonomischen Hoffnungen Bedeutung. In diesem Kontext läßt sich eine Situation beschreiben, in der technische Sachzwänge sich immer mehr in solche des Weltmarktes verwandeln. Andere Verheißungen abseits enormen finanziellen Profits gründen sich vor allem auf medizinische Anwendungen, und nicht selten wird die Gentechnik als jenes Forschungsgebiet gepriesen, das die Menschheit von Geißeln wie Krebs und AIDS befreien soll. Von vielen als Kehrseite dieser Medaille befürchtet wird eine neue Tendenz zur (eugenischen) Optimierung des Lebens, die Grenzen zwischen Gesundheit und Krankheit verschwinden lassen und dramatische soziokulturelle Veränderungen nach sich ziehen könnte.

Den Ausgangspunkt derartiger Überlegungen bildet die Tatsache, daß das methodische Sammelsurium der Gen- bzw. Biotechnologie ein Instrumentarium bietet, das alles Lebendige technisch disponibel macht. Damit ist der Gentechnologie nach Ansicht etlicher Kritiker und Kritikerinnen auch das Potential inhärent, eine der essentiellen Dichotomien der menschlichen Entwicklungsgeschichte - insbesondere seit der Neuzeit -, nämlich die von Natur und Kultur, aufzuheben. Auf diese Problemkreise, also auf die Chancen und Risiken der Gentechnologie in einem sehr weitgefaßten Sinn, wird im ersten Teil eingegangen.

Die allgemeinen Fragestellungen hinsichtlich des politischen und gesellschaftlichen Umgangs mit der Gentechnologie bzw. hinsichtlich der rechtlichen Bewältigung der mit ihr verbundenen Chancen und Risiken werden anhand einer empirischen Fallstudie über die Entstehung des österreichischen Gentechnikgesetzes untersucht: Beginnend mit Mitte der achtziger Jahre, als Fragestellungen der Gentechnologie ebenso wie der Reproduktionsmedizin (IVF) zunehmend in den Mittelpunkt des Interesses rückten - und lange Zeit in enger Verknüpftheit miteinander diskutiert wurden - wird ein Überblick über den Verlauf der Diskussion rund um Möglichkeiten der Regulierung und deren wesentlichste Inhalte gegeben. Das Vorhandensein internationaler Regelungen wie z.B. die amerikanischen NIH-Richtlinien - die durchaus als Orientierungshilfen dienen konnten - findet dabei ebenso Beachtung wie die starke Beeinflussung durch die (durch sehr spezifische Züge gekennzeichnete) Debatte in der BRD und die Genese des deutschen Embryonenschutz- und Gentechnikgesetzes. Durch die beiden Richtlinien der EG aus dem Jahre 1990 waren schließlich zukünftige nationale Regelungen in Österreich ganz konkreten Rahmenbedingungen unterworfen. Ausgehend von ersten Forderungen nach einer rechtlichen Regulierung sowie der diesbezüglichen Ausgangssituation in Österreich werden daher die Bemühungen um die Schaffung eines Gentechnikgesetzes - sowohl in ihrer Chronologie als auch mit Perspektive auf inhaltliche Positionen und deren Änderungen - ausführlich beschrieben. Im Rahmen einer Enquete-Kommission wurde darüber hinaus am Beispiel der Gentechnologie erstmalig in der österreichischen Geschichte der Versuch einer parlamentarischen Technikfolgenabschätzung unternommen. In einem intensiven Diskussionsprozeß mit Fachleuten setzten sich Nationalratsabgeordnete umfassend mit dieser Thematik auseinander und formulierten Empfehlungen an den Gesetzgeber. Damit verknüpft war auch das Anliegen einer Aufwertung des österreichischen Parlaments - inwieweit dies gelungen ist, wird einer kritischen Überprüfung unterzogen.

Während all dieser Zeit war allerdings die Gentechnik kein Thema für die breitere Öffentlichkeit. Die österreichische Gentechnikpolitik erfuhr erst mit der Skandalisierung rund um die ersten Freisetzungsanträge verstärkte Aufmerksamkeit, die in europaweit einzigartige Ablehnung mündete. Vor allem die mit diesen Entwicklungen in unmittelbarem Zusammenhang stehende Durchführung eines Volksbegehrens, dessen Forderungen sich gegen zentrale Anwendungsgebiete der Gentechnik richteten und einen überwältigenden Erfolg verbuchen konnte, machte die Gentechnik zu einem bestimmenden Thema der Innenpolitik. Während die österreichische Bundesregierung in eine Pattsituation geriet und unter dem Druck der festgefahrenen Positionen von gentechnikkritischen bzw. gentechnikbefürwortenden Akteursgruppen Mühe hatte, sowohl auf der innenpolitischen als auch auf der Unionsebene zu einer klaren Linie zu finden, trugen die Ereignisse in anderen Mitgliedsländern und daraus resultierend auch innerhalb der Europäischen Union zu dem Eindruck bei, Österreich käme die Position eines gentechnikkritischen Vorreiterlandes zu. Auch auf diese Entwicklungen wird im abschließenden Teil der vorliegenden Studie eingegangen, in dem die Ergebnisse der empirischen Arbeit mit den theoretischen Überlegungen verknüpft werden.

1. ZU HISTORISCHEN GRUNDLAGEN UND DEFINITION DER GENTECHNOLOGIE

Die Anwendung biotechnologischer Verfahren ist keineswegs eine Errungenschaft der Neuzeit. Bereits seit mehr als 8000 Jahren macht sich der Mensch die Stoffwechselleistungen von Mikroorganismen für die Herstellung, Veredelung und Konservierung von Lebensmitteln wie Bier, Essig, Brot, Joghurt und Käse zunutze. Der Weg vom Einsatz solcher mikrobieller Methoden hin zur modernen Biotechnologie und ihrem Innovationselement Gentechnologie war allerdings weit und von der frühchristlichen Zeit bis zum beginnenden 20. Jahrhundert kaum durch einschneidende Veränderungen geprägt. In den letzten Jahrzehnten hingegen nahm die Entwicklung auf diesem Gebiet einen geradezu schwindelerregenden Verlauf, der an dieser Stelle nur kursorisch nachgezeichnet werden kann. Für Begriffserklärungen und zusätzliche Informationen sei im übrigen - dies gilt für die gesamte vorliegende Studie - auf das Glossar im Anhang verwiesen.

Die erste chemische Verbindung, die der Mensch mikrobiell hergestellt hat, war Ethanol (Alkohol); auf die Produktion folgte die Destillation. Diese fand bereits im 14. Jahrhundert breite Anwendung, ihre Entdeckung bzw. Entwicklung ist allerdings nicht genau historisch überliefert. Bis ins 19. Jahrhundert war jedoch unbekannt, daß an der Entstehung von Alkohol und Essig Mikroorganismen beteiligt sind. Den nächsten wichtigen Schritt stellte daher die Entwicklung der Pasteurisierung dar. Weitere markante Eckpunkte für die moderne Biotechnologie setzte die Penicillin-Forschung. Nach Etablierung der Penicillin-Produktion ab 1940 gab es in der industriellen Mikrobiologie rund dreißig Jahre lang keine bedeutenderen Innovationen mehr; erst die Methoden der DNA-Rekombinationstechnik führten zu den enormen Fortschritten innerhalb der Biotechnologie in der zweiten Hälfte dieses Jahrhunderts (Primrose 1990, 11-17).

Die historischen Wurzeln der modernen Gentechnologie liegen in der vom Brünner Augustinermönch Gregor Mendel (1822-1884) begründeten Genetik.[1] Mitte des vorigen Jahrhunderts führte er Kreuzungsversuche mit Erbsen durch, anhand derer er einen statistischen Zusammenhang zwischen dem Auftreten visuell wahrnehmbarer Merkmale der Elterngenera-

[1] Diesen Namen prägte um die Jahrhundertwende der englische Biologe Bateson.

tion und deren Vererbung auf die Nachkommen feststellte und so die grundlegenden Vererbungsgesetze, die nach ihm benannten zwei Mendelschen Gesetze, ableitete (Enquete et al. 1990, 7). Hatte Mendel noch vage von „Elementen" gesprochen, wurde das Wissen um Chromosomen und Gene als Träger des Erbmaterials mühsam und in einzelnen Schritten durch verschiedene Forscher und Forscherinnen zusammengetragen (Friedrichsen 1993, 13-15).[2] Doch erst in den vierziger und fünfziger Jahren dieses Jahrhunderts konnte die Rolle der Nukleinsäure im Vererbungsmechanismus entschleiert werden: Der Nachweis, daß die Desoxyribonukleinsäure (DNS bzw. DNA) die biologische Substanz der genetischen Information darstellt, gelang dem Molekularbiologen Oswald Avery 1944. Bedeutsame Zwischenschritte in der Lösung der Frage nach dem Aufbau der DNA setzte der Biochemiker Erwin Chargaff.[3] Der eigentliche Durchbruch auf diesem Gebiet gelang schließlich 1953 James Watson und Francis Crick, die nach Auswertung von Röntgenaufnahmen der DNA ein dreidimensionales Strukturmodell, die sog. Doppelhelix, beschrieben. Weitere fundamentale Erkenntnisse über Mechanismen und Gesetzmäßigkeiten auf molekularer Ebene schufen die Voraussetzungen für die Durchführung der ersten gentechnischen Experimente. Zu Beginn der siebziger Jahre wurden die chemische und die enzymatische Gensynthese entwickelt, letzterer Zweig wurde wenige Jahre später durch die Entdeckung der Restriktionsenzyme weiter perfektioniert. Dabei handelt es sich um von Bakterien produzierte Enzyme, die als molekulare „Scheren" funktionieren, indem sie bestimmte, für sie charakteristische Sequenzabschnitte der DNA erkennen und spalten können. Diese Methode des Zerlegens und Rekombinierens von DNA, das *genetic engineering*, stellte die bahnbrechende Innovation in der Molekulargenetik dar, denn sie ermöglichte es, völlig neue Kombinationen unter Überwindung der Artgrenzen herzustellen (Enquete et al. 1990, 22-25; Künzler 1990, 19-21).

Zusammenfassend bleibt festzuhalten, daß es sich bei der Gentechnologie nicht um eine wissenschaftliche Disziplin handelt, die sich durch ihren Gegenstandsbereich definiert, sondern durch die zur Anwendung kommenden Verfahren, deren Entwicklung nur auf Basis der interdisziplinären Zusammenarbeit von Biologen und Biologinnen unterschiedlichster Fach-

---

[2] Die Bezeichnung Chromosom führte 1888 der Anatom Wilhelm von Waldeyer ein; der Begriff des Gens als einzelner Erbeinheit stammt aus dem Jahr 1912. Wesentliche Erkenntnisse über den Zusammenhang zwischen Chromosomen und Genen sowie über die Funktionsweise von Genen sind den Genetikern Morgan bzw. Muller zu verdanken (Friedrichsen 1993, 14-15; Künzler 1990, 19).

[3] Er sollte später einer der prononciertesten Kritiker seiner eigenen Zunft werden (vgl. Chargaff 1985).

richtungen möglich war. Der Begriff Gentechnologie umfaßt also die Gesamtheit der Methoden zur Charakterisierung und Isolierung genetischen Materials, zur Neukombination der Erbinformation sowie zur Vermehrung und Übertragung dieser rekombinierten Erbmasse in eine andere biologische Umgebung. Die Universalität des „genetischen Codes" ermöglicht es,[4] Gene zwischen den unterschiedlichsten Organismen auszutauschen. Damit ist die Anwendung der Gentechnologie auf alles Lebende keinerlei Beschränkungen unterworfen - der vielzitierte „achte Tag der Schöpfung" (Weidenbach/Tappeser 1989) gilt vielen als angebrochen.

[4] D.h. das genetische Material aller lebenden Organismen besteht aus DNA; eine bestimmte Nukleotidfolge in der DNA führt sowohl in Bakterien als auch in menschlichen Zellen zur Produktion desselben Proteins.

2. ZWISCHENSPIEL: ZWEI SZENARIEN

Es scheint - dies legt zumindest die jüngste Debatte über die Globalisierung nahe[1] - als wären für manche Themenkomplexe Konferenzen und ähnliche Veranstaltungen von besonderer Bedeutung. Sie dienen einerseits oft als Initialzündung für eine breitere Diskussion, andererseits stellen sie Kristallisationspunkte in der Auseinandersetzung mit konkreten Fragen und Phänomenen dar: In solchen Foren werden fixe Topoi geformt, hier vertretene Positionen sind schließlich häufig untrennbar mit dem verknüpft, was als allgemeiner Kern der Diskussion rezipiert wird. Im Kontext der Gentechnologie hatten in diesem Sinne zwei Treffen enorme Relevanz. Die Bedeutungsinhalte mehrerer im Diskurs um Gefahren und Verheißungen ihrer Entwicklung zentraler Argumentationsstränge wurden im wesentlichen bei diesen Konferenzen bzw. in den ihnen folgenden Diskussionen festgeschrieben.

1962 versammelten sich auf Einladung der **Ciba-Foundation** 27 überaus prominente, hauptsächlich aus dem angelsächsischen Raum stammende Wissenschafter[2] in London. Unter diesen Repräsentanten verschiedenster Disziplinen sowohl aus dem natur- wie auch aus dem sozialwissenschaftlichen Spektrum befanden sich immerhin sechs Nobelpreisträger (wie z.B. Herman J. Muller, Joshua Lederberg und Francis Crick), die, dem Symposiumstitel *„Man and His Future"* gemäß, ihre Visionen einer zukünftigen Welt präsentierten und diskutierten. Angelpunkte ihrer Überlegungen bildeten die „Verbesserung der *individuellen Leistungsfähigkeit*" sowie die „Steigerung des *individuellen Wohlbefindens* in einer auf Wohlstand begründeten Gesellschaft" (Jungk/Mundt 1988, 2). Neben der Verbesserung der Nahrungsvorsorge und der Verlängerung der Lebensdauer bei gleichzeitiger Hebung der Lebensqualität schienen den Diskutanten vor allem die Eindämmung der Bevölkerungsexplosion und die Verhinderung „gene-

---

[1] Offensichtlich stellte Hans-Peter Martins und Harald Schumanns Veröffentlichung *„Die Globalisierungsfalle"* 1996 einen Quantensprung in der Diskussion über eine gar nicht so neue Entwicklungstendenz dar. Der Bericht über die anläßlich eines Treffens der Gorbatschow-Stiftung 1995 in San Francisco formulierte These der „20:80 Gesellschaft" (demnach würden im kommenden Jahrhundert 20% der arbeitsfähigen Bevölkerung ausreichen, um die Weltwirtschaft in Schwung zu halten) funktionierte wie ein Brennglas und bündelte ein ganzes Paket von Visionen, Prognosen, Argumentations- und Interpretationslinien.

[2] Die Verwendung geschlechtsneutraler Bezeichnungen erübrigt sich in diesem Fall, da sich diese illustre Runde ausschließlich aus Männern zusammensetzte.

tischen Verfalls“ Meilensteine auf dem Weg zu diesem Ziel zu sein. Sowohl in den USA als auch in Europa wurden in der Folge besorgte Stimmen über die „neue Eugenik“ im Schlepptau der „neuen Biologie“ laut (Gottweis 1995a, 89).[3] Tatsächlich können die präsentierten genetischen Utopien als denkbar drastische Exempel für von sog. Eliten hervorgebrachte Machbarkeitsphantasien gelten. Die Unbekümmertheit, mit der hier einer Eugenik neuen Stils unter dem Postulat wissenschaftlicher Wertfreiheit (gleichgesetzt mit Vernunft) und unter der Flagge einer ganz bestimmten Definition von Fortschritt[4] das Wort geredet wurde, ließ bei vielen schreckliche Erinnerungen an das Dritte Reich wach werden. Denn ausgehend von einer düsteren Zustandsbeschreibung der modernen Zivilisation, deren Zukunft aufgrund vermeintlich zunehmend defizitären menschlichen Erbmaterials mit Pessimismus gesehen wurde, war man sich in London in einem Plädoyer für die breite Anwendung gentechnologischer und reproduktionsmedizinischer Verfahren einig. Als Wortführer dieser „'globalen Evolutionspolitik' auf eugenischer Basis“ (Weikert et al. 1987, 18) präsentierten sich z.B. Joshua Lederberg sowie Sir Julian Huxley, Präsident der *Eugenics Society* und früherer Generaldirektor der UNESCO, der für die rigide Kontrolle natürlicher Fortpflanzung[5] und für den massiven Einsatz künstlicher Befruchtung an ihrer Statt eintrat. Muller propagierte konsequenterweise die Einrichtung von Samenbanken für Spender mit „hervorragende(n) Eigenschaften des Herzens, des Geistes und des Körpers“ (Jungk/Mundt 1988, 289).[6] Die Existenz eines Problembewußtseins hinsichtlich politischer und sozialer Konsequenzen der Verwirklichung all dieser Ideen läßt sich der Dokumentation des Meetings nicht im geringsten entnehmen. Divergierende Einschätzungen betrafen überwiegend lediglich die Wahrscheinlichkeit bestimmter Entwicklungstendenzen oder Fragen der Realisierungschancen mancher Maßnahmen, um die etwa Crick wegen der „Rückständigkeit der öffentlichen Meinung“ fürchtete (Jungk/Mundt 1988, 302).

[3] Für die deutschsprachige Diskussion relevant war insbesondere die von Jungk/Mundt 1962 edierte Übersetzung bzw. Dokumentation, die 1988 erneut aufgelegt wurde.

[4] Nämlich im Sinne grenzenlosen Gestaltungsrechts des Menschen in die ihn umgebende und vor allem auch seine eigene Natur, gründend u.a. auf einer Gleichung von biologischer Perfektionierung und sozialem Nutzen.

[5] In diesem Kontext wurde es auch für „keineswegs indiskutabel“ gehalten, würde die Regierung Nahrungsmittel mit empfängnisverhütenden Mitteln anreichern und ein diese Wirkung aufhebendes Mittel jenen Personen verabreichen lassen, deren Fortpflanzung erwünscht sei (Jungk/Mundt 1988, 303).

[6] Schon Mitte der 20er Jahre hatte Muller diese Ideen vertreten, als potentielle Aspiranten galten ihm damals Männer vom Kaliber eines Lenin, Newton, da Vinci, Pasteur, Beethoven usw. Der Kalte Krieg bewog ihn allerdings dazu, Lenin von der Liste zu streichen (Jungk/Mundt 1988, 307).

Die beim Ciba-Symposium vorgetragenen Zielformulierungen boten hinreichend Anknüpfungspunkte für einen kritischen Diskurs, der in erster Linie das Potential zur Umsetzung von Allmachtsphantasien und Visionen einer eugenischen Perfektionierung und Optimierung menschlichen Daseins durch Gen- und Reproduktionstechnologien problematisiert.[7] Eng damit verbunden war von Beginn an der Strang feministischer Kritik, der die Entstehung solcher Vorstellungen vor dem Hintergrund patriarchaler Gesellschaftsstrukturen, die sich gerade in den Naturwissenschaften deutlich widerspiegeln, thematisiert.

Als in mehrerlei Hinsicht signifikant für die Auseinandersetzung um die biologischen Gefahren der Gentechnologie erwies sich die **Asilomar-Konferenz** 1975. Seit 1969 waren, primär im Kontext neuer Forschungsergebnisse, professionsinterne Bedenken über eventuelle Gefährdungen laut geworden und auf große Aufmerksamkeit innerhalb der *scientific community* und der Öffentlichkeit gestoßen. Etliche internationale Kongresse wurden in der Folge von dieser Thematik dominiert, u.a. bereits die erste Konferenz im *Asilomar Conference Center* in Pacific Grove, Kalifornien, 1973, wo der Diskussionsschwerpunkt noch nicht auf eine mögliche Einschränkung von Forschungsarbeiten, sondern auf die weitere Informationssammlung gelegt wurde. Noch im selben Jahr kulminierte die Debatte allerdings anläßlich der *Gordon Research Conference*, bei der erneut die Risiken der DNA-Rekombinationstechnik im Zentrum standen. Die hier artikulierte Besorgnis machten schließlich die beiden Vorsitzenden der Konferenz in einem an den Präsidenten der Amerikanischen Akademie der Wissenschaften gerichteten Brief in *Science* publik. Der in dem Schreiben formulierte Vorschlag, ein Komitee zur Erarbeitung von Richtlinien zu etablieren, wurde von der Akademie aufgegriffen. Dieses *Committee on Recombinant DNA Molecules Assembly of Life Sciences,* eine Gruppe führender amerikanischer Molekularbiologen unter der Leitung von Paul Berg, führte ein völlig neues und für die weitere Beschäftigung mit den potentiellen Risiken gentechnologischer Forschung konstitutives Element ein: die Klassifizierung dreier Gefahrenstufen und sich daraus ergebender Sicherheitserfordernisse für wissenschaftliche Arbeiten. Das Forschungsteam veröffentlichte diese Resultate im Juli 1974 in *Science* und, leicht abgeändert, aber fast zur selben Zeit, in *Nature*. Spektakulär daran war, daß die Unterzeichneten in diesem offenen Brief (bekannt als

---

[7] In der späteren Diskussion rund um Gen- und Reproduktionstechnologien wurde von Experten- und Expertinnenseite immer wieder das Herstellen von Zusammenhängen zwischen diesen beiden Anwendungsfeldern als unzulässige Verquickung beklagt. Umso wesentlicher ist daher die Tatsache, daß in der Anfangsphase der Entwicklung gerade die Fachleute ein Zukunftspotential in dieser Verknüpfung sahen.

Berg letter) ein freiwilliges Moratorium für bestimmte Experimente forderten. Die berühmte zweite Asilomar-Konferenz 1975 beendete diese selbstverordnete Nachdenkpause wieder. Mehrheitlich hatte die anwesende Forschungselite für die Wiederaufnahme der Forschungsarbeiten auf allen Ebenen plädiert, möglichen Gefahren sollte durch vorbeugende biologische bzw. physikalische Sicherheitsmaßnahmen Rechnung getragen werden (Cantley 1995, 511-513; Gottweis 1995a, 89-94).[8]

Die essentielle Bedeutung dieser Konferenz lag somit, wie von Gottweis (1995a, 94-98) beschrieben, in der auf einem Zirkelschluß basierenden Formulierung eines Risikokonzepts, das im wesentlichen die Beherrschung potentieller Gefahren der Gentechnologie durch ureigenste Methoden dieser Technologie selbst verspricht und außerdem von einem „additiven Modell" potentieller Gefährdungen[9] ausgeht (Wurzel/Merz 1991, 14). Hinzu trat eine Gleichsetzung der so festgeschriebenen Risikophilosophie mit Vernunft. Darüber hinaus bot der hier ausformulierte Ansatz ein Operationalisierungskonzept. Tatsächlich wurden in der Folge die Vorschläge der Konferenz zur Grundlage jener Sicherheitsrichtlinien, die vom amerikanischen *National Institute of Health* (NIH) ab 1976 erlassen wurden und die den Regelungen der meisten anderen Länder als Vorbild dienten.

Asilomar wird häufig als besonders positives Beispiel der Wahrnehmung von Verantwortung durch die Wissenschaft selbst bzw. als Beleg dafür angeführt, daß - ganz anders als im Fall der oft vergleichsweise herangezogenen Atomtechnologie - bereits ihre Entwicklung einer kritischen Beobachtung unterzogen war.[10] Eine solche Betrachtungsweise mißachtet jedoch einige signifikante Charakteristika der Ereignisse Anfang bis Mitte der siebziger Jahre: Zum einen mußte es nach Weingart fast zwangsläufig zu einer „Politisierung" der Gentechnologie kommen, da diese Wissenschaftsgebieten, „in denen die Erkenntnis*ziele* oder das Anwendungs*potential* das Menschenbild infragestellen", inhärent sei (Weingart 1983, 235). Dramatische Initiativen zu professioneller Selbstkontrolle wie For-

---

8 Tatsächlich existierte bis zum Schluß eine Kontroverse, denn zahlreiche Konferenzteilnehmer und -teilnehmerinnen hielten angesichts des hypothetischen Charakters der Risiken solche Maßnahmen für absolut verzichtbar und wollten Eingriffe in ihre Forschungsautonomie nicht hinnehmen. Diese Position vertrat z.B. Philippe Kourilsky vom Pariser *Institut Pasteur*, der in seinen Erinnerungen (1989, 176-192) die gesamte Asilomar-Debatte als Ergebnis höchster Irrationalität interpretiert.

9 Demnach kann ein GVO nicht gefährlicher sein als die Summe der Eigenschaften aus Empfängerorganismus und in diesen eingeschleuste DNA.

10 So etwa auch Birnstiel (1992, 32) in seinem Referat vor der österreichischen Enquete-Kommission.

schungsmoratorien, die in Antizipation möglicher Eingriffe in die wissenschaftliche Autonomie von außen unternommen werden, sind logische Konsequenz solcher Entwicklungen. Allerdings schuf gerade der offen diskutierte Dissens innerhalb der Fachwelt Spielraum für politische Kontrollansprüche (Daele 1982, 137). Als wichtigstes Resultat der Diskussionen der siebziger Jahre bleibt aber festzuhalten, daß mit der Formulierung einer professionsinternen Sicherheitsphilosophie das Terrain für politische Regulierungen abgesteckt wurde.

3. CHANCEN UND RISIKEN DER GENTECHNOLOGIE

An die Gentechnologie als eine in vielen Handlungsfeldern nutzbare Querschnittstechnologie wurden von Anfang an enorme Hoffnungen geknüpft. Ihr Einsatz in den Bereichen Medizin, Agrarwirtschaft und Umweltschutz schien die mögliche Überwindung gravierender Gegenwarts- und Zukunftsprobleme zu versprechen. Aufgrund ihres hohen Innovationspotentials neben Mikroelektronik und Informationstechnologie zu einer der großen Schlüsseltechnologien erklärt, wurden vor allem in die durch sie zu erzielenden finanziellen Gewinne hochgesteckte Erwartungen gesetzt. Dem gegenüber standen jedoch Befürchtungen hinsichtlich schwer kalkulierbarer Risiken für Mensch und Umwelt sowie Ängste bezüglich folgenschwerer Konsequenzen und Mißbrauchsmöglichkeiten, die sich im besonderen durch die Humangenetik bzw. durch die Kombination mit der Fortpflanzungsmedizin eröffnen könnten. In der Debatte um Nutzen und Gefahren lassen sich daher verschiedene Ebenen unterscheiden: Zum einen werden die biologischen Folgen des Einsatzes der Gentechnologie thematisiert. Zum anderen wird sie in die Tradition uralter Menschheitsträume und naturwissenschaftlicher Denkmuster eingeordnet und aus dieser Perspektive bewertet. Schließlich stehen die möglichen soziokulturellen Konsequenzen ihrer Anwendung im Zentrum des Interesses, auf dieser Ebene wird der Diskurs häufig unter dem Stichwort Sozialverträglichkeit geführt. Die vielzitierten „Chancen und Risiken der Gentechnologie"[1] wurden aufgrund dieser Bandbreite nicht nur von Fachleuten aus den naturwissenschaftlichen Disziplinen diskutiert, sondern auch - um nur einige zu nennen - aus juristischer, ethischer und soziologischer Perspektive. Hinzu gesellten sich diverse Vereinigungen, die es sich speziell zur Aufgabe gemacht hatten, eine breite öffentliche Diskussion um diese neue Technologie zu initiieren.[2]

---

[1] Seit der Konstituierung der bundesdeutschen Enquete-Kommission bzw. dem Beginn einer Publikationsserie mit dem selben Titel 1984 wurden die „Chancen und Risiken der Gentechnologie" zu einem fixen Topos in der deutschsprachigen Diskussion.

[2] In der BRD war besonders das „Gen-Ethische Netzwerk" (GEN) aktiv, das mit der Zeitschrift „Gen-Ethischer Informationsdienst" (GID) für regelmäßige Information sorgte; in den USA kam der „*Foundation on Economic Trends*" (FET) und ihrem Vorsitzenden Jeremy Rifkin - einem weit über die Grenzen Amerikas hinaus bekannten Kritiker der Gentechnologie - größte Bedeutung zu. Zur Strategie der FET vgl. Bullard 1986. Im Rahmen der Frauenbewegung versuchte das 1984 gegründete FINNRET (*Feminist International Network on the Reproductive Technologies*), das 1985 in FINRRAGE (*Feminist International Network of Resistance to Reproductive and Genetic Engi-*

3.1. *Die erste Runde der Sicherheitsdebatte*

Der am häufigsten bemühte Vergleich, um den Stellenwert der Entwicklung der Gentechnologie zu verdeutlichen, ist jener mit der Atomtechnologie. Chargaff (1985, 316) etwa zieht in seinen Schriften immer wieder eine Parallele zwischen diesen „zwei größten Taten, und wahrscheinlich Missetaten, der Naturwissenschaft der Gegenwart." Altner (1986, 3-4) argumentiert, der Begriff der „Hypothetikalität" aus der atomtechnischen Risikophilosophie[3] habe durch gentechnologische Schadensszenarien eine neue Dimension erlangt. Und auch auf sprachlicher Ebene manifestiert sich der permanente Rekurs auf die Entwicklung der Kernspaltung, wenn etwa der Begriff „Manhattan-Projekt" für bedeutende Vorhaben der modernen Biotechnologie entlehnt wird (Albrecht 1995, 140; Corea 1989). Angesichts dieser auf verschiedensten Ebenen ständig präsenten Verweise kann es nicht weiter verwundern, daß zu den am frühesten artikulierten Sorgen die mögliche Anwendung der Molekularbiologie zur Produktion neuartiger biologischer Waffen zählte (Enquete et al. 1990, 260-267; Rose 1986).

Der Kern des Risikodiskurses betraf in seiner Frühphase jedoch potentielle biologische Gefahren. Thematisiert wurden in diesem Zusammenhang vor allem Sicherheitsfragen für das Laborpersonal - etwa in der experimentellen Arbeit mit Retroviren (Kollek 1986) oder mit Onkogenen (Bartels 1986). Außerdem befürchtete man den Ausbruch bereits besiegt geglaubter Seuchen oder unbekannter, unvorhersehbarer Krankheiten in epidemischem Ausmaß. Anfang bis Mitte der achtziger Jahre wurde z.B. angesichts der ungeklärten Entstehungsgeschichte von AIDS darauf verwiesen, es könnte sich bei dieser Immunschwächekrankheit um ein Modell für die Entstehung pathogener Retroviren bzw. um das Resultat eines Laborunfalls handeln. Diese These wurde allerdings bald durch zahlreiche epidemiologische Studien entkräftet (Kollek/Collins 1986). Unmittelbare Konsequenz all dieser Risikoüberlegungen war, wie bereits beschrieben, die Formulierung von Sicherheitsstandards, die, als es den Anschein hatte, die Gefahren der mikrobiellen Laborarbeit seien überschätzt worden, wieder gelockert wurden.

---

neering) umbenannt wurde, die Zusammenhänge zw. Gen- und Reproduktionstechnologien aufzuzeigen.

3 D.h. Unfälle können aufgrund ihrer Größenordnung nicht mehr simuliert, sondern nur noch hypothetisch hochgerechnet werden.

3.2. *Profitable Zukunftstechnologie?*

Produktionsweisen und Anwendungen aus dem Feld der klassischen Biotechnologie und (gentechnisch) modernisierte Varianten dieser bislang praktizierten Verfahren sind so gut wie unumstritten, u.a. zählt hierzu die Herstellung von Aromastoffen und organischen Säuren (wie Essig- oder Milchsäure) für die Nahrungsmittelindustrie.[4] Enzyme werden in der Medizin (Antibiotika), in der chemischen Industrie (Waschmittel) und in der Lebensmittelbranche (Käse) benötigt. Für die pharmazeutische Industrie bzw. in der Medizin von erheblicher Bedeutung sind schließlich biotechnologisch hergestellte Vitamine und Aminosäuren (Enquete et al. 1990, 41-43).

Zu den großen Verheißungen der Gentechnologie zählt auch die Lösung von drängenden Energie- und Umweltproblemen.[5] Als Perspektiven in diesem Zusammenhang gelten etwa die Produktion von und Energiegewinnung aus nachwachsenden Rohstoffen (Bioalkohol, Biogas), das Abfallrecycling, der Einsatz von optimierten Mikroorganismen zum Abbau von Schadstoffen (Bodensanierung) und in Kläranlagen sowie zur Beseitigung von Öl nach Tankerunfällen. Noch allerdings wurden diese Hoffnungen kaum erfüllt, da viele der zugrundeliegenden Prozesse bisher lediglich im Labor funktionieren, weil es an für die jeweiligen Zwecke optimal angepaßten Mikroorganismen mangelt (Friedrichsen 1993, 47). Darüber hinaus haben sich viele dieser Verfahren noch nicht als profitabel erwiesen (Primrose 1990, 17).

Gerade der hohe ökonomische Nutzen war aber von Beginn an ein Leitmotiv bio- bzw. gentechnologischer Zukunftsmusik; und ein Blick auf die oben angeführten Industriezweige verdeutlicht sowohl Bandbreite wie auch finanzielle Potenz und wirtschaftspolitische Relevanz der Verwertungsinteressen. An der Definition der modernen Biotechnologie als Schlüsseltechnologie[6] des 21. Jahrhunderts waren als Promotoren und Promotorinnen maßgeblich Fachleute aus den entsprechenden naturwis-

---

4 Demgegenüber stoßen Nahrungsmittel, die mit neuen bio- bzw. gentechnischen Methoden produziert oder verarbeitet werden, auf große Skepsis.

5 S. dazu allg. Enquete et al. 1990, 99-115; Leisinger 1990, 69-85.

6 Um eine solche handelt es sich dann, „wenn sich, ausgehend von qualitativen Durchbrüchen in der Grundlagenforschung, eine Querschnittstechnologie mit breitem Anwendungsprofil herausschält, die relevante Teile der ökonomischen und gesellschaftlichen Reproduktion zu durchdringen und substantiell zu beeinflussen vermag“ (Dolata 1993, 744).

senschaftlichen Disziplinen beteiligt und der „anschließende Biotech-Run" machte - pointiert formuliert - „aus Molekularbiologen, die vormals an Universitäten beschäftigt waren, Aktienmillionäre in den neuen Biotech-Gesellschaften..." (Rose 1986, 18).[7] Bis Anfang der achtziger Jahre wurde diese internationale Entwicklung von den USA und Japan beherrscht, erste Erfolge und die sich abzeichnende Strukturkrise der chemischen Industrie hatten zu diesem Zeitpunkt jedoch auch in der BRD einen massiven Anstieg des Interesses an einem möglichst raschen Transfer von universitärer und außeruniversitärer öffentlicher Grundlagenforschung in die industrielle/kommerzielle Verwertung zur Folge und führten hier schließlich zur Gründung etlicher „Genzentren" (Gill 1991, 60-86; Ingersleben 1985; Künzler 1990, 35-44).[8]

Weltweit wurden also die Weichen für die Lukrierung der erwarteten Gewinne gestellt - diese fielen allerdings wesentlich niedriger aus, als in euphorischen Marktprognosen ursprünglich in Aussicht gestellt worden war: So hatten etwa die *Biotechnology News* 1982 für gentechnisch hergestellte Produkte für 1985 einen Weltmarktwert von 3,7 Mrd. US-Dollar vorausgesagt (Enquete et al. 1990, 242), tatsächlich betrug dieser 1990 erst 2-2,5 Mrd. Schätzungen über die ökonomische Bedeutung der modernen Biotechnologie für das Jahr 2000 schwanken enorm - die Spannweite neuerer Weltmarktprognosen reicht von 30 über 70 bis hin zu 100 Mrd. US-Dollar, ältere Zahlen bewegten sich gar zwischen 20 und 200 Mrd. Als wirtschaftlicher Paradefall in diesem Zusammenhang erweist sich nach

---

[7] Gottweis beschreibt in den Kap. 4 und 5 seiner Habilitationsschrift, wie in den späten 60er und frühen 70er Jahren die Molekularbiologie zunehmend „as a new, revolutionary technology with significant transformative potential" (Gottweis 1995a, 157) interpretiert wurde, und wie in einer zweiten Phase mit dieser Festschreibung als wissenschaftlich-industrielle Modernisierungsstrategie die Reduktion der Sicherheitsphilosophie auf die Beherrschung biologischer Risiken der Laborarbeit einherging - eine Entwicklung, die in Großbritannien, Frankreich und Westdeutschland große Ähnlichkeiten aufwies. Dieses Bild wird durch Zahlen abgerundet, die belegen, daß bis heute die Kommerzialisierung in den genannten europäischen Ländern im Vgl. besonders weit fortgeschritten ist (Gill 1991, 98).

[8] Als auslösendes Moment für entsprechende forschungspolitische und infrastrukturelle Weichenstellungen hatte 1981 die Initiative der Hoechst AG gewirkt, sich in ein molekularbiologisches Forschungsinstitut der *Harvard University* in Cambridge, Mass. einzukaufen. Die Sorge um den Industriestandort Deutschland und die Angst vor weiterer Kapitalabwanderung ermöglichten die Einrichtung eines universitätseigenen Genzentrums in Heidelberg unter BASF-Beteiligung; dem sollten Kooperationen zw. der Hoechst und der Wacker AG und der Univ. München bzw. dem dortigen Max-Planck-Institut (MPI), zw. Bayer und dem MPI-Köln sowie zwischen Schering und der Univ. Berlin folgen.

wie vor der Pharmasektor:[9] Gentechnisch hergestellte Therapeutika, Diagnostika und Impfstoffe erzielten 1990 über 90% des weltweiten Gesamtumsatzes aller neuen biotechnologischen Produkte und bis 2000 wird lediglich mit dem Absinken dieses Wertes auf 70-80% gerechnet (Dolata 1993, 739-740). Dieser hohe Anteil darf jedoch nicht darüber hinwegtäuschen, daß innerhalb der pharmazeutischen Industrie die Märkte für biotechnologisch produzierte Präparate nach wie vor klein und extremen Schwankungen unterworfen sind und daß Investoren und Investorinnen im Vergleich zu früheren Jahren wesentlich vorsichtiger agieren (Standard 30.9.96, 19).[10] Denn die spektakulären Erfolge einer Handvoll Firmen wie Amgen oder Genentech aus den späten achtziger Jahren fanden keine Wiederholung (FT 14.12.96, 5). Mittlerweile verschwimmen im Gefolge einer methodischen Angleichung in der Produktion die Grenzen zwischen der biotechnologischen und der pharmazeutischen Industrie, und immer häufiger werden strategische Allianzen zwischen den meist kleinen und auf lange Sicht finanzschwachen Biotechnologie-Unternehmen und großen Pharmakonzernen geschlossen (Ernst & Young 1995; FT 6.9.94, 12; 25.4.95, 10).[11]

3.3. Humangenetik: Diagnostik und Therapie

Die an die moderne Bio- bzw. Gentechnologie geknüpften Hoffnungen in diesen Bereichen betrafen nicht nur den kommerziellen Profit, vielmehr versprachen Wissenschaft und Industrie sich, politischen Entscheidungsträgern und -trägerinnen und der Öffentlichkeit den ersehnten Durchbruch im Kampf gegen Krebs und AIDS, die Parkinsonsche und die Alzheimersche Krankheit sowie gegen diverse Erbdefekte wie Chorea Huntington und Mukoviszidose, um nur die am häufigsten genannten Beispiele anzuführen. Mittlerweile werden zwar bereits etliche Medikamente, Hormone und Impfstoffe gentechnisch produziert, wie z.B. Humaninsulin, Inter-

---

[9] Allg. dazu Bachmayer 1990.

[10] Signifikante Kursanstiege verursachen allerdings immer wieder Erfolgsnachrichten wie z.B. im ersten Halbjahr 1995, nachdem die Firma Cephalon über den Erwartungen liegende Ergebnisse bei klinischen Tests mit einem Medikament verlautbart hatte (FT 30.9./1.10.95, 17).

[11] So engagierte sich z.B. der US-Pharma-Konzern Eli Lilly bei Sphinx (APA-Journal 18.1.95, 7); Glaxo bei Affymax (FT 27.1.95, 15); Pharmacia bei Chiroscience (FT 18.9.95, 18) usw.

ferone, ein Wachstumshormon und ein Hepatitis-B-Impfstoff.[12] Alles in allem hat jedoch selbst dieses, als durchaus vielversprechend geltendes Feld mit mannigfaltigen Problemen zu kämpfen. So benötigen gentechnisch produzierte Pharmazeutika meist extrem lange Entwicklungszeiten von durchschnittlich acht bis zehn Jahren (HBl. 18./19.10.91), an denen die betroffenen Firmen[13] häufig finanziell scheitern. Außerdem zeichnet sich die Entwicklung von Massenprodukten mit großem Umsatz- und Marktvolumen, obgleich immer wieder prognostiziert, nach wie vor nicht ab. Schließlich haben die meisten dieser neuen Präparate „substitutiven Charakter, ersetzen also in der Regel lediglich bereits eingeführte, früher herkömmlich hergestellte Artikel" (Dolata 1993, 741).

Über die Herstellung neuer Pharmazeutika hinaus sollte die Gentechnologie jedoch vor allem in der Diagnostik und in der Therapie, also in der kausalen Behandlung von Krankheiten durch den Transfer von Genen in menschliche Zellen, neue Horizonte eröffnen. Zentrale Bedeutung für diese, unter dem Begriff Humangenetik subsumierte Anwendungsfelder hat die Feststellung genetisch bedingter Charakteristika und Dispositionen des Menschen, die Genomanalyse. Sie kann auf vier verschiedenen Ebenen, nämlich auf der Phänotyp-, der Chromosomen-, der proteinchemischen und der DNA-Ebene durchgeführt werden, wobei letztere Variante die aussagekräftigste ist, weil sie Veränderungen des genetischen Materials selbst und nicht erst deren Auswirkungen analysiert (Enquete et al. 1990, 145-149). Bisher wurden allerdings erst rund 6000 der geschätzten 80.000 bis 100.000 menschlichen Gene identifiziert; in 800 bis 900 Fällen ist der Zusammenhang zwischen einer Krankheit und einer Veränderung des Erbguts geklärt, für knapp die Hälfte davon hält die moderne Medizin Tests parat, um die Veränderungen im DNA-Strang nachweisen zu können (profil 40/96, 86). Anwendung finden die bereits entwickelten Testverfahren hauptsächlich in der pränatalen (vorgeburtlichen) Diagnostik,

---

[12] Für Mukoviszidose konnte ein gentechnisch produziertes Medikament entwickelt werden, das sich in vielen Fällen als erfolgreich erweist (SN 16.2.94, 6). Insulin wurde erstmals von Eli Lilly bzw. von der dänischen Firma Novo Industri gentechnisch hergestellt; im Bereich der Impfstoffe fällte die amerikanischen Nahrungs- und Arzneimittelbehörde FDA im Juli 1986 mit der ersten Genehmigung für die kommerzielle Produktion des Impfstoffes gegen das Hepatitis-B-Virus eine historische Entscheidung (Friedrichsen 1993, 22-26). Bis 1992 erhöhte sich allerdings die Zahl der weltweit zugelassenen gentechnisch hergestellten Pharmazeutika auf nicht mehr als 14 (die sich auf 40 verschiedene Medikamente verteilten). Imposante kommerzielle Zuwachsraten in diesem Sektor sind schließlich v.a. dem Faktum geschuldet, daß bis Mitte der 80er Jahre der Markt für solche Produkte praktisch noch nicht existierte (Dolata 1993, 740).

[13] Sofern sie nicht, s.o., Investoren und Investorinnen gewinnen bzw. mit einem Pharmakonzern kooperieren können.

zum Nachweis familiärer Abstammung (Vaterschaftstests) und zur Identifizierung von Personen, z.B. in der Rechtsmedizin („genetischer Fingerabdruck"). Grundbedingung für die erwarteten Quantensprünge in der prädiktiven Medizin ist jedoch die vollständige Aufklärung von Reihenfolge (Sequenz), Struktur und Funktion sämtlicher menschlicher Erbanlagen. Das *Human Genome Project* (HGP), das die Sequenzierung und Kartierung der rund 3,5 Milliarden Basenpaare der menschlichen DNA zur Aufgabe hat, ist daher als die Suche nach dem „Heiligen Gral der Biologie"[14] und gleichzeitig als *das* Prestigeprojekt der internationalen Forschungsgemeinschaft zu verstehen.[15] Selbst in der Fachwelt stößt diese mit enormem Aufwand betriebene Produktion riesiger Datenmengen mit zunächst sehr limitiertem Informationsgehalt allerdings teilweise auf tiefe Skepsis, denn die Lokalisierung eines Gens gibt mitnichten automatisch Aufschluß über dessen Funktion. Nichtsdestotrotz läßt sich ein Wettlauf um die Erstellung möglichst detaillierter „Genkarten" beobachten: Nachdem 1993 diesbezüglich ein französisches Forschungsteam erste Erfolge verzeichnen konnte (FT 16.12.93, 16), wurde zwei Jahre später das bisher umfangreichste Verzeichnis menschlicher Erbanlagen veröffentlicht, das insbesondere auf den Erkenntnissen eines US-Biochemikers basierte (SN 28.9.95, 20).[16] Die Kartenmetaphorik verweist auf das Verständnis der

---

14 So der Nobelpreisträger Walter Gilbert lt. taz 1.4.96, 13, übrigens selbst eine Koryphäe auf dem Gebiet der Sequenzierungstechnologie und einer der Protagonisten des HGP (Abels 1991, 12).

15 Genaugenommen gibt es nicht ein einzelnes Humangenomprojekt, sondern weltweit eine Vielzahl von entsprechenden Forschungsanstrengungen: Ähnlich dem Integrationsprozeß, der in den USA Ende der 80er Jahre verschiedene Ansätze zu einem HGP verschmelzen ließ (Abels 1991, 8-79), wurden 1988 die diversen Forschungsprojekte, insbesondere aus den USA, Europa und Japan, unter Ägide der internationalen *Human Genome Organisation* (HUGO) zusammengefaßt (Zechendorf 1992). HUGO zählt inzwischen mehr als 600 Mitglieder aus rund 40 Staaten (taz 19.6.95, 13). Die vom unmittelbaren wissenschaftlichen Erkenntniswert unabhängige Bedeutung dieses mit hohem Symbolwert befrachteten Renommierprojekts - nicht selten wird die Konkurrenz zwischen Laborteams unverblümt als ein Wettrennen der Nationen gedeutet - läßt sich auch an den enormen Summen ablesen, die einzelne Staaten zu investieren bereit sind. Ursprünglich wurde das HGP hauptsächlich durch private Stiftungen finanziert (Abels 1991, 127), daneben forcierten allerdings z.B. die USA die Forschung mit rund 8,4 Mrd. Schilling aus dem Staatssäckel (SN 7.10.94, 6), der deutsche Forschungsminister wiederum präsentierte noch im Juni 1995 ein spezielles Bundesförderungsprogramm über mehrere Hundert Mio. DM zur Verbesserung der internationalen Konkurrenzfähigkeit der heimischen Genomforschung (Spiegel 41/95, 208; taz 19.6.95, 13).

16 An dem übrigens andere Forscher und Forscherinnen anläßlich dieser Publikation herbe Kritik wegen seiner engen Kooperation mit Pharmafirmen äußerten, was ein grelles Licht auf das eng geknüpfte Netz kommerzieller Interessen warf. Denn obwohl das Wissensdefizit um die Funktionsweisen auch lokalisierter Gene die Entwicklung

Genomforschung als Kolonialisierungsabenteuer,[17] in dem sich nationale Forschungsgruppen in Konkurrenz um das Abstecken „genetische(r) Goldclaims" (taz 12.6.95, 13) befinden. Auf besonderen Enthusiasmus stößt, daß mittlerweile allgemein mit dem erfolgreichen Abschluß des HGP bis zum Jahr 2003 - und damit zwei Jahre früher als ursprünglich prognostiziert - gerechnet wird (Spiegel 41/95, 210).

Trotz solcher Erfolgsmeldungen tut sich insgesamt in der Humangenetik eine Kluft zwischen hochfliegenden Plänen und ernüchternden Ergebnissen auf: So lassen sich nur ganz wenige Krankheiten, wie Chorea Huntington und Mukoviszidose, auf den Defekt eines einzigen Gens zurückführen. Der Ausbruch einer Krankheit basiert in den meisten Fällen auf dem komplizierten Zusammenspiel verschiedener Gene, ergänzt um Umwelteinflüsse, persönliche Lebensführung usw., was die Intention der prädiktiven Medizin, Dispositionen für bestimmte Krankheiten zu diagnostizieren und Krankheitsbiographien vorauszusagen, vor erhebliche methodische Schwierigkeiten stellt. Die Diagnose einzelner Gendefekte birgt aber, auch wenn sie durchführbar ist, viele Probleme in sich, die vorwiegend auf der sich beständig weiter öffnenden Schere zwischen bereits vorhandenen Analyseverfahren und noch nicht entwickelten Therapieansätzen beruhen, etwa im Fall der Chorea Huntington, wo eine präzise Aussage über die Wahrscheinlichkeit einer Erkrankung möglich, jedoch keine kausale Behandlung verfügbar ist. Wie aber kann ein Mensch sein Leben gestalten,

---

entsprechender Medikamente großteils in die Zukunft vertagt, existiert doch bereits ein lukrativer Markt für die Patentierung von genetischem Material und für Lizenzvergaben für auf diesen Erkenntnissen basierende Testverfahren. 1992 bemerkte daher ein amerikanischer Forscher, er kenne keinen prominenten Molekularbiologen, der nicht finanzielle Interessen an biotechnologischen Geschäften hätte, ein anderer konstatierte, das zentrale Motiv so gut wie aller Forschungstätigkeiten sei das der Urheberrechte (Hobsbawm 1995, 684). Diese Zitate tauchen seitdem in verschiedensten Variationen in zahlreichen Artikeln immer wieder auf (z.B. profil 40/96, 86).

17 Diese Perspektive macht verständlich, weswegen sich das *Human Genome Diversity Project* besonders harscher Kritik ausgesetzt sieht. In seinem Rahmen soll erstens das Erbgut bereits vom Aussterben oder von der völligen Assimilation bedrohter Ethnien erforscht (und in einer Art „Gen-Museum" in den USA gesammelt) werden. Zweitens gilt es, eventuelle genetische Besonderheiten, die z.B. Schutz vor Krankheiten bieten, zu identifizieren und gegebenenfalls kommerziell zu nutzen. Die Kritik zielt daher auf die Degradierung der letzten Urvölker zu „Rohstofflieferanten wissenschaftlicher Arbeit" (Flöter 1993, 18) und in weiterer Konsequenz auf ihr „Verschwinden ... im Patentamt" (Weltwoche 7.10.93, 41). Hiltrud Breyer, grüne Europarlamentarierin, formuliert pointiert: „Während riesige Geldmittel aufgewendet werden, um das Erbgutmaterial im Norden in Genbänken zu erhalten, wird nichts getan, um die Völker selber vor dem Aussterben zu bewahren. Tiefgefrorene Gene können lebendige Kulturen nicht ersetzen" (zit.n. FR 13.7.93).

wenn über ihm das Damoklesschwert schwebt, ab dem 35. Lebensjahr mit dem Ausbruch dieser qualvollen Erbkrankheit rechnen zu müssen, die binnen zehn bis fünfzehn Jahren unweigerlich tödlich endet? Ebenso enorme Problemkomplexe stellen sich bei all jenen zumeist multifaktoriell bedingten Krankheiten, nach deren genetischen Ursachen und entsprechenden Testmöglichkeiten dennoch fieberhaft gefahndet wird. Die kaum vorstell- und schwer handhabbaren psychischen und emotionalen Belastungen, welche die Information über eine eventuelle Disposition zwangsläufig zur Konsequenz hat,[18] lassen viele Autoren und Autorinnen allgemeine ethische Überlegungen anstellen (Baumann-Hölzle et al. 1990) und die spezielle Frage nach einem „Recht, nicht zu wissen" (Daele 1985b) oder einem „Recht auf Geheimnis" (Reiter 1991) bzw. nach einem „technikinduzierten Grundrecht auf genomanalytische Selbstbestimmung" (Albrecht 1995) aufwerfen. Der Gedanke, Daten über theoretische Krankheitsrisiken könnten via Reihenuntersuchungen an Neugeborenen oder Arbeitnehmern und Arbeitnehmerinnen (*screenings*) auch über die Betroffenen hinaus für Dritte verfügbar werden und zu Diskriminierung durch Krankenkassen, Versicherungen oder im Beruf führen, stellt die Frage nach den Konsequenzen der Gendiagnostik wiederum auf anderer Ebene (Daele 1985b, 94-141; Enquete et al. 1990, 147-175). Besondere Brisanz erhalten solche Überlegungen im Kontext allgemeiner gesundheitspolitischer Maßnahmen in Richtung „gläserner Patient."[19] Als prinzipiellste Probleme der Gendiagnostik bleiben die folgenden festzuhalten: Erstens können bisher nur sehr unsichere Aussagen getroffen werden. Zweitens läßt auch die Feststellung einer Krankheitsdisposition - unabhängig von Erkrankungswahrscheinlichkeit bzw. tatsächlicher Schwere des Leidens, beides kaum prognostizierbare Faktoren - ein „Leben als Patientenkarriere" (Beck-Gernsheim 1991, 106) zu einer immer realistischeren Zukunftsperspektive werden. Selbstverständlich kann die genauere Kenntnis über mögliche Anfälligkeiten im Sinne des Vorsorgeprinzips von Vorteil sein, indem sie in weniger gravierenden Fällen durch entsprechende Le-

---

[18] Zur Verdeutlichung das Beispiel Brustkrebs: Zwar wurden 1994 zwei damit in Zusammenhang stehende Gene (BRCA1 und BRCA2) und etwas später ein weiteres, nämlich TSG101 (SN 28.12.94, 6; 13.1.97, 17), identifiziert, dennoch stellte sich heraus, daß damit das Rätsel dieser Krankheit noch längst nicht gelöst und von Massenuntersuchungen daher dringend abzuraten ist (SN 24.1.96, 7). Erfahrungen aus Test-Pilotprojekten verweisen jedoch auf die grundsätzliche Problematik: In den Niederlanden ließen sich nach positiven Testergebnissen Frauen freiwillig beide Brüste amputieren, obwohl keineswegs feststand, daß sie jemals wirklich erkrankt wären (profil 40/96, 87).

[19] Wie etwa die ursprünglich für 1.1.1998 geplante Einführung von Chipkarten anstelle von Krankenscheinen in Österreich, die unter datenschutzrechtlichen Aspekten ohnehin äußerst umstritten ist.

bensführung das Risiko minimieren hilft. Bei schwereren Krankheiten ist allerdings in der Regel mit einem geringeren Handlungsspielraum, dafür aber mit erhöhter seelischer Belastung zu rechnen. Drittens schließlich verschieben sich durch die Prädiktivmedizin auch die Konturen zwischen Gesundheit und Krankheit, indem schon eine Disposition den Charakter einer „Quasi-Krankheit" annehmen kann.

In der Gentherapie drohen ebenfalls sowohl methodische als auch ethische Fallgruben, die zu den „Dilemmata des medizintechnischen Fortschritts" (Beck-Gernsheim 1995) zu zählen sind. Als eines der dringlichsten Probleme methodischer Natur gilt die Entwicklung geeigneter Übertragungssysteme (Vektoren) für den Gentransfer, d.h. um Gene in kranke Zellen transportieren zu können (Standard 17.7.95, 5). Allgemein herrschte bisher weitgehend Konsens, daß Eingriffe in die Keimbahn, also in befruchtete Eizellen oder in Zellen in sehr frühen Stadien der Embryonalentwicklung, abzulehnen sind. Als ethisch vertretbar - und in etwa mit Organ- oder Gewebetransplantationen vergleichbar - galt lediglich die somatische Gentherapie, der Eingriff in Körperzellen.[20] Das Potential der Gentechnik, bisher für unverrückbar gehaltene Grenzen zu verschieben, zeigte sich jedoch im Frühjahr 1994, als ein US-Forschungsteam ein Patent für ein neues Verfahren beantragte, um männliche Samenzellen genetisch verändern zu können (SN 28.12.94, 6). 1995 begingen schwedische Wissenschafter und Wissenschafterinnen einen weiteren heftig diskutierten Tabubruch, indem sie Parkinson-Kranken als therapeutische Maßnahme Hirnzellen abgetriebener Embryonen einsetzten. Wie leicht mit Tabus auch Dämme brechen, beweist die Tatsache, daß aufgrund des Erfolgs dieses Experiments der amerikanische Präsident Clinton das Moratorium seiner Vorgänger für Transplantationen embryonaler Hirnzellen aufhob (Spiegel 40/95, 218-223).

---

[20] Der unterschiedlichen Wertung liegt die Tatsache zugrunde, daß die somatische Gentherapie auf der Ebene des Individuums bleibt, während die Keimbahntherapie Konsequenzen für die nachfolgenden Generationen hat. Die Diskussion um die Zulässigkeit von Eingriffen in die Keimbahn tobt bereits seit längerer Zeit (Daele 1985b, 185-200) und wird häufig mit hohen moralischen Ansprüchen geführt (Unantastbarkeit menschlichen Lebens). Daele argumentiert allerdings (1985b; erneut bekräftigt 1995), die gesellschaftliche Ablehnung dieser Eingriffsmöglichkeit bzw. ihr Verbot - wie in der BRD - stünde in direkter Proportion zu den diesbezüglichen technischen Möglichkeiten.

3.4. *Landwirtschaft: Tier- und Pflanzenproduktion*

Gentechnik und Welternährung, transgene Nutztiere und -pflanzen - die angekündigte „Neue Grüne Revolution" läßt auch die Landwirtschaft als zentralen Zukunftsmarkt neuer biotechnologischer Verfahren erscheinen. Diese „Herstellung der Natur" (Grosch et al. 1990) stößt allerdings auf weitverbreitetes Unbehagen sowohl hinsichtlich der ihr zugrundeliegenden Denkmuster als auch hinsichtlich der unmittelbaren Anwendungen bzw. ihrer möglichen Folgen.

Die Züchtung transgener Nutzpflanzen soll verschiedene positive Effekte haben, wie Toleranzen gegenüber Pflanzengiften und Resistenzen gegenüber viralen oder bakteriellen Krankheiten bzw. Schädlingen. Darüber hinaus wird die Veränderung einzelner Inhaltsstoffe oder des Größenwachstums zur Steigerung der industriellen Verwertbarkeit angestrebt (Enquete et al. 1990, 57-83). Die Entwicklung in diesen Bereichen ist großteils bereits sehr weit fortgeschritten,[21] dagegen

> ... befinden sich ambitioniertere Projekte wie die Züchtung von Hochleistungspflanzen mit einer gentechnisch verbesserten Nährstoffaneignung, die Fixierung des Luftstickstoffs oder die Intensivierung der Photosynthese ... noch im Stadium der Grundlagenforschung und dürften frühestens zur Jahrhundertwende ihre technische Praxisreife erlangen (Dolata 1993, 742).

Durch den Einsatz all dieser Möglichkeiten wird ein beachtlicher Beitrag zur Lösung sich ständig verschärfender globaler Probleme versprochen, indem einerseits Pflanzen an schwierigste klimatische Bedingungen (insbesondere in der „Dritten Welt") angepaßt werden und so das Hungerproblem entschärfen helfen sollen, andererseits wird durch die Optimierung der Nutzpflanzen selbst eine Verminderung des Einsatzes von Chemikalien und damit eine Ökologisierung der Landwirtschaft in Aussicht gestellt. Ebenfalls in die Richtung einer (zumindest als solche verstandenen) umfassenden Qualitätssteigerung zielt die Anwendung der Gentechnologie in der „Tierproduktion": Zum einen peilt man durch direkte genetische Mani-

---

[21] Allerdings boten viele der entwickelten Pflanzen bisher nur enttäuschende Resultate, wie z.B. eine genmanipulierte Baumwollpflanze der Firma Monsanto, die im ersten großflächigen Praxistest in den USA versagte und binnen kürzester Zeit massiv von eben jenem Pflanzenschädling befallen wurde, gegen den ihr eine Resistenz eingebaut worden war, so daß erneut der Einsatz traditioneller Insektizide geboten war (taz 12.8.96, 12).

pulation am Tierbestand die Züchtung leistungsstärkerer, krankheits- und streßresistenterer Tiere an, zum anderen sollen die Nutztiere unter Einsatz gentechnisch produzierter Arzneimittel, Impfstoffe und Wachstumshormone bestmöglich an ihre Verwertung angepaßt werden. Begriffe wie Qualitäts- und Ertragssteigerung, Optimierung etc. machen evident, daß sich die angestrebten Innovationen nahtlos in die bisherige Industrialisierung und Rationalisierung der Landwirtschaft (Massentierhaltung, Monokulturen, extensiver Chemieeinsaz usw.) einfügen, ja derartige Tendenzen noch weiter potenzieren. Ein Strang prinzipieller Einwände gegen diese Anwendungsbereiche speist sich daher aus der Kritik an bestehenden Agrarstrukturen, die eine grundlegende Neuorientierung in der Landwirtschaft nach Maßgabe ökologischer Kriterien fordert (Hoppichler 1991). Weitere Argumentationslinien fokussieren die gesundheitliche Dimension: Nutztiere betreffend weisen kritische Stimmen darauf hin, daß nur deren Gesundheit (und zwar sowohl die jedes einzelnen Tiers wie auch die der gezüchteten Rassen insgesamt) die Grundlage für qualitativ hochwertige Nahrung bilden kann (Idel/Kamphausen 1986, 136-137; Kamphausen 1990). Sorgen um die Gesundheit der Konsumentinnen und Konsumenten bestehen wiederum in bezug auf transgene Tiere und Pflanzen bzw. die entsprechenden Nahrungsmittel, weswegen auch die öffentliche Akzeptanz und das daraus resultierende Konsumverhalten als wesentliche Meßlatte für den möglichen Profit gilt (Dolata 1993, 741-743). Das prominenteste Beispiel für Kontroversen um den Einsatz der Gentechnologie in der Tierzucht ist wohl der Streit um die Zulassung des von der österreichischen Firma Biochemie Kundl hergestellten Rinderwachstumshormons BST, das Milchleistung und Fleischertrag um bis zu 30% steigern sollte: 1993 verbot der EG-Ministerrat Handel und Anwendung vorläufig für sieben Jahre (SZ 22.7.93, 26) und bekräftigte Ende 1994 diese Entscheidung erneut (FT 16.12.94, 9). Mittlerweile haben die Erfahrungen mit BST in den USA, wo die FDA dessen Einsatz 1993 genehmigte (SN 8.11.93, 6), die negativen Einschätzungen der Gegner und Gegnerinnen des Wachstumshormons weitestgehend bestätigt (SN 17.9.96, 18).[22]

[22] Kritisch ins Treffen geführt wird, der Einsatz von BST führe zu gravierenden gesundheitlichen Belastungen der „Turbokühe" (z.B. durch das gehäufte Auftreten von Euterentzündungen) und in weiterer Folge auch der Konsumenten und Konsumentinnen (etwa wenn die Tiere mit Antibiotika behandelt werden, die wiederum Rückstände in Milch und Fleisch bilden und so ihren Weg in die menschliche Nahrungskette finden). Darüber hinaus leiste BST einer weiteren Konzentration in der Landwirtschaft Vorschub, da nur große Betriebe die aufwendige Haltung der Kühe bewältigen können (ÖB 46/93, 5; ÖkoForum 3/95, 19). Außerdem stellt sich natürlich die prinzipielle Frage, weswegen an der Spirale der Überflußproduktion von Milch und Fleisch noch weitergedreht werden sollte.

Auch an der Züchtung transgener Nutzpflanzen scheiden sich die Geister: Während Befürworter und Befürworterinnen argumentieren, es seien keine größeren Risiken als in der klassischen Züchtung bzw. Kreuzung zu erwarten, vielmehr könnten die angestrebten Resultate punktgenauer und rascher erreicht werden (Panesar/Knorr 1989, 207), halten dem Gegenstimmen - in Analogie zur traditionellen Einführung nichteinheimischer Pflanzenarten - eine Vielzahl möglicher Konsequenzen für das Ökosystem[23] entgegen (Kowarik/Sukopp 1986). Auf besonders heftige Kritik stieß in den achtziger Jahren bereits die Entwicklung herbizidresistenter Pflanzensorten wegen der prognostizierten schwerwiegenden ökologischen und toxikologischen Konsequenzen ihres Anbaus, wie z.B. die unerwünschte Entstehung ebenfalls resistenter Mutanten oder Giftstoffablagerungen im Trinkwasser und in Nahrungsmitteln (Nass 1986; Kiper 1986). Inzwischen sind diese Vorhaben realisiert und Pflanzen- bzw. Getreidesorten, denen bestimmte Pflanzengifte nichts anhaben können (sollen), marktfähig. Die Tatsache, daß die Skepsis nie verstummte und sich die EU daher in den entsprechenden Zulassungsverfahren mit erbittertem Widerstand seitens Umwelt- und Verbraucherverbänden ebenso wie seitens einzelner Mitgliedstaaten konfrontiert sieht, hat zur Folge, daß weiterhin Überlegungen hinsichtlich Risikoabschätzungen und entsprechender Regularien angestellt werden (Levidow et al. 1996). Die Diskussion um den Anbau solcher gentechnisch veränderter Arten, um die sog. Freisetzung, ist zweifellos eines der prominentesten Themen in der Gentechnologiedebatte.[24] Neben den bereits angeführten Befürchtungen setzt ein weiterer zentraler Einwand bei der Mentalität an, ungeachtet des nicht abschätzbaren „Restrisikos" die natürliche Umgebung gleichsam zum Labor, zum Experimentierfeld zu machen - mögliche Konsequenzen des Ausbringens gentechnisch veränderter Pflanzen bzw. Organismen können erst umfassend analysiert werden, wenn die Freisetzung durchgeführt wurde, und selbst dann dauert es Jahre oder Jahrzehnte, bis die volle Tragweite dieses Unterfangens sichtbar wird. Mit anderen Worten: Die Risiken müssen eingegangen werden, um sie tatsächlich bewerten zu können. Als logische Fortführung einer solchen Vorgangsweise wird angenommen, daß

---

[23] Diese können einerseits die Struktur der Ökosysteme betreffen, wenn beispielsweise neue konkurrenzstarke Arten einheimische Pflanzen verdrängen und es zur allgemein erwarteten weiteren Verarmung der Sortenvielfalt kommt, andererseits in weiterer Folge zu Funktionsveränderungen der Systeme führen, die z.B. Wasserhaushalt und Erosionsschutz beeinträchtigen.

[24] Als Freisetzung wird das absichtliche oder unabsichtliche (Laborunfall) Ausbringen eines GVO bezeichnet, bezieht sich also gleichermaßen auf Viren, Mikroorganismen, Pflanzen und Tiere. Allg. zu dieser Problematik Enquete et al. 1990, 213-239; Heydemann 1990.

allfällige negative Folgeerscheinungen wieder nur gentechnisch nach dem herrschenden „Stand der Technik" behoben werden könnten (Weizsäker/Weizsäcker 1986, 159-160), und sich das Karussell Eingriff-Störfall-Reparatur beständig weiterdreht. Einer der Schwerpunkte der Sicherheitsdebatte war neben den potentiellen Risiken mikrobieller Laborarbeit, zu denen das unbeabsichtigte Entweichen von gentechnisch veränderten Organismen zählte, daher auch von Anfang an die absichtliche Freisetzung. Der erste Anlaßfall in den USA, die Freisetzung von *ice minus*,[25] erregte entsprechendes Aufsehen, und besonders in der BRD sind solche Versuchsfelder immer noch Gegenstand hitziger Kontroversen. In Österreich setzte mit den Vorgängen rund um die ersten geplanten Freisetzungen eine längst überfällige Politisierung der hiesigen Gentechnologiedebatte ein.

Gerade im Fall herbizidresistent gemachter Nutzpflanzen stellen sich jedoch noch weitere Sinnfragen. Häufig wird als Vorteil angeführt, durch ihren Anbau könnte der Einsatz von Pflanzenschutzmitteln reduziert werden. Dieser Argumentation mögen allerdings viele Kritiker und Kritikerinnen nicht folgen und rechnen eher mit einer Beschleunigung bereits existenter Konzentrationsprozesse in der Agrarwirtschaft. Große Chemiekonzerne, die sich in der letzten Dekade zunehmend auch in der Saatgutbranche engagierten, gelten als die Hauptnutznießer dieser Entwicklungen, können sie doch mittlerweile herbizidresistente Kulturpflanzen und die entsprechenden Unkrautvernichtungsmittel im Doppelpack anbieten (Freudenberg et al. 1990, 53-55; Kiper 1986, 95-98). Für die Industrieländer bedeutet der Einsatz gentechnologischer Methoden in der Landwirtschaft zweifellos die Möglichkeit zur weiteren Ertragssteigerung mit Hilfe einiger weniger Pflanzensorten - angesichts schon jetzt aus den Strukturen des Agrarsektors resultierender Probleme wie Überproduktion und Monokulturen eine mehr als fragwürdige Tendenz. Die Einrichtung von Genbanken zur Erhaltung bereits längst von den Äckern verdrängter Arten als Ausweg folgt zwar einer verqueren Logik, erfreut sich aber intensiver Unterstützung durch die FAO[26] und wirft ein bezeichnendes Licht auf die

---

[25] Dabei handelt es sich um eine genetisch veränderte Form des Bakteriums *Pseudomonas siringae*, das von einer kalifornischen Firma unter dem Handelsnamen *Frostban* als Mittel zur Bekämpfung von Frostschäden an Getreide patentiert wurde. Zum Skandal kam es, als sich herausstellte, daß noch während Jeremy Rifkin bzw. die FET mit Hilfe der Ausschöpfung sämtlicher juristischer Mittel und breiter Mobilisierung der Bevölkerung eine Kampagne gegen dieses Vorhaben organisierte, ein Feldversuch ohne Genehmigung durchgeführt worden war (Bullard 1986, 25-28; Wheale/McNally 1988, 148-187).

[26] Vertreter und Vertreterinnen von NGOs aus aller und insbesondere aus der sog. Dritten Welt wenden sich vehement gegen diese Position und argumentieren, dies sei

Glaubwürdigkeit all jener Argumente, die die Gentechnologie als Rettungsstrategie für die Entwicklungsländer preisen. Vor allem die Ernährungssituation soll durch den Anbau gentechnisch manipulierter Pflanzen gravierend verbessert werden - skeptische Stimmen verweisen jedoch darauf, daß isolierte agrartechnische Maßnahmen, wie schon das Beispiel Grüne Revolution zeigte, viel wahrscheinlicher die Entfaltung kapitalintensiver Produktion begünstigen, und rechnen mit steigenden Abhängigkeiten von den Industrienationen und Agrarkonzernen sowie einer Zu- anstatt Abnahme ökologischer Krisen (Freudenberg et al. 1990, 52-53). Das zentrale Problem des Hungers in der Welt ist und bleibt eben nicht „lediglich" (Müller-Neumann/Langenbucher 1991, 5), sondern in erster Linie ein Verteilungsproblem, basierend auf den Strukturen der globalen Agrarmärkte und auf den politischen und gesellschaftlichen Verhältnissen in den jeweiligen Ländern. Solange diese Rahmenbedingungen und nicht technische Nutzungspotentiale das Grunddilemma des Einsatzes der Gentechnologie in den Landwirtschaften der südlichen Hemisphäre darstellen, können davon nicht mehr als partielle Vorteile erwartet werden (Seiler 1993).

3.5. Der Mensch und „seine" Natur - Von der Ausbeutung zur Neuschöpfung

Schöpfung und Naturverständnis

Überlegungen zu dem unsere gesamte Vorstellungswelt und Lebensrealität revolutionierenden Potential der Gentechnologie sind Legion. Sie alle gehen, mehr oder minder explizit und aus unterschiedlichsten Blickwinkeln, von den Eingriffsmöglichkeiten in Leben und Natur sowie von den daraus resultierenden Grenzverschiebungen und -aufhebungen aus. Die

---

wohl kaum ein geeigneter Weg zum Erhalt der Biodiversität (taz 17.6.96, 7; 20.6.96, 7). Neben der ökologischen Komponente hat dieser Konflikt eine weitere, ökonomische Facette: Denn die in Rio de Janeiro 1992 verabschiedete *Konvention zur biologischen Vielfalt* legte - nach einer langen und kontroversiellen Vorgeschichte - verbindlich fest, daß die biologische Vielfalt von Pflanzen, Tieren und Mikroorganismen unter die Souveränität der jeweiligen Staaten fällt, womit der zuvor kostenlose Zugriff auf genetische Ressourcen, deren Patentierung und Vermarktung hohe finanzielle Erträge versprechen, für die Branchengiganten aus den Industrieländern unterbunden zu sein droht (Konvention; Purdue 1995). - Zur allgemeinen Debatte über die Position der FAO zum Einsatz moderner Biotechnologie in den Entwicklungsländern vgl. Otterbein 1995 und Perlas 1995.

Relation zwischen Natur und Kultur ändert sich durch die moderne Biotechnologie im Sinne

> ... eines neuen äußersten Punktes in diesem Verhältnis, an dem es nicht mehr bloß um die Beherrschung einer 'feindlichen' oder 'nützlichen' Natur, sondern um ihre Virtualisierung durch ihre Neuerschaffung durch den Menschen geht. Moderne naturwissenschaftliche Diskurse beschreiben diesen Akt selbst als Natur und initiieren damit eine Renaturalisierung von Mensch und Gesellschaft, indem sie die Differenz von Natur und Kultur leugnen (Puntscher Riekmann 1996, 121).

Diese Renaturalisierung bedeutet aber nicht etwa die Rückkehr zu einem organischen Naturverständnis, das in verschiedenen Ausprägungen bis ins 16. Jahrhundert dominiert hatte. Vielmehr wird die singuläre Position des Menschen innerhalb des Gesamtgefüges als natürlich definiert, die ihn zur treibenden und bewußt gestaltenden Kraft der Evolution bestimmt. Die Möglichkeit, den „Bauplan" jeglichen Lebens zu manipulieren, ist damit gleichermaßen Kulminationspunkt neuzeitlichen mechanistischen Naturverständnisses wie des christlichen Auftrags, sich die Erde untertan zu machen; menschliches Herrschafts- und Schöpfungsstreben nähern sich durch die technologische Entwicklung ihrer ultimativen Erfüllung. Diese neue Rolle des Menschen, der sich nun über sein Eingriffspotential in die ihn umgebende Natur hinaus gleichermaßen als „Schöpfer und Subjekt *seines Naturzustandes*" (Moscovici zit.n. Puntscher Riekmann 1996, 121) wiederfindet, bildet den zentralen Angelpunkt einer Vielzahl von Reflexionen - Titel wie „Genesis zwei" (Rifkin 1986) oder „Der entfesselte Prometheus" (Kaufmann 1985) verweisen auf die Verwurzelung in alten Mythen. Während all diese Überlegungen als Prämisse der Gedanke einer prinzipiellen qualitativen Änderung des Umgangs mit Natur und Leben eint, argumentieren Repräsentanten und Repräsentantinnen der naturwissenschaftlichen Zunft, der Einsatz gentechnologischer Methoden sei nichts als eine optimierte und effiziente Variante, natürliche Prozesse zu imitieren und fortzuführen.[27] Die zunehmende Transformation menschlichen *Ein*griffs in die Natur zu einem hemmungslosen *Zu*griff wird als logisches Ergebnis des Strebens nach Wissen und damit als der natürlichen evolutionären Entwicklung der Gattung Mensch gedeutet. Das nachfolgende Zitat eines führenden französischen Molekularbiologen bietet ein stupendes Beispiel für das häufig anzutreffende Schwanken zwischen der

---

[27] Diese Argumentationsweise fand unter der Bezeichnung „Naturanalogiepostulat" in die Literatur Eingang, wird allerdings als Rechtfertigungsstrategie überwiegend als wenig stichhaltig abgelehnt (Damm/Hart 1987, 186; Künzler 1990, 88; Zimmerli 1985, 79).

schulterzuckenden Abwertung von Ängsten, aber auch von eventuellen Konsequenzen, bzw. der Negation einer „dramatischen Wende" (Puntscher Riekmann 1996, 124) in der Menschheitsgeschichte und dem gleichzeitigen Eingeständnis der Faszination durch eine Technologie, die die Realisierung jahrtausendealter Allmachtsphantasien verspricht:

> Doch Schluß mit den grotesken Spekulationen! ... In erster Linie ist also unsere Phantasie betroffen, aufgewühlt von den Fiktionen einer anderen Welt. Zweifellos besitzt die Genetik eine besondere Faszinationskraft, weil sie uns im innersten Wesen berührt. Die Erfahrung der letzten Jahre hat gezeigt, daß dieses Thema uralte Machtträume in uns weckt und zugleich die Angst vor ihnen. Sind solche leidenschaftlichen Reaktionen nicht immer dann zu beobachten gewesen, wenn den Menschen angesichts der eigenen Entdeckungen der Taumel packte? Die Vorstellung eines genetischen Übermenschen fasziniert *und* schreckt uns in einem. Wir möchten Götter sein und haben Angst davor ... Allein, was soll's? Wir bleiben ganz sicher Menschen. Der Faden unseres Lebens wird auch weiterhin von den Parzen gesponnen (Kourilsky 1989, 270).

Ethische Betrachtungen zur neuen Rolle des Menschen verengen sich häufig auf die Perspektive der Moraltheologie.[28] Zumeist werden Eingriffe in Fauna und Flora sowie die damit verbundenen Veränderungen - gemäß dem biblischen Kulturauftrag zur Gestaltung der Welt und zur Beherrschung der Kräfte der Natur - implizit akzeptiert, die Überordnung des Kreators über die Kreatur anerkannt. An ihre Grenzen stößt eine solche Betrachtungsweise jedoch an dem Punkt, wo jene Schöpferrolle die Integrität, die „Heiligkeit" menschlichen Lebens selbst zu gefährden droht. Die Abwägung der Frage, inwieweit eine genetische Manipulation am Menschen dem Schöpfungsauftrag entspricht oder ob sie nicht doch als verwerflich und frevlerisch zu bezeichnen ist, wird häufig mit dem Hinweis beschlossen, letztlich bestimme das Ziel des Eingriffs das moralische Urteil. Gerade jedoch wenn es um die Verknüpfung der Themenkreise Gentechnik und Reproduktionsmedizin geht - die sich nicht methodisch, sondern aus einzelnen Anwendungsfeldern (z.B. Keimbahntherapie, Klonen) ergibt -, scheint die selbst eingeforderte Standhaftigkeit gegenüber jeglicher relativistischer Ethik (z.B. bei Rahner 1985) ins Wanken zu geraten. Denn die leidenschaftliche Ablehnung der sog. verbrauchenden Embryo-

[28] Exemplarisch sei hier auf etliche Beiträge in dem von Rainer Flöhl herausgegebenen Sammelband (1985) verwiesen. Ganz allgemein kam aber kaum ein Werk zu Chancen und Risiken der Gentechnologie in den letzten Jahren ohne diese Sichtweise aus.

nenforschung[29] erscheint angesichts der Befürwortung von künstlicher Befruchtung innerhalb der Ehe[30] wenig konsequent - immerhin werden unabhängig von den Lebensumständen der Personen, die sich einer IVF unterziehen, dabei immer mehrere Eizellen befruchtet und damit die Grundvoraussetzungen für derartige Experimente geschaffen.

Es ist gerade diese Verbindung von Gentechnik und Fortpflanzungsmedizin, an der auch der kritische feministische Diskurs[31] ansetzt. Die jahrtausendealte Tradition von Schöpfungsmythen, die in allen Kulturkreisen die Frage des Menschen nach seinem Ursprung und Wesen widerspiegeln, wurde bereits angesprochen. In diesem Sinne geben vor allem die Menschenschöpfungsmythen der verschiedenen Kulturen - mehr noch als jene, die sich mit der Erschaffung der Welt in ihrer Gesamtheit befassen - Aufschluß über das jeweilige Selbstverständnis der Menschen und ihr Verhältnis zu ihrer Umwelt (Luginbühl 1992, 15). Feministinnen lesen viele dieser Schöpfungsmythen weniger als allgemein menschliche, denn in erster Linie als männliche Allmachtsphantasien der Naturunterwerfung *und* als Ausdruck des männlichen Wunschtraums vom Lebenspenden:

> Schon die Mythen von den gebärenden Göttern spiegeln die Vereinnahmung weiblicher Fähigkeiten wider und zeigen den Übergang zu einer maskulin geordneten und beherrschten Gesellschaft an. Solche Kopfgeburten zum Beispiel sind Athene, die dem Haupte ihres Vaters Zeus entspringt, oder Eva, die man aus Adams Rippe schafft (Weikert et al. 1989, 10).

Die Entwicklung patriarchaler Gesellschaftsformen bzw. das Vaterrecht schrieb die Dominanz des männlichen Willensaktes über den weiblichen Gebärakt fest und erhob die Vaterschaft zum „geistig-schaffende(n) Prinzip über die Welt" (Weikert et al. 1989, 10). Künstliche Befruchtung, Embryospülung und -transfer erweitern nun die Möglichkeiten der seit Jahrhunderten geübten Praxis männlicher Fortpflanzungskontrolle (Pauritsch

---

29 D.h. der humangenetischen Forschung an abgetriebenen oder bei der künstlichen Befruchtung „überzähligen" Föten, also solchen, wo zwar die Befruchtung, nicht aber der Transfer in den Körper der Frau stattfand. Diese Experimente dienen ausschließlich dem Erkenntnisgewinn, nicht aber der Therapie des Embryos, der „verbraucht" wird.

30 Die sich darauf gründet, daß nach christlicher Lehre die Fortpflanzung das höchste Ziel innerhalb der Ehe ist.

31 Es sei an dieser Stelle darauf verwiesen, daß es feministische Perspektiven gibt, die gerade die Reproduktionsmedizin als Möglichkeit erhöhter weiblicher Autonomie sehen.

et al. 1988; Trallori 1990).[32] Der Wunsch, direkt in den Menschwerdungsprozeß einzugreifen und ihn dem weiblichen Körper zu entreißen, gipfelt schließlich im Traum von einer künstlichen Gebärmutter, also einer Maschine, in der sich der Embryo entwickeln soll (*Ektogenese*).[33] Ihren deutlichsten Ausdruck findet die Idee, der Mann könne alleine, d.h. ohne eine Frau, Leben erschaffen, in den Figuren des *Golem* und des *Homunculus*: In der mittelalterlichen jüdischen Mystik ist der *Golem* nach der Legende eine Lehmgestalt, der Leben eingehaucht wird; an der Erschaffung des *Homunculus* versuchten sich zahllose Alchimisten - doch trotz eines von ihm überlieferten „Rezeptes" scheiterte selbst Paracelsus an diesem Unterfangen, das bislang nur in der Literatur (wie in Goethes *„Faust")* gelang. Das Klonen von Lebewesen wird in der feministischen Theorie als Verwirklichung des „klassischen patriarchalischen Mythos von der alleinigen Elternschaft des Mannes" (Corea 1988, 237) interpretiert. Die Schöpfungssehnsucht des Menschen ist jedoch ein Thema, das die gesamte Philosophie beschäftigt, und der geklonte Mensch kann ebensogut als der „letzte Mensch", den Nietzsche in *„Zarathustras Vorrede"* als Gegenpol des Übermenschen zeichnet, gedeutet werden (Bolz 1989).

Bis zur Herausbildung des neuzeitlichen mechanistischen Naturverständnisses stand im Zentrum der Organismusmetapher die Gleichsetzung von Natur mit Weiblichkeit, die zwei Leitmotive beinhaltete: Zum einen das Bild der nahrungsspendenden „Mutter Erde", zum anderen jenes der wilden, unzivilisierten, sich männlichen Ordnungsprinzipien widersetzenden und diese daher bedrohenden Natur (Merchant 1994). Praktische Entdeckungen - nicht umsonst markieren Galileis Experimente jene Zäsur in der Wissenschaftshistorie, die die Neuzeit von der Antike trennt - standen am Anfang eines neuen, funktionellen Denkens, die Beobachtung natürlicher Vorgänge wurde weiterentwickelt zur Herstellung von mathematisch und graphisch darstellbaren Relationen. So mündeten erste Erkenntnisse in eine neue Erkenntnistheorie und in ein neues Naturkonzept, die exakten, die Erfahrungswissenschaften und ihre Methoden entstanden (Fleckenstein 1965, 33-89). Galilei und Kepler hatten dafür die Grundsteine gelegt,

---

[32] Die Auseinandersetzung mit männlichen Strategien, die reproduktive Fähigkeit der Frau (sowohl praktisch als auch politisch) zu kontrollieren, zu technisieren und künstlich nachzuvollziehen, nimmt in der feministischen Literatur großen Raum ein. Wesentlich in diesem Zusammenhang waren v.a. die Deutung der Geschichte des weiblichen Körpers als Geschichte der Krankheit und das Zurückdrängen von Frauen (Hebammen) aus den Bereichen Frauenheilkunde und Geburtshilfe zugunsten eines männlich dominierten medizinischen Systems.

[33] In Australien und Italien wird mit entsprechenden Apparaturen bereits - von den jeweiligen Ethikkommissionen genehmigt - experimentiert; bisher haben Embryonen diese „Haltung" einige Tage überlebt (Faust III, 1994).

Francis Bacon wurde mit seiner Utopie *„Neu-Atlantis"* zum Visionär des neuen mechanistischen Modells, Descartes und Newton schließlich zu seinen Heroen. Das einstige große Ganze Natur wurde durch die neuzeitliche Naturwissenschaft in immer kleinere Bestandteile zerlegt und zunehmend nur noch als Objekt der Beherrschung begriffen: „Je konsequenter sich der Mensch dieser Natur zuwandte, desto mehr entfernte er sich gleichzeitig von ihr ..." (Hempel 1989, 188). Zuwendung war also untrennbar verbunden mit Entfremdung und Unterwerfung - Dichotomien wie Vernunft vs. Gefühl, Geist vs. Körper, Kultur vs. Natur, Objektivität vs. Subjektivität beinhalten eine klare Hierarchie und gründen auf dem Konzept der Zähmung und Beherrschung einer wilden, weiblichen Natur durch männliche Ordnungsprinzipien. Dieses mechanistische Naturkonzept ging mit der Neuformulierung von Gesellschafts- bzw. Herrschaftsmodellen und der Etablierung entsprechender Wirtschaftsstrukturen einher - das Projekt der neuzeitlichen Wissenschaft stand nicht zuletzt auch im Dienst des Willens zur Macht (Hempel 1989, 186) und die Maschinenmetapher, die das Organismusbild abgelöst hatte, verlieh der Welt eine umfassende neue Ordnung (Merchant 1994, 212).[34]

Die neuzeitlichen Naturwissenschaften - zuerst Physik und Chemie, später vor allem die (Molekular)Biologie - führten zweifellos zu einem enormen Erkenntnisgewinn. Dennoch können mit ihrer Hilfe nur jene Facetten alles Lebendigen und Natürlichen wahrgenommen (im doppelten Wortsinn) und in der Folge erklärt werden, die im Raster ihrer konzeptuellen Vorstellungen und Methoden erscheinen. In Wirklichkeit steht die Menschheit (auch mit der Genomanalyse) daher nicht an der Schwelle zur Entzifferung des „Buches der Natur", denn

> ... dieses Buch ist nicht von der Natur selbst geschrieben worden. Es ist ein Buch *über* die Natur, geschrieben von Biologen in einer Sprache, die durch die Methoden und Begriffe ihrer Wissenschaft geprägt ist. Diese Sprache erfaßt bestimmte Aspekte der belebten Natur - der Mensch stets eingeschlossen - mit zunehmender Genauigkeit: die molekulare Maschinerie... (Herbig/Hohlfeld 1990, 9).

Exaktes Wissen beruht wesentlich auf Ausblendung und Reduktion. Durch die Reduktion auf Stoffwechselprozesse und auf die Reproduktion genetischer Information sehen wir uns jedoch mit einer neuen „Deutung des

[34] Selbstverständlich verliefen die hier nur sehr oberflächlich skizzierten Entwicklungen nicht linear, sondern die einzelnen Aspekte standen in permanenten Wechselwirkungen zueinander; gab es auch, wie in der Romantik, Gegenströmungen (Hofer 1995, 18).

Menschen und der Gesamtwirklichkeit" (Koslowski 1991), mit einem neuen Repräsentationsmodell für „Leben" überhaupt (Gottweis 1995 a,b) konfrontiert.[35] Dieses Bild des Menschen als molekulares System läßt alles, was über angeborene Programme hinaus die unverwechselbare Persönlichkeit konstituiert - wie auch immer es genannt sein möge: Vorstellungs- und Gefühlswelt, Geist und Emotion, Bewußtsein -, außer acht und entwirft nach Meinung vieler (exemplarisch Heitler 1991) nichts als ein Zerrbild menschlicher Existenz. Konsequent zu Ende gedacht ist innerhalb eines Systems, das jegliche Form von Leben auf biochemische Strukturen reduziert, der Eingriff zur Behebung eines Defekts im „Bauplan" ebensowenig problematisch wie die Überwindung von Artgrenzen oder die Patentierung „lebenden Materials." Der Gentechnologie ist nicht nur die Verschiebung, sondern vielmehr der „Wegfall" von Schranken inhärent. Zu diesem Potential gehört auch die Veränderung von Konturen der Politik und der Ökonomie, die z.B. von Gottweis (1995b) und Puntscher Riekmann (1996) thematisiert wird.

Neue Humangenetik und alte Ideen

Schöpfung strebt nach Vollkommenheit. Gentechnologische Allmachtsphantasien beinhalten daher die Idee einer Perfektionierung jeglicher, insbesondere aber menschlicher Existenz, die allerdings bei vielen Erinnerungen an die jüngere Geschichte, an eugenischen und rassenhygienischen Wahn und Schrecken aufkeimen läßt.[36] Das Diktum von der „Eugenik im neuen Gewand" ist dabei durchaus zutreffend, haben sich doch in den Jahrzehnten nach dem Zweiten Weltkrieg wesentliche Akzentverschiebungen ereignet. Während dieser Periode entwickelte sich aus den

---

[35] Enorm viel zu dieser Sichtweise trug Richard Dawkins mit seinem 1976 erstmals erschienenen Werk *„The Selfish Gene"* bei, dessen Kernthese wie folgt lautet: „Wir sind Überlebensmaschinen, Roboter, blind programmiert zur Erhaltung der selbstsüchtigen Moleküle, die Gene genannt werden" (Dawkins 1994, 18).

[36] Die Eugenik versteht sich als „Wissenschaft vom guten Erbe", ihr Ziel ist die Steuerung der menschlichen Fortpflanzung nach qualitativen Kriterien. Die Programmatik wurde von Francis Galton schon in den 60er Jahren des vergangenen Jahrhunderts festgelegt, noch bevor er die Bezeichnung prägte (Kevles 1985, 3). Es wird zwischen positiver Eugenik, d.i. die Förderung der Fortpflanzung von Menschen mit „gutem Erbgut", und negativer Eugenik, d.h. Beseitigung „schlechten Erbguts" im Genpool durch Verhinderung der Fortpflanzung, unterschieden. Ehe es im nationalsozialistischen Deutschland zur radikalen politischen Umsetzung eugenischer Vorstellungen kam, erfreute sich diese Disziplin vor allem im angloamerikanischen Raum großer Popularität. Zu Genese, Kontinuitäten und Transformationen eugenischer Utopien s. Kevles 1985 sowie Weingart et al. 1988.

einzelnen Strängen der traditionellen Vererbungslehre ihre moderne Variante, die Humangenetik. Ihre Konstituierung stand, vor allem in personeller Hinsicht, unter den Vorzeichen großer Kontinuität: Als der neuen Disziplin 1948 mit der Gründung der *American Society for Human Genetics* die Geburtsstunde schlug, fungierte als ihr erster Präsident Herman J. Muller, der sich zeitlebens als linker, progressiver Eugeniker verstand und bereits in den zwanziger Jahren seine diesbezüglichen Konzepte erarbeitet hatte. Zwar gab es keine „Stunde Null" für die Humangenetik, dennoch bestand eine Art stillschweigende Übereinkunft dahingehend, daß die neue Profession in möglichst weite Distanz zu ihren eigenen Traditionen und zu ihrer historischen Hypothek gebracht werden mußte, um Akzeptanz gewinnen zu können. In besonderem Ausmaß galt dies für Deutschland, wo rassistische Politik, Massenmord, Zwangssterilisationen und Euthanasieprogramme die hier als „Rassenhygiene" bezeichnete Eugenik völlig diskreditiert hatten. Ausschlaggebend für den Erfolg dieses Manövers war die Strategie, die Humangenetik aus der Anthropologie auszugliedern und in die Medizin zu integrieren. Damit verband sich eine Abkehr von sozialtechnologischen Konzepten der Eugenik und von der Beschäftigung mit Merkmalen ganzer Populationen. Statt dessen wandte man sich nun der genetischen Beschaffenheit von Individuen und Konzepten der Gesundheitsvorsorge zu. Dieser Paradigmenwechsel bedeutete nicht automatisch eine völlige Lösung von eugenischen Orientierungen - wie etwa die Aussagen beim bereits erwähnten Ciba-Symposium drastisch belegen -, half aber, negative Konnotationen zu vermeiden (Kevles 1985, 193-237; Weingart et al. 1988, 581-668).[37]

Eines der humangenetischen Hauptanwendungsgebiete ist heute die Beratung im Rahmen der Schwangerschaftsvorsorge. Durch die Methoden der pränatalen Diagnostik sollen eventuelle genetische Defekte des Fötus erkannt werden.[38] Ein pathologischer Befund stellt die Eltern aufgrund fehlender Therapieansätze zwangsläufig vor die Entscheidung, eine Ab-

[37] Aufgrund dieses Perspektivewechsels auf die individuelle und weiter auf die Zellstufe unter Beibehaltung des Selektionsgedankens spricht Trallori (1995, 7) von „molekularer Eugenik."

[38] Unterschieden wird zw. nicht-invasiven Methoden wie Blut-, Harn- und Ultraschalluntersuchungen und invasiven Methoden, um zu fötalem Zellmaterial zu gelangen, dies sind in erster Linie Amniocentese, Fetoskopie und Chorionbiopsie (Enquete et al. 1990, 148). Die Aussagekraft dieser Verfahren wird allerdings stark überschätzt: Tatsächlich sind nur wenige genetische Krankheiten vorgeburtlich feststellbar (auf die Problematik der Überzahl polygenetisch bedingter Defekte wurde bereits weiter vorne hingewiesen). Hinzu kommt die Tatsache, daß nur ca. 3-5% aller Behinderungen genetisch bedingt sind, die überwältigende Mehrheit der Störungen entsteht während der Geburt oder wird im Verlauf des Lebens erworben (Abels 1991, 106).

treibung vornehmen zu lassen oder ein behindertes Kind zur Welt zu bringen. Dabei geht diese Spielart der modernen Humangenetik von einer non-direktiven Haltung aus: Sie soll Informationen, aber keine Ratschläge bereitstellen und den individuellen Entscheidungsprozeß nicht beeinflussen (Beck-Gernsheim 1995, 111). Eine (neo)eugenische Orientierung wird heftig bestritten. Die Krankheitsprävention, prinzipiell gleichermaßen ein individuelles Handlungsziel und eine öffentliche Aufgabe (Daele 1989a, 207), unterliegt allerdings auf Basis der pränatalen Diagnostik durchaus selektionistischen Kriterien, denn „(e)s ist mehr als eine sprachliche Unkorrektheit, wenn immer davon die Rede ist, daß man die Erbkrank*heiten* bekämpfen will ..." (Beck 1988, 49) - in der Realität geht es um die Erb*kranken* selbst, wie eine Humangenetikerin unverblümt zugibt: „Die Krankheit wird verhindert, indem man die Existenz des Kranken auslöscht" (zit.n. Beck-Gernsheim 1991, 104). Zwang im Sinne eugenisch ausgerichteter Politik wird dabei in der Tat nicht ausgeübt, ist doch die gesamte Verantwortung auf die individuelle Ebene gerutscht. Die „Unschuld der Diagnose" (Schlüter 1989, 260) ist dennoch eine Illusion, denn „*Information* (hat) *per se etwas sozial Zwingendes*" (Beck-Gernsheim 1991, 114). Somit zeichnen sich durchaus tiefgreifende soziokulturelle Wandlungsprozesse durch die pränatale Diagnostik ab. Der Wunsch, ein gesundes Kind zu bekommen, pervertiert zunehmend zur Verpflichtung. Eltern wird tendenziell verantwortungsloses Handeln vorgeworfen, wenn sie ungeachtet des Risikos, genetische Krankheitsanlagen weiterzugeben, an Fortpflanzung denken bzw. wenn sie trotz eines vorgeburtlich diagnostizierten Gendefekts keine Abtreibung durchführen lassen.[39] Unverständnis und Vorhaltungen erzeugen aber sozialen Druck, Strukturprobleme des Gesundheitswesens legen die Betonung immer stärker auf persönliche - auch finanzielle - Verantwortung und Vorsorge. Mehr oder minder subtil entsteht so aus einer Präventivmentalität sukzessive präventiver Zwang (Beck-Gernsheim 1991, 114-123; 1995, 111-138; Daele 1989a, 219-226). Angesichts einer solchen Selektionsmentalität ist insbesondere auch eine Veränderung im Umgang mit behinderten Menschen zu befürchten. Je mehr Behinderung als individuelles - und auf Basis pränataler Diagnostik vermeidbares - Ri-

[39] Besonders in den USA sind Rufe nach „genetischer Verantwortung" bereits recht laut, im Zentrum dieser Argumentation steht in der Regel der „Schutz" der zukünftigen Kinder. Amerikanische Gerichte haben sich diese Auffassung teilweise zu eigen gemacht und in sog. *wrongful life*-Klagen unter Berufung auf das Recht der Kinder, „'als vollständige, intakte Menschen geboren zu werden' ... Schadensersatzansprüche der Kinder gegen Ärzte wegen mißglückter oder unterlassener Abtreibung gewährt. Nun braucht man ein solches Recht nur noch gegen die Eltern selbst geltend zu machen, und man hat einen wirksamen indirekten Rechtszwang zu eugenischer Familienplanung" (Daele 1989a, 219-220).

siko verstanden wird, desto eher wird der ohnehin vorhandenen Ghettoisierung und Verdrängung aus dem gesellschaftlichen Erfahrungs- und Vorstellungshorizont Vorschub geleistet (Abels 1991, 112), verlieren Integrationsmaßnahmen an Dringlichkeit. Dies scheint um so dramatischer, als auch Chromosomenanalysen nie den Grad einer Mißbildung angeben können. Unterschiede im tatsächlichen Krankheitsbild beruhen in hohem Ausmaß auf sozialen Einflüssen. So galten Kinder mit dem Down-Syndrom noch vor 25 Jahren als geistig schwerst geschädigt und nicht bildungsfähig, heute weiß man um ihre Entwicklungsfähigkeit bei entsprechender Förderung bzw. Integration (Schindele 1990, 87). Andererseits verändert die Konzentration auf die Gesundheit des Fötus auch die Position der Frauen, die feministischer Kritik zufolge die durch Pille und Abtreibungsdebatte gewonnene Autonomie über den eigenen Körper wieder verlieren,[40] indem sie zunehmend zu „Behältern“ und - möglichst gesunder - „Umgebung“ für den Embryo werden, oder, anders gesagt, von „gläsernen Patientinnen“ zu „gläsernen Gebär-Müttern“ (Schindele 1990) mutieren.

Grenzverschiebungen und Versuche der Grenzziehung

Technische Möglichkeiten lassen Dämme niederbrechen, die für unbezwingbar gehalten wurden. Wo - aufgrund unseres kulturgeschichtlichen Hintergrunds - in der Tier- und Pflanzenzucht vielen nur Konturen zu verschwimmen scheinen, droht das Menschenzüchtungspotential der Gen-Ingenieurskunst eine vollständige Erosion von Wertvorstellungen einzuleiten. Die Frage nach der kulturellen und politischen Akzeptabilität der Gentechnologie wird abstrakt unter dem Stichwort „Sozialverträglichkeit“ geführt, bleibt aber praktisch meist im Rechen der fragmentierten Lösungsansätze politischer und rechtlicher Regulierung hängen. Die anfängliche Konzentration der Regulierungsdebatte auf Sicherheitsaspekte zeigte dies deutlich. Auch andere Fragen werden aus dem Kontext herausgelöst und spezifischen Rechtsgebieten (wie Patent- und Arbeitsrecht, Datenschutz usw.) zugeordnet; die technischen Fortschritte der letzten Jahre verweisen jedoch zunehmend auf die jeder prinzipiellen Auseinandersetzung mit der Gentechnologie und verwandten Bereichen zugrundeliegenden Fragen.

Die reduktionistische Perspektive, von der bereits die Rede war, ermöglicht einen bedenken- und schrankenlosen Umgang mit allen existenten

[40] Vgl. zu dieser Argumentation Treusch-Dieter 1986 bzw. 1994.

Lebensformen. Öffentliche Reaktionen auf immer neue wissenschaftliche Durchbrüche spiegeln ein weitverbreitetes, oft diffuses Unbehagen mit dieser Entwicklung wider, indem stets aufs neue von der Überschreitung eines Rubikons gesprochen und die Frage nach ethischer oder moralischer Legitimation solchen Vorgehens gestellt wird. Als Beispiele seien hier Kontroversen um Chimärenbildungen wie die Schiege (also die Mischung zwischen Schaf und Ziege; Friedrichsen 1993, 25) oder um die Patentierung der sog. Krebsmaus (*oncomouse*)[41] angeführt. Ein besonders spektakuläres Thema ist schließlich das Klonen von Lebewesen, das nicht nur die Singularität eines jeden Individuums massiv infrage stellt. Das technische Potential, Leben völlig identisch zu multiplizieren, läßt Schreckensvisionen von eigens gezüchteten menschlichen „Ersatzteillagern", jederzeit auftaubaren Kopien Verstorbener usw. entstehen. Am 13. Oktober 1993 wurde ein medizinisches Experiment präsentiert, das zu einer lebhaften internationalen Diskussion über medizinische Ethik und zu heftigen öffentlichen Protesten führte: Den Reproduktionsmedizinern Robert Stillman und Jerry Hall war es an der Washingtoner Universitätsklinik gelungen, erstmals einen menschlichen Embryo zu klonen und damit den „Traum von der Einzigartigkeit des Menschen" zu zerstören (FR 27.10.93, 3).[42] Zentral war in diesem Fall nicht der wissenschaftlich-technische Durchbruch - in der Nutztierzucht wurden derartige Verfahren bereits seit rund zehn Jahren angewandt -, sondern die Tatsache, daß man das Tabu der Unantastbarkeit menschlichen Lebens verletzt hatte.[43] Konfrontiert mit allgemeiner Empörung nahmen die Forscher eine defensive Haltung ein

41 Im April 1988 machte jene Maus Rechtsgeschichte, die als erstes Tier in den USA patentiert wurde. Mitarbeiter der *Harvard University* hatten gentechnisch einen neuartigen Organismus geschaffen, indem sie ein menschliches Krebsgen in Eizellen einbauten, aus denen sich in ihrer Erbmasse nachhaltig veränderte Tiere entwickelten. Das US-Patent- und Markenamt entschied, die „Harvard-Maus" sei nach dem geltenden Patentrecht schutzwürdig, weil sie neu und für die künftige Krebsforschung nützlich sei (Spektrum 5/91, 74). Das Europäische Patentamt (EPA) erteilte 1992 dieses umstrittene Patent, im November 1995 flammte der Streit darüber anläßlich der letzten Anhörung über die Einsprüche dagegen erneut auf (taz 21.11.95, 7)

42 Für diesen Versuch wurden künstlich befruchtete Eizellen verwendet. Nachdem sich eine solche Eizelle während ihrer ersten Entwicklungsschritte zum Embryo einige Male geteilt hatte, wurde die Schutzhülle (*zona pellucida*) zerstört und die einzelnen Teilprodukte wurden mikrochirurgisch voneinander getrennt. Die eigentliche wissenschaftliche Neuheit bestand nun darin, daß es gelang, die getrennten Zellen in eine künstliche Schutzhülle einzubringen, wo sie sich unabhängig voneinander weiterentwickelten, so als wäre jede von ihnen die ursprünglich befruchtete Eizelle. Theoretisch hätte jede dieser Zellen in eine Gebärmutter implantiert werden können (FAZ 27.10.93, 11-12; Spiegel 52/93, 178-179).

43 Sowohl in Österreich wie auch in der BRD hätte das Forschungsteam geltendes Recht mit seinem (von der universitären Ethikkommission genehmigten) Experiment verletzt.

und argumentierten, doch nur einen bescheidenen experimentellen Fortschritt auf dem Weg zu erfolgreicherer künstlicher Befruchtung erzielt zu haben. Darüber hinaus habe man nur mit abnormen Embryonen gearbeitet, die nie zu einem Menschen hätten heranwachsen können,[44] und von echtem Klonen könne ohnehin keine Rede sein, denn dazu sei es nötig, die genetische Kopie nicht einer befruchteten Eizelle, sondern eines erwachsenen Menschen herzustellen (Spiegel 52/93, 178-180).

Auch diese Hürde wurde mittlerweile, zumindest in der Tierzucht, genommen: Im Februar 1997 wurde bekannt, daß mehr als ein halbes Jahr zuvor am *Roslin Institute* in Edinburgh erstmals das Klonen eines erwachsenen Schafes (d.h. nicht aus einer Embryonal-, sondern aus einer bereits ausdifferenzierten Zelle) gelungen sei (SN 25.2.97, 17).[45] Während diese Neuigkeiten noch Anlaß genug boten, darüber zu sinnieren, daß wohl gemäß der Logik wissenschaftlicher Eigendynamik auch der nächste Quantensprung - ungeachtet aller Bedenken - zu erwarten sei, holte die Realität diese Überlegungen ein: Nur wenige Tage später wurde bekannt, daß das Klonen von Primatenembryonen ebenfalls bereits erfolgreich verlaufen sei (SN 4.3.97, 21). Es war jedoch das geklonte Schaf namens Dolly, daß in der Folge zum leibhaftigen Symbol für die Fragwürdigkeit wissenschaftlich-technischen Fortschritts wurde. Das Konterfei Dollys zierte unter anderem das Titelblatt des *Time Magazine*, wie überhaupt Bilder von ihr sicherlich zu den meistpublizierten Fotos aus dem Wissenschaftsbereich im Jahr 1997 zählten. Ganz allgemein läßt sich festhalten, daß die „One and Clonly Sheep-Show“ (Felt/Kröll 1998, 6) ein lohnendes Thema für die Massenmedien war. *Cover stories* von *Time* über *Spiegel* bis *profil* sowie unzählige Artikel widmeten sich der Frage nach der Multiziplierbarkeit von Leben und deren Implikationen, und Begriffe wie „kopiertes Leben“, „Copyshop des Lebens“ oder „Homo Xerox“ fanden geradezu inflationäre Verwendung. Die Vorstellung von vielfach geklonten Diktatoren, menschli-

---

44 Interessanterweise thematisierte niemand die Widersprüchlichkeit dieser Aussagen: Fortschritt für die IVF und „Produktion“ nicht lebensfähiger bzw. nicht implantierbarer Embryonen schließen einander logisch aus. Tatsächlich sollten solche Aussagen der öffentlichen Beschwichtigung dienen. In einem Fernsehinterview (Faust III, 1994) äußerte sich Stillman im übrigen nur kurze Zeit nach dem Klonexperiment deutlich anders: Explizit kündigte er an, diese Versuche demnächst mit gesunden Embryonen durchführen zu wollen und bestritt darüber hinaus das Recht auf eine eigene genetische Identität. Manipulationen wie das Klonen verglich er in der Qualität ihres Eingriffs in die Natur mit dem Tragen einer Brille - Ziel sei immer nur die Nachbesserung.

45 Der Zweck dieses Unterfangens bestand in erster Linie in der vermehrten Gewinnung von Pharmazeutika. Nach den Erfolgsmeldungen schnellten sofort die Börsenkurse der Firma, in deren Auftrag das schottische Experiment durchgeführt worden war, um 7,5% in die Höhe (profil 10/97, 74).

chen Kampfmaschinen und Schönheitsikonen wurde in den Raum gestellt. Trotz des weitverbreiteten Verbots derartiger Experimente fand auch die Frage nach demokratischer Kontrolle, nach rechtlichen Restriktionen und nach eventuellen juristischen Schlupflöchern enorme Beachtung. In den USA beauftragte Präsident Clinton die nationale Ethikkommission, die ethischen und juristischen Folgen dieses Experiments speziell für den Humanbereich zu prüfen (taz 26.2.97, 7). Zahlreiche Kirchenvertreter, allen voran der Vatikan, ebenso wie die EU-Kommission und das Europäische Parlament sowie die Weltgesundheitsorganisation artikulierten ihre ethischen Bedenken beziehungsweise ihre vehemente Ablehnung (SN 4.3.97, 21; SN 12.3.97, 21; SN 16.5.97, 19). Das Rad der Entwicklung drehte sich dennoch unaufhörlich weiter, und knapp ein Jahr nach der Geburt von Dolly wurde das Schaf Polly gezüchtet, dem menschliche Gene eingepflanzt wurden. Dieser Eingriff sollte dafür sorgen, daß die Schafsmilch menschliche Proteine enthält, die dann isoliert und in Form von Medikamenten etwa Blutern oder Menschen mit Knochenmarkserkrankungen zur Verfügung gestellt werden sollen (Presse 25.7.97, 10).[46]

Bereits die Wissenschafter des Roslin-Instituts waren ob ihrer Züchtungen von Dolly und Polly ins Kreuzfeuer der Kritik geraten. Waren sie in der medialen Darstellung noch eher dem Bild des Dr. Jekyll nahegekommen, fand sich alsbald auch sein Gegenstück Mr. Hyde (Felt/Kröll 1998, 7). Das Bild des bösen oder verrückten Wissenschafters, wohlbekannt auch aus anderen Romanen und vielen Filmen, bekam ein neues Gesicht: Das des amerikanischen Wissenschafters G. Richard Seed aus Chicago, der keinerlei Zweifel daran ließ, als erster das Klonen von Menschen durchführen zu wollen. Die Folge war ein erneuter globaler Protestschrei, ungeachtet des dubiosen Eindrucks, den der in der Reproduktionsforschung tätige Physiker allgemein hinterließ (SN 10.1.98, 8). Im Verlauf des Jahres 1998 präzisierte Seed seine Pläne und kündigte an, sich mit Hilfe seiner Ehefrau selbst klonen zu wollen: Diese sollte einen Embryo aus den Zellen ihres Mannes und der Eizelle einer Spenderin austragen (SN 8.9.98, 8).

Wenn auch Seed ein Mangel an Glaubwürdigkeit zu bescheinigen war, und seine abstrusen Vorstellungen ihn der Lächerlichkeit preisgeben konnten, waren alles in allem doch epochale Schritte in Richtung Klonen gemacht worden, die zumindestens der öffentlichen und politischen Dis-

---

[46] Wenig später mußten die Forscher des Roslin-Instituts allerdings eingestehen, daß bei Polly noch nicht voll entwickelte Körperzellen verwendet worden waren (taz 28.7.97, 11). Bereits im Fall von Dolly waren diesbezüglich immer wieder massive Zweifel laut geworden (Presse 7.8.97, 3). Anfang 1998 räumte schließlich der „Schöpfer" Dollys, Ian Willmut, erstmals die Möglichkeit eines Fehlers ein (Presse 18.2.98, 11).

kussion dieser Thematik eine neue Triebfeder verliehen. Fragen, die kurz zuvor noch in das Reich der Phantasie verwiesen worden waren, gewannen dadurch an Brisanz. Als eine der Konsequenzen aus den eben beschriebenen Entwicklungen wurde schließlich am 12. 1. 1998 das erste europaweite Zusatzprotokoll zur Europaratskonvention über Biomedizin von 19 Mitgliedsländern unterzeichnet (SN 14.1.98, 15).

Auch soziobiologistische Forschungstendenzen sehen sich vehementer Kritik ausgesetzt. Die Suche nach molekularbiologischen Erklärungen für Sozialverhalten leistet dem reduktionistischen Bild des Menschen als genetisch vorprogrammiertem Wesen und damit einer Vernachlässigung sozialer Faktoren Vorschub. Wenn nun das Pendel in der alten Kontroverse *nature vs. nurture* (Natur oder Aufzucht), also in der Frage, „ob Vererbung oder Umwelt und Milieu den wichtigeren Beitrag ... bei der Genese menschlichen Verhaltens" leisten (Weltwoche 9/95, 49), zugunsten der ersten Variante ausschlägt, werden davon signifikante gesellschaftspolitische Implikationen erwartet. In den vergangenen Jahren fanden sich in Zeitungen und Magazinen Berichte sonder Zahl über Studien, die die genetischen Ursachen für Homosexualität (SN 23.2.94, 6), Intelligenz (Spiegel 43/94, 194-198), Alkoholismus (taz 10./11.6.95, 28), Kriminalität (FT 14.2.95, 7) und Gewalttätigkeit (SN 27.9.95, 20; Spiegel 40/95, 230-232) gefunden zu haben vorgaben. Während also homosexuelle Frauen und Männer noch immer gegen gesellschaftliche Diskriminierung kämpfen, wird ihre Lebensweise als genetisch programmiertes abweichendes Verhalten (wenn nicht gar Krankheit) definiert. Bestimmte Bereiche der Sozialpolitik erübrigen sich völlig, wenn Verhalten angeboren und nicht durch das gesellschaftliche Umfeld geprägt ist. Naturwissenschaftliche „Erkenntnisse" würden so - nicht zum ersten Mal - zu einer idealen Legitimation für konservative politische Programme.[47]

Die Gen- und Reproduktionstechnologie wirft Fragen auf, die schwer zu beantworten sind, und birgt Probleme, die kaum lösbar erscheinen. Orientierungshilfen werden häufig von Ethikkommissionen erwartet, die einerseits professionsinterne bzw. fächerübergreifende Reflexion über das eigene Handeln anstellen, andererseits politischen Entscheidungsträgern und -trägerinnen beratend zur Seite stehen sollen, wenn es um Technik-

---

[47] Die Veröffentlichung von Richard J. Herrnsteins und Charles Murrays *„The Bell Curve"* (in diesem Buch behaupteten die Autoren, Schwarze seien im Durchschnitt dümmer als Weiße und legitimierten damit die Beschneidungen in der amerikanischen Sozial- und Wohlfahrtspolitik, die während der Präsidentschaft Reagans eingeleitet wurden) löste auch hierzulande eine heftige, medial ausgetragene (Standard November 1994) Diskussion über Sozialdarwinismus und Rassismus aus.

bewertung oder Technikfolgenabschätzung geht. Parallel zur galoppierenden Entwicklung der Gentechnologie und verwandter Bereiche und in Auseinandersetzung mit den damit aufgeworfenen Problemkonstellationen hat auch die sog. Bioethik eine sukzessive Ausweitung und Aufwertung erfahren, was sich sowohl an der steigenden Anzahl von Publikationen als auch an institutionellen Verankerungen und schließlich an Regulierungsversuchen wie der europäischen Bioethik-Konvention ablesen läßt. Blank (1982, 24) verweist allerdings in Anlehnung an Kieffer darauf, „that Western culture, with its emphasis on individual freedom of choice, has produced a great variety of ethical orientations." Dementsprechend wird in der Literatur[48] Bioethik von sehr unterschiedlichen Positionen aus behandelt. Günter Altner etwa möchte sein Konzept, in dem er anthropologische, ökologische, erkenntnistheoretische und vor allem theologische Aspekte bündelt, als eine „umfassende Ehrfurcht vor dem Leben" (1991, 2) verstanden wissen. Als Gegenpol zu solch gelegentlich moralinsaurer „defensiver Sittlichkeit" (Koch 1994, 10) wie sie auch von etlichen anderen Autoren und Autorinnen vertreten wird, versteht sich Claus Kochs radikales, zwischen - nur verhalten mitschwingender - Resignation und - durch die Ausdrucksweise deutlich forciertem - Zynismus schwankendes Plädoyer für „Sinnstiftung" angesichts unabwendbarer Entwicklungen. Die mannigfaltigen Versuche, der biotechnologischen Fortschrittsdynamik Einhalt zu gebieten oder sie zumindestens zu regulieren, sei es durch moralische Appelle, durch Forschungsmoratorien oder durch gesetzliche Normierung, hält er für gänzlich zum Scheitern verurteilt. Statt dessen entwickelt er eine Perspektive, die der Biotechnologie als Ausdruck sich immer weiter entwickelnder Fortschrittslogik insofern Gutes abgewinnen kann, als sie die Herrschaft über die Natur soweit anwachsen läßt, daß der Mensch seinen Vervollkommnungsprozeß in Eigenregie weiterführen kann. Es gilt nach Koch (1994, 114), „den neuen Menschen (zu) denken", und das bedeutet für ihn auch, daß weder die künstliche Befruchtung und alle damit verbundenen Phänomene wie Leihmutterschaft usw. noch die pränatale Diagnostik noch die Ektogenese noch das Klonen abzulehnen seien. Alle diese Methoden gelten für ihn als - uneingeschränkt positiver - Zuwachs an menschlicher Verfügungsgewalt über die eigene Existenz. Wo Koch auf Kritik an diesen Entwicklungen und Szenarien eingeht und ihr sogar ansatzweise eine gewisse Berechtigung zugesteht, spricht er ihr dennoch jegliche Wirkungskraft ab, da sie ohnehin zu spät komme.

---

[48] Die Darstellung beschränkt sich an dieser Stelle auf einige prononcierte Beispiele aus der deutschsprachigen Literatur.

Dieser als Fortschrittsoptimismus getarnte Fatalismus wäre wohl Wasser auf die Mühlen Jobst Pauls (1994), der schon die institutionelle Verankerung der von Koch als restaurativ belächelten Bioethik als Instrument zur Durchsetzung eines neuen Menschenbildes beargwöhnt:[49]

> Der bioethische Beratungsapparat auf europäischer und globaler Ebene dient nicht der Bändigung des humantechnologischen Aktionismus, sondern dekoriert, legitimiert und fördert ihn. Eine weitere Funktion des Apparats liegt in der Abschirmung oder aber der Popularisierung dieses Aktionismus gegenüber den Öffentlichkeiten, was den Interessen der politischen Exekutiven offenbar entgegenkommt ... Demgegenüber scheinen die Parlamente absichtsvoll und ängstlich wegzusehen, womit sie nicht nur eine empfindliche Beschneidung ihrer Rechte in Kauf nehmen, sondern auch ihre demokratischen Pflichten umgehen (Paul 1994, 8).

Versuche, Orientierungshilfen für Entscheidungen nach ethischen Kriterien zu bieten, sind also aus mehreren Gründen nicht unproblematisch: Zum einen kann es aufgrund der verschiedenen philosophischen Wurzeln die eine, alle Fragen beantwortende Bio- oder Genethik nicht geben. Im Rahmen breiterer Diskussionsprozesse müssen Versuche in diese Richtung zwangsläufig an theoretische wie auch an praktische Grenzen[50] stoßen (Bayertz 1987, 296-297). Geht es um konkrete Anlaßfälle, hängt wohl eine allfällige Entscheidung immer auch von der personellen Zusammensetzung einer Ethikkommission und von den Rahmenbedingungen, innerhalb derer sie sich bewegt, ab. Zum anderen spricht Paul aber einen weiteren besonders kritischen Punkt an, nämlich den der Wahrnehmung politischer Verantwortung für die Techniksteuerung. Ethik- und andere Kommissionen sind nicht zuletzt auch professionsinterne Legitimationsinstanzen für Entwicklung und Anwendung technologischer Erkenntnisse und ihre Funktion aus diesem Grund durchaus Anlaß für kritische Betrachtungen (vgl. neben Paul 1994 auch Gill 1991). Die Etablierung solcher Kommissionen und die Formulierung von ethischen Mindeststandards kann eine politische Weichenstellung über die einzuschlagenden Pfade der Technikgestaltung zwar eventuell unterstützen, keineswegs aber ersetzen. In diesem Sinne sind vor allem die Parlamente gefordert, wie der nächste Abschnitt ausführlich zeigen soll. Angesichts einer rasanten, von vielerlei Faktoren abhängigen und diese wiederum beeinflussenden, kaum überschaubaren technischen Entwicklung sieht sich jedoch das politische Sy-

---

[49] Und sie damit genau gegenteilig zu Koch interpretiert.

[50] Darunter wäre z.B. die Sicherung der sozialen Geltung der aus der Ethik entwickelten Normen und Kriterien zu verstehen.

stem vor große Hindernisse gestellt, will es seine gestaltenden Aufgaben wahrnehmen und verbleibt in der Realität nur allzu oft auf der Ebene nachträglicher Regulierung. Wie sich die Waagschale wieder stärker von der Seite des Nachvollzugs bestehender Tatsachen hin zur Vorgabe eines Koordinatensystems für erwünschte Optionen neigen soll, ist daher Inhalt vieler theoretischer Überlegungen. Diese werden häufig ergänzt durch die Forderung nach Einbeziehung möglichst pluralistischer Meinungen. Die Entscheidung darüber, was als sozial- und umweltverträgliche Technikentwicklung verstanden wird, soll also dem Monopol einiger weniger Experten und Expertinnen entrissen und zu einer gesellschaftlichen Aufgabe gemacht werden.

4. TECHNIK, POLITIK UND GESELLSCHAFT

4.1. *Technik und sozialer Wandel*

Technik und Gesellschaft traten keineswegs erst in der modernen Industriegesellschaft miteinander in Wechselwirkung - von dem Moment an, als der *homo faber* Werkzeuge zu entwickeln und zu nutzen begann, ist die Technik bzw. der Technisierungsprozeß als gesellschaftliches Phänomen historisch präsent.[1] Und auch Fragen eines Auseinanderklaffens zwischen „ethischer und technischer Kompetenz" der Menschheit (Ropohl 1994, 11) - also nach einem vernünftigen Einsatz des technisch Möglichen - sind keineswegs so neu, wie zeitgenössische Diskussionen vermuten lassen könnten, sondern wurden bereits in der Antike thematisiert:

> Vieles Mächtige gibt es / doch nichts ist mächtiger als der Mensch. // Klug und erstaunlich geschickt / im Erfinden von Technik / schlängelt er zwischen Bösem und Gutem sich hin (Sophokles, *„Antigone"*, Verse 332f und 364ff, zit.n. Ropohl 1994, 11).

Zu einer rapiden Beschleunigung technischer Entwicklungsprozesse kam es durch die Verbindung von handwerklicher Tätigkeit und naturwissenschaftlicher Forschung - im Schaffen Leonardo da Vincis am eindruckvollsten versinnbildlicht -, der lange Zeit Standesschranken im Wege gestanden waren (Fetscher 1986, 24). Galt die Gestaltung und Nutzbarmachung der Natur auch im 16. und 17. Jahrhundert noch als göttlicher Auftrag, trat erst im 19. Jahrhundert im Zuge einer allgemeinen Säkularisierung diese religiöse Motivierung technischen Schaffens zunehmend in den Hintergrund (Albrecht 1993a, V). Dagegen nahm in jenem Zeitalter - wie von Stefan Zweig in seinen Erinnerungen an die *„Welt von Gestern"* beschrieben - der Glaube an den unaufhaltsamen Fortschritt selbst die Kraft einer Religion an:

---

[1] Diese wechselseitige Bedingtheit von Gesellschaftsformen und Sozialstrukturen einerseits und Technik und Produktionsweisen andererseits gilt für die Vor- und Frühgeschichte und Antike ebenso wie für das Mittelalter und die beginnende Neuzeit, wenn auch selbstverständlich nicht in mit heutigen Großtechnologien vergleichbaren Dimensionen. Zu diesen historischen Epochen vgl. Küster, Sonnabend, Lorenz und Aagard, alle 1993. Zu den historischen Entwicklungslinien und inhaltlichen Wandlungen der Konzeptionen von Technik vgl. Krohn 1989, 15-43.

> (M)an glaubte an diesen 'Fortschritt' schon mehr als an die Bibel, und sein Evangelium schien unumstößlich bewiesen durch die täglich neuen Wunder der Wissenschaft und der Technik (Zweig 1993, 16).

Tatsächlich hatte die Beziehung von Technik und sozialem Wandel zwischen dem 17. und dem 19. Jahrhundert eine neue Dynamik und eine neue Qualität erhalten. Die Neuzeit brachte nicht nur die zunehmende Verbindung von Technik und Wissenschaft,[2] sondern untrennbar miteinander verknüpft und aufeinander bezogen bildeten sich (wie bereits im vorangegangenen Kapitel beschrieben) ein neues Wissenschaftsmodell - basierend auf einem grundlegend veränderten Naturverständnis und einem neuen Instrumentarium - ebenso wie ein neues Gesellschafts- und Wirtschaftsmodell heraus. Die Verwissenschaftlichung der Technik und die Entwicklung kapitalistischer Strukturen in der Industriegesellschaft sind „als zwei sich wechselseitig fördernde und ergänzende Seiten ein und desselben geschichtlichen Prozesses" (Sohn 1994, 243) zu betrachten. In diesem Prozeß wurde die Vermehrung naturwissenschaftlich-technischen Wissens als Motor des Fortschritts verstanden; der Fortschrittsgedanke selbst wiederum weitete sich seit der Aufklärung zunehmend auf alle Sphären des Lebens aus und geriet zum Mythos und zur Ideologie. Im 19. Jahrhundert wurde die Idee des Fortschritts absolut und technischer mit gesellschaftlichem Fortschritt gleichgesetzt, auch die Politik erhob den Fortschritt zum Programm.[3] Diese systemhafte Verflechtung von gesellschaftlichen Teilbereichen - Wissenschaft und Technik, Wirtschaft und Politik - in einem „technoindustriell-politischen Komplex" setzte die Fortschrittsspirale der Industriegesellschaft in Gang, einen sich ständig ausweitenden und beschleunigenden Prozeß. Mittlerweile jedoch erscheint

---

[2] Sohn (1994, 252) verweist darauf, daß diese beiden Begriffe einst verschiedene Sachverhalte gekennzeichnet haben, mittlerweile aber - zit.n. Bammé et al. - „im Hybrid der Technologie eine Synthese eingegangen" sind. „Technik" ist laut „Wörterbuch der Soziologie" (Hartfiel/Hillmann 1982, 753) definiert als „'Kunst', Fertigkeit, in ihrer rationalen Ausprägung die Erzeugung von Gütern, Vorrichtungen und Verfahren im Produktionsprozeß, ein Können überhaupt." „Technologie" hingegen ist „die Lehre von der Gesamtheit der technischen Möglichkeiten u. Verfahrensweisen zur Umwandlung naturgegebener Materie in die für menschl. u. ges. Bedürfnisse benötigten Stoffe, Güter, Apparate, Aggregate usw." (Hartfiel/Hillmann 1982, 755). Insbesondere in der Auseinandersetzung mit sog. großtechnischen Systemen oder Großtechnologien verschwimmen allerdings die Begriffe teilweise immer mehr ineinander; verstärkt scheint dies tlw. durch die Rezeption englischsprachiger Literatur zu werden. Auch hier umfaßt der Begriff *technology* oftmals sehr unterschiedliche Inhalte (Misa 1992, 4).

[3] Nicht nur die bestehenden politischen Bewegungen vereinnahmten den Fortschrittsgedanken. Es kam sogar zu eigenen Parteigründungen wie jener der „Fortschrittspartei" 1861 in Preußen durch Repräsentanten des liberalen Bürgertums wie den Erfinder und Industriellen Werner von Siemens (Albrecht 1993c, 159-162).

die „Technik als Schicksalsmacht" (Lenk 1994, 6) in einem weniger strahlenden Licht, kam es zu einer partiellen Aufkündigung dieses neuzeitlichen Fortschrittskonsenses.

Schon die Entwicklung der Atom- und Wasserstoffbombe hatte das unfaßbare Destruktionspotential und die Irreversibilität moderner Technikentwicklung demonstriert:

> Die Welt wird nie wieder wie früher sein, ganz gleich, was wir mit den Atombomben machen, weil das Wissen über ihre Herstellung nie ausgelöscht werden kann (Robert Oppenheimer zit.n. Lenk 1994, 6).

Die Kernenergie entzog aber auch jener Argumentationslinie jegliche Überzeugungskraft, die besagte, daß „Technologie neutral ist und erst ihr Einsatz entscheidet, ob sie zu 'guten' oder 'schlechten' Zwecken eingesetzt wird" (Sohn 1994, 243). Die Unterscheidung in friedliche und militärische Nutzung erschien angesichts der Reaktorunfälle in Three Mile Island (nahe Harrisburg, 1979) und Tschernobyl (1986) wie ein Hohn. Schadensszenarien dieser Dimensionen ließen Risiken, die sich statistisch angeblich im Bereich des Vernachlässigbaren bewegten und mit dem Terminus „Restrisiko" marginalisiert wurden, zunehmend inakzeptabel werden. Im Verlauf der siebziger Jahre zeichnete sich eine normative Wende ab, und die Frage rückte ins Zentrum, ob die Menschheit alles, was ihr technisch möglich ist, auch tatsächlich tun soll (Ropohl 1994, 12-13).[4] Zur neuen technikkritischen Haltung im letzten Drittel des 20. Jahrhunderts trugen noch etliche weitere Faktoren bei. So erschien 1972 der aufsehenerregende Bericht des *Club of Rome* mit dem Titel *„Die Grenzen des Wachstums"*, in dem die Begrenztheit natürlicher Rohstoffvorkommen und der Belastbarkeit der Umwelt dramatisch beschrieben wurden (Meadows et al. 1972). Die darauf folgende Ölkrise trug zum nachhaltigen Einfluß dieser Publikation bei. Unübersehbare ökologische Schäden wie der Treibhauseffekt und das Waldsterben erwiesen sich als unmittelbare Konsequenz der industriegesellschaftlichen Expansion. Schadstoffemissionen und die permanente Überlastung des Straßennetzes zeigten die Kehrseite eines einst engstens mit dem Fortschrittsgedanken verbundenen Strebens nach Mobilität und Individualisierung. Die neuen Informations- und Kom-

[4] So formuliert, steht allerdings immer noch die Anwendung von Technik zur Disposition. In Hinblick auf Techniksteuerung bedeutet dieser fundamentale Meinungsumschwung noch Weitergehendes, nämlich erstens die Einsicht, daß nicht jeder wissenschaftlich-technische Entwicklungspfad in eine bessere Zukunft für die menschliche Gesellschaft führt, und zweitens den Anspruch, schon an Weggabelungen Entscheidungen zu treffen, ob ein bestimmter Pfad eingeschlagen werden soll.

munikationstechnologien, nicht umsonst mit dem Schlagwort der „mikroelektronischen Revolution" belegt, sollten alle Lebensbereiche durchdringen und führten zu einer weiteren Welle der Verunsicherung - Nachteile wie die daraus entstehenden Überwachungsmöglichkeiten, der drohende Verlust von Arbeitsplätzen durch zunehmende Automatisierung und das Erfordernis individueller Anpassungsleistungen an die neuen Technologien schienen vielen durch die Vorteile ihrer Einführung nicht aufgewogen. Immer stärker entwickelten sich in den Gesellschaften der westlichen Industrieländer ab dem Ende der sechziger, Anfang der siebziger Jahre Fortschrittsskepsis und Zukunftsängste, vollzog sich der erstmals von Inglehart (1971) empirisch nachgewiesene Wertewandel hin zum sog. Postmaterialismus, der sich vor allem auch in einer starken Wertschätzung von Mitbestimmung in allen Lebensbereichen niederschlug. Häufig wird dieser Perspektivenwechsel dem - wenig griffigen Phänomen - Postmodernismus zugerechnet,[5] wie das folgende Zitat belegt:

> (T)echnological pessimism has become an integral part of the emerging culture of postmodernism. Within that cultural hierarchy, technology itself may be assuming a declining status amid a growing disenchantment with material success and with all forms of social and political engineering. In the postmodern critique, the project of modernity itself is under sharp attack (Segal 1993, 3-4).

Die politischen Eliten hingen in der überwiegenden Mehrheit jedoch weiter dem alten Glauben an die Segnungen des wissenschaftlich-technischen Fortschritts für die gesellschaftliche Entwicklung und die ökonomische Prosperität an und waren mit der neuen Haltung und daraus entstehenden Kontroversen, mit der „Politisierung des Politikums Technologie" (Sohn 1994, 243) überfordert. Da die traditionellen politischen Systeme weder das diffuse Unbehagen mit der allgemeinen Entwicklung noch die oft sehr konkreten Proteste gegen einzelne Projekte integrieren konnten, wurden neue Wege der Interessenartikulation beschritten: Zahllose Bürgerinitiati-

---

5 Klaus von Beyme (1989, 1992) beschäftigt sich in seinen Beiträgen zur politischen Theorie im 20. Jahrhundert kritisch mit der Übernahme des Paradigmas der Postmoderne aus der Kunst in die wissenschaftstheoretische und in weiterer Folge in die sozialwissenschaftliche Diskussion. Er kommt zu dem Schluß, die allgemeine „Stimmungslage des Postmodernismus" wirke sich zwar auf die sozialwissenschaftliche Theoriebildung aus, eine in sich geschlossene postmoderne politische Theorie existiere aber nicht. Eine Gleichsetzung von Postmaterialismus und Postmoderne sei unzulässig, weil Postmoderne ein wesentlich weitreichenderes Konzept sei: „Nicht wenige Elemente der Postmaterialismusskalen sind zu Fragen geronnene Elemente, wie sie sich in postmodernen Theorien mit höherem Abstraktionsanspruch wiederfinden. Aber sie sind nicht identisch" (Beyme 1989, 226).

ven mit unterschiedlichsten Ansprüchen entstanden, die „Neuen Sozialen Bewegungen" wurden zu einem wichtigen Faktor gesellschaftlichen und politischen Lebens in den späten siebziger und frühen achtziger Jahren und schließlich mündete diese Entwicklung in die Gründung neuer, „grüner" Parteien und führte damit zu einer signifikanten Veränderung der politischen Landschaft.

Technikgläubigkeit und Fortschrittsoptimismus haben im vergangenen Vierteljahrhundert trotz des allgemein konstatierten Wertewandels (der nicht zuletzt auch eine Generationenfrage ist) keineswegs vollständig ausgedient, sondern stehen Technikskepsis und Zweifeln an den bisher verfolgten Modernisierungsstrategien gegenüber. Dies gilt für die gesellschaftliche Sphäre ebenso wie für die politische Arena, nicht zuletzt aber auch für den wissenschaftlichen Diskurs. So vereint etwa der Sammelband *„Technology and Man's Future"* (Teich 1977) äußerst unterschiedliche Beiträge: Einerseits einen Ausschnitt aus dem bereits oben erwähnten *Club of Rome*-Bericht mit dem Grundtenor: „Not blind opposition to progress, but opposition to blind progress" (Meadows et al. 1977, 81). Andererseits enthält der Band auch den Nachdruck eines Artikels von Alvin M. Weinberg, in dem dieser nur wenige Jahre zuvor sein Konzept des *technological fix* formuliert hatte,[6] also die Idee, daß jegliches Problem, sei es technischer oder sozialer Natur, durch geeignete technische Mittel weitestgehend (und besser als durch soziale oder politische Strategien) zu bewältigen sei. Erfüllt werden sollte so die alte, dem Fortschrittsgedanken verpflichtete Verheißung von Glückseligkeit: „... a better society, and thereby, a better life, for all of us who are part of the society" (Weinberg 1977, 30). Weinberg redete unter anderem der friedlichen Nutzung der Kernenergie das Wort - dahinter stand die Idee einer perfekten Technik, mit der alles in den Griff zu bekommen sei. Daß es jedoch eine solche perfekte Technik nicht geben kann, wies Charles Perrow (erstmals 1984) in einer Studie über Unfälle in großtechnischen Systemen nach:[7]

> In komplexen technologischen Zusammenhängen sind Fehler und Versagen ... geradezu zwangsläufig. Wo eingesetzte Technologien hohe Gefahrenpotentiale aufweisen, werden diese deshalb auch irgendwann realisiert, kommt es, wie Perrow sagt, zu 'normalen Katastrophen' (Sohn 1994, 245).

---

[6] Der Aufsatz *„Can Technology Replace Social Engineering?"* war erstmals im Oktober 1966 im *University of Chicago Magazine* (66/59, 6-10) erschienen.

[7] Perrow beschäftigte sich darin kurz mit der Gentechnik, ausführlich mit Kernkraftwerken und petrochemischen Anlagen, dem Luft- und Schiffsverkehr, sowie mit Raumflügen, Staudämmen und Bergwerken.

Angesichts dieser Charakteristik verlieren sicherheitstechnische Nachrüstung und technologische Perfektionierung ihre ehemals beruhigende Wirkung - Gefahren birgt nicht mehr die „schlechte" Anwendung, sondern die Technik in ihrer Gesamtheit.[8] Entsprechend rücken daher sowohl auf politischer wie auch auf theoretischer Ebene Fragen der Kontrolle und Steuerung von Technikentwicklung verstärkt ins Zentrum des Interesses. Die Politik muß diesem Anspruch gemäß neue Regulierungsmechanismen finden, die politikwissenschaftliche und soziologische Theorie muß sich der lange vernachlässigten Frage nach systemischen Zusammenhängen zuwenden. Technik kann demnach immer weniger als exogener Faktor, als selbständiges bzw. selbstreferentielles System interpretiert werden, das - wertneutral - Lösungen für allfällige Probleme aus sich heraus generiert. An erster Stelle steht in diesem Zusammenhang die Frage nach der politischen Qualität technischer Artefakte:

> No idea is more provocative in controversies about technology and society than the notion that technical things have political qualities. At issue is the claim that the machines, structures, and systems of modern material culture can be accurately judged not only for their contributions to efficiency and productivity and their positive and negative environmental side effects, but also for the ways in which they can embody specific forms of power and authority (Winner 1986, 19).

Die Perspektive auf die Technik als endogenen Faktor läßt diese selbst als „sozialen Prozeß" (Weingart 1989a) erscheinen. Somit werden das komplexe Beziehungsgeflecht und die Wechselwirkungen zwischen Technik, Politik und Gesellschaft thematisiert. Neben den abstrakten Größen „Macht und Machbarkeit der Technik" (Lenk 1994) muß sich das Interesse auch auf Akteure und Akteurinnen bzw. Akteursgruppen sowie auf deren Werte und Erwartungen richten, um zu schlüssigen Antworten zu gelangen, denn angesichts massiver Technikskepsis und Legitimationsdefizite

> ... bleibt die Frage, warum neue Techniken sich auch dann durchsetzen, wenn sie auf Widerstand stoßen, ihre Einpassung also konflikthaft erfolgt. Diese Frage verweist auf die Verfassung des 'rezipierenden' sozialen Systems, in das die neue Technik eingeführt werden soll. Der entscheidende Mechanismus ist dabei, daß die neue Tech-

---

8 An der Gentechnik wird diese Problematik besonders gerne festgemacht, da einerseits die ihr innewohnenden Risiken zum Teil noch gar nicht abschätzbar sind, ihr aber andererseits aufgrund des Potentials, die Unterscheidung von Natur und Kultur aufzuheben und Natur- und Subjektbeherrschung zusammenfallen zu lassen (Beck 1988, 49), eine besondere, neue Qualität zugeschrieben wird.

> nik in dem Augenblick ihrer sozialen Wahrnehmung beginnt, bis dahin geltende Erwartungs- und Verhaltensstrukturen kontingent zu setzen und neue Erwartungshorizonte zu eröffnen. In diesem Mechanismus scheint der mächtigste Expansionsfaktor von großtechnischen Systemen überhaupt zu liegen. Die zur Konzipierung und Realisierung einer neuen Technik erforderliche soziale Organisation bildet eine Art Brückenkopf im sozialen System, von dem aus die Expansion ihren Anfang nimmt ... Innerhalb weniger Jahre 'erobert' sich (wie es bei der Einführung bezeichnenderweise oft heißt) die neue Technologie ihren Platz. Schon die bloße Existenz der technischen Verfügbarkeit setzt offenbar die Standards, an denen sich das Verhalten und die Erwartungen der verschiedenen Akteure orientieren und auf die hin sie diese neu arrangieren, selbst dann, wenn sie es nicht wollen (Weingart 1989b, 189-190).

Nach Weingarts Auffassung läßt sich dieser Prozeß am Beispiel der Gentechnik sogar besonders deutlich illustrieren:

> Hier sind die Anwendungsmöglichkeiten im agrarischen und industriellen Sektor, und mehr noch im humanmedizinischen Bereich, gerade erst in Ansätzen erkennbar, der Widerstand vor allem aus ethischen Erwägungen ist massiv, und dennoch hat die bloße Existenz der technischen Möglichkeit, mit der die biologische Evolution von Pflanzen, Tieren und Menschen dem steuernden Zugriff verfügbar gemacht wird, bereits den Erwartungshorizont menschlichen Handelns irreversibel verschoben und ein Neuarrangement von Werten und Interessen erzwungen (Weingart 1989b, 190).

Angesichts der Verwobenheit von technischem und sozialem Wandel und damit verbundener Normen- und Wertesysteme vertritt Daele (1989b) die Überzeugung, daß regulative Technologiepolitik nur dann realistische Durchsetzungschancen hat, wenn sie auf einem kulturellen Wandel basiert, der durch veränderte Werthaltungen dem politischen Handeln einen neuen Bezugsrahmen verleiht. Bevor allerdings Vorschläge präsentiert werden, die sich mit Möglichkeiten der Technikfolgenbewertung und der gesellschaftlichen und politischen Technikkontrolle bzw. -steuerung beschäftigen, wird im folgenden Abschnitt anhand einiger Beispiele skizziert, welche Antworten die theoretische Literatur auf die Frage nach dem Verhältnis von technischem und gesellschaftlichem Wandel in der Vergangenheit gefunden hat und wie sich die Perspektiven im Gefolge moderner Großtechnologien und ihrer „Nebenfolgen" verschoben haben.

4.2. *Theoretische Annäherungen an das Verhältnis von technischem und gesellschaftlichem Wandel*

Kritik an technischen Innovationen und dem gesellschaftlichen Umgang damit ist, wie den eingangs zitierten Versen aus Sophokles' *„Antigone"* zu entnehmen ist, nicht im geringsten neu. Und auch der Protest gegen die Umsetzung solcher Neuerungen brach sich immer wieder Bahn, wie die Exempel der englischen Maschinenstürmer zu Beginn der Industriellen Revolution und der Weberaufstände in Deutschland deutlich belegen. Solange aber in unmittelbarem Zusammenhang mit den Umwälzungen im 19. Jahrhundert Wissenschaft und Technik den Weg in eine immer bessere Zukunft zu weisen schienen, blieben systematische Untersuchungen zu diesem Themenkomplex die Ausnahme. Später betonten etliche Beiträge vor allem die Eigendynamik der technischen Entwicklung. Je mehr jedoch die Technik selbst und ihre Folgeerscheinungen zum Thema gesellschaftlicher und politischer Diskussion wurden und eine Bewertung nicht mehr eindeutig schien, desto deutlicher rückten auch wieder Fragen bezüglich der den technischen Fortschritt bedingenden ökonomischen, politischen und sozialen Faktoren ins Zentrum der Betrachtungen. Zu dieser Perspektive gehört auch die Beschäftigung mit den Wandlungen und Strukturveränderungen, die die Technik ihrerseits in der Gesellschaft bewirkt. Disziplinen wie Technikgeschichte, Technikphilosophie und Techniksoziologie erlangten so neue Bedeutung und brachten durchaus divergierende und entsprechend kontroversiell diskutierte Konzepte hervor.[9]

---

[9] Die sog. ältere Technikgeschichtsschreibung entstand in Deutschland zwischen 1890 und 1910, nach dem Zweiten Weltkrieg wurde an sie direkt angeknüpft. Mit den Wandlungen der 60er Jahre rückten allerdings zunehmend Fragen nach den Lebensbedingungen in einer von Wissenschaft und Technik geprägten Welt ins Zentrum des Interesses, vollzog sich der Übergang zur modernen Technikgeschichte (Albrecht 1993b, 20-28). Eine ausführliche und detaillierte Analyse (nicht nur deutschsprachiger) soziologischer, politikwissenschaftlicher und philosophischer Ansätze der Technikforschung bietet Teusch 1993; ein knapper Überblick findet sich bei Böhret 1986. Bezüglich der neueren Techniksoziologie bzw. interdisziplinärer Ansätze seien hier nur zwei kleine Randnotizen vermerkt. Zum einen, daß die *Social Studies of Science*, die v.a. im angloamerikanischen Raum eine reiche Tradition haben (vgl. etwa Jasanoff et al. 1995), im deutschsprachigen Raum über keine vergleichbare Position verfügen. Zum zweiten, daß Unterschiede zw. älteren und neueren Modellen technischen Wandels sehr häufig stärker auf der Ebene der Terminologie denn auf der konzeptionellen Ebene anzusiedeln sind - treffend und anhand etlicher Beispiele von Roland (1992) beschrieben - und ihr wissenschaftlicher Innovationswert dementsprechend zu bewerten ist.

Technokratiemodelle

Erste technikphilosophische Arbeiten entstanden bereits im 18. Jahrhundert,[10] blieben aber relativ bedeutungslos (Lenk 1994, 19). Die Etablierung von Konzepten, die Technik und Herrschaft miteinander verbanden, wirkte sich hingegen auf die theoretische Diskussion bis dato aus. Diese als technokratisch bezeichneten Modelle werden heute im allgemeinen dem Neokonservativismus zugeordnet (Dubiel 1986), ideengeschichtlich betrachtet waren sie jedoch ursprünglich utopische Programme einer prinzipiellen Umstrukturierung politischer Herrschaftsverhältnisse in der Entstehungsphase der Industriegesellschaft. Zu ihren Ahnherren zählen daher auch nicht Konservative, sondern Vertreter des Frühsozialismus wie Claude-Henri de Saint-Simon (1760-1825), der zur Vervollkommnung der Gesellschaftsordnung die Übernahme der Regierungstätigkeit durch die Klasse der *industriels* (bestehend aus Unternehmern, Ingenieuren und Arbeitern) propagierte. Politische Herrschaft sollte demzufolge ihre Legitimität aus dem Beitrag zum nationalen Wohlstand beziehen (Fetscher 1986, 25-26; Saretzki 1994, 355-357). Weiterverfolgt wurden Saint-Simons Ideen unter anderem von seinem Schüler Auguste Comte und von Karl Marx, die beide im großen und ganzen einen technizistischen Determinismus und Fortschrittsoptimismus vertraten (Fetscher 1986, 25-32). Über Theorie und Programmatik hinaus gab es in den zwanziger und dreißiger Jahren dieses Jahrhunderts in den Vereinigten Staaten eine Phase, in der Technokratie sich auch als soziale Bewegung manifestierte, in diesem Kontext wurde übrigens der Begriff Technokratie im Sinne einer positiv konnotierten Selbstzuschreibung eingeführt. Bedeutende konzeptionelle Anstöße für diese Bewegung hatte Thorstein Veblen geliefert (Senghaas 1971). Die klassischen Technokratiemodelle sind zusammenfassend betrachtet Elitetheorien, Technokratie ist diesen Entwürfen nach ein „explizit politisches Projekt“, das zwar „auf den politik- und herrschaftslosen Zustand einer rein rationalen Verwaltung von Sachen“ abziele. „Um diesen Endzustand herzustellen, muß aber Macht erobert, um ihn zu stabilisieren und institutionell abzusichern, muß Herrschaft ausgeübt werden“ - und damit ist den traditionellen Konzeptionen nach Technokratie nichts, was sich im Zuge der allgemeinen Entwicklung von selbst, „ebenso zwangsläufig wie zwanglos“ (Saretzki 1994, 360) einstellt. Mittlerweile - als Ergebnis der Weiterentwicklung des technokratischen Ansatzes ebenso wie der zunehmenden Kritik daran - lassen sich diverse Modelle unterscheiden, wobei die verschiedenen Dimensionen von Herr-

---

[10] Etliche Arbeiten wie die von Armytage (1965) oder Winner (1977) datieren die Ursprünge noch weiter zurück bis zu Francis Bacon. Tatsächlich bezog Saint Simon sich in seinen Schriften auch auf diesen (Fetscher 1986, 25).

schaft im Zentrum der Analyse stehen. Unter diesem Aspekt wurden in der Literatur zahlreiche Klassifizierungen eingeführt;[11] wesentlich erscheint in diesem Kontext die Frage der Zuordnung bzw. der Personalisierung von Macht als grundlegendstes Differenzierungskriterium. Denn prinzipiell stehen Entwürfen, die Technokratie als Herrschaft wissenschaftlich-technischer Fachleute (Expertokratie) und damit noch in Kategorien personaler bzw. sozialer Beziehungen denken, solche gegenüber, die die Herrschaft einer autonom gewordenen Technik selbst zuweisen. Innerhalb dieser Interpretation sind verschiedene Gewichtungen möglich, etwa die Betonung entweder des institutionellen oder des kulturellen Charakters dieser Dominanz. Im ersteren Fall ist damit weniger der institutionelle Charakter der Technik selbst denn die Existenz politischer Rahmenbedingungen gemeint, die eine autonome Technikentwicklung ermöglichen; im zweiteren Fall wird Technokratie inbesondere als Herrschaft technisierter Leitbilder mit Referenzpunkten wie Effektivität oder Produktivität gelesen (Saretzki 1994, 363-375).

Nach dem Zweiten Weltkrieg, als die Produktionstechniken zunehmend automatisiert wurden, erhielt der Technokratiebegriff vor allem durch Jacques Elluls *„technological society"* und durch Helmut Schelskys „technischen Staat" eine neue Dimension. Ellul publizierte sein Werk *„La Technique ou l'enjeu du siècle"* bereits 1954, für die englische Übersetzung machten sich besonders der britische Schriftsteller Aldous Huxley sowie der amerikanische Soziologe Robert Merton stark. Seit der Veröffentlichung 1964 gilt *„The Technological Society"* in den USA als polarisierendes und entsprechend intensiv diskutiertes Standardwerk und hatte enormen Einfluß auf die Schriften anderer Autoren wie beispielsweise Langdon Winner. Demgegenüber läßt die deutschsprachige Rezeption eine substantielle Auseinandersetzung mit Elluls Thesen fast gänzlich vermissen und erweist sich als weitgehend von undifferenzierter Kritik und Pauschalurteilen dominiert (Teusch 1993, 361-366). Ellul steht nicht, wie oft unterstellt, für platten Pessimismus oder Konservativismus,[12] wohl aber für die These vom autonomen Charakter der Technik:

> (T)echnique is autonomous with respect to economics and politics ... at the present, neither economic nor political evolution conditions technical progress. Its progress is likewise independent of the social situation. The converse is actually the case ... Technique elicits and conditions social, political, and economic change (Ellul 1964, 133).

[11] Vgl. Lenk 1994, 24; Saretzki 1994, 363.
[12] In dieses Horn stoßen etwa Dreitzel und Greiffenhagen, beide 1971.

Noch weniger - auch dies ein häufiger Vorwurf - vertritt er die These der Herrschaft einer technokratischen Kaste:

> Ellul never writes about technocracy, in fact, he expressly rejects the idea that there is such a thing as a technocracy, holding such a proposition to be a cheap myth. The point is that as a result of the growth of technique, there are fewer and fewer areas open to political decision, that is, characterized by an element of choice ... (T)he fact that decisions are still 'made' by Presidents, Prime Ministers and Chancellors does not mean that those decisions are political in nature ... (Lauber 1979, 51).

Weder sitzen also wissenschaftlich-technische Experten an den Schalthebeln der Macht, noch fungieren sie als Berater, deren Empfehlungen einfach angenommen oder verworfen werden. Denn eine politische Entscheidung nach normativen Kriterien ist nicht mehr möglich, wenn alle Regierungen, verstrickt im internationalen Konkurrenzkampf, dieselben Ziele - in erster Linie Wohlstandsvermehrung und Machtsteigerung - verfolgen (Lauber 1979, 51-58). Gewonnen kann dieser Wettbewerb nur durch die Anwendung der geeignetsten, der effizientesten (technischen) Mittel werden - der technische Automatismus führt zur Wahl des „one best way" (Ellul 1964, 79). Wenn nun Ellul an anderer Stelle (Ellul 1972, 35) formuliert, „in a technological world of implacable competition efficiency has become the sole criterion of a government's legitimacy", ist der Kreis zu Saint-Simon weitestgehend geschlossen.[13] Werte sind als Entscheidungskriterium durch Effizienz ersetzt und Ideologie hat als Referenzsystem für politisches Handeln ausgedient. All dies als Entwicklungsstand und -tendenz zu konstatieren, bedeutete jedoch für Ellul nicht, es auch zum Idealzustand zu erheben. Er selbst nahm schon vieles der späteren Kritik an technokratischen Modellen bzw. Argumentationslinien vorweg.

> In particular, he has stated that technique, by destroying creativity, by leading to a bureaucratized and centralized society, by its unimaginativeness and lack of feedback (not to speak of its environmental de-

[13] Ellul (1972, 35-36) führt als Erklärung das Wechselspiel zwischen innerem und äußerem Druck an: „And how could one make a different choice as long as the challenge, leveled at us by someone who selects the route toward efficiency, cannot be met except by taking the same road? If one nation decides to take that road, all others will follow suit, even if they are not being overwhelmed by the most efficient nation, the domestic populations themselves, jealous of their own prestige and success, will demand such an orientation. Because of external competition and internal pressure, efficiency must become the primary aim."

structiveness) may engage societies on a path that is not viable in the long run (Lauber 1979, 53).

In der Verengung der Perspektive auf beständiges Wachstum und auf technische Korrekturen (im Sinne des *technological fix*) nach Maßgabe purer Effizienz sah Ellul durchaus die Gefahr des Verlusts jeglichen Bezugssystems, das eine Reflexion und Bewertung der allgemeinen technischen und sozialen Entwicklung über dieses eine Kriterium hinaus erlauben würde, und erweist sich damit als wesentlich facettenreicherer Denker, als große Teile der deutschsprachigen Rezeption glauben machen könnten.

Bis heute intensivst diskutiert wird der Beitrag des deutschen Soziologen Helmut Schelsky zur Frage nach dem Verhältnis von Politik und Technik. Er teilte Elluls Glauben an die Existenz des technischen *one best way* und dessen Konsequenzen für das politische Leben:

> Bei optimal entwickelten wissenschaftlichen und technischen Kenntnissen müßten über die gleiche Sachlage auch verschiedene Fachleute oder Fachgremien zu der gleichen Lösung, dem 'one best way' gelangen, und das hieße: Je besser die Technik und Wissenschaft, um so geringer der Spielraum politischer Entscheidung (Schelsky 1965, 458).

Schelsky hatte die deutschsprachige Technokratiedebatte[14] 1961 mit dem Vortrag „Der Mensch in der wissenschaftlichen Zivilisation" eröffnet. Basierend auf einem durch Arnold Gehlens Institutionenlehre vorgegebenem theoretischen Rahmen (Lenk 1986, 45-48; Saage 1986, 52-58) und in Anlehnung an Ellul entwickelte er die Idee des reinen „technischen Staats."[15] Seine Grundannahme lautete, daß

> ... durch die Konstruktion der wissenschaftlich-technischen Zivilisation ein neues Grundverhältnis von Mensch zu Mensch geschaffen wird, in welchem das Herrschaftsverhältnis seine alte persönliche Beziehung der Macht von Personen über Personen verliert, an die Stelle der politischen Normen und Gesetze aber Sachgesetzlichkeiten der

---

[14] Zu dieser regen Diskussion vgl. Koch/Senghaas 1971.

[15] Die schriftliche Fassung erschien im selben Jahr in den *Veröffentlichungen der Arbeitsgemeinschaft für Forschung*, Nr. 96, Köln; ein Auszug unter dem Titel *„Demokratischer Staat und moderne Technik"* in der Zeitschrift *atomzeitalter*, Nr. 5, Mai 1961. Schließlich wurde der vollständige Text in der Aufsatzsammlung *„Auf der Suche nach Wirklichkeit"* 1965 erneut veröffentlicht.

> wissenschaftlich-technischen Zivilisation treten, die nicht als politische Entscheidungen setzbar und als Gesinnungs- oder Weltanschauungsnormen nicht verstehbar sind. Damit verliert auch die Idee der Demokratie sozusagen ihre klassische Substanz: an die Stelle eines politischen Volkswillens tritt die Sachgesetzlichkeit, die der Mensch als Wissenschaft und Arbeit selbst produziert (Schelsky 1965, 453).

Technokratie hat sich damit endgültig vom programmatischen Entwurf für eine künftige Herrschaft durch Techniker (wie bei Saint Simon in einem sehr weiten und später bei Veblen in einem wesentlich engeren Sinn)[16] zur Diagnose einer Herrschaft gewandelt, die entpersonalisiert ist und sich immer weiter ausbreitet, nämlich zur Herrschaft einer autonom gewordenen Technik, die nicht länger sozialen, sondern den ihr eigenen Sachzwängen[17] folgt. An Kritik an Schelskys „technokratischem Monstrum" (Lenk 1994, 11) hat es in der Folge nicht gemangelt, etliche seiner Diagnosen und Prognosen haben sich als unhaltbar herausgestellt.[18] So hatte er etwa einen Trend zu zunehmender Verstaatlichung der Technikentwicklung postuliert, wohingegen in der Realität eher gegenteilige Tendenzen zu beobachten waren und sind (Saretzki 1994, 375-376). Auch die Annahme des technisch definierten *one best way* hat sich als illusorisch erwiesen - für komplexere Problemstellungen gibt es fast immer mehrere alternative Optionen und die Wahl einer davon folgt in der Realität nie nur technikimmanenten Kriterien, sondern vor allem auch ökonomischen Überlegungen. Die Konstruktion von Sachzwängen beruhte auf einer unzulässigen Identifizierung von technischer mit ökonomischer Rationalität

---

16 War Saint-Simon noch von einer einheitlich gefaßten, produktiv tätigen Klasse ausgegangen, zu der neben Wissenschaftern, Technikern und Ökonomen selbst Künstler zählten, fiel diese „industrielle Klasse" - und damit ökonomische und technische Rationalität - im Veblenschen Konzept auseinander: Nur noch Techniker und Ingenieure verkörperten demnach die Rationalitätsprinzipien von Produktivität und Effizienz, denen die ökonomischen Interessen von Geschäftsleuten zunehmend zuwiderliefen (Saretzki 1994, 359).

17 Schelsky verwendet in seinem Text übrigens sowohl den Begriff „Sachzwang" wie auch den Terminus „Sachgesetzlichkeit", ein semantischer Unterschied, der inhaltlich durchaus relevant ist, denn hier „findet schon sprachlich ein unmerklicher, die Differenzen verschüttender Übergang statt: Zwängen kann man sich ggf. auch entziehen, man kann ihnen widerstehen. Gesetze treten hingegen mit dem Anspruch auf allgemeine Geltung auf" (Saretzki 1994, 366).

18 Besonders leicht war es naheliegenderweise zu widerlegen, was ohnehin falsch interpretiert worden war: So mußte etwa nicht erst, wie Lenk (1994, 24) behauptet, die Technokratiediskussion zeigen, daß es keine Verschwörung der Techniker mit dem Ziel der Machteroberung gab - eine solche hatten weder Ellul noch Schelsky je unterstellt.

und Effizienz. Saretzki (1994, 366) formuliert daher als Fazit der Technokratiekritik, es gebe „keine Sach-, sondern Entscheidungszwänge, also die Möglichkeit und Notwendigkeit, sich zwischen verschiedenen technologischen Optionen zu entscheiden." Innerhalb dieses Konstrukts Sachzwang ist der Schwerpunkt außerdem deutlich in Richtung der Ökonomie gerutscht - wenn heute von Zwängen die Rede ist, dann von jenen der Wettbewerbsfähigkeit innerhalb des Weltmarktes (Dubiel 1986, 73; Saage 1986, 63). Die Politik folgt in erster Linie solchen Überlegungen, wenn sie Entscheidungen über Förderung und Einsatz von modernen Technologien trifft, und nicht einer technikimmanenten Sachrationalität. Zur Illustration sei der ehemalige Hamburger Bürgermeister Klaus von Dohnanyi zitiert:

> Wenn der Mensch weitermacht wie bisher, auch in solchen dramatischen Bereichen wie der Gentechnologie, dann führt das unvermeidlich irgendwann zum Ende der Menschheit ... Die Natur und die Kreatur Mensch kann das nicht überleben, davon bin ich überzeugt. Und trotzdem fördere ich hier in Hamburg die Gentechnologie. Weil ich nicht aus dem Wettbewerb zwischen München, Heidelberg und anderen bundesdeutschen Städten herauskann. Ich verwende manchmal die Formulierung: 'Wir tun die Dinge nur noch, weil wir fürchten, wenn nicht wir, dann tun es die Japaner'. Aber wir haben nicht begriffen, daß die denken: 'Wenn wir es nicht machen, machen es die Deutschen' (Dohnanyi 1988, zit.n. Saretzki 1994, 379).

Mit der Feststellung, daß ein solcher Technikfatalismus nicht aus technischen, sondern aus ökonomischen Zwängen der Konkurrenz am Weltmarkt resultiert, mag zwar eine der technokratischen Grundthesen erschüttert sein - an der Kapitulation der Politik ändert dies jedoch nichts. In Anlehnung an Ellul hatte Schelsky (1965, 459) postuliert, unter dem Primat der Effizienz könnten technisch-wissenschaftliche Entscheidungen sinnvollerweise nicht mehr traditionellen politischen Formen der Willensbildung unterliegen. Die behauptete Entideologisierung und strukturelle Entpolitisierung ist jedoch nicht eingetreten, die Gleichung Sachherrschaft = Herrschaftslosigkeit nicht aufgegangen. Im Gegenteil wurde die Auseinandersetzung um Richtung und Folgen der technischen und industriellen Entwicklung zu einem wesentlichen Element des politischen Diskurses.

Ende der Politik?

Schelskys Schrift gilt heute geradezu als Manifest einer in der späteren Diskussion oft als „technokratischer Konservativismus" bezeichneten

Denktradition (Dubiel 1986, 71). Hinsichtlich der Annahme eines allmählichen Substanzverlusts des Politischen trifft sich dieser im großen und ganzen mit jener These vom Machtzerfall des Staates, wie sie von einigen Vertretern einer in der Literatur allgemein als „konservative Staatsrechtslehre" bezeichneten Strömung postuliert wurde (Saage 1986, 59-60). Bereits Carl Schmitt hatte in *„Der Begriff des Politischen"* konstatiert, daß „die Epoche der Staatlichkeit" nun „zu Ende" ginge (zit.n. Wolf 1987, 357).[19] Eine erste Fassung dieser Schrift stammt aus dem Jahre 1927, 1963 veröffentlichte Schmitt den *„Text von 1932 mit einem Vorwort und drei Corollarien."* Hier wie auch in anderen staatsrechtlichen Werken diagnostizierte er „die Auflösung der Weimarer Republik als Folge einer Wendung des modernen, bürgerlich-rechtsstaatlichen Verfassungstyps zum 'Wirtschafts- und Verwaltungsstaat' der Industriegesellschaft" (Mehring 1992, 13). Er ordnete die zurückliegenden Epochen in eine klare Periodisierung ein, wobei sich seiner Ansicht nach jede dieser Epochen durch die Dominanz eines sog. „Zentralgebietes" - also eines der verschiedenen, ausdifferenzierten gesellschaftlichen Teilbereiche - auszeichnete. In der Gegenwart sah er die eindeutige Dominanz des wirtschaftlichen Subsystems, genauer noch eine Unterwerfung von Staat und Politik unter ökonomische Prinzipien, nachdem die Entwicklung hin zum Ökonomischen einerseits über das Ästhetische, andererseits über den technischen Fortschritt geführt habe (Beyme 1992, 97-99). Ernst Forsthoff wiederum „variierte" einige Jahrzehnte später diesen „Abgesang auf den Verfall souveräner Staatlichkeit" (Beyme 1992, 101) und zog für die Bundesrepublik radikale Konsequenzen aus dem Schmittschen Befund über den „Strukturwandel der Staatlichkeit" (Mehring 1992, 14). Auch er sprach von einem geradezu unausweichlichen Rückzug des Staates angesichts der zunehmenden Vorherrschaft der „technischen Realisation", wobei die Technik vor allem durch zwei Aspekte charakterisiert sei: erstens durch eine prinzipielle Nähe zur Macht, zweitens durch Sinn und Ziel des technischen Prozesses - dieser produziere sich nämlich um seiner selbst willen (Forsthoff 1971, 30-41). Der Staat habe seine Funktion als „harte(r) Kern des ... sozialen Ganzen" (Forsthoff 1971, 164) zugunsten der Industriegesellschaft verloren, beide, Staat und Industriegesellschaft, seien aber untrennbar miteinander verbunden. Denn für die Sicherung der beiden zentralen Faktoren Vollbeschäftigung und Steigerung des Sozialproduktes sei die Industriegesellschaft auf den Staat angewiesen. Dies, weil der Staat über das nötige Instrumentarium (etwa in Form von Gesetzen) verfüge, um dieser Aufgabe

[19] Die These vom Ende der Epoche der Staatlichkeit, die der radikale Kritiker der parlamentarischen Demokratie und des Liberalismus Schmitt postuliert hatte, meinte das Schwinden politischer Alternativen, das jedoch jedoch nicht bedeutete, daß staatliche Verwaltung nicht weiter existieren würde (Mehring 1992, 66).

zu genügen, insbesondere die soziale Umverteilung sei nur mit staatlichen Mitteln durchzuführen. Forsthoff gelangt daher zu dem Schluß, daß die Bundesrepublik der siebziger Jahre zwar nicht mehr den früher gültigen „Kriterien der Staatlichkeit" entspreche und daß ein „kontinuierliche(r) Abbau aller auf souveräne Eigenständigkeit hindeutenden Strukturen und die weitgehende Eliminierung hoheitlich-herrschaftlicher Elemente" (Forsthoff 1971, 165) stattgefunden habe, womit sich der Staat auf Verwaltungsfunktionen reduziere (Mehring 1992, 66). Der Staat habe dadurch allerdings nicht seine Rolle verloren, sondern grundlegend geändert (Wandlung der „politischen Konsistenz"). Aus dieser Entwicklung resultierte für Forsthoff (1971, 169), daß

> ... der Staat außerstande wäre, den technischen Prozeß in die Schranken zu verweisen ... Denn solche Schranken setzen würde bedeuten, Herrschaftsfunktionen gegenüber der Industriegesellschaft ausüben. Dazu bedarf es einer eigenständigen Macht, die dem Staate fehlen muß, der seine Stabilität und Funktionsfähigkeit der Industriegesellschaft verdankt.[20]

Schelsky (1965, 456) hatte noch postuliert, die moderne Technik bedürfe keiner Legitimität - „mit ihr 'herrscht' man, weil sie funktioniert und solange sie optimal funktioniert." Sobald jedoch Störfälle in großtechnischen Anlagen, unüberschaubare Gefahrenpotentiale und immer deutlicher zutage tretende ökologische Schäden die Fragwürdigkeit dieser Prämissen drastisch vor Augen führten, und darüber hinaus das Vertrauen in den technischen Fortschritt als Garant wachsenden Wohlstands dramatisch abnahm, stellten sich die Legitimitäts- und damit auch die Herrschaftsfrage neu. Die Erkenntnis des (Selbst)Zerstörungspotentials der technischen Zivilisation führte zur Konzentration auf der Politik verbliebene oder neu zu gewinnende Entscheidungs- und Gestaltungsspielräume. Mit den Rahmenbedingungen änderte sich auch der Fokus der Kritik und die Technokratiekri-

[20] Forsthoff (1971, 168) legte allerdings Wert darauf zu betonen, daß dieser Befund nicht allzu negativ verstanden werden sollte. Denn die „Begrenzung der Technik" in dem von ihm „gemeinten Sinne, die sich auf äußerste Grenzen beschränkt und keineswegs als grundsätzlich gegen die technische Realisation verstanden werden darf", könnte ohnehin nicht mehr im Rahmen einzelner Staaten und Industriegesellschaften geleistet werden. Da sowohl die positiven wie auch die negativen Konsequenzen der technischen Entwicklung (er bezog sich dabei ausdrücklich auf die Umweltzerstörung) längst die staatlichen Grenzen gesprengt hätten, müßte auch der weitere Ablauf von technischen Entwicklungsprozessen von anderen Instanzen als Einzelstaaten gelenkt werden. Forsthoff setzte diesbezüglich große Hoffnungen in internationale Organisationen, ohne dieser Idee allerdings konkrete Züge zu verleihen.

tik wandelte sich zur Technikkritik (Saretzki 1994, 381).[21] Zu dieser Verlagerung gehört die Relativierung der These, die Technik als Prozeß sei der menschlichen Kontrolle völlig entglitten,[22] die wissenschaftlich-technische Entwicklung gehe gänzlich unbeeindruckt von symbolischer und regulativer Politik ihren Gang. Gelegentlich greift hier allerdings ein fragwürdiger Zweckoptimismus um sich, wie Teusch (1993, 97) kritisch anmerkt:

> Vergegenwärtigt man sich die Trends politikwissenschaftlicher Technikforschung und ... der Techniksoziologie, dann scheint es fast, ... als seien Technikdeterminismus und „out-of-control"-Theorien längst widerlegt, Sachzwänge bloße Einbildung und allein das Aufwerfen solcher Fragen (schon aus psychologischen Gründen) kontraproduktiv ...

Der Autor mag dabei wohl an Aussagen wie die folgende gedacht haben:

> Heute wissen wir, daß Schelskys Vorhersagen über die Überwucherung politisch-praktischer durch technische Fragen, ja über das Absterben des genuin Politischen selbst, in einem geradezu grotesken Ausmaß falsch waren (Dubiel 1986, 71).

Ungeachtet dessen, daß die Schelskyschen technokratischen Kernprognosen sich nicht erfüllt haben, vollzieht sich die technische Entwicklung dennoch zumindestens soweit autonom, daß gesellschaftliche und politische Institutionen sich primär mit der nachträglichen Regulierung von Technikfolgen bescheiden müssen. Dagegen scheinen die Möglichkeiten, zukunftsweisende Linien für die Technikentwicklung vorzugeben, sehr limitiert zu sein (Mai 1991, 15). Die zentralen Fragen, die zunehmend gestellt werden, seit sich die Perspektive weg von technikdeterministischen Vorstellungen hin zum Verständnis von Technikgenese als sozialem Prozeß verschoben hat, sind daher „unter welchen Bedingungen, mit welchen Instrumenten und in welchen Grenzen der Staat technischen Fortschritt zu steuern in der Lage ist" (Zöpel 1988, 8). Ein wesentlicher Aspekt in diesem Zusammenhang ist auch die Bewertung der Position von Fachleuten aus Wissenschaft und Technik als aktiv in diesen Prozeß involvierte Akteure und Akteurinnen.

---

[21] Saretzki bezeichnet an anderer Stelle (1995) den daraus abzuleitenden Perspektivenwechsel von Technikfolgen- zu Technikgeneseforschung im allgemeinen und in der Beschäftigung mit Gefahren der Gentechnologie im speziellen als *genetic turn*.

[22] Den Begriff *technics-out-of-control* prägte Langdon Winner (1977).

Risikoforschung und Risikogesellschaft

Mit der veränderten Wahrnehmung der Bedrohungen durch die Folgen moderner Technik erhielt nicht nur die Technikforschung eine neue Qualität. Als neuer, multidisziplinärer Forschungsbereich hat sich (parallel zum forcierten Ausbau der Kernenergie ab Anfang der sechziger Jahre) auch die Risikoforschung etabliert, die die wissenschaftliche und gesellschaftliche Problematik auf vielfältigste Weise widerspiegelt (Krücken 1994). Allerdings ist es nach Bechmann (1993, IX)

> (t)rotz aller Bemühungen ... der Risikoforschung nicht gelungen, einen einheitlichen Risikobegriff, geschweige denn eine zusammenhängende Risikotheorie zu entwickeln, die das neu entstandene Forschungsgebiet und die vielfältigen Ergebnisse zur Risikoproblematik strukturieren könnten.

Bechmann unterscheidet in diesem Zusammenhang drei grundsätzliche Orientierungen: Zum einen den formal-normativen Ansatz, der eine rationale Entscheidung über die Akzeptierbarkeit unterschiedlichster Risiken je nach Grad ihrer Wahrscheinlichkeit und Ausmaß ihrer Folgen zu erreichen sucht. Basierend auf der der Versicherungswirtschaft entliehenen Formel für Risiko, wonach Risiko gleich dem Produkt aus Schadenserwartung und Wahrscheinlichkeit des Schadenseintritts ist, sollen Schadens- und Nutzensaspekte gleichermaßen mittels einer Skala dargestellt werden können. Die Schwächen solcher Versuche objektivierbaren und quantifizierbaren *risk assessments* wurden vor allem in der Debatte um die Möglichkeit von Schäden in katastrophalen Ausmaßen bei minimaler Eintrittswahrscheinlichkeit durch großtechnische Anlagen wie Kernkraftwerke offenbar.[23] Die zweite, die psychologisch-kognitive Betrachtungsweise, setzt an der subjektiven Risikowahrnehmung und -bewertung an: So werden - ungeachtet des realen individuellen Risikos - freiwillige eher als unfreiwillige, kontrollierbare eher als unkontrollierbare Risiken akzeptiert.[24] Der kulturell-soziologische Ansatz schließlich stellt diese Fragen nach Ursachen und Ausmaß von Akzeptanz und Nichtakzeptanz technischer Risiken auf der gesellschaftlichen Ebene (Bechmann 1993, IX-XVIII). Zusammenfassend lassen sich nach Bradbury idealtypisch zwei Risikokonzepte voneinander unterscheiden, die in weiterer Folge für die Politikgestaltung bzw. für die öffentliche Diskussion wichtige Implikationen haben:

---

23 Vgl. Perrow 1987.

24 Besonders häufig wird in diesem Kontext mit der Gegenüberstellung der Risiken des Rauchens und des Autofahrens mit jenen der Kernkraft operiert.

> One approach conceives of risk as a physically given attribute of hazardous technologies: objective facts, which can be explained, predicted, and controlled by science, are separated from subjective values. A second approach conceives of risk as a socially constructed attribute, rather than as a physical entity that exists independently of the humans who assess and experience its effects (Bradbury 1989, 381).

Die Wahl der Mittel und Wege, öffentliche Akzeptanz von Technik bzw. deren Risiken herzustellen, hängt unmittelbar von diesen Konzepten als Prämisse ab. Bradbury spricht dabei von *risk management* als Prozeß, in dem Entscheidungen über Risiken getroffen werden. Dem technischen Ansatz gemäß würde sachliche Information der Öffentlichkeit genügen, um auf Basis objektiver, wertneutraler Fakten rationale und eindeutige Entscheidungen zu treffen. Dieser Informationsfluß erweist sich als linearer Prozeß, in dem wissenschaftlich-technische Experten und Expertinnen durch Information die öffentliche Wahrnehmung von Risiken beeinflussen und gleichsam Überzeugungsarbeit leisten. Derartige Entscheidungsprozesse folgen einer durch und durch technokratischen Logik. Die sozialkonstruktivistische Perspektive dagegen bleibt nicht auf der Ebene technischer und ökonomischer Rationalität: Die Akzeptanz technischer Risiken kann demnach nur dialogisch in einem offenen Kommunikationsprozeß, in dem die verschiedenen Risikowahrnehmungen bzw. die sie repräsentierenden Gruppierungen gleichwertig sind, ausverhandelt werden (Bradbury 1989, 394).

Die positive Einschätzung der Meriten sozialpsychologischer bzw. soziokultureller Ansätze[25] ist jedoch keineswegs unumstritten. Klaus Fischer etwa erachtet zum einen solche Erklärungsmuster für die gesellschaftlich divergierenden Risikowahrnehmungen als unzureichend und bezweifelt zum anderen die Sinnhaftigkeit breit angelegter Diskussionen um sozialverträgliche Technikgestaltung:

> Unter den gegenwärtigen Bedingungen der Wissensproduktion laufen alle Bestrebungen nach politischer Steuerung auf die Frage hinaus, ob Wahrheitsansprüche durch Mehrheitsbeschluß geklärt werden können. Die heute dominierende Wissenschaftssoziologie scheint dies zu akzeptieren. Damit schwimmt sie auf der Welle der modernen Wissenschaftsskepsis ... (Fischer 1992, 37).

---

[25] Besonders einflußreich in diesem Kontext war die Monographie von Douglas/Wildavsky (1982).

Zwar bestreitet er nicht, daß diese Skepsis aus einer Krise der aufklärerischen Vernunft resultiert, hält jedoch die Schlußfolgerung, damit sei auch das „Projekt der Moderne" gescheitert, für „undifferenziert und pauschal" (Fischer 1992, 37). In einer solchen „postmodernen" Perspektive vermeint er die Gefahr überbordenden Skeptizismus bis hin zu Irrationalität und Esoterik zu erkennen[26] und entwirft als alternative Option ein höheres Niveau der Aufklärung durch verstärkte Selbstkritik und Selbstreflexion. Einer jener Autoren und Autorinnen, auf die Fischers Kritik zumindest teilweise gemünzt ist, ist Ulrich Beck. Dieser selbst allerdings wehrt sich gleichsam prophylaktisch gegen den Vorwurf, postmodernes Denken zu vertreten und betont, eine „Aufklärung gegen die Industriegesellschaft" anzustreben (Beck 1988, 291-292). Auch seine „neue Aufklärung" basiert auf einer Zuspitzung des Prinzips von Kritik bzw. Selbstkritik und soll praktisch durch die Institutionalisierung von Gegenexpertisen realisiert werden. In einer kritischen Analyse des Konzepts von Beck kommt Beyme (1992, 322) allerdings zu dem Schluß, dessen „Verhältnis zur Postmoderne" sei „in vieler Hinsicht ambivalent."[27] Ungeachtet aller kritischen Reaktionen auf Becks Publikationen steht fest, daß es ihm gelungen ist, „Risiko" über die Technikdiskussion hinaus zu einem Terminus zeitgenössischer Gesellschaftstheorie zu erheben. Mit der Veröffentlichung der „Risikogesellschaft" (1986) etablierte er einen Begriff, der, wie Teusch (1993, 19) zutreffend bemerkt, „im wissenschaftlichen und publizistischen Bereich eine erstaunliche Karriere vorzuweisen hat."[28] Auch die nachfolgenden Werke (1988, 1991, 1993) widmete Beck der Frage nach den Möglichkeiten und Konturen einer „Politik in der Risikogesellschaft"[29] bzw. dem Entwurf einer Theorie der „reflexiven Modernisierung."

Ausgangspunkt seiner Überlegungen ist die Tatsache, daß die Gleichung Industrie = Fortschritt = Wissenschaft = Aufklärung = Moderne in Bewegung geraten sei (Beck 1988, 15-16). Wir sind demzufolge

---

[26] Die Frage, inwieweit nicht auch bezügl. dieser Einschätzung das Urteil „undifferenziert und pauschal" angebracht wäre, bleibe dahingestellt.

[27] Zu den theoretischen Spitzfindigkeiten um die Frage postmodern oder nicht meint Mai (1991, 23) lapidar, aber nicht völlig unberechtigt, daß es sich zwar um eine interessante, für die politische Praxis aber weitgehend irrelevante Frage handle, „ob man sich derzeit in der Risikogesellschaft, in der Postmoderne oder im Industriezeitalter befinde(t)."

[28] Teusch verweist im übrigen auch darauf, daß das Konzept Risikogesellschaft zwar eindeutig Beck zugeschrieben wird, aber bereits einige Jahre zuvor in Frankreich entwickelt worden sei (vgl. Patrick Lagadec, *La Civilization du risque. Catastrophes technologiques et responsabilités sociales.* Paris 1981).

[29] Vgl. dazu auch Gottweis 1988.

> ... Augenzeugen - Subjekt und Objekt - eines Bruches *innerhalb* der Moderne ..., die sich aus den Konturen der klassischen Industriegesellschaft herauslöst und eine neue Gestalt - die ... so genannte (industrielle) 'Risikogesellschaft' - ausprägt (Beck 1986, 13).

Es bricht also ein Gegensatz von Moderne und Industriegesellschaft auf: Nachdem die sog. einfache Modernisierung sich im Sinne einer Auflösung traditioneller Strukturen vollzogen hat, trifft sie nun gleichsam auf sich selbst - „Modernisierung *in* den Bahnen der Industriegesellschaft wird ersetzt durch eine Modernisierung *der Prämissen* der Industriegesellschaft" (Beck 1986, 14), und damit wird die Moderne selbstreflexiv, befindet sich die industrielle Risikogesellschaft mit Becks Worten auf dem Weg von der „halbierten" zu einer „anderen Moderne."[30] Die bisher in der Industriegesellschaft vorherrschende Reichtumsproduktion des technisch-ökonomischen Fortschritts wird mittlerweile immer mehr durch die Produktion von Risiken überschattet, die eine neue Qualität aufweisen und sich daher nicht mehr als „latente Nebenwirkungen" legitimieren lassen (Beck 1986, 17). Diese neu entstandenen Gefahren- und Katastrophenpotentiale ordnet Beck vor allem der atomaren, chemischen und gentechnischen Produktion zu; ihr gemeinsames Merkmal ist für ihn - abgesehen von ihrer enormen Vernichtungskraft - die Tatsache, daß ihre negativen Folgen weder örtlich noch zeitlich noch sozial eingrenzbar sind.[31] Daraus resultiert auch ihr klassenübergreifender Charakter: Zwar existieren nach wie vor sozial ungleiche Gefährdungslagen, grundsätzlich aber trifft das Klassenschema den Kern der Verteilungslogik von Risiken nicht, sondern die ökologische Krise hat egalisierenden Charakter (Beck 1986, 48-53). Darüber hinaus lassen sich diese Folgewirkungen kaum noch eindeutigen Urhebern zurechnen, so daß für sie „nach den geltenden Regeln ... weder Kausalität, Schuld noch eine zureichende Haftung geltend gemacht werden können" (Bechmann 1993, XVIII). Parallel zum wachsenden Schadens- und Bedrohungspotential moderner Technologien sinkt demnach

---

30 Zu dieser Entwicklung gehört auch eine allgemeine Enttraditionalisierung industriegesellschaftlicher Lebensformen: Gegenwärtig vollzieht sich ein mit einem allg. Individualisierungsschub verbundener Prozeß der Freisetzung von Menschen aus traditionellen Bindungen wie Klasse, Schicht, Familie und Geschlechterrolle (Beck 1986, 115-248).

31 An Becks Risikokonzept bzw. seinen Schlußfolgerungen wurde tlw. heftige Kritik geübt, Luhmann z.B. bezeichnet den Terminus Risikogesellschaft als Modebegriff (zit.n. Bonß 1991, 261) und empfiehlt, die Begriffe Risiko und Gefahr strikt von einander zu trennen (zi.n. Beyme 1992, 326), was Beck nicht schlüssig gelingt. Insgesamt entstand in der Soziologie eine lebhafte Diskussion um die Verknüpfung von Risikoforschung und Gesellschaftstheorie (vgl. exemplarisch Bonß 1990 und 1991; Koslowski 1989; Meyer-Abich 1989; Wagner 1988).

die Wirkungskraft des Verursacherprinzips. Seine „metaphernreich bebilderte Reise durch das Labyrinth industrieller Gefährdungen" (Saretzki 1994, 353) endet bei Beck (1989, 6) daher im „Realkabarett der Gefährdungstechnokratie", wenn er beschreibt, wie das individuell ausgelegte Verursacherprinzip, *die* Rechtsgrundlage der traditionellen Gefahrenabwehr, mittlerweile eher die Verursacher schützt, als sie zur Verantwortung zu ziehen (Beck 1988, 11). Diese Eigenschaft der Gefahrenverwaltung, Herausforderungen der industriell-technischen Entwicklung an der Schwelle zum 21. Jahrhundert mit einem nicht mehr adäquaten Instrumentarium aus dem endenden 19. bzw. beginnenden 20. Jahrhundert begegnen zu wollen, nennt er „organisierte Unverantwortlichkeit" (1988). Die Ursache für diese sich immer weiter öffnende Schere basiert auf einem Wandel der Gefahren, die ihren Charakter im Zuge des Modernisierungsprozesses grundlegend geändert haben. Denn ihr Ursprung liegt

> ... nicht mehr im Äußeren, Fremden, im Nichtmenschlichen, sondern in der historisch gewonnenen Fähigkeit der Menschen zur Selbstveränderung, Selbstgestaltung und Selbstvernichtung der Reproduktionsbedingungen allen Lebens auf dieser Erde. Das aber heißt: Die Quellen der Gefahren sind nicht länger Nichtwissen, sondern *Wissen*, nicht fehlende, sondern *perfektionierte* Naturbeherrschung, nicht das dem menschlichen Zugriff Entzogene, sondern eben das *System der Entscheidungen* und Sachzwänge, das mit der Industrieepoche etabliert wurde (Beck 1986, 300).

Im Zuge der einfachen Modernisierung wurde der politische Bereich demokratisiert und der Bürger zum *citoyen*. Gleichzeitig bildete sich ein privater, dem Zugriff des Staates entzogener Bereich, jener des *bourgeois*, heraus. Während in der politischen Sphäre das Bürgertum seine demokratischen Rechte wahrnahm, ging es in der anderen seinen ökonomischen Interessen nach. Der technische Fortschritt vollzog sich in diesem als nichtpolitisch definierten Bereich, und solange über seine Gleichsetzung mit sozialem Fortschritt uneingeschränkter Konsens herrschte, galt die Devise: „Fortschritt ersetzt Abstimmung" (Beck 1986, 301). Im Verlauf der fortschreitenden Modernisierung allerdings wanderten die Entscheidungen, auch jene über Risikobewertung, immer mehr in den technisch-ökonomischen Sektor ab. Damit vollziehen sich mit den technischen auch die gesellschaftlichen Wandlungsprozesse in der Form des Nichtpolitischen. Es kommt zu einer Entgrenzung von Politik und zum Zerbrechen der traditionellen Konstruktionen der Modernisierung, bedingt durch zwei Ursachenkomplexe: Einerseits durch die Ansprüche auf politische Partizipation, die außerhalb des politischen Systems erhoben werden und sich in der politischen Kultur der Neuen Sozialen Bewegungen manifestieren und andererseits durch die wachsende Reichweite der Veränderungs- und Gefährdungspotentiale der technisch-ökonomischen Entwicklung. Wissenschaftliche und technisch-ökonomische Entwicklung verlieren den Charakter der Nichtpolitik und gewinnen statt dessen „den prekären Zwitterstatus einer *Subpolitik*, in der die Reichweite der ausgelösten Gesellschaftsveränderungen sich umgekehrt proportional zu ihrer Legitimation verhält" (Beck 1986, 304). Insgesamt vollzieht sich ein Wandel des Unpolitischen zum Politischen und umgekehrt, haben die Instanzen der parlamentarischen Demokratie - als unmittelbares Resultat des Demokratisierungsprozesses der Moderne - ihre Funktion als Zentrum der Politik, in dem über die Gestaltung der gesellschaftlichen Zukunft entschieden wird, verloren.

Was sind nun die „Gegengifte" (1988), die Beck gegen diesen Zustand verordnet? *„Die Politik muß die Selbstbegrenzung, die historisch vollzogen wurde, nachvollziehen"* (Beck 1986, 371). Von einer Verbesserung parlamentarischer Kontrolle und dem Ausbau zentraler politischer Steuerung erwartet er sich wenig. Seine „differentielle Politik" erfordert dagegen, daß die Politik sich ihrer bewahrenden, schlichtenden, diskursiven und symbolischen Funktionen besinnt, während sich die verschiedenen Felder der Subpolitik - und innerhalb dieser Systeme die jeweiligen Akteure und Akteurinnen - ihrem politischen Charakter stellen und eingestehen, nicht Sachzwängen, sondern Interessen zu folgen. Nötig ist in diesem Zusammenhang auch der Ausbau und die rechtliche Sicherung bestimmter Einflußmöglichkeiten von Subpolitik, wobei Beck besonderes Augenmerk auf die institutionelle Absicherung von Selbstkritik im Sinne von Gegenexpertise, alternativer Berufspraxis und innerberuflicher bzw. innerbetrieblicher Auseinandersetzung um Risiken eigener Entwicklungen legt. So soll gewährleistet werden, daß bereits über Forschungsvorhaben und -ziele eine breite, kontroverse Diskussion geführt wird, an der sich neben (Gegen)Fachleuten auch „zwischenfachliche Teilöffentlichkeiten" beteiligen sollen. An dieser Stelle ist allerdings der entscheidende Schwachpunkt der Beckschen Vorschläge auszumachen - wie die Institutionalisierung solcher Instanzen aussehen könnte, wie ihre Organisition, ihre Kontrollmöglichkeiten, ihre rechtliche Absicherung tatsächlich gestaltet werden sollten, bleibt gänzlich im Dunklen. Hinzu kommt, daß Becks antitechnokratischer Entwurf nicht nur auf der sprachlichen Ebene erstaunlich technokratische Züge trägt, wenn er explizit der autoritären eine kritische Technokratie gegenüberstellt (Beck 1989, 13).

4.3. *Von der Technikfolgenabschätzung in der Industriegesellschaft zur Technikgestaltung in der Risikogesellschaft*

Sohn (1994, 249) bemerkt zutreffend, daß es heutzutage zahlreiche Ansätze für kritischen Umgang mit bereits vorhandener Technik und für die Gestaltung ihrer Entwicklung gibt und sieht „keine Alternative zum Konzept der Demokratisierung der Technikgestaltung." Darunter sind durchaus unterschiedliche Aspekte zu subsumieren, beginnend bei der Einbeziehung möglichst vielfältiger Perspektiven bis hin zur Stärkung der Rolle des Parlaments. Konstruktive und innovative Technologiepolitik im Sinne von technikgestaltender Politik soll auf neuen Formen der Kooperation zwischen Öffentlichkeit, Wirtschaft, Wissenschaft und Politik aufgebaut werden. Neue Rahmenbedingungen für Entscheidungsfindungsprozesse und für die Kommunikation zwischen technisch-naturwissenschaftlichen, sozialwissenschaftlichen und politisch-administrativen Eliten müssen kreiert werden. Da die bisher praktizierten Muster der Techniksteuerung (verbandliche Regelungen, Technikfolgenabschätzung, rechtliche Regulierung usw.) allesamt Schwachpunkte aufweisen, hoffen zahlreiche Autoren und Autorinnen auf eine Synthese der verschiedenen Ansätze - sei es unter dem Stichwort „innovative Technikbewertung" (Ropohl 1994) oder „assoziative Demokratie" (Eichener et al. 1991). Auf einige dieser Einzelaspekte soll im folgenden kurz eingegangen werden.

Immer wieder wurde eingefordert, daß die Fachleute aus den Naturwissenschaften bzw. aus der Technik auf Technikkritik reagieren und die Verantwortung für die wirtschaftlichen und gesellschaftlichen Auswirkungen des eigenen Beitrags zur Technikentwicklung übernehmen sollten. Als Wegmarke in Richtung einer so verstandenen „Ingenieursethik" gilt z.B. die Richtlinie des Vereins Deutscher Ingenieure (VDI) "Empfehlungen zur Technikbewertung" aus dem Jahr 1991 (Albrecht 1993a, XX). Sowohl Ropohl (1994, 15-20) als auch Lenk (1994, 85-112) verweisen jedoch auf die engen Spielräume solcher standesinterner Ethikkodices. Darüber hinaus sind es gerade Überlegungen der jeweiligen Professionen selbst, die immer auch den „Stand von Wissenschaft und Technik" definieren und so politische und rechtliche Regulierungsrahmen festsetzen. Ungeachtet löblicher Versuche innerhalb naturwissenschaftlicher und technischer Eliten, sich der eigenen Verantwortung bewußt zu werden, kreist doch ein großer Teil der allgemeinen Technikkritik um die Rolle wissenschaftlich-technischer Expertisen in Entscheidungsprozessen und damit um ihre Funktion im politischen Leben. Wann immer in Technikkontroversen auf ein Gutachten mit einem Gegengutachten gekontert wird, scheint die Devise „rent an expert" (Fischer) nicht weit zu sein. Nach Ansicht mancher Autoren und Autorinnen hat sich eine „käufliche Wissenschaft" (Bultmann/Schmithals 1994) bereits völlig in den Dienst von Industrie und Politik gestellt.

Kritische Gegenexpertise gilt nicht nur Beck als wirksames instrumentelles Konzept für Technikkontrolle. Auch in zahlreichen anderen Werken (z.B. Traube 1988) wird die Forderung nach Institutionalisierung von Parallelforschung (nach Vorbild des deutschen Öko-Instituts) erhoben. Für die Neuen Sozialen Bewegungen wiederum war die kritische Forschung von eminenter Bedeutung, um ihre Forderungen nach einem Umdenken im Umgang mit Technikfolgen und -risiken faktisch zu untermauern und ihnen so größeres politisches Gewicht zu verleihen.[32] Allerdings ist auch das Konzept der Parallelforschung - trotz unbestreitbarer Vorzüge - kein Allheilmittel:

> Sicher liegt in der Vergabe konkurrierender Forschungsaufträge die Chance, umfassendere Informationen zur Bewertung einer Technologie zu erhalten. Das Wissensmonopol des wissenschaftlichen Sachverstandes, das heute vielfach von Großforschung und Wirtschaft als Herrschaftswissen eingesetzt wird, wird damit gebrochen. Dies bedeutet jedoch nicht die Absicherung einer Entscheidung in politischer Verantwortung, sondern vielmehr erst die Öffnung für eine kontroverse politische Diskussion. Politik wird damit nicht einfacher, aber öffentlicher (Zöpel 1988, 13).

Als darüber hinausreichendes Mittel, um allzu große Spezialisteneinseitigkeit zu verhindern, wird die Interdisziplinarität gepriesen (Lenk 1994, 31). In eine umfassende Diskussion um die gesellschaftlichen Konsequenzen technischer Neuerungen sollen auch geistes- bzw. sozialwissenschaftliche Perspektiven integriert werden. Dabei gilt es jedoch, das bereits von Charles Percy Snow Ende der fünfziger Jahre beschriebene Problem der „zwei Kulturen" zu überwinden (Snow 1959). Dieser vertrat die bewußt überspitzte These, in unserer modernen Gesellschaft bestünden nebeneinander eine literarisch-geistige und eine naturwissenschaftlich-technische Welt. Ignoranz und Spezialistentum auf beiden Seiten hätten eine Kluft gegenseitigen Nichtverstehens entstehen lassen, die eine Synthese immer schwieriger machen:

---

32 Entsprechend große Aufmerksamkeit widmeten daher auch die einschlägigen Forschungsjournale dieser Thematik, vgl. etwa NSB 1/90, Schramm 1990.

> Hervorgegangen sind solche Strukturen aus jahrhundertealten Denkmustern. Begünstigt wurden sie durch ein von unserem Bildungssystem gefördertes Spezialistentum, und zementiert wurden sie schließlich durch eine hochgradige Arbeitsteilung in unserer technisierten Gesellschaft. Die gemeinsamen Wurzeln und die historischen Zusammenhänge zwischen Technik und Gesellschaft gerieten dabei weitgehend aus dem Blickfeld (Albrecht 1993a, XXIV).

Die These der zwei Kulturen ist im übrigen keineswegs nur eine Frage des akademischen Auseinanderdriftens von Natur- und Geisteswissenschaften, sondern führt nach Huber (1990, 46) „über die Berufsgruppenbildung zu einer allgemeinen bipolaren Milieudifferenzierung der Gesellschaft ... Dabei erweisen sich Technik- und Sozialberufe ... als Antipoden." Dies ist insofern von besonders großer Bedeutung, als sich die in der Gesellschaft existierenden konfligierenden Technik- und Weltbilder auf der politischen Ebene wiederfinden. Denn auch die Politiker und Politikerinnen, die sich mit technologiepolitischen Fragen beschäftigen, haben eine von ihrer Sozialisation bzw. Ausbildung abhängige spezifische Wahrnehmung von mit technischem Wandel verbundenen Problemstellungen (Böhret 1988, 89-99). Technik(folgen)bewertung verstanden als kontroversielle und interdisziplinäre Aufgabe hat daher - grob vereinfacht - verschiedene Vermittlungsleistungen zu erbringen: Erstens müssen fachinterne Differenzen offengelegt werden. Zweitens muß eine Verständigung über verschiedene Konzepte von Technik und technischen Risiken aus naturwissenschaftlich-technischer und aus sozialwissenschaftlicher Perspektive erzielt werden. Dazu gehört vor allem auch die Überwindung von Barrieren, die sich aus der unverständlich und unzugänglich erscheinenden Sprache und Methodik der jeweils anderen „Kultur" ergeben. Auf einer dritten Ebene ist schließlich die Vermittlung dieser Diskussion an die Politik anzusiedeln, um als Basis für Entscheidungsprozesse dienen zu können.

Technikfolgenabschätzung

Eines der bereits in vielen Ländern institutionalisierten Instrumente der Techniksteuerung ist die Technikfolgenabschätzung (TA) bzw. Technikbewertung. Ursprünglich war sie in den USA im Gefolge von Auseinandersetzungen um die Einführung ziviler Überschallflugzeuge und deren Folgen eingeführt worden und sollte - als Gegengewicht zum Sachverstand von Exekutive und Unternehmen - vor allem eine beratende Funktion für den Kongreß einnehmen. 1972/73 wurde das *Office of Technology As-*

sessment (OTA) ins Leben gerufen,[33] das die Aufgabe hatte, Prognosen über Entwicklungspotentiale und zu erwartende erwünschte und unerwünschte Folgen einer bestimmten Technologie zu erstellen und so die Basis für rationale politische Entscheidungen zu bilden (Walters 1992). TA war somit von Beginn an klar als wissenschaftliches Instrument der Politikberatung definiert und trägt insofern durchaus Züge eines expertokratischen Politikmodells.[34] Partizipation seitens der Bürger und Bürgerinnen findet in dieser Konzeption keinen Platz. TA nach dem Modell des OTA konnte immer wieder politische Relevanz erlangen und war insofern durchaus erfolgreich, wenn auch eingeschränkt bemerkt werden muß, daß sie häufig nicht über partielle Analysen bzw. einfache Wirkungsforschung hinausging (Eichener et al. 1991, 6-7; Mai 1991, 18-19). Ende 1995 wurde das amerikanische OTA allerdings von der neuen republikanischen Kongreßmehrheit unter Newt Gingrich abgeschafft, gleichzeitig mit der Streichung von Bundesförderungen für eine Reihe von gesellschaftswissenschaftlichen Disziplinen (Gottweis/Latzer 1997, 663; Lauber 1997, 4).

Das Referenzmodell des *technology assessment* nach US-Vorbild dominierte die Diskussion um die Etablierung von TA in Europa und hatte die Entwicklung unterschiedlicher institutioneller Modelle zur Folge, denen jedoch allen die Ausrichtung auf wissenschaftliche Politikberatung gemeinsam ist. Dieser Diskussions- und Institutionalisierungsprozeß dauerte bis Mitte der achtziger Jahre (Martinsen/Melchior 1994, 22).[35] Mittlerweile wurden in fünf EU-Staaten (BRD, DK, F, GB, NL) ebenso wie auf EU-Ebene selbst TA-Organisationen errichtet, die an das jeweilige Parlament angebunden sind (Smits et al. 1995, 286-287). Im allgemeinen wird gerade der Verankerung der TA in den Parlamenten eine besonders wichtige Rolle beigemessen, ist damit doch häufig die Hoffnung verbunden, daß auf dieser Grundlage die „parlamentarische Verantwortung für den techni-

33 Das OTA wurde 1973 auf Grundlage des *„Technology Assessment Act"* vom 13.10.1972 gegründet (Bröchler 1995, 210).

34 Dies v.a. aufgrund der zwei wesentlichsten Prämissen, auf denen es gründet: Erstens die Annahme, daß eine „rein wissenschaftliche, objektive" TA möglich sei und zweitens der Gedanke, daß eine solche wissenschaftliche Politikberatung zwingend besser informierte politische Entscheidungen zur Folge hat.

35 Das Beispiel des deutschen „Büros für Technikfolgenabschätzung" (TAB) zeigt, daß diese Prozesse keineswegs friktionsfrei vor sich gingen. Seine lange Geschichte - der erste ensprechende Antrag wurde 1973 eingebracht - bis hin zur schlußendlichen Errichtung des TAB 1990 in Form einer sparsam ausgestatteten Minimallösung ist hierfür ein beredtes Beispiel. Darüber hinaus ist die Genese des TAB auch ein Beleg für die Bedeutung der TA als Instrument der Opposition. In den 70ern hatte die CDU/CSU-Fraktion ein TA-Amt gefordert, der Regierungswechsel Anfang der 80er brachte eine Vertauschung der Positionen (Eichener et al. 1991, 3; Mai 1991, 20).

schen Fortschritt" (Roßnagel, 1992, 55) wieder verstärkt wahrgenommen werden kann, also die „Chance einer Wiederherstellung des Primats der Politik gegenüber der Technik besteht" (Mai 1991, 18). In der Praxis allerdings zeigt sich, daß die Erwartungen in die Reichweite der TA häufig zu hoch gesteckt sind. Politische Entscheidungen über Technik orientieren sich, darauf hat Renate Mayntz hingewiesen, letztlich doch weniger an wissenschaftlichen Ratschlägen,[36] als zumeist an strategischem Kalkül. TA wird damit „statt Grundlage für Entscheidungen zu sein, zur Rechtfertigung von Entscheidungen (oder Nichtentscheidungen) genutzt" (zit.n. Martinsen/Melchior 1994, 23) und läuft Gefahr, zur Alibihandlung bzw. zur Legitimationsstrategie zu verkommen.

Parlamentarische TA-Institutionen			
Gründung	**Land**	**Name**	**Kürzel**
1973	USA	Office for Technology Assessment	OTA
1983	Frankreich	Office parlementaire d'évaluation des choix scientifiques et technologiques	OPECST
1986	Europäische Gemeinschaft	Scientific and Technological Options Assessment	STOA
1986	Niederlande	Netherlands Organisation for Technology Assessment (Legislative und Exekutive/Ministerien)	NOTA[37]
1986	Dänemark	Danish Board of Technology	TN
1988	Großbritannien	Parliamentary Office of Science and Technology	POST
1989	Deutschland	Büro für Technikfolgen-Abschätzung beim Deutschen Bundestag	TAB
1990	Europäische Gemeinschaft	European Parliamentary TA Network (NOTA, OPECST, POST, STOA, TAB, TN)	EPTA

Quelle: Küng/Käppeli 1994, 192

Trotz der oft anzutreffenden Konzentration auf TA als parlamentarisches Instrument sollten andere Formen der Institutionalisierung von Technik(folgen)bewertung nicht außer acht gelassen werden. So spielt TA auch auf der Ebene der Exekutive in ganz Europa eine wichtige Rolle, nach

36 Die Prämisse der Objektivität und Rationalität solcher Empfehlungen ist ohnehin fragwürdig.

37 1994 wurde das NOTA in *Rathenau Instituut* umbenannt (Peissl/Torgersen 1996, 36).

Westphalen (1995, 241) ergibt sich ausdrücklich eine Verpflichtung der Exekutive zur Technikfolgenabschätzung aus dem Gewaltenteilungsprinzip. Smits et al. (1995, 289-290) verweisen darauf, daß sich - trotz aller nationaler Unterschiede - die TA-Initiativen in den einzelnen EU-Ländern in folgenden Punkten ähneln:

- most of the initiatives concerned with strategic decision making and policy in different areas have the characteristics of TA, but are not actually labelled as TA ...;
- while the usefulness of TA as a policy tool is recognized by some individuals or small groups within the executive, it appears to be very difficult to integrate TA in regular policy programs (... particularly at the EC-level there is some evidence which suggests that the impact of the TA initiatives on the R&D programs themselves is nearly absent);
- TA and TA-like activities within the executive are unevently spread (most TA or TA-like work is initiated in the field of technology and science policy; in an increasing number of countries, however, TA is also related to other departments and corresponding subjects like health, environment and justice);
- an important part of TA and TA-like activities is not actually performed within the executive (academic and intermediate research groups and, increasingly, commercial consultants deliver the TA-studies and related advice).

Die Interessen, die das Parlament und die Administration an der TA haben, sind ihren Aufgaben gemäß völlig unterschiedlich, und in beiden Fällen wird sie für die jeweils spezifischen Funktionen instrumentalisiert (Mai 1991, 20). Westphalen (1995, 245-246) plädiert ungeachtet dieser unterschiedlichen Interessenlagen aus verfassungsrechtlichen Gründen dafür, daß die Exekutive gegenüber der Legislative die Verpflichtung hat, Hintergrundinformationen (z.B. bei der Einbringung von Gesetzesvorlagen) weiterzugeben.

Seit den siebziger Jahren beschäftigt sich in so gut wie allen europäischen Ländern auch die Wissenschaft ausführlich mit TA (Smits et al. 1995, 288-289); und in manchen dieser Länder, wie in Österreich, existiert Technikfolgenabschätzung vor allem auf dieser akademischen Ebene, d.h. in Form eigenständiger Institute. Schließlich gibt es auch so etwas wie eine „industrial TA-community" (Smits et al. 1995, 287) - in vielen großen Unternehmen wird TA als Teil strategischer Planung betrieben. Allerdings ist diese Form der TA kaum formalisiert und gegenüber Einblicken von außen zumeist völlig abgeschottet. Der Austausch zwischen institutionalisierter und konzerninterner TA ist daher äußerst limitiert.

Technikfolgenabschätzung im Sinne wissenschaftlicher Beratung von politischen Entscheidungsträgern und -trägerinnen genügt den Ansprüchen an partizipative und pluralistische Technikgestaltung nicht. Daran könnte auch die „Implementation von Technikfolgenabschätzung bei allen an der Technikgestaltung beteiligten Akteuren" (Mai 1991, 18) kaum etwas ändern. Abgesehen davon, daß sich die TA-Landschaft ohnehin bereits hinsichtlich der Akteursebene als auch der Interessensebene in dieser Weise ausdifferenziert hat (Bröchler 1995, 214-215; Smits et al. 1995, 285-291), liegen prinzipielle Schwächen der TA in ihrer Konzeption begründet: Da in der traditionellen TA von der Eigendynamik technischer Entwicklung ausgegangen wird, bleibt die Technikgenese vom Steuerungsanspruch ausgenommen. Eingriffe beschränken sich auf die Kompensation, im günstigsten Fall auf die Vermeidung von negativen Folgen, wobei die Effizienz dieses Ansatzes noch durch zwei Aspekte - nämlich das Prognoseproblem und das Kontrolldilemma - empfindlich eingeschränkt wird (Martinsen/Melchior 194, 26).

Diese dem TA-Ansatz immanenten Tendenzen treten besonders deutlich in jenem „neuen TA-Konzept" zutage, das von Smits und seinen Co-Autoren als integraler Bestandteil umfassender Technologiepolitik vorgestellt wird.[38] Zwar wird TA hier als intensiver Diskussionsprozeß gesehen, der parallel zu und in enger Verbindung mit technologiepolitischen Entscheidungsprozessen abläuft, wie auch in diesem Zusammenhang partizipatorische Elemente und soziokulturelle Fragen (mehr oder minder in Form von Lippenbekenntnissen) durchaus betont werden, im Vordergrund stehen aber deutlich ökonomische Interessen. In erster Linie wird die Optimierung der Verwendung neuer Technologien in wirtschaftlicher Hinsicht gefordert, wohingegen ihre (potentiellen) negativen Konsequenzen nicht mehr länger „überbetont" werden sollten (Smits et al. 1995, 272; 282). Die Bewertung dieses Vorschlags, der zwar der TA eine wichtige, allerdings an traditionellen Effizienzkriterien orientierte Rolle zuschreibt, kann daher bestenfalls ambivalent ausfallen. Insgesamt stärkt dieses Konzept sogar jene Elemente der TA, die sie schon bisher mehr zu einem die autonome Technikentwicklung stützenden - und bestenfalls ihre Folgen regulierenden - als zu einem gestaltenden Instrument gemacht haben.

---

[38] Ausgangspunkt für diese Überlegungen stellt v.a. der OECD-Bericht *„Technology in a Changing World"* (1991) dar, der zu der Feststellung kam, „that the potentials of technology are underutilized in economic as well as in social terms" (Smits et al. 1995, 271).

Technikgestaltung als gesamtgesellschaftliche Aufgabe

Das expertokratische Politikberatungsmodell TA beinhaltete eine Beschränkung der technologiepolitischen Diskussion auf die Eliten aus Politik, Wirtschaft und Wissenschaft. Die bereits beschriebene veränderte Wahrnehmung und Politisierung von Technikentwicklung - in engem Zusammenhang mit ökonomischen Veränderungen und der Herausbildung der Neuen Sozialen Bewegungen - erweiterte auch den Akteurskreis: Bürger und Bürgerinnen, entweder einzeln oder in Bürgerinitiativen zusammengeschlossen, Berufsverbände und Medien forderten ihre Beteiligung an der Diksussion um technologiepolitische Entscheidungen ein. Insbesondere die Gewerkschaften spielten bei der Formulierung des Konzepts der „sozialen Technikgestaltung" eine bedeutsame Rolle, das auf die aktive Beteiligung von Arbeitnehmern und Arbeitnehmerinnen bei der Einführung von neuen Technologien abzielt. In den Forderungen nach Berücksichtigung der Interessen aller Betroffenen erfuhren derartige Überlegungen eine Erweiterung hin zur Forderung nach einer gesamtgesellschaftlichen Auseinandersetzung über die soziale Beherrschbarkeit technologischer Entwicklung (Martinsen/Melchior 1994, 28-29).

> Entsprechend wurden Diskursmodelle entwickelt, die das Repräsentationsprinzip aller konfliktbeteiligten Akteure zur Geltung bringen, die Verpflichtung zu einer gemeinsamen Lösung implizieren und die schließlich die Realisierung einer kooperativen Problemlösung als strategisches Ziel definieren (Bröchler 1995, 222).

Allerdings ist zu den hier angesprochenen Modellen einschränkend zu bemerken, daß sie vor allem in umwelt- oder verkehrspolitischen Einzelfragen gut funktionieren, etwa, wenn es um die Ansiedelung von Deponien oder um Straßenbauten geht.[39] Bei prinzipiellen technologiepolitischen Entscheidungen dürften derartige Modelle an ihre Grenzen stoßen, wiewohl auf Bürgerbeteiligungsverfahren sicherlich nicht verzichtet werden sollte.

In enger Verbindung mit gewerkschaftlichen Bemühungen um soziale Technikgestaltung sind wohl jene Ansätze zu sehen, die für korporatistische Modelle der Techniksteuerung plädieren (Mai 1991, 23). Ausgehend von dem Befund, daß die moderne Gesellschaft aus ausdifferenzierten Teilbereichen besteht und staatliche Technikfolgenabschätzung alleine die

---

[39] Vgl. die vielen Beispiele für die „Modernisierung der Demokratie" in Zilleßen et al. 1993.

gewünschte Berücksichtigung öffentlicher Interessen an sozial- und umweltverträglicher Technikgestaltung nicht zu leisten vermag, sollen techniksteuernde Aufgaben auch an privatrechtliche Verbände delegiert werden. Im Modell der „assoziativen Demokratie“ hat der Staat innerhalb des so verstandenen partizipativen bzw. kooperativen Steuerungsmodells drei Funktionen inne:

> Erstens nimmt er eine prozedurale Steuerung vor, um in den gesellschaftlichen Steuerungsgremien ein demokratisch legitimiertes Konsensmanagement der verschiedenen Interessen zu gewährleisten, was u.a. die formale Chancengleichheit beinhaltet. Zweitens bemüht sich der Staat auch um eine materielle Chancengleichheit der verschiedenen Interessen, sich an der gesellschaftlichen Techniksteuerung effektiv zu beteiligen; dazu gehört die gezielte Unterstützung der in den verbandlichen Arenen unterrepräsentierten Interessen durch materielle Hilfen, wobei auch einer staatlich organisierten Technikfolgenabschätzung eine wichtige Rolle zukommen kann. Drittens schließlich beteiligen sich staatliche Akteure aus den verschiedenen Ressorts selber an der gesellschaftlichen Techniksteuerung, indem sie in den regelsetzenden Gremien die öffentlichen Interessen aus der Sicht des jeweiligen Ressorts artikulieren (Eichener et al. 1991, 10).

Innerhalb eines solchen Modells hätte der Staat durch die Sorge um Chancengleichheit und Partizipationsfähigkeit eine sehr aktive Rolle inne. Damit wäre zumindest einigermaßen gewährleistet, daß Verantwortung weiterhin „dingfest und operational gehandhabt“ wird, ein Aspekt, der bei allzu allgemein gehaltenen Rufen nach breitester Partizipation gelegentlich aus dem Blickfeld gerät (Lenk 1994, 72). Nichtsdestotrotz scheinen die in breite korporatistische Modelle der Techniksteuerung gesteckten Erwartungen zu hoch zu sein.

Die Entwicklung des Konzepts der „sozialverträglichen Technikgestaltung“ schloß an die bereits genannten konzeptuellen Erweiterungen an und stellt den Versuch einer Synthese dar. Der Begriff Sozialverträglichkeit wurde im Zusammenhang mit der Nuklearenergie entwickelt und umfaßt mittlerweile verschiedene Dimensionen. Zusammenfassend läßt sich sozialverträgliche Technikgestaltung

> ... als ein Konzept charakterisieren, das auf der Vorstellung der demokratischen Gestaltbarkeit von Technik durch Partizipation, Öffentlichkeit und Kompetenzvermittlung aufbaut und Technik als gesell-

schaftsimmanentes Phänomen betrachtet (Martinsen/Melchior 1994, 30).

Die vorangegangenen Ausführungen machen evident, daß die Prämisse eines neuen Technikverständnisses und einer Konzentration auf Technikgenese sowie damit verbundene Forderungen nach Partizipation zu einer tiefgreifenden Revision technologiepolitischer Strategien zwingen würde (Lutz 1990, 619). Der Beitrag des Staates wird dabei immer weniger als Techniksteuerung an sich, denn als politische Moderation solcher Prozesse konzeptualisiert. Esser (1994, 127-128) allerdings bezweifelt, daß angesichts zunehmender Privatisierung der Technologiepolitik und eines Trends zur Globalisierung von Technikentwicklung auf diese Weise neuer Handlungsspielraum für die nationalstaatliche Politik gewonnen werden kann. Hinzu kommt als weitere Einschränkung die Tatsache, daß die Konzepte und Theoreme der neueren Technikforschung bisher selten bzw. mit sehr unterschiedlichen Ergebnissen in Hinblick auf ihre praktische Anwendbarkeit getestet worden sind. Der Erfolg von Modellen sozialverträglicher Technikgestaltung hängt sehr wesentlich von ihrer Einbettung in die jeweilige politische Kultur ab, wie im folgenden Exkurs anhand einiger ausgewählter Beispiele gezeigt werden soll.

Korporatismus und Sozialverträglichkeit bzw. Sozialunverträglichkeit waren und sind beides Aspekte, die für die österreichische Gentechnikpolitik und speziell für die Formulierung des Gentechnikgesetzes eine bedeutsame Rolle spiel(t)en. Wichtige Voraussetzungen dafür sind nicht zuletzt die Konturen österreichischer Technologiepolitik, die wesentlich durch die Kleinstaatlichkeit dieses Landes geprägt ist. Bevor allerdings als Abschluß des theoretischen Teils bzw. als Vorbemerkung für den empirischen Abschnitt ein Blick auf die österreichische Ausgangslage geworfen wird, soll sich der auf den Exkurs zu praktischen Erfahrungen folgende Abschnitt noch mit einem der zentralen Steuerungsinstrumente des demokratischen Verfassungsstaates beschäftigen und Probleme der rechtlichen Regulierung moderner Technologien skizzieren.

5. EXKURS: PRAKTISCHE ERFAHRUNGEN

5.1. Consensus Conferences

Dänemark bietet mit den sog. *consensus conferences* ein Beispiel für partizipative TA-Verfahren zu kontroversen Anwendungen neuer Technologien. Diese Konferenzen werden vom Staat finanziert und durch das 1985 gegründete *Danish Board of Technology* organisiert, das wiederum durch einen Parlamentsausschuß beaufsichtigt wird. Mit Bezug auf die Gentechnologie fanden beispielsweise Konferenzen zu den Themen „Transgene Tiere" und „Mögliche Auswirkungen der Erkenntnisse aus dem Projekt zur Sequenzierung des menschlichen Genoms" statt. Kernstück einer *consensus conference* ist ein Dialogmodell, das die Einbeziehung der Bevölkerung ermöglicht und nach dem Prinzip eines „informierten Laienurteils" funktioniert. Mittels Zeitungsinseraten werden interessierte Laien gesucht. Um die 15 Personen werden nach Alter, Geschlecht, Landesregion und anderen Merkmalen für die Mitarbeit in einer Öffentlichkeitsgruppe (*laymen-panel*) ausgewählt. Diese wird zur Vorbereitung an zwei Wochenenden fachlich in das Thema eingeführt, um anschließend auf dieser Grundlage eine Fragenpalette bezüglich Risiken und Nutzen der zur Debatte stehenden Technik zu formulieren. Die eigentliche *consensus conference* dauert drei Tage und ist für Zuhörer und Zuhörerinnen offen. Zuerst findet in diesem Rahmen eine Anhörung statt, in der Fachleute aus verschiedenen Bereichen die von der Laiengruppe vorbereiteten und schriftlich vorgelegten Fragen beantworten. Danach wird von der Laiengruppe ein Konferenzreport ausgearbeitet, wobei als Ziel die Formulierung möglichst einstimmiger Schlußfolgerungen angestrebt wird. Minderheitsvoten sind jedoch ebenfalls vorgesehen. Am dritten Tag der Konferenz stellt die Laiengruppe üblicherweise diesen Report in Anwesenheit der Medien vor, wobei die Expertengruppe noch einmal die Gelegenheit hat, auf Mißverständnisse oder Fehler in Sachfragen einzugehen. Der endgültige Bericht der *consensus conference* wird schließlich an das Parlament weitergeleitet. Zwar haben diese Ergebnisse keine bindende politische Entscheidungskraft, bisher konnten durch das Instrument *consensus conference* trotzdem starke Akzente gesetzt werden. Nicht zuletzt auch infolge der Einbeziehung der Medien wurde die öffentliche und politische Diskussion über technologiepolitische Fragestellungen gefördert, wobei gleichzeitig die Vermittlung von Fachwissen und die Entkoppelung von Interessenlagen zu vermeiden half, daß dieser öffentliche Diskurs zu sehr von Emotionen und Vorurteilen beeinflußt ablief. In weiterer Konsequenz ist die dänische Bevölkerung im internationalen Vergleich sehr gut über Gentechnologie informiert und bringt ihre Einstellung klarer zum Ausdruck. In Dänemark genießen die *consensus conferences* aufgrund dieser Charakteristika beträchliches Ansehen und erlangten durchaus politische Wirksamkeit (Küng/Käppeli 1994, 191, 196).

1993 folgten die Niederlande dem dänischen Beispiel mit einer ähnlichen Veranstaltung über Gentechnik bei Tieren. Allerdings war die Konferenz hier anders aufgebaut und verfolgte darüber hinaus auch eine etwas andere Zielsetzung. Ein endgültiger Konsens konnte nicht erreicht werden, die Laien verfaßten ein Mehrheits- und ein Minderheitsvotum. Auch die Arbeitsteilung zwischen drei verschiedenen mit der Durchführung betrauten Institutionen erwies sich als schwierig. Schließlich stellte sich erst nachträglich heraus, daß eine bestimmte Anwendung (Produktion eines Zusatzes zu Babynahrung) von Anfang an geplant, aber nicht bekannt gemacht worden war, weil ihr mit großer Skepsis begegnet wird. Die Kenntnis darüber hätte wohl die Resultate der niederländischen *consensus conference* empfindlich verändert. In der Folge fühlte sich die Öffentlichkeit hintergangen, und die weitere Debatte stand unter diesem Einfluß (Torgersen/Seifert 1995, 97, 102-103). Ein anderer Ansatz in den Niederlanden ist die kontinuierliche Arbeit der Stiftung *Consument en Biotechnologie* (C&B), die kommunikative stärker als partizipative Aspekte betont. Sie wurde mit dem Ziel gegründet, einerseits Informationen über neuartige Verfahren und Produkte zu verbreiten bzw. andererseits Konsumenteninteressen in das Design neuer Produkte einfließen zu lassen und entstand aus der Zusammenarbeit von Konsumentenschutzorganisationen mit einer NGO-Plattform. Zentral ist in diesem Fall der Diskurs zwischen Forschung, Industrie, Behörden sowie Konsumenten und Konsumentinnen bzw. NGOs. Insgesamt wird C&B von praktisch allen Seiten überwiegend positiv bewertet, wenngleich die Gefahr, für die Akzeptanzbeschaffung von *novel food* instrumentalisiert zu werden, im Raum steht und gerade der Organisation selbst sehr bewußt ist. Was die Übertragbarkeit dieses Modells auf andere Länder angeht, ist jedenfalls der traditionell hohe Stellenwert des Konsumentenschutzes in den Niederlanden in Betracht zu ziehen - ein nicht unbedingt selbstverständliches Element politischer Kultur. Darüber hinaus ist auch die Position von NGOs in mehrerlei Hinsicht von besonderer Bedeutung: Zum einen müssen sie bereit sein, Mitgestaltung vor Opposition zu stellen und sich entsprechend einzubringen. Zum anderen sollten aber auch die Behörden die NGOs als Gesprächspartner akzeptieren und ernstnehmen und sich außerdem in kritischer Distanz sowohl zu den Umwelt- und Verbraucherschutzgruppen als auch zur Industrie befinden. Letztere wiederum muß den NGOs gegenüber grundsätzlich dialogbereit sein (Torgersen/Seifert 1995, 103-106).

Ein Jahr nach den Niederlanden, 1994, fand auch in Großbritannien eine *consensus conference* nach dänischem Vorbild statt, die sich mit Pflanzenbiotechnologie (d.h. im wesentlichen mit entsprechenden gentechnischen Verfahren) befaßte (Science Museum 1994).[1] Initiiert wurde die britische Konferenz in erster Linie aus der *scientific community*, und zwar einerseits von Tom Blundell, dem Vorsitzenden des *Biotechnology and Biological Sciences Research Council*, der die Konferenz finanzierte, und andererseits von John Durant, dem stv. Leiter des *Science Museums* und Professor für *Public Understanding of Science* am King's College, der für die Organisation verantwortlich war. Im großen und ganzen orientierte man sich bei der Abwicklung der Konferenz stark am dänischen Modell, der wesentlichste Unterschied bestand darin, daß Medien von Beginn an aktiv eingebunden waren - so war beispielsweise der Vorsitzende der Konferenz der Präsentator der renommierten BBC-Wissenschaftssendungen. Die Bewertung dieser Veranstaltung fiel ambivalent aus: Die Entschließungen der Laiengruppe sind relativ allgemein gehalten und stark vom Trachten nach Ausgewogenheit gekennzeichnet. Daher finden sich kaum konkrete Handlungsanleitungen, sondern es dominiert die Formulierung genereller Leitlinien. Deren Konkretisierung und Umsetzung durch die Politik erscheint allerdings zweifelhaft, da keinerlei Mechanismen vorgesehen waren, die Ergebnisse in die Gesetzgebung oder andere politische Entscheidungsprozesse einfließen zu lassen. Sowohl an den Ergebnissen als auch an den strukturellen Bedingungen der britischen *consensus conference* wurde daher Kritik laut, obwohl insgesamt die Resonanz recht positiv ausfiel. Selbst die ursprünglich sehr skeptische Industrie - die ein Absinken der Akzeptanz für gentechnische Methoden in der Pflanzenzüchtung befürchtet hatte - zeigte sich zuguterletzt über die insgesamt der Gentechnik nicht feindselig gegenüberstehenden Beschlüsse der Laien positiv überrascht. Im Gegensatz übrigens zu den involvierten Umweltschutzgruppen, die kritisierten, daß im Verlauf der Konferenz Industrieinteressen zu stark an Gewicht gewonnen hätten und entsprechend die Ergebnisse dominierten. Insgesamt zeigte die Erfahrung mit der britischen *consensus conference*,

---

[1] Dieses Thema wurde gewählt, „obwohl gesetzliche Regelungen zur Freisetzung und zum Inverkehrbringen bereits seit längerer Zeit in Kraft waren, weil einerseits ein gewisser Klärungsbedarf und generelles öffentliches Mißtrauen vorhanden ist, andererseits die Materie ... als nicht allzu emotionell beladen gilt" (Torgersen/Seifert 1995, 97).

> ... daß das britische Staatsverständnis und die Tradition der Entscheidungsfindung gegenüber den Verhältnissen im Ursprungsland Dänemark sehr unterschiedlich ist,[2] so daß eine unveränderte Übernahme des Modells der Konsensus-Konferenz zumindest problematisch erschien (Torgersen/Seifert 1995, 101).

Dennoch können *consensus conferences* auch in Ländern mit anderer politischer Kultur als der dänischen mit Erfolg abgehalten werden -

> ... sofern als Kriterium hierfür die Tatsache, daß es zu einer überwiegend positiv aufgenommenen Entschließung durch die Laien kam, zulässig ist und sich nicht auf reine Akzeptanzbeschaffung reduziert (Torgersen/Seifert 1995, 101).

Der Einfluß auf politische Entscheidungen, den solche Veranstaltungen unter anderen strukturellen Rahmenbedingungen ausüben können, läßt sich allerdings zum gegenwärtigen Zeitpunkt noch nicht abschätzen. Insofern können die Einsatzmöglichkeiten von Konsensus-Konferenzen außerhalb der skandinavischen politischen Kultur nicht endgültig beurteilt werden. Das britische und das niederländische Beispiel deuten allerdings auf Schwierigkeiten der Implementation in anderen Ländern hin.

5.2. Partizipative TA zur Herbizidresistenz transgener Nutzpflanzen

Grundsätzlich anders strukturiert war das Modell einer „partizipativen Technikfolgenabschätzung", das zwischen 1991 und 1993 in der BRD rund um die Frage des Einsatzes herbizidresistenter Nutzpflanzen in der Landwirtschaft erprobt wurde.[3] Vorauszuschicken ist, daß in keinem anderen europäischen Land Auseinandersetzungen um die Gentechnologie mit

[2] Dies aufgrund einer vergleichsweise geringen Konsensbereitschaft ebenso wie wegen eines stark hierarchisch geprägten Verständnisses der staatlichen Verwaltung mit starker Neigung zur Geheimhaltung, aber relativ hohem öffentlichen Ansehen. Andererseits zeugen die vielen Kommissionen und Kommittees von der traditionellen Akzeptanz für außenstehende politische Berater. Fachgrenzen in der Verwaltung werden durch regelmäßige Rotation bewußt überwunden.

[3] Vgl. ausführlich hierzu Daele 1996.

derartiger Heftigkeit geführt werden wie in Deutschland,[4] insofern also die Ausgangslage etwa im Vergleich zu Großbritannien gänzlich anders zu bewerten ist. Zentrales Thema dieses „Runden Tisches" waren die Risiken transgener Pflanzen, speziell die Frage, ob diese Risiken sich von solchen unterscheiden, die von mit herkömmlichen Methoden erzeugten Pflanzen ausgehen. Auch die Begründung der Annahme einer spezifischen Gefahrenlage stand zur Debatte, so daß die kritischen Stimmen die Beweislast für diese Besonderheit zu tragen hatten. Die Initiative für dieses bisher in der BRD einmalige Verfahren war von Wolfgang van den Daele vom Wissenschaftszentrum Berlin für Sozialforschung (WZB), von Alfred Pühler vom Institut für Genetik der Universität Bielefeld sowie vom Ökologen Herbert Sukopp von der TU Berlin ausgegangen. Die Organisation übernahm eine Projektgruppe des WZB unter der Leitung von van den Daele. Zum vom Bundesforschungsministerium finanzierten Dialog eingeladen waren Vertreter und Vertreterinnen der Wissenschaft und der Behörden sowie der Industrie (z.B. von Ciba-Geigy und vom Saatzuchtunternehmen KWS) und verschiedener gentechnik-kritischer und Umweltschutzgruppen wie GEN,[5] BUND, Öko-Institut Freiburg, AG Ökologischer Landbau etc. (ÖB 26/93, 11). Daraus ergab sich eine fluktuierende Gruppe von 50-60 Personen,

> ... wobei die 'Befürworter' ein leichtes Übergewicht gegenüber den 'Gegnern' zu haben schienen, je nachdem, welche Universitätsexperten und Regierungsvertreter man welcher Gruppe zuordnen wollte (Torgersen/Seifert 1995, 90).

Das Projekt hatte von Anfang an mit erheblichen Schwierigkeiten zu kämpfen, die sich bereits in der ersten Sitzung abzeichneten, als die Auswahl der Themen auf heftige Kritik beider Seiten stieß, und es diesbezüglich zu keiner Einigung kam. Ein Koordinationsausschuß, als eine Art *clearing*-Instanz der WZB-Projektgruppe übergeordnet und aus je einem/r Vertreter/in der Industrie, der Umweltschutzgruppen und der Verwaltung bestehend, legte schließlich die Themenliste fest, die mangels Einwänden dagegen als beschlossen galt. Analog wurden Meinungsverschiedenheiten in weiterer Folge gehandhabt: Bei Konflikten erarbeitete der Ausschuß

---

[4] Davon zeugt nicht zuletzt immer wieder die Vernichtung von Feldern, auf denen Freisetzungsexperimente durchgeführt werden. Im ersten Dreivierteljahr 1996 wurden etwa in der BRD 14 Freilandversuchsfelder systematisch zerstört (SN 24.9.96, 17) - diese Vorfälle motivierten den Bundesforschungsminister dazu, seinen Kollegen aus dem Innenministerium zu bitten, einen Einsatz des Bundeskriminalamtes gegen militante Gentechnikgegner und -gegnerinnen zu erwägen (taz 12.8.96, 2).

[5] Das Gen-Ethische Netzwerk stieg allerdings schon frühzeitig wieder aus (FR 19.6.93).

Beschlüsse, die von den Teilnehmern und Teilnehmerinnen kaum kommentiert wurden und daher durch den Verzicht auf Widerspruch als verbindlich galten. An der technikinduzierten Vorgangsweise des Verfahrens - d.h. es standen die Auswirkungen der Technologie zur Debatte, nicht das Problem (Unkraut in der Intensivlandwirtschaft), das damit gelöst werden soll - übten die Umweltgruppen von Anfang an Kritik. Sie forderten statt dessen eine probleminduzierte Auseinandersetzung. Ein solches TA-Konzept würde auch der Diskussion möglicher alternativer Optionen (ökologischer Landbau) mehr Platz einräumen.

Wesentlicher Bestandteil der Projektkonzeption war die Prämisse, wissenschaftliche von politischen Aussagen und Wertungen strikt zu trennen. Die Frage, wie es sich mit den Risiken herbizidresistenter Nutzpflanzen verhält, sollte mithilfe eines aufwendigen Begutachtungsverfahrens geklärt,[6] erst nach dessen ausführlicher Diskussion eine politische Debatte geführt werden. Gestritten wurde also über die Befunde, darüber, „ob sie wahr oder genug begründet waren, also nach wissenschaftlichen und kognitiven Kriterien, und nicht darüber, ob ihre Implikationen erstrebenswert waren" (Torgersen/Seifert 1995, 91). Dieser Ansatz, wissenschaftliche Streitfragen und Werthaltungen von einander zu trennen, stieß durchaus auf Kritik, wurde jedoch auch von den Umweltgruppen akzeptiert. Für Wissenschaft und Industrie bildete er überhaupt die Teilnahmevoraussetzung an dem TA-Verfahren. Der nächste Streitpunkt kreiste um die Einhaltung von Verfahrensspielregeln. Die erforderliche Loyalität dem Projekt gegenüber schien gebrochen, als eine beteiligte Firma einen Freisetzungsantrag stellte und nicht bereit war, ein Moratorium für die Dauer des Verfahrens zu akzeptieren. Die Gegner und Gegnerinnen hingegen argumentierten, der Dialog solle doch gerade der Klärung von Fragen hinsichtlich Gefahren und Nutzen dienen (FR 19.6.93).

Was die Sachfragen anbelangte, so kam der Projektleiter zu dem Schluß, daß „sich Beschränkungen der Gentechnik, die lediglich auf hypothetische Risiken gestützt waren, nicht verteidigen" ließen (Daele 1995). Das Projekt resultierte in einer umfassenden Darstellung der Problematik herbizidresistenter Nutzpflanzen, insgesamt konnten allerdings weder spezielle Risiken, noch ein besonderer Nutzen plausibel gemacht werden (Torger-

---

[6] So wurden rund 20 Gutachten und Kommentargutachten (jeweils von der „Gegenseite") zu Einzelaspekten verfaßt und diskutiert; die Expertisen erschienen auch als WZB-*papers*. Allerdings sahen sich durch Masse und Umfang der erstellten Gutachten vor allem die - oftmals ehrenamtlich - tätigen Vertreter und Vertreterinnen der Umweltschutzgruppen an den Rand ihrer Ressourcen gedrängt und beklagten mangelnde Chancengleichheit im Vgl. zur Vertretung der Industrie (taz 15.6.93, 13).

sen/Seifert 1995, 92-93). Auf der für Juni 1993 anberaumten Schlußkonferenz sollte schließlich endlich eine politische Bewertung vorgenommen werden. Die WZB-Arbeitsgruppe faßte die gesammelten Informationen in Form von „Argumentationsbäumen" für die pro- und contra-Ergebnisse zusammen. Der als nächstes geplante Schritt, inhaltliche Bezüge zwischen den Argumenten herzustellen und zu Schlußfolgerungen zu gelangen, wurde allerdings seitens der Kritiker und Kritikerinnen als zu weitgehende Interpretation und implizite Wertung abgelehnt. Die gentechnikkritischen Organisationen verließen schließlich unter Protest das Verfahren, das damit wenige Tage vor seinem geplanten Ende platzte - nachdem die Beteiligten am Ende doch „wieder zurück in die Wagenburgen" geklettert waren, wie die *Frankfurter Rundschau* (19.6.93) kommentierte.[7] Dennoch sah der Projektleiter van den Daele das Projekt nicht als gescheitert an; trotz des Auszugs der Umweltorganisationen wurde die Abschlußkonferenz wie vorgesehen fortgesetzt und beendet (taz 15.6.93, 13). Auch Torgersen/Seifert (1995, 93-95) verweisen in ihrem Fazit darauf, daß die Frage des Scheiterns wesentlich davon abhängt, wie die Abwägung zwischen den zweifellos erzielten Resultaten und dem Streben nach Konsens vorgenommen wird. Die besonderen Umstände des Verfahrens, beginnend bei der kontroversen Ausgangslage über die Prämissen bis hin zur Dynamik während des zweijährigen Diskussionsprozesses, erlauben nur eine sehr differenzierte Betrachtung. Alle diese Faktoren sprechen sicherlich nicht generell gegen den Einsatz ähnlich konzipierter Modelle, sondern verweisen auf die Bedeutung, die den Rahmenbedingungen gleichermaßen wie der zugrundeliegenden Fragestellung und ihrem Konfliktpotential beizumessen ist.

---

[7] Dabei verliefen die Konfliktlinien u.a. zw. den Teilnehmern und Teilnehmerinnen und der Projektleitung, deren Rolle im Verlauf des Verfahrens immer wichtiger wurde und die nicht von allen goutiert wurde. Während die Industrie der Wissenschaft vorwarf, „eine völlig ignorante akademische Diskussion mit Scheuklappen" zu führen, die ausländische Erfahrungen mit der gegenständlichen Thematik außer acht lasse, betonte umgekehrt die wissenschaftliche Projektleitung, wie sehr die Industrie überhaupt zur Teilnahme gedrängt werden mußte (FR 19.6.93). Andererseits ziehen die gentechnikkritischen Stimmen die Projektleitung der Voreingenommenheit zugunsten der Betreiber (SZ 17.6.93). Dennoch betonten alle Beteiligten nach dem unglücklichen Ende des Verfahrens unisono die Wichtigkeit einer Forsetzung des Dialogs.

5.3. *Unternehmensstrategien: Die Beispiele Novo Nordisk und Unilever*

Neben der Freisetzung von GVOs ist insbesondere auch der Einsatz gentechnischer Verfahren in der Nahrungsmittelproduktion Gegenstand heftiger gesellschaftlicher Debatten (Behrens et al. 1995a). Der Vergleich von Umfrageergebnissen aus verschiedenen europäischen Ländern zeigt, daß überall gentechnisch hergestellten Nahrungsmitteln erhebliche Vorbehalte entgegengebracht werden. Umso mehr stellt sich die Frage, weswegen dennoch der Diffusionsprozeß und die Konflikte um diese Thematik in den einzelnen Ländern unterschiedlich verlaufen. Offensichtlich spielt dabei die Vorgangsweise von Schlüsselunternehmen in diesem Bereich eine wesentliche Rolle, wie die Beispiele der dänischen Firma Novo Nordisk sowie der holländischen Unilever zeigen. Beide Unternehmen suchten die direkte Konfrontation mit kritischen Verbänden und entwickelten Konfliktbewältigungsverfahren, die sich allerdings wesentlich voneinander unterscheiden (Behrens et al. 1995b, 54). Novo Nordisk führt aus Eigeninitiative seit einigen Jahren einen Dialog zu aktuellen Fragen mit kritischen Umwelt- und Verbraucherorganisationen in Form sog. Nicht-Regierungs-Organisationen/NRO-Treffen.[8] Dieses Dialogmodell ist durch klare Vorgaben seitens der firmeneigenen Umweltabteilung und einer internen sog. *background group* sowie durch einen niedrigen Grad an Verbindlichkeit gekennzeichnet. Damit erweist es sich zwar als stabil, seine Konfliktlösungskapazität ist allerdings gering zu veranschlagen. Im wesentlichen ist es ein wichtiger Schritt zur gegenseitigen Verständigung (Behrens et al. 1995b, 54-67). Dem diametral entgegengesetzte Charakteristika weist das Diskursmodell der Firma Unilever auf, nämlich eine symmetrischere Machtverteilung zwischen den Diskurspartnern und einen hohen Verbindlichkeitsanspruch. Die diesem Modell innewohnende Instabilität erfordert von den Teilnehmer und Teilnehmerinnen ein wesentlich höheres Ausmaß an Konsensbereitschaft. Der Kreis des Diskursmodells umfaßt neben der Unilever die vollständige Produktions- und Vermarktungskette vom Zulieferbetrieb (von Zusatz- und Hilfsstoffen) über Endproduzenten bis hin zum Handel einerseits sowie Konsumentenschutzver-

---

[8] Novo brachte einen langandauernden, in die 60er Jahre zurückreichenden Lernprozeß hinter sich, bis es die heutige Form der Auseinandersetzung um gesellschaftlich umstrittene Produkte bzw. Produktionsweisen entwickelte. Bereits Mitte der 70er Jahre reagierte man auf die Entstehung zunehmenden Umweltbewußtseins und entwickelte unternehmenseigene umweltpolitische Strategien; in den 80ern intensivierte die Firma besonders ihr Engagement in öffentlichen Diskussionen. Zu den strittigsten Punkten zählte in jener Zeit der Einsatz von enzymhaltigen Waschmitteln.

bände und Umweltorganisationen andererseits. Unilever verspricht sich von diesen Treffen vor allem einen Konsens in Fragen der Kennzeichnung von gentechnisch hergestellten Lebensmitteln und dadurch eine möglichst konfliktfreie Vermarktung ihrer Produkte. Umgekehrt sind Umwelt- und Verbraucherverbände nicht mehr auf bloß reaktives Handeln beschränkt, sondern haben die Möglichkeit, frühzeitig an Informationen zu gelangen, Unternehmensstrategien einschätzen zu können und schon im Vorfeld der Einführung neuer Produkte die Interessen ihrer Klientel einzubringen (Behrens et al. 1995b, 67-77).

Angeregt durch den - sowohl von Unternehmens- als auch von Verbandsseite als solchen bewerteten - Erfolg des Arbeitskreises in den Niederlanden entschloß Unilever sich 1994, ein solches Diskursverfahren auch in der BRD zu initiieren, wo das Klima für den Einsatz der Gentechnik in der Nahrungsmittelproduktion allerdings besonders schlecht ist und ein großer Teil der Firmen sich abwartend verhält bzw. der Handel eine sehr ablehnende Position einnimmt (Behrens et al. 1995a). Schon im Vorfeld der Verhandlungen stieß Unilever auf Ablehnung sowohl aus den eigenen Reihen wie auch auf größte Skepsis gentechnikkritischer Organisationen - das GEN ebenso wie die AG der Verbraucherzentralen etwa stiegen bereits nach einer Sitzung wieder aus (Behrens et al.1995b). Das schließliche Scheitern des Projekts (Torgersen, pers. Mitteilung) ist allerdings nicht weiter verwunderlich angesichts der denkbar großen Unterschiede zwischen den Rahmenbedingungen in den Niederlanden und in der BRD. So innovativ sowohl das Dialogmodell von Novo Nordisk als auch das Diskursmodell von Unilever sein mögen, sind doch beide unter anderen Voraussetzungen, d.h. in anderen Ländern, kaum vorstellbar. Konzeption und Gelingen beider Modelle waren wesentlich von der nationalen politischen Kultur abhängig. Die technologiepolitischen Strategien und Traditionen in Dänemark wurden im Zusammenhang mit den Konsensus-Konferenzen bereits kurz erwähnt, die Initiative von Novo Nordisk ist daher als relativ berechenbarer weiterer Mosaikstein in diesem Gefüge zu sehen. Ob das Unternehmen einen derartigen Schritt in einem anderen Land gewagt hätte, ist fraglich. Ähnlich ist auch das Unilever-Konzept aufs engste mit den politisch-strukurellen Rahmenbedingungen der Niederlande verbunden, wo traditionell Selbstregulierung gefördert wird. Entsprechend wurden z.B. die Ergebnisse des Diskurses in rechtspolitische Entscheidungen eingearbeitet (Behrens et al. 1995b, 70-71). Die folgende Prognose hat sich daher fast zwangsläufig erfüllt:

> Somit stellt sich die Frage eigentlich gar nicht mehr, ob diese Modelle etwa in Deutschland 'funktionieren' und die Selbstblockade der Ak-

Scheitern verurteilt (Torgersen 1996, 5).

6. ZUR RECHTLICHEN REGULIERUNG MODERNER TECHNOLOGIEN

Die Gentechnologie betreffende Regulierungsfragen sind nicht losgelöst von der allgemeinen Debatte um die Verrechtlichung moderner Technologien zu betrachten. Auf dieser Ebene werden Fragen wie jene nach der „Dominanz der Technik“ oder dem „Primat des Rechts“ (Künzler) gestellt bzw. die „Regulierung von Unsicherheit“ zugleich mit der „Regulierung in Unsicherheit“ (Damm/Hart) konstatiert. Allgegenwärtig ist das Bild einer dem Recht enteilenden Technikentwicklung, die das Recht selbst auf schwankendem Boden zurückläßt. Das zentrale Motiv für die Problematisierung des Verhältnisses von Technik und Recht ist somit die

> ... grundsätzliche Frage nach der Steuerungsfähigkeit des Rechts, wobei nicht nur auf die ungenügenden instrumentellen Fähigkeiten des Rechts Bezug genommen wird, sondern auch das gesamtgesellschaftliche Umfeld der Steuerungskrise und die Technikentwicklung kritisch reflektiert werden (Mai 1992, 258).

Trotz dieser Einschränkungen sind in der Praxis häufig

> ... die Anforderungen an den Gesetzgeber und an das Rechtssystem insgesamt ... denkbar hoch: die Bürger erwarten realen Schutz vor den drohenden oder auch nur diskutierten Gefahren der jeweiligen Technologie. Mit der Erlassung eines Gesetzes verknüpft die diesbezüglich noch nicht desillusionierte Bevölkerung die Erwartung, nunmehr auch wirklich vor den befürchteten Gefahren sicher sein zu können. Daß dafür aber die bloße Festschreibung in einem Gesetz oder sogar Verfassungsgesetz nicht hinlangt, liegt wohl auf der Hand (Stelzer 1995a, 35).

Die Festlegung von Rechtsabläufen kann die grundsätzliche inhaltliche Diskussion um die gesellschaftlich erwünschte Regulierung bzw. Steuerung von Technologie(entwicklung) nicht ersetzen. Auch die allzu punktuelle juristische Auseinandersetzung mit Fragen, die durch Entwicklung und Anwendung moderner Technologien aufgeworfen werden, würde an den Grundsatzfragen vorbeigehen und

> ... wäre ... schon vom Ansatz her Stückwerk und sowohl eine Kapitulation des Rechts vor der Technik, als auch Ignoranz gegenüber den Versuchen, Recht als Legitimationsbeschafferin für eine gesellschaftlich nicht unumstrittene Technologie zu mißbrauchen (Künzler 1990, 15).

Einer solchen rechtspolitischen Perspektive, die konsequenterweise die Forderung nach einer Rahmengesetzgebung beinhaltet, stehen Ansätze gegenüber, die für juristische Detailregelungen einzelner Aspekte und die jeweilige Anbindung innerhalb des bereits bestehenden Rechtssystems plädieren (Streunormierung).

Der Darstellung einiger wesentlicher Argumentationsstränge und Lösungsansätze, die sich auf die rechtliche Regulierung technischer Entwicklungen konzentrieren, ist ergänzend vorauszuschicken, daß die Verrechtlichungsdiskussion zumeist in einem sehr viel größeren Rahmen geführt wird. Der Begriff der Verrechtlichung ist einer jener „ideenpolitische(n) Begriffe, in denen die Ambivalenz bzw. Dialektik der Entwicklung der Moderne gefaßt wurde“ (Bock 1988, 11), wenn auch Vorgänge der Verrechtlichung nicht erst in der Moderne, sondern bereits in früheren Epochen stattgefunden haben. Der Verrechtlichungsprozeß war ein wesentlicher Aspekt der Durchsetzung des modernen Rechtsstaates, in dem feudale Macht und absolutistische Willkür durch den Grundsatz der Gesetzmäßigkeit aller staatlichen Eingriffe in Freiheit und Eigentum, die Garantie individueller Grund- und Menschenrechte, die Unabhängigkeit richterlicher Gewalt und durch das Prinzip der Gewaltenteilung überwunden wurden (Hartfiel/Hillmann 1982, 632). Diese Seite des Verrechtlichungsprozesses wird als Freiheitssicherung, als Emanzipation positiv bewertet. Demgegenüber gelten manche seiner Folgen, wie das kontinuierliche (quantitative) Anwachsen von Rechtsvorschriften und bürokratischen Einrichtungen, als die negativen Begleiterscheinungen der Verrechtlichung. Es würde diesen Rahmen bei weitem sprengen, auf die allgemeine Verrechtlichungsdebatte[1] erschöpfend einzugehen. Festzuhalten ist allerdings, daß das Phänomen Verrechtlichung vor allem in Zusammenhang mit der Sozialpolitik diskutiert wird[2] (Bock 1988, 15), und daß die Ver-

---

[1] Für einen Überblick über die internationale Verrechtlichungsdiskussion sowie die definitorische Abklärung zentraler Begriffe vgl. etwa Bock 1988, 11-72, sowie Teubner 1985.

[2] Dementsprechend befassen sich z.B. die materialreichen Beiträge in dem von Kübler herausgegebenen Sammelband zur Verrechtlichung (1985) in erster Linie mit dem Sozial- und Arbeitsrecht sowie mit rechtlichen Bestimmungen in bezug auf Unternehmensstrukturen und Wettbewerbsbeschränkungen.

rechtlichungsdebatte durch die Existenz nationaler Besonderheiten gekennzeichnet ist (Teubner 1985, 290-291). Die deutsch(sprachig)e Diskussion ist stark geprägt von Luhmann und Habermas (Kübler 1985, 8) sowie von anderen Exponenten der hiesigen Rechtssoziologie (Bock 1988); dagegen wird der *deregulation*, einem der wichtigsten Schlagworte in diesem Kontext vor allem in den USA, vergleichsweise wenig Aufmerksamkeit geschenkt.[3] Teubner formuliert diesem Argumentationsstrang gegenüber, der dem liberalen bzw. neokonservativen Lager zuzuordnen ist, große Skepsis. Seiner Ansicht nach steht Entrechtlichung oder Deregulierung als Gegenstrategie zu krisenhaften Erscheinungen nicht ernsthaft zur Debatte, da allgemeine historische Entwicklungstendenzen nicht durch politische Entscheidungen rückgängig gemacht werden könnten:

> Die vollzogene Ausdifferenzierung unterschiedlicher Lebensbereiche in der sozialstaatlich verfaßten Gesellschaft läßt 'Alternativen zum Recht' nicht zu, allenfalls 'Alternativen im Recht' (Teubner 1985, 303).

6.1. Die Krise der rechtlichen Regulierung moderner Technologien

Industriegesellschaft und Fähigkeit zur Techniksteuerung

Nach zahlreichen Befunden sieht sich die Industriegesellschaft also an den Grenzen der Techniksteuerungsfähigkeit des Rechts angelangt, vom „Vollzugsdefizit“ über die *„legal pollution“* bis hin zum „regulatorischen Tri-

---

[3] Im wesentlichen können drei Kritikstränge voneinander unterschieden werden, mit denen der Ruf nach *deregulation* begründet wird. An erster Stelle sind ökonomische Kosten-Nutzen-Rechnungen zu nennen, die oft horrende Kosten der Regulierung errechnen, allerdings außer acht lassen, daß deren soziale Nutzen kaum oder gar nicht quantifizierbar sind. Den zweiten Begründungsstrang stellen sogenannte *capture theories* dar, die davon ausgehen, daß im ersten Stadium der Verrechtlichung Regulierungsbehörden „ihre regulatorischen Aufgaben mit öffentlicher Unterstützung aktiv, ja aggressiv anpacken, (sich) dann aber in der nächsten Phase ... zu müden und trägen Organisationen (entwickeln), die leicht von den regulierten ökonomischen Interessen erobert werden, daher 'capture theories'“ (Teubner 1985, 330). Als dritte Argumentationslinie kann von einer „ordnungspolitisch motivierten De-Regulierungsstrategie“ (Teubner 1985, 331) gesprochen werden. Der Marktmechanismus - inkl. seiner Mängel - wird hier jeglichem Staatseingriff vorgezogen, denn: „Die Steuerung von Marktergebnissen durch Eingriffe in Marktstrukturen sei prinzipiell nicht möglich und führe zu einem willkürlichen Wirtschaftsinterventionismus.“

lemma“ wurden plakative Begriffe geprägt, um die Krise rechtlicher Regulierungsmöglichkeiten aufzuzeigen, die insbesondere im Zusammenhang mit dem Umweltrecht (Wolf 1986, 1987 und 1988) sowie mit dem Sozialrecht (Teubner 1985) thematisiert wird.[4] Die Symptome sind also deutlich (wenn sie auch durchaus unterschiedlichen Wertungen unterzogen werden[5]) - wo aber liegen die Ursachen dieser krisenhaften Entwicklung begründet?

Die Herausbildung des neuzeitlichen Wissenschafts-, Gesellschafts- und Wirtschaftsmodells, das die Ordnung des Mittelalters ablöste, hatte auch Folgen für das Rechtssystem gehabt. „Die Beherrschbarkeit der Natur durch den Menschen und de(r) Aufbau einer gesellschaftlichen Ordnung durch ihn, die in der Positivität des Rechts ihren Ausdruck“ fand, können daher als „Brennpunkte des neuzeitlichen Paradigmas“ (Luf/Potz 1991, 378) gelten, das nun allerdings endgültig aufgebrochen zu sein scheint. Verantwortlich dafür ist in erster Linie die Tatsache, daß die Technik sich dynamisch weiterentwickelt, während Kodifizierungen immer eher schwerfällig, Novellierungsprozesse langsam sind. Insbesondere seit dem Ende des 19. Jahrhunderts, als sich die Technik zur Ingenieurwissenschaft wandelte und „antriebshaft mit den Faktoren Naturwissenschaft und ökonomischer Verwertungszwang verknüpft wurde, war der Wettlauf für das Recht (vorerst?) verloren“ (Mai 1992, 263). Die strukturelle Schwäche des statischen Rechts bei der Regulierung der dynamischen Technikentwicklung war nicht nur ein Teilaspekt der bereits im vorigen Abschnitt skiz-

---

4 Zu den Funktionen des Rechts als „Umsetzungs-“ und „Sozialtechnologie“, deren Aufgabe es ist, sozialen Wandel adäquat in Recht zu transformieren und Risikopotentiale gesellschaftsverträglich zu integrieren, vgl. Barta 1994, 78-83.

5 So ist es etwa sicherlich eine zu enge Perspektive, die Verrechtlichung als rein quantitatives Phänomen zu diskutieren, wie allerdings Begriffe à la „Normenflut“ oder *„legal explosion“* implizieren. Statt dessen müssen qualitative Aspekte problematisiert werden, muß die Frage gestellt werden, welche inhaltlichen Veränderungen der Rechtsstrukturen dazu geführt haben, daß nun so häufig eine Krise der Verrechtlichung konstatiert wird bzw. wie sich die spezifischen Bedingungen von Verrechtlichungsprozessen im modernen Sozial- und Interventionsstaat gestalten (Teubner 1985, 294-296). Hinzu kommt, daß Begriffe wie „Gesetzesflut“ mitunter instrumentalisiert werden, um politisches Kapital „aus der Tatsache zu schlagen, daß moderne Staaten auf eine rege Legislative angewiesen sind“ (Barta 1994, 122). Auch in Österreich ist diese vielbeschworene „Gesetzesflut“ seit Jahren regelmäßig Gegenstand von Schlagzeilen und politischen Willensbekundungen. So wurde beispielsweise Anfang 1996 angekündigt, der österreichische Nationalrat wolle sich nun „ernsthaft“ um deren Eindämmung kümmern (SN 27.1.96, 2). Das Jahr verstrich allerdings ohne entsprechende Aktionen und endete, wie es begonnen hatte: mit massiver Kritik an der Gesetzesflut, diesmal vorgebracht von der Volksanwaltschaft (SN 30.12.96, 5).

zierten konservativen Staatsrechtslehre, sondern wird bis heute im Zusammenhang mit Fragen der Technikregulierung thematisiert.

Schwächen des Technikrechts

Rainer Wolf konstatiert in seinen Analysen (1986, 1987) „Altersschwächen des Rechts" und bezeichnet diesen Umstand in Anlehnung an Günther Anders (1980) als „Antiquiertheit des Rechts." Hauptproblem sind dabei die klassischen Eingriffsmuster rechtlicher Risikoregulierung, die als „tendenziell retrospektiv" charakterisiert werden können (Köck 1993, 133). Traditioneller Grundpfeiler des regulatorischen Technikrechts ist das Konzept der polizeilichen Gefahrenabwehr (nach dem Muster des preußischen Dampfkesselgesetzes von 1831), wobei diesem frühen Sicherheitsrecht ein (polizeiliches und gewerbebehördliches) Erfahrungswissen zugrundelag, das die Gefahrenprognose und damit präventive Maßnahmen determinierte. Diese Sicherheitsrechtskonzeption erfuhr im Verlauf des 20. Jahrhunderts eine nicht unerhebliche Ausweitung. Insbesondere die Kernenergiekontroverse machte deutlich, „daß man sich (jedenfalls bestimmte) Erfahrungen nicht mehr leisten konnte, sondern zu antizipieren hatte" (Köck 1993, 134). Dies führte zu einer Erweiterung des Konzepts der Gefahrenabwehr, indem Eingriffsschwellen vorverlagert und Vorsorgeelemente eingebaut wurden. Basis dafür bildeten Ansätze des *risk assessment* mit dem Ziel einer „vorweggenommene(n) umfassende(n) Reflexion möglicher Schadenspotentiale" (Köck 1993, 137). Innerhalb der gesetzlichen Normierung von Schutzerfordernissen resultierte daraus der Verweis auf den „Stand der Technik." Diese Zuhilfenahme wissenschaftlichen Sachverstands für die Sicherheitsbeurteilung, fallweise vorgesehene Beteiligungsrechte Dritter (etwa bei Zulassungsverfahren) sowie die Etablierung der Gefährdungshaftung bewertet Köck durchaus positiv.[6]

Einer solchen positiven Beurteilung des sicherheitsrechtlichen Instrumentariums steht Wolf (1987, 363) dagegen sehr skeptisch gegenüber, solange dieses immer noch auf dem „Boden alter Rechtstradition" steht, also hoheitlich angelegt ist. Außerdem wird seiner Meinung nach

---

[6] Für eine ausführliche Darstellung der Struktur der Risikoregulierung s. Köck 1993, 134-145. Als positive Beispiele (im deutschen Recht) nennt er etwa die Umweltverträglichkeitsprüfung als rechtlich vorgeschriebene umfassende Risikoanalyse der Auswirkungen technischer Vorhaben sowie das Vorsorgegebot des Immissionsschutzrechts, das deutliche Züge juristischen Bewußtseins für Ungewißheitssituationen trage.

> (m)it der gesetzlichen Bezugnahme auf den 'Stand der Technik' ... oder gar auf den 'Stand von Wissenschaft und Technik' ... das Vorsorgeprinzip unwiderruflich auf Fortschritt programmiert ...

Dieses Prinzip der technischen Perfektionierung findet rechtlich seine Konkretisierung in der Formulierung von Grenzwerten und damit verbunden in der Festlegung entsprechender Eingriffsschwellen. Dabei „verliert das Recht mehr und mehr seine Qualität als inhaltliche Orientierungsmarke" (Wolf 1988, 174), wohingegen dem wissenschaftlich-technischen Sachverstand zunehmend mehr Kompetenz zugeschrieben wird. So wandert schließlich die Definitionsmacht über inhaltlich zu konkretisierende Rechtsbegriffe weg vom juristischen Fachmann und Generalisten hin zum technischen Spezialisten. Insbesondere auf der Ebene der technischen Risiken ist die Definitionsmacht der Rechtswissenschaft längst durchbrochen, hat sich die Webersche „Herrschaft kraft Wissen" in eine „Herrschaft kraft Ingenieurwissen" (Wolf 1987, 365; ausführlich dazu derselbe Autor 1988) gewandelt, denn:

> Technik reglementiert sich zunehmend durch disziplineigene Sicherheitskonzepte und Risikobewertungen selbst. Sie substituieren die traditionellen Methoden der polizeilichen Gefahrenabwehr (Wolf 1986, 242).[7]

Ein weiteres Manko des Technikrechts (besonders häufig am Beispiel des Umweltrechts verdeutlicht) stellt die Fülle rechtlicher Detailregulierungen dar. Die Tendenz, einzelne Fragen aus dem Gesamtzusammenhang zu isolieren, um sie in der Folge konkreten Rechtsgebieten zuzuordnen und so zu spezifischen Lösungsmöglichkeiten zu gelangen, entspricht der Konzentration auf Sicherheitsfragen und führt gleichzeitig zur Illusion der Beherrschbarkeit einer technologischen Entwicklung durch das Recht, die damit allerdings prinzipiellen Fragestellungen über mögliche Entwicklungsrichtungen und die allgemeine gesellschaftliche Akzeptanz technologi-

---

[7] Abgesehen von der unzulässigen Pauschalierung („die Technik") wird im Vergleich zu Köcks Beurteilung hier eine wesentlich skeptischere Position zu *risk assessment*-Konzepten deutlich. Darüber hinaus ist festzuhalten, daß dieser Befund Wolfs vor allem für „Routinefälle" der Technikregulierung gilt. Demgegenüber können Großunfälle oder andere einschneidende Ereignisse Eingriffe zur Folge haben, die stärker auf politischen Überlegungen basieren als auf disziplineigenen Risikokonzeptionen (auch wenn natürlich in der Sache kritische Expertenmeinungen häufig als Argumentationshilfen herangezogen werden). Als Beispiele können das österreichische Atomsperrgesetz im Gefolge der Zwentendorf-Abstimmung, aber auch die vorläufige Ausrufung eines Gentechnik-Moratoriums durch die Gesundheitsministerin im Frühjahr 1996 und das darauf folgende *de-facto*-Moratorium genannt werden.

scher Entwicklungen bzw. Anwendungsmöglichkeiten entzogen wird (Künzler 1990, 14-15 und 110-111). Doch bedürfte es gerade „eines theoretischen Modells von 'Technik' und ihrer Regulierung ..., um dem steuernden Potential des Rechts besser zur Durchsetzung zu verhelfen“ (Mai 1992, 266). Der These Mais, daß eine weitgehende „Technikblindheit des Rechts“ bzw. „Technikignoranz der Juristen“ zur Steuerungskrise des Rechts wesentlich beigetragen hat, ist wohl zuzustimmen. Das Dilemma besteht demzufolge darin, daß - im Gegensatz zum 19. Jahrhundert, als die Naturwissenschaften durchwegs als Referenzmodell jedweder Wissenschaft dienten - die neuen naturwissenschaftlichen Modelle und Paradigmen (Chaos, Selbstorganisation, Autopoiesis etc.) an Anschaulichkeit verloren haben und daher auch kaum mehr in juristische Begrifflichkeiten übersetzt werden können,[8] so daß die „gesellschaftliche Gestaltungspotenz der naturwissenschaftlichen Entwicklungen und ihre technischen Realisationen zunehmend im blinden Fleck der Rechtswissenschaft verbleiben“ (Mai 1992, 261).

Die demgegenüber entstandene dominierende Rolle der ingenieur- bzw. naturwissenschaftlichen Expertise wird noch verstärkt durch das Mißverhältnis zwischen dem hoheitlich angelegten Polizeirecht mit seinen entsprechenden Eingriffsinstrumenten und der Vollzugswirklichkeit, die eher nach kooperativen Handlungsmustern und *bargaining*-Strategien funktioniert (Wolf 1987, 364-365). Folge all dieser Entwicklungen ist eine „weitreichende Immunisierung gegen öffentliche Reglementierungsversuche, soweit diese nicht selbst dem naturwissenschaftlich-technischen Paradigma verpflichtet sind“, wird doch zunehmend entsprechendes Fachwissen „zu einer Erfolgsvoraussetzung für staatliche Steuerungs- und Interventionsversuche“ (Wolf 1987, 370; Wolf 1988, 177-178). Damit sieht sich nicht nur die Rechtswissenschaft in ihrer Funktion der Norminterpretation bedroht, sondern letzten Endes auch die politische Elite als Akteur der Normsetzung (Wolf 1987, 372).[9]

---

8 Mai läßt hier allerdings alle Strömungen außer acht, die nach wie vor die Sozialwissenschaften (vgl. Luhmann) bzw. das Technikrecht (vgl. Teubner und Winter) nach naturwissenschaftlichen Paradigmen auszurichten versuchen; vgl. hierzu S. 98-102.

9 Spätestens mit dieser Aussage schließt sich offenbar der Kreis zu den bereits vorgestellten, mehr als problematischen Postulaten eines angeblichen Endes von „Staatlichkeit“ oder politischer Gestaltungskraft.

6.2. *Vorschläge für ein verbessertes Technikrecht*

Um das Recht wieder in seiner Steuerungsfähigkeit zu stärken, schlägt nun etwa Manfred Mai (1992, 257) vor,

> ... unter Rezeption der Ergebnisse aus der interdisziplinären Technikforschung ein rechtsinternes Modell technischer Systeme zu entwerfen, das vor allem die normativen Bezüge der Technikgenese nicht mehr im blinden Fleck des Rechts beläßt.

Zu problematisieren sei demnach also die technische Entwicklung im Rahmen ihres politischen und ökonomischen Kontextes, da das Verhältnis von Technik und Recht nicht ohne das ihm zugrundeliegende Verhältnis von Technik und Gesellschaft erklärbar erscheint. Daher auch dürfe sich die Auseinandersetzung mit entsprechenden sozialwissenschaftlichen Ansätzen nicht in der bloßen Übernahme von aktuellen Schlagworten („Risikogesellschaft") erschöpfen. Vielmehr sollten diese Überlegungen in die jeweiligen rechtswissenschaftlichen konzeptionellen Bemühungen integriert werden.

Ein neues Technikmodell?

Sosehr dieser Idee zuzustimmen sein mag, bleibt doch die Frage im Raum stehen, wie sich die juristische Praxis auf Grundlage dieser neuen Konzeption gestalten soll. Denn am „ureigene(n) Geschäft" der Rechtswissenschaft, der „systematische(n) Verknüpfung von politischen Zielen, gesellschaftlichen Werten und verfassungsmäßigen Grundrechten mit Technikfolgen" (Mai 1992, 269) hat sich ja - wie bereits die Wortwahl impliziert - offenbar nichts geändert. Dem Vorschlag nach verstärkter Einbindung der Jurisprudenz in Technikfolgenabschätzungsprozesse und in eine Technikbewertung, die möglichst als gesamtgesellschaftlicher, nie endender Diskurs angelegt sein solle (Mai 1992, 268-270), mangelt es an Konkretisierung, an weiterführenden Verfahrensvorschlägen, die über einen hehren Wunsch hinausreichen.[10] Daß die bloße Formulierung eines neu-

[10] An dieser Stelle wird ein Problem deutlich, auf das bereits Wolf (1987, 384) - wenn auch unter umgekehrten Vorzeichen - hingewiesen hat: „Die meisten Vorschläge weisen einen Weg, ohne das Ziel präzisieren zu können." Viele Entwürfe für ein modifiziertes Technikrecht leiden also unter der massiven Diskrepanz zwischen der Betonung instrumenteller Ansätze (Verfahrensnormen als „Weg") oder konzeptioneller An-

en Technikmodells seitens der Rechtswissenschaft tatsächlich zur Lösung der Probleme rechtlicher Techniksteuerung ausreichen könnte, ist auszuschließen, auch wenn sie eine wesentliche Grundbedingung für innovative juristische Ansätze der Technikregulierung sein mag.[11] Wesentlich weniger überzeugt von den Möglichkeiten der Rechtswissenschaft in ihrer jetzigen Verfassung, mit modernen Risikotechnologien umzugehen, zeigt sich beispielsweise auch Barta (1994, 83-84), wenn er anmerkt, daß

> ... seitens der Jurisprudenz und insbesonders der Legistik keineswegs (auch nur) organisatorisch dafür gesorgt ist, daß für die Bewältigung neuer Fragen und Risiken die kreativsten und besten Köpfe eingebunden werden. Moderne Rechtspolitik und rechtliche Interdisziplinarität stecken noch in den Kinderschuhen.

Stärkung der intra- und interdisziplinären Zusammenarbeit

Aus dieser Problemlage wird als wesentliche Voraussetzung für Reformen innerhalb des Rechtssystems in Hinblick auf seine Techniksteuerungsfähigkeit die Bedachtnahme auf interne, strukturell-organisatorische Fragen abgeleitet, mit dem Ziel, zu mehr intradisziplinärer Zusammenarbeit zwischen den einzelnen Rechtsfächern wie auch zwischen Theorie und Praxis zu gelangen. In einem weiteren Schritt müßte schließlich die Kooperation mit anderen wissenschaftlichen Disziplinen auf eine neue Basis gestellt werden, um sich in der juristischen Entscheidung vom Anspruch der Alleinkompetenz, die das Wissen anderer Disziplinen lediglich im Sinne von Entscheidungshilfen anzuwenden bereit ist, wegzubewegen (Barta 1994, 84-85).[12] In diesem Zusammenhang wird auch konstatiert, es sei gerade die

> ... sozialwissenschaftliche Öffnung ... engstens mit dem Verrechtlichungsphänomen selbst verknüpft. Denn regulatorisches Recht versteht sich als instrumentales Recht, als Mittel der Sozialgestaltung,

---

sätze (inhaltliche Normen als „Ziel"), selten werden beide Aspekte gleichermaßen konturiert.

11 Insbesondere der Optimismus des Autors bezüglich der Leistungsfähigkeit und vor allem Verständlichkeit juristischer Fachsprache scheint reichlich überzogen zu sein (Mai 1992, 261; 270).

12 Hier wird der deutliche Auffassungsunterschied zu Mai besonders offensichtlich, der gerade die Tradition der Sichtweise der Rechtswissenschaft als eine Art „Königsdisziplin" relativ ungebrochen weiterführt und darauf basierend seine Vorschläge formuliert.

> das bestimmte soziale Veränderungen hervorrufen will und dazu soziales Wissen benötigt (Teubner 1985, 311).

„Prozeduralisierung"

Diese egalitäre Einbindung anderer Fächer (außerhalb der nicht unproblematischen Zuhilfenahme naturwissenschaftlichen Fachwissens) stellt - ebenso wie die Beteiligung von Betroffenen und Laien - für zahlreiche Autoren und Autorinnen einen wesentlichen Bestandteil der häufig geforderten „Prozeduralisierung"[13] des Rechts dar, die vielen als erfolgversprechende Entwicklungsperspektive gilt (vgl. außer Barta etwa auch Luf/Potz bzw. Künzler). Dabei wird der Ausdehnung des Kreises der Beteiligten und der Schaffung entsprechender Teilhabe- und Artikulationsmöglichkeiten sowie Verfahrensregeln insbesondere große Bedeutung für die Verfahrensgerechtigkeit zugeschrieben (Luf/Potz 1991, 408; Künzler 1990, 177-180); in weiterer Folge solcher Reformen ist dabei wohl auch an eine allgemeine Stärkung der Akzeptanz des Rechtssystems als wesentliche Grundbedingung für sein Funktionieren gedacht (Barta 1994, 102-103). Gegenüber dieser geforderten Ausgestaltung des Verfahrens, insbesondere der verstärkten Bürgerbeteiligung, melden manche Stimmen jedoch auch ihre Vorbehalte an. So steht etwa für Stelzer (1995a, 38) unabhängig von der Begründung solcher Forderungen (also egal, ob diese auf demokratietheoretischer oder auf der Grundrechtsperspektive fußen) folgendes fest:

> Es ist letztlich eine Verschlechterung der Rechtsposition des einzelnen Bürgers, wenn an die Stelle des Anspruches auf materielle Sicherheit der auf Beteiligung an einem Verfahren treten sollte, dies auch dann, wenn ihm volle Parteienstellung eingeräumt werden würde. ... Das einzige, was der Bürger kann, ist, seine allfälligen Ängste und Bedenken zu artikulieren, wenn er nicht über die wirtschaftliche Potenz verfügt, sich Privatgutachten zu verschaffen. Zugleich wird ihm allerdings ein Stück Verantwortung für die behördliche Genehmigung übertragen, wobei zu befürchten ist, daß sich in einem so strukturierten Verfahren die Behörde auf die Rolle der Streitentscheidung zurückzieht und mangels entsprechender Einwendungen ein womöglich auch gefährliches Projekt genehmigt.

---

[13] Diese wird „als Sammelbegriff angeboten für die Rolle des Rechts, die Einrichtung von 'lernfähigen sozialen Systemen' zu fördern und gesellschaftlich zu kontrollieren ..." (Teubner 1985, 334).

Besonderes Augenmerk legen die in Richtung Prozeduralisierung gehenden Vorschläge auf die zeitliche Komponente von Entscheidungen - diese müssen auf Reversibilität hin angelegt sein, um die Dynamik wissenschaftlich-technischer Entwicklungen besser kanalisieren und getroffene Entscheidungen kontinuierlich an neuen Erkenntnissen (beispielsweise über vorhandene Gefahrenpotentiale) messen zu können (Luf/Potz 1991, 407; Künzler 1990, 178-179):

> Im Risikorecht müssen ... Mechanismen zum permanenten 'Nachbessern' und beständigen 'Nachfassen' fest installiert werden. Es ist ein Recht auf Zeit. Es wird daher auch nur noch Rechtssicherheit auf Zeit garantieren können (Wolf 1987, 387).

Gefährdungshaftung

Wolf konzentriert sich in seinen Vorschlägen auf die Elemente des Rechts der Gefahrenabwehr,[14] die in der Risikogesellschaft einem Erosionsprozeß unterliegen, und kommt auf dieser Grundlage zu dem Schluß, daß „(a)lle Versuche, das moderne Technikrecht als ein lediglich quantitativ anspruchsvolleres Polizeirecht zu begreifen" die Negierung der „qualitativen Strukturveränderungen im Recht" bedeuten würden (Wolf 1987, 389). Modernes Risikorecht (so die begriffliche Fassung im Gegensatz zum traditionellen Sicherheitsrecht) verlange daher in erster Linie die Abkehr von einem Sicherheitsbegriff im Sinne des klassischen Polizeirechts. Wesentliche Elemente eines solchen Risikorechts stellen einerseits die Vorverlagerung von Eingriffsschwellen sowie andererseits die Abkehr vom Muster der Zuschreibung persönlicher Verantwortung dar (Wolf 1987, 387-388). In diesem letzten Punkt, der Frage nach der Haftung, lassen sich Parallelen zwischen Wolfs Modell und den Vorschlägen von Barta ziehen, der vor allem die Gefährdungshaftung[15] als erfolgversprechendes Prinzip für den Umgang mit technischen Risiken bzw. für das Umweltrecht präsentiert; darüber hinaus plädiert letztgenannter Autor für die Etablierung und möglichst weitgehende Wahrnehmung neuer Verfahrensformen (weg vom Streitverfahren des Zivilprozesses hin zu außerstreitigen Verfahren) bis hin zur außergerichtlichen bzw. mediativen Streitschlichtung (Barta 1994, 90-98).

---

14 Die Einbindung von Fachleuten aus verschiedensten Disziplinen bzw. Konzepte der Bürgerbeteiligung finden in diesen Vorschlägen kaum Beachtung.

15 Dieses nicht gerade neue Instrument wird bereits von Köck als Element modernen Sicherheitsrechts gepriesen.

Rechtliche Steuerung von Selbstregulierung

Ebenfalls dem Konzept der Prozeduralisierung verpflichtet fühlt sich Teubner. Dabei geht er von einem Bündel theoretischer Ansätze zum Verhältnis von Gesellschaft und Recht aus - „meist Varianten des Systemfunktionalismus oder der kritischen Theorie oder mannigfache Kombinationsversuche" - denen vor allem die Fragestellung gemeinsam ist, ob Politik und Recht noch Integrationsleistungen erbringen können angesichts einer Gesellschaft, „die sich durch innere Widersprüche, durch desintegrierende, ja disruptive Konflikte zwischen den Eigenlogiken hochspezialisierter Subsysteme auszeichnet" (Teubner 1985, 384). Da sowohl der Politik wie auch dem Recht diese Fähigkeit zur Integration abgesprochen wird, wird ihre Funktion schlußendlich auf die Schaffung struktureller Vorbedingungen für eine solche Integration reduziert. Teubner (1985, 293) propagiert nun die Variante des „reflexiven Rechts" - auf diesen Begriff greift übrigens Barta (1994, 83) ebenfalls zurück -, um den Problemen eines als „strukturelle Kopplung" des Rechts bezeichneten Effekts „im Bezug zur Politik einerseits, zum gesellschaftlichen Regelungsbereich andererseits" (Teubner 1985, 292) wirkungsvoll zu begegnen. Werden nämlich Grenzen dieser strukturellen Kopplung überschritten, entsteht das sogenannte „regulatorische Trilemma", ein Zustand, in dem ein regulatorischer Eingriff entweder irrelevant wird (d.h. das zu steuernde soziale System reagiert nicht mehr auf den Steuerungsversuch) oder für den betreffenden gesellschaftlichen Lebensbereich desintegrierende Wirkung hat oder aber eine Situation, in der desintegrierende Rückwirkungen auf das regulatorische Recht selbst drohen (Teubner 1985, 316). Als Ausweg bietet Teubner (1985, 334-344) die rechtliche Steuerung von Selbstregulierung durch entsprechende Strukturvorgaben an:

> Das Recht muß sich danach, um Regelungsfunktion erfüllen zu können, auf die indirekte Steuerung autonomer Selbstregulierung beschränken und die inhaltlichen Entscheidungen den Akteuren der jeweils betroffenen gesellschaftlichen Teilbereiche überlassen, weil jeder Versuch der Fremdsteuerung entweder irrelevant wäre, oder desintegrierend wirken und die autopoietische Struktur des gesellschaftlichen Lebensbereichs gefährden würde. Rechtliche Interventionen bleiben so auf die Sicherung des 'Netzwerkes' der Organisationen, die Abstimmung der unterschiedlichen selbstregulatorischen Teilsysteme beschränkt (Künzler 1990, 174).

Sowohl der Terminus „strukturelle Kopplung" als auch der Begriff „Autopoiesis" verweisen auf die Luhmannsche Systemtheorie der letzten Jahre, die durch den Versuch gekennzeichnet ist, das naturwissenschaftliche Konzept der Autopoiesis in die soziologische Theorie zu integrieren.[16]

[16] In den letzten rund 25 Jahren kamen Anregungen aus verschiedensten naturwissenschaftlichen Disziplinen, die die Selbstorganisation biologischer Systeme ins Zentrum ihres Interesses rückten. Aufgrund dieser Bandbreite konnte allerdings „keine einheitliche Theorie selbststeuernder Systeme“ entstehen - vielmehr konkurrierten „Synergetik, Autopoiese, Selbstorganisation oder Konstruktivismus ... als Grundbegriffe“ (Beyme 1992, 204). Als übergeordneter Begriff kristallisierte sich jedoch die Selbstorganisation heraus. Maturana und Varela entwickelten das Prinzip der Selbstorganisation für die Biologie weiter zum Konzept autopoietischer Systeme: Lebende Systeme wurden durch ihre Organisation definiert, wesentlich für diese Organisation sind nicht die Eigenschaften der Bestandteile des Systems, sondern die Relationen zwischen ihnen. Autopoietische Systeme sind in sich geschlossen und selbstreferentiell, sie tendieren dazu, ihre Wandlungsprozesse endogen, d.h. ohne Triebkraft von außen, durchzuführen - Input und Output haben in diesem Modell eine andere Bedeutung, als früher für offene Systeme definiert wurde. Solche als autopoietisch charakterisierte Systeme sind also mit ihrer Umwelt auf eine ganz spezielle Weise verbunden, eine Beziehung, die Maturana als strukturelle Kopplung bezeichnet (Beyme 1992, 212-216; Stark 1994, 27-34). Es kann und soll hier nicht versucht werden, diese naturwissenschaftlichen Modelle genauer zu erklären und zu untersuchen, sie sind nur insoweit von Bedeutung, als Luhmann daran anknüpft und versucht, „das Konzept der Autopoiesis als Paradigma auf die Ebene einer allgemeinen Systemtheorie zu heben, um dieses Paradigma dann selbst in die spezielle Theorie sozialer Systeme übernehmen zu können“ (Stark 1994, 37).
Auch Luhmanns Werk ist hier nur in dem Zusammenhang von Interesse, als in der Verrechtlichungsdiskussion auf seine Ideen Bezug genommen wird. Als autopoietisch bezeichnet Luhmann „Systeme, die alle elementaren Einheiten, aus denen sie bestehen, durch ein Netzwerk eben dieser Elemente reproduzieren und sich dadurch von einer Umwelt abgrenzen - sei es in Form von Leben, in der Form von Bewußtsein oder (im Falle sozialer Systeme) in Form von Kommunikation“ (zit. n. Stark 1994, 43). Neben der Kommunikation - diese hat selbstreferentiellen Charakter - ist auch die von Maturana übernommene strukturelle Kopplung wesentlicher Bestandteil dieses Gedankengebäudes (Stark 1994, 85-86). Luhmanns Ansatz weist allerdings einige Schwachstellen auf, die sich allgemein aus der Übertragung naturwissenschaftlicher Konzepte in die Sozialwissenschaften ergeben. Im speziellen resultieren Probleme aber auch aus der Übertragung autopoietischer Begriffe auf soziale Systeme. So kann zwar die Analogie in bezug auf das Prinzip der Selbstreferentialität argumentiert werden, die Theorieteile der biologischen Autopoiesis, die die Selbstherstellung unterstellen, werden dagegen bereits für verzichtbar gehalten, während die Übertragung des Merkmals der Selbstproduktion als „(g)anz unhaltbar ... erscheint“ (Beyme 1992, 224). Besonders problematisch an der Idee der Autopoiesis scheint das Verhältnis der einzelnen sozialen Systeme zueinander zu sein, die sich schwer als wirklich geschlossen denken lassen. Auch das Ignorieren von Akteuren oder Akteursgruppen und die Infragestellung der Sinnhaftigkeit planenden Handelns läßt das Modell autopoietischer Systeme der sozialen Wirklichkeit kaum gerecht werden. Nicht von ungefähr wird daher die Luhmannsche Systemanalyse von vielen Autoren - hier stellvertretend Beyme 1992, 235-251 sowie Stark 1994 - einer sehr kritischen Prüfung unter-

Teubner analysiert zwar das Recht als autopoietisches System, geht allerdings eklektisch mit diesem Ansatz um, indem er auf einzelne seiner Elemente verzichtet bzw. sie neu definiert (diese Variation ist wohl als Reaktion auf die Schwachstellen des autopoietischen Konzeptes zu werten), um sich die Anwendungsorientiertheit seiner Analyse zu erhalten. So kann etwa das Rechtssystem als selbstreferentiell insofern bezeichnet werden, als ein wechselseitiger Verweisungszusammenhang zwischen Normen festzustellen ist, wohingegen keine Selbstproduktion vorliegt, „da Normen nicht die Normen erzeugen" (Beyme 1992, 233).

Der Verrechtlichungsprozeß würde durch die von ihm vorgeschlagenen „Trends zur 'Entstaatlichung' nicht etwa gestoppt, sondern nur in neue Bahnen umgeleitet", meint Teubner (1985, 341). Künzler (1990, 174-175) verweist allerdings - nicht zu Unrecht - auf die einem solchen Rückzug auf bloße formale „Steuerung gesellschaftlicher Selbststeuerung" innewohnende Gefahr einer Aufgabe demokratischer Elemente bzw. auf die Parallelität zum Ablauf technokratischer Modelle. Gerade eine solche Entwicklung entspräche aber offensichtlich nicht den Intentionen der bisher unter dem Schlagwort Prozeduralisierung vorgestellten Vorschläge für künftiges Technikrecht, die vor allem breite Partizipationsmöglichkeiten und Reversibilität als Charakteristika dieses Rechts anstreben.

Technikgestaltendes Recht

Auch Winter verwies bezüglich seiner Reformvorschläge für ein neues Technikrecht, die er insbesondere in Hinblick auf den Regelungsbedarf bezüglich der Gentechnologie formulierte, auf den Begriff der Autopoiesis. Er bezog sich dabei allerdings vor allem auf Ernst Bloch und die grundsätzliche These der Naturphilosophie, wonach die neuzeitliche Trennung von Geist und Materie, Subjekt und Objekt, beherrschendem Menschen und unterworfener Natur überwunden werden müsse. Dabei ging er von der Doppelstruktur des Rechts aus, einerseits die Entwicklung neuer Technologien zu ermöglichen und zu fördern, andererseits dort begrenzend einzugreifen, wo diese Technologien (bzw. ihre Anwendung) negative Auswirkungen befürchten lassen.[17] Es handelt sich bei diesen Reform-

---

zogen, die bis hin zu dem Urteil: „Autopoiesis ist als soziologischer Begriff außerordentlich nichtssagend und daher vordergründig einleuchtend" reicht (Stark 1994, 132).

17 Vgl. zu dieser Doppelstruktur auch Luf/Potz (1991, 390-391), die aus dem Spannungsverhältnis zwischen Technik und Recht ebenfalls die komplexe Entscheidungssituation ableiten, gleichermaßen Veränderlichkeit und Ungewißheit prozedural einbinden zu müssen.

vorschlägen um einen Dreischritt beginnend beim Abbau des technikfreisetzenden Rechts über den Ausbau des technikbegrenzenden Rechts bis hin zum Aufbau eines technikgestaltenden Rechts (Winter 1986, 188), wobei sich die staatliche Regulierungstätigkeit an der Autopoiesis ein Vorbild nehmen sollte, um das „hierarchische 'Vollzugsmodell' des interventionistischen Staates ersetzen" (Winter 1986, 196) zu können. Die ersten beiden Varianten sind demnach im gültigen Rechtssystem breit verankert.[18] So umfaßt das technikfreisetzende Recht alle jene Regelungen, die (private) Initiativen zur Entwicklung und Verwertung neuer Technologien durch die Bereitstellung sowohl eines rechtlichen Handlungsrahmens wie auch der entsprechenden Infrastruktur zu mobilisieren versuchen. Als Beispiele für diese rechtlichen Rahmenbedingungen können gerade im Bereich der Gentechnik das Patent- und das Sortenschutzrecht gelten; unter Infrastruktur sind jene öffentlichen Leistungen zu verstehen, die der Wirtschaftsentwicklung zugrunde liegen, wie etwa der Wissenschaftstransfer von (universitären wie auch außeruniversitären) öffentlichen Forschungseinrichtungen in die Privatproduktion bzw. staatliche Förderungsmaßnahmen für die Forschung, insbesondere für das Feld der sogenannten Grundlagenforschung. Als technikbegrenzendes Recht schließlich sind jene an Sicherheitsdenken orientierten Regelungen zu begreifen, die die sozialen Kosten (also Gesundheits- und Umweltschäden) der Anwendung moderner Technologien zu vermeiden oder zu reduzieren versuchen (Winter 1987, 188-196). Besonderes Augenmerk legte Winter in seinem Entwurf auf das künftig aufzubauende technikgestaltende Recht, das sich insbesondere an zwei Maximen zu orientieren habe. Dabei bedeutet die erste der beiden, nämlich die Reversibilität,

> ... angewandt auf Technikbewertung, daß eine Technik um so mehr abzulehnen ist, je stärker sie unumkehrbar ist, m.a.W. je mehr sie die Korrekturmöglichkeiten einschränkt (Winter 1986, 197).

Dieser Grundsatz entspricht dem evolutionären Prinzip der Fehlerfreundlichkeit, mit dem Christine und Ernst Ulrich von Weizsäcker (1986, 153-161) aus naturwissenschaftlicher Perspektive ihre Bedenken gegenüber

---

[18] Winter verfaßte diesen Text noch vor der Entstehung des bundesdeutschen Gentechnikgesetzes, die geltende Rechtslage hat sich also grundlegend verändert. Sowohl für die BRD wie auch für Österreich kann allerdings vorwegnehmend festgehalten werden, daß beide Gentechnikgesetze den hier von Winter skizzierten technikgestaltenden Charakter weitestgehend vermissen lassen und sich an den beiden traditionellen Formen des Technikrechts orientieren.

der Gentechnologie ausführlich begründen.[19] Als zweiten Maßstab, abgeleitet sowohl aus der Gesellschaftstheorie wie auch aus der Naturphilosophie, formuliert Winter (1986, 199) die Selbstbegrenzung,[20] die er (eher pauschal) folgendermaßen definiert:

> Selbstbegrenzung bedeutet in bezug auf Technikbewertung, daß eine Technik, die natürliche Ressourcen verbraucht und verändert, abzulehnen ist, wenn für sie kein begründeter Bedarf besteht.

Wie das Instrumentarium eines an diesen Maximen orientierten technikgestaltenden Rechts aussehen würde, beschreibt Winter nicht im Detail, er führt lediglich die Notwendigkeit der Verknüpfung mit Verfahren der Öffentlichkeitsbeteiligung an und fordert eine erhöhte bzw. öffentliche Rechenschaftspflicht für Forscher sowohl vor Beginn als auch nach Abschluß ihrer Projekte (Winter 1986, 201).

6.3. Wissenschaftliche Selbstregulierung als Sonderweg

Eine spezielle Variante der die Selbstregulierung ins Zentrum rückenden Vorschläge stellen schließlich jene dar, die im Vertrauen auf die Selbststeuerungsfähigkeit des Subsystems Forschung weitestgehend auf gesetzliche Regulierungsschritte verzichten möchten. Dieses Argumentationsgefüge unter dem Stichwort der wissenschaftlichen Selbstkontrolle wird von zwei möglichen Perspektiven dominiert:

> Einerseits eine dem Konzept progressiver Naturbeherrschung verpflichtete Haltung, die im Hinblick auf die Bewältigung von Technikfolgen vom Vertrauen in das prinzipielle Leistungsvermögen technischen Fortschritts geprägt ist, je anstehende Probleme zu lösen. Das Motto lautet also: Technikfolgen können mit noch mehr Technik beseitigt werden. Andererseits die Auffassung, daß ihr Expertenwissen den Wissenschaftern die Kompetenz vor allen anderen vermittle,

---

[19] Ursprünglich wurde der Begriff der Fehlerfreundlichkeit von Christine von Weizsäcker „im Kontext der Atom-Energiedebatte eingeführt und geriet zum Topos einer kritischen Technologiediskussion" (Künzler 1990, 98).

[20] Auch hierbei handelt es sich um keinen neuen Begriff, so hat etwa Ivan Illich bereits Anfang der 70er Jahre seine *„politische Kritik der Technik"* damit überschrieben. Allerdings ist Illichs Begriff der Selbstbegrenzung inhaltlich anders zu deuten als im hier beschriebenen Kontext.

auch in den rechtlich-politischen Bezügen bestimmend und entscheidend zu agieren (Luf/Potz 1991, 393).

Es kann wohl kaum überraschen, daß diese Idee insbesondere aus naturwissenschaftlichen Zirkeln selbst vorgebracht wird, ebenso findet sie häufig Unterstützung aus der in die Verwertung der Forschungsergebnisse involvierten Wirtschaft. Doch auch in juristischen Kreisen wird teilweise das „Individualethos-Postulat" erhoben, wonach „persönliches Ethos und individuelle Wertorientierung des Wissenschaftlers rechtliche Vorkehrungen überflüssig" (Damm/Hart 1987, 186) machen könnten. So will etwa der Verfassungsjurist Riedel (1986, 478) die Möglichkeit nicht ausschließen, daß

> ... die persönliche Verantwortung des Forschers und Anwenders von Forschungsergebnissen ... hinreichende Sicherungen gegenüber gesundheitsgefährdenden Genmanipulationen bietet. Zumindest spräche eine Freiheitsvermutung dafür, den einzelnen Forscher als verantwortlichen Bürger zu begreifen; jedenfalls solange, bis ihm das Gegenteil konkret nachgewiesen werden kann.

Gerade darin liegt allerdings, will man einem der am häufigsten vorgebrachten Argumente in der Diskussion um die Risiken der Gentechnik folgen, ein Dilemma verborgen: Denn der Eintritt eines Schadensfalles (durch individuelles Fehlverhalten eines Wissenschafters oder einer Wissenschafterin verursacht)[21] kann so gravierende Konsequenzen nach sich ziehen, daß dieses Risiko nicht - zumindest nicht auf Grundlage einer Art „Unschuldsvermutung", wie Riedel sie vorschlägt - eingegangen werden darf. Das Ergreifen konkreter gesetzgeberischer Maßnahmen im Sinne einer Ergänzung des bisherigen zivil- und strafrechtlichen Instrumentariums erst nach einem solchen, wie auch immer gearteten „Betriebsunfall" hätte dann eher kosmetischen Charakter und würde den Anspruch an das Recht, gestaltend in die (Gen-)Technikentwicklung einzugreifen, konterkarieren.

Eine derartige Außensteuerung wird jedoch vor allem dann als zum Scheitern verurteilt abgelehnt, wenn Wissenschaft und Technik eine „quasi 'naturgesetzlich(e)'" Entwicklungsdynamik unterstellt wird bzw. beide Bereiche als selbstreferentielle Systeme interpretiert werden, die „internen Kontrollmechanismen unterliegen, deren einziger Maßstab die 'Wahrheit'

---

[21] Besonders oft wird in diesem Zusammenhang beispielsweise eine unbeabsichtigte Freisetzung angeführt.

ist, die sich ihrerseits mit dem produzierten Wissen verändert" (Künzler 1990, 90-91). Wird allerdings die Forschungsautonomie durch den Ruf nach staatlicher Regulierung in Frage gestellt, kommt es zu Abwehrreaktionen mit dem Ziel, diese Selbstbestimmung möglichst zu erhalten und Eingriffen vorzubeugen. Dazu zählen ethische Codices, Sicherheitsrichtlinien oder das bereits genannte Forschungsmoratorium anläßlich der Asilomar-Konferenz. Eine derartige Selbstregulierung kommt jedoch als Alternative zu einer rechtlichen Regulierung für viele Autoren und Autorinnen aus den verschiedensten Gründen nicht in Betracht, so postulieren beispielsweise Damm/Hart (1987, 190) den „Grundsatz der *Nichtersetzbarkeit struktureller Regulierung durch moralische Orientierung.*"

Das offensichtlichste Argument gegen eine wissenschaftliche Selbstregulierung gründet sich auf die Tatsache, daß ein gut Teil der Kritik an der Gentechnologie von Naturwissenschaftern und Naturwissenschafterinnen selbst formuliert wird. Angesichts dieser heftigen Kontroversen bezüglich der Vor- und Nachteile gentechnologischer Forschung und Anwendungsmöglichkeiten und der eventuell daraus abzuleitenden Handlungsmaximen scheint die Idee einer Einigung auf „forschungsethische" Standards illusorisch zu sein und auf der Ausblendung dieser Uneinigkeit zu basieren. Ebenfalls gegen das fast vorbehaltlose Vertrauen in die Normsetzungskraft der *scientific community* einzuwenden ist, daß es letztlich mit eben diesem Vertrauen das Bewenden haben müßte. Denn infolge fehlender rechtlicher Durchsetzungs- und Sanktionsmöglichkeiten ist die Einhaltung entsprechender Codices oder Richtlinien nicht verbindlich, sondern der Freiwilligkeit der jeweiligen Fachleute überlassen. Darüber hinaus, so argumentiert Künzler (1990, 92), unterschätzt

> (d)iese Hoffnung ... die gruppendynamischen Kräfte, die zur Herausbildung einer ganz spezifischen 'subkulturellen' Professionsmoral führen, die von der allgemeinen sittlichen Überzeugung[22] beträchtlich abweichen kann und ein Wissenschaftler erlangt die kollegiale Anerkennung - damit letztlich auch die erforderlichen Forschungsmittel - nicht durch seine ethische Überzeugung, sondern für seinen Beitrag zum akzeptierten Wissensstand seiner Disziplin.

Das Bild der Wissenschaft und ihrer Betreiber, die „objektiv" und unabhängig von persönlichen und standesspezifischen Interessen, herausgelöst aus ökonomischen und sozialen Verhältnissen, nach irgendeiner

---

[22] Auch das Postulat der Existenz einer solchen „allgemeinen sittlichen Überzeugung" entspricht im übrigen nur bedingt der gesellschaftlichen Realität.

Wahrheit suchen, wird zwar gelegentlich noch immer gezeichnet (auch wenn eine allzu plumpe Plakativität vermieden wird), entbehrt aber dennoch jedweder Realität. In Wirklichkeit ist „Wissenschaft ... eben auch Karriere“ (Künzler 1990, 93). Zudem gilt es als ein Charakteristikum der Gentechnologie, daß gerade in diesem Bereich die Grenzen zwischen Grundlagen- und angewandter Forschung bis zur Unkenntlichkeit verschwimmen. Darüber hinaus spielt die Drittmittelfinanzierung auch in staatlichen Forschungseinrichtungen eine immer größere Rolle (Luf/Potz 1991, 394-395; Stelzer 1995a, 38). Mit zunehmender Anbindung an die Wirtschaft und wachsender Kapitalintensität steigt aber tendenziell auch der Grad der Abhängigkeit der Wissenschaft innerhalb dieses Netzwerkes.

7. BIOTECHNOLOGIEPOLITIK IN ÖSTERREICH

7.1. Technologiepolitische Rahmenbedingungen

Notorische Klagen über die Defizite österreichischer Technologiepolitik gehören zum Standardrepertoire heimischer politischer Rhetorik. Die Ursprünge der damit angesprochenen Situation reichen bis in die unmittelbare Nachkriegszeit zurück. Denn eine explizite staatliche Technologiepolitik existierte im Österreich der fünfziger und sechziger Jahre so gut wie überhaupt nicht. Trotz überdurchschnittlich hohen Wirtschafts- und Produktivitätswachstums blieben hierzulande - im Gegensatz zu den führenden westlichen Industrieländern - die Aufwendungen für Forschung und Entwicklung (F&E) marginal. Die ersten beiden Nachkriegsjahrzehnte waren daher eine von Imitationsstrategien und Technologieimport geprägte Phase. Kurzfristig zeitigte dieser Kurs durchaus positive Folgen: Der bereits in der Zwischenkriegszeit wurzelnde niedrige technologische Standard Österreichs konnte auf diese Weise relativ einfach und kostengünstig angehoben werden. Insgesamt gelang es während jener Jahre (insbesondere mit Unterstützung durch den Marshall-Plan), den dringend nötigen wirtschaftlichen Aufholprozeß zu beschleunigen. Mittel- und langfristig hingegen erwies sich das Fehlen einer nationalen technologiepolitischen Innovationsstrategie als gravierendes Manko. Zu den negativen Konsequenzen dieses Defizits zählten die Entwicklung einer die Kosten und Risiken von F&E scheuenden Mentalität, wachsende technologische Abhängigkeit, mangelnde Risikobereitschaft heimischer Unternehmen und schließlich die durch das Fehlen adäquater Beschäftigungsmöglichkeiten bedingte Abwanderung österreichischer wissenschaftlich-technischer Experten und Expertinnen zu ausländischen Firmen und Forschungsstätten (Gottweis/Latzer 1997, 653-655; Putz 1996, 27-29). International vergleichende OECD-Analysen sowie Studien der Bundeswirtschaftskammer (BWK) und der Arbeiterkammer (AK) brachten in den sechziger Jahren diese Defizite zutage und führten zu einem Umdenken in Richtung einer eigenständigen Forschungs- und Technologiepolitik, das in der Verabschiedung des Forschungsförderungsgesetzes von 1967 seinen Ausdruck fand. Dieses Gesetz bildete die Grundlage für die Errichtung des „Fonds zur Förderung der wissenschaftlichen Forschung“ (FWF) und des „Forschungsförderungsfonds für die gewerbliche Wirtschaft“ (FFF). 1970 wurde mit der Gründung des Bundesministeriums für Wissenschaft und Forschung (BMWF) auch eine formale Zuständigkeit für diesen Bereich geschaffen (Leo 1992, 25). Unter seiner Federführung erarbeiteten zahlreiche Fachleute die „Österreichische Forschungskonzeption" (1972). Die Phase des Nachvollziehens einer stark an Förderung orientierten Wissenschafts- und Technologiepolitik in den siebziger und achtziger Jahren fand 1989 mit dem „Technologiepolitischen Konzept" der Bundesregierung, das bereits deutliche Züge eines veränderten Technikverständnisses trug, ihren Abschluß. Mit diesem Konzept sollte der Grundstein für eine zielgerichtete österreichische Technologiepolitik gelegt werden, daneben formulierten die jeweiligen Ministerien auch operationale Maßnahmen. Im wesentlichen wurden die Stärkung der Wettbewerbsfähigkeit der österreichischen Wirtschaft durch verbesserte und modernisierte Forschungsinfrastruktur, eine Intensivierung der Kooperation zwischen Wissenschaft und Wirtschaft sowie eine verstärkte ressortübergreifende Zusammenarbeit und Koordination angestrebt (Putz 1996, 30-36).

Aufgrund deutlicher Schwächen stieß dieses Konzept allerdings nicht nur auf theoretische Kritik, sondern ebenso auf Schwierigkeiten in der praktischen Umsetzung. Als die gravierendsten Schwachstellen österreichischer Technologiepolitik erwiesen sich zum einen die Kompetenzzersplitterung zwischen zahlreichen Ressorts[1] und zum anderen eine diffuse Strategie, was die Schwerpunktsetzungen betraf. Auch auf dem Sektor der direkten Wirtschaftsförderung - die größtenteils ausgegliederten Organisationen wie dem FFF übertragen ist - gab es grobflächige Überschneidungen. Schließlich waren die klar vorgezeichneten Oberziele weder operationalisiert und in überprüfbare Zielvorgaben verwandelt worden, noch hatte man Erfolgskontrollen vorgesehen (Hutschenreiter/Leo 1992, 458-460; Leo 1992, 26-29). Resümierend stellte das Wirtschaftsforschungsinstitut daher in einer Studie fest, die österreichische Technologiepolitik hätte im Verhältnis zu vergleichbaren Ländern wie den Niederlanden oder Finnland nach wie vor einen großen Nachholbedarf (Presse 22.3.91).

Weitere Überlegungen hatten vor allem auf die politischen Entwicklungen in Osteuropa sowie auf den bevorstehenden Beitritt zur Europäischen Union bedacht zu nehmen. Nachdem schon 1987 mit der EG Rahmenverträge abgeschlossen worden waren und eine Intensivierung der For-

---

[1] Nämlich Wissenschaft und Forschung, Wirtschaftliche Angelegenheiten, Öffentliche Wirtschaft und Verkehr, Finanzen sowie das Bundeskanzleramt mit seiner Koordinierungskompetenz.

schungskooperationen stattgefunden hatte,[2] konnte Österreich mit Inkrafttreten des Europäischen Wirtschaftsraumes (EWR) am dritten EG-Rahmenprogramm für F&E uneingeschränkt teilnehmen. Als zentrale Koordinationsstelle bzw. Betreuungseinrichtung dafür wurde vom BMWF das „Büro für internationale Forschungs- und Technologiekooperation" (BIT) eingerichtet (Presse 20.8.92).[3] Außerdem etablierte man im Wissenschaftsministerium die neue Sektion „Internationale Forschungsangelegenheiten" (Gottweis/Latzer 1997, 657). Trotz dieser institutionellen Maßnahmen zur Internationalisierung attestierten allerdings Evaluierungen der österreichischen Forschungsförderung nach wie vor mangelnde Konkurrenzfähigkeit im europäischen Vergleich (Apa-Journal/Innovation 10, 9.3.94; Presse 29.4.94). Am Vierten Rahmenprogramm (1994-1998) war Österreich bereits als EU-Mitglied beteiligt; der endgültige Beschluß des Fünften Rahmenprogramms (1999-2002) fiel in die Zeit der österreichischen Ratspräsidentschaft im zweiten Halbjahr 1998. 1994 sollten Fachleute[4] eine Neufassung des „Technologiepolitischen Konzeptes" erarbeiten, das jedoch massive Unstimmigkeiten und Kritik verursachte und lange Zeit nicht verabschiedet werden konnte (Presse 2.4.97, 2). In erster Linie wurde an dem Expertenentwurf bemängelt, es handle sich dabei wieder nur um ein Basis- bzw. Strategiepapier, das keine konkreten Operationalisierungsvorschläge beinhalte. Der Ministerrat segnete zwar schließlich im Herbst 1996 den Entwurf des Konzeptes - mittlerweile die Überarbeitung der überarbeiteten Version von 1994 - ab, die versprochene Umsetzung in ein konkretes Maßnahmenbündel, die bis Jahresende erfolgen sollte, ließ allerdings weiterhin auf sich warten. Insbesondere das Wirtschaftsministerium vertrat in diesem Zusammenhang die Auffassung, der vorliegende Entwurf sollte erst nach einer entsprechenden grundlegenden Überarbeitung bindende Wirkung bekommen (profil 48/96, 69; Standard 19.2.97, 18, 26).

Als Finanzspritze für die österreichische Technologiepolitik hatte die Bundesregierung außerdem bei ihrer Klausur im November 1996 die sogenannte Technologiemilliarde zugesagt (SN 20.12.96). In den darauffolgenden Monaten wurde die „Technologieoffensive" zu einem der Signal-

---

[2] Diese Beteiligung wurde allerdings z.B. von Ohler/Polt (1992) kritisch bewertet. Die beiden rieten aufgrund ihrer Evaluierung dazu, die Erwartungen an die internationale Forschungskooperation nach unten zu revidieren.

[3] Träger neben dem Wissenschaftsministerium waren sieben weitere Ministerien (Wirtschaft, Verkehr, Landwirtschaft, Gesundheit, Umwelt, Außen und Finanzen), die Sozialpartner sowie die Förderungsfonds.

[4] Aus dem Österreichischen Institut für Wirtschaftsforschung, dem Österreichischen Forschungszentrum Seibersdorf und Joanneum Research (BMWV 1997, 13).

wörter der österreichischen Innenpolitik. Bei einer weiteren Regierungsklausur im Juni 1997 beschloß die Koalition deren Verwirklichung. Basis dafür war das Konzept, das vom Generaldirektor von Siemens-Österreich, Albert Hochleitner, und dem Präsidenten des FWF, Arnold Schmidt, im Auftrag der Regierung erarbeitet worden war (Presse 10.6.98, 8). Die Grundideen dieses Technologiekonzeptes, das einen völligen Umbau der bisher mit Forschungspolitik befaßten Institutionen beinhaltete, waren die folgenden: Als vorrangigstes Ziel galt die Bündelung der gegenwärtig weit verstreuten Kompetenzen bei der Mittelvergabe, der Schwerpunktsetzung und der Projektgestaltung. Alle Fäden sollten in einem „Büro für Forschung und Technologie" (BFT) zusammenlaufen, das als Aktiengesellschaft privatwirtschaftlich organisiert und von Fachleuten geführt werden sollte. Diesem Büro sollte ein „Rat für Forschung und Technologie" übergeordnet sein, um die Leitlinien vorzugeben. Zusätzlich war ein Fonds für „Kompetenzzentren, Impulsprogramme und Regierungsinitiativen" (KIR) vorgesehen, der neben dem FFF und dem FWF bestehen und den seit 1988 existierenden „Innovations- und Technologiefonds" (ITF) ersetzen sollte. Während bislang der FFF zum Wirtschafts- und der FWF zum Wissenschaftsministerium ressortierte, war für die Zukunft die Lenkung aller drei Fonds durch das BFT geplant. Außerdem sollte über die österreichische Forschungslandschaft nun „das Füllhorn mehrerer Technologiemilliarden ausgeschüttet werden" (Presse 3.7.98, 37) - gespeist unter anderem aus dem Verkauf der Creditanstalt, belief sich die kolportierte Summe für die nächsten Jahre auf drei Milliarden Schilling. Die versprochenen Summen schmolzen jedoch binnen kürzester Zeit dahin, und schon im Frühsommer hieß es, von der für 1997 versprochenen ersten Forschungsmilliarde seien lediglich 570 Millionen übriggeblieben, was geharnischte Kritik der Autoren des Technologiekonzeptes provozierte (Presse 16.6.97, 6). Als nächstes meldeten sich der FFF,[5] die AK sowie die Österreichische Akademie der Wissenschaften (ÖAW) mit massiven Bedenken hinsichtlich der Realisierung des Technologiekonzeptes zu Wort (SN 1.7.97, 9; Presse 2.7.97, 2, 17). Im weiteren Verlauf prägten den Sommer Streitigkeiten um Kompetenzen und Finanzierungsvarianten zwischen Wirtschaftsminister Farnleitner (ÖVP) und Wissenschafts- und Verkehrsminister[6] Einem (SPÖ), die im wesentlichen um die Einrichtung des BFT

---

[5] Der FFF mußte aufgrund der Querelen eine Zeitlang um seine Budgetierung bangen (Presse 18.7.97, 13), konnte aber dennoch - trotz der widrigen Umstände und dank eines neuen Finanzierungsmodells (Presse 24.7.97, 17) - schlußendlich für 1997 einen Förderrekord vermelden (SN 12.2.98).

[6] Mit der Regierungsumbildung Anfang 1997 wanderte das Verkehrsressort in das Wissenschaftsministerium; das ehemalige Bundesministerium für Wissenschaft und For-

kreisten und zu ernsten Unstimmigkeiten zwischen den Koalitionspartnern führten (Presse 9.7.97, 11). Erneut suchte die Regierung ihr Heil in der Installierung von Arbeitsgruppen, in denen Fachleute über die Realisierung des Technologiekonzeptes nachdenken sollten (Presse 14.7.97, 11).

Nachdem entgegen den ursprünglichen Plänen das Büro für Forschung und Technologie nicht mehr als privatwirtschaftlich organisiertes Koordinationsorgan für die Forschung eingerichtet werden sollte, und damit nach den monatelangen Konflikten um die Kompetenzen in den neukonzipierten Gremien weiterhin beide Ministerien bei FFF und FWF das Sagen behielten (Presse 15.1.98, 15; 28.1.98, 17), verlagerte sich das Tauziehen auf den geplanten Fonds für Kompetenzzentren, Impulsprogramme und Regierungsinitiativen und auf die Frage, ob dieser im Bundeskanzleramt oder im Wissenschaftsministerium anzusiedeln sei (SN 15.7.97, 9; Presse 12.2.98, 17). Als im September 1997 bekannt wurde, daß die Dotation für Forschung und Technologie für die Jahre 1998 und 1999 auf dem Stand des gekürzten Budgets von 1997 bleiben sollte, meldete sich FWF-Präsident Schmidt erneut mit dem an die Regierung gerichteten Vorwurf der „Roßtäuscherei" zu Wort (Presse 29.9.97, 6) und forderte sie auf: „Sie sollen tun, was sie sagen!" (Standard 23.9.97, 27). Das Technologiekonzept war mittlerweile offensichtlich zur Makulatur geworden. Im Lauf der Verhandlungen um das geplante Technologieförderungsgesetz, mit dem die neue Konzeption ursprünglich festgeschrieben werden sollte, kam es zu einem neuerlichen Koalitionskonflikt (SN 18.12.97, 10), und im Februar 1998 gab Bundeskanzler Klima die massiven Probleme der Technologieoffensive zu (Presse 19.2.98, 6). Im März erklärten Hochleitner und Schmidt, das von ihnen ausgearbeitete Technologiekonzept sei „im Schlamm der Innenpolitik" steckengeblieben, neue Hoffnung gäbe es erst für die nächste Legislaturperiode bzw. ab dem Jahr 2000 (Presse 28.2./1.3.98, 1; Presse 13.3.98, 8). Anläßlich der Alpbacher Technologiegespräche im August 1998 gestand schließlich auch Wissenschaftsminister Einem das Scheitern der Technologieoffensive ein - allerdings nicht, ohne den Ball an die beiden Autoren zurückzuspielen und nun zu erklären, das Technologiekonzept von Hochleitner und Schmidt sei ohnehin ungeeignet gewesen. Dennoch war auch bei dieser Veranstaltung viel die Rede von geplanten neuen Anläufen in der Technologiepolitik (Presse 22./23.8.98, 23). Die *Presse* (24.8.98, 2) kommentierte damals: „Der scientific community in Österreich ist damit nicht geholfen, die muß nach einem Verlust von eineinhalb Jahren zurück an den Start." Die Chancen

---

schung (BMWF) wurde damit zum Bundesministerium für Wissenschaft und Verkehr (BMWV).

für einen Neuaufbruch der österreichischen Forschungs- und Technologiepolitik in das nächste Jahrtausend standen allerdings weiterhin nicht zum Besten: Die im Budget festgelegten Ausgaben des Bundes für 1999 wurden erneut gekürzt (Presse 3.11.98, 7).

Einigkeit hatte während der zähen Diskussionen zumindest über eines der langjährigen Ziele österreichischer Technologiepolitik geherrscht, nämlich die Angleichung der F&E-Quote an das OECD-Niveau. Die Länder der OECD steigerten ihre F&E-Ausgaben in den letzten zwanzig Jahren deutlich, Österreich war an dieser Entwicklung in Abstufungen beteiligt. In den siebziger Jahren wurde ein Aufholprozeß gestartet, der - nicht zuletzt wegen des niedrigen Ausgangsniveaus - zu überdurchschnittlich hohen Zuwachsraten führte. Anfang der achtziger Jahre stagnierte diese Entwicklung, völlig im Gegensatz zur internationalen Tendenz. Die Ursache war in der relativen Zurückhaltung der österreichischen Unternehmen bei den F&E-Ausgaben zu finden, dennoch zu verzeichnende Zuwächse gingen zum Großteil auf Mehrausgaben der öffentlichen Hand zurück. Ende der achtziger Jahre veränderte sich das Muster abermals, wobei diesmal für die Steigerung der F&E-Quote die gestiegenen Investitionen der Unternehmen verantwortlich waren (Leo 1992, 24-25). Alles in allem pendelte sich im Verlauf der beiden letzten Dekaden die Finanzierungsstruktur der österreichischer Forschungsförderung bei einem Verhältnis von knapp 50:50 ein: Forschungsausgaben werden jeweils ca. zur Hälfte von der Wirtschaft und zur Hälfte von der öffentlichen Hand getragen (SN 14.4.98, 10).

Während andere Länder - wie beispielsweise Irland, Finnland oder Dänemark - in den neunziger Jahren ihre Forschungsquoten weiterhin deulich erhöhen konnten, trat in Österreich in den letzten Jahren sogar eine Verlangsamung des Wachstums der F&E-Ausgaben ein (Scholtze 1992, 947; Scholtze 1994, 478). Die immer wieder erhobene Forderung, den Anteil der Forschungsausgaben am BIP auf zumindestens 2% anzuheben, um Österreichs Position unter den OECD- bzw. EU-Staaten zu verbessern, konnte nicht erfüllt werden. Bereits der *„Forschungsbericht 1994"* (solche Berichte werden dem Nationalrat alle drei Jahre vorgelegt) und der wie jedes Jahr erstellte ÖSTAT-Bericht über die F&E-Entwicklung wiesen auf diese Problematik deutlich hin (Scholtze 1994; SN 25.5.94, 6). Dennoch stagnierte auch in den Folgejahren die österreichische F&E-Quote auf dem im internationalen Vergleich und in Relation zum hiesigen Pro-Kopf-Einkommen alarmierend niedrigen Niveau von rund 1,5% des Bruttoinlandsprodukts. Wie im von Experten des Wirtschaftsforschungsinstituts und des Österreichischen Forschungszentrums Seibersdorf erarbeiteten

„Österreichischen Technologiebericht 1997" festgehalten wurde, würde Österreich erst bei einer Anhebung der F&E-Aufwendungen auf über 2% des BIP in den Kreis jener Länder eintreten, bei denen ein überdurchschnittlich hohes Pro-Kopf-Einkommen mit entsprechend überdurchschnittlich hohen Ausgaben für Forschung und Entwicklung einhergeht (Hutschenreiter et al. 1998, 1).

Forschungsausgaben 1997 im internationalen Vergleich	
Land	in % des BIP
Schweden	3,02
Schweiz	2,68
Japan	2,64
USA	2,53
Frankreich	2,34
Deutschland	2,28
Großbritannien	2,19
OECD-Durchschnitt	2,15*
EU-Durchschnitt	1,85*
Dänemark	1,82
Österreich	1,53
Italien	1,14
Spanien	0,80
Griechenland	0,48

** Wert von 1995*
Quelle: OECD, ÖSTAT/SN 14.4.98, 10

Der als dringend nötig erachtete Aufholprozeß der österreichischen Forschung scheiterte zuletzt am vorzeitigen Kollaps der Technologieoffensive sowie an der Reduktion der ursprünglich in Aussicht gestellten drei Technologiemilliarden im Zuge der durch das Sparpaket verordneten Budgetrestriktionen. Das Unbehagen über diese Budgetkürzungen, die besonders auch Forschungsinstitutionen wie die Akademie der Wissenschaften und das Forschungszentrum Seibersdorf betrafen (Presse 25.3.97, 3; SN 4.4.97, 23), veranlaßte den Österreichischen Forschungsrat, den für 1997 wieder fälligen *„Forschungsbericht"* nicht ohne eine eigene Stellungnahme dazu zu akzeptieren, die schließlich auch darin abgedruckt wurde und mit scharfen Worten („katastrophale Folgen", „fatale Fehleinschätzung") auf die Situation der österreichischen Forschungspolitik hinwies (BMWV 1997, 3). Allerdings hätten selbst die drei Technologiemilliarden bei weitem nicht ausgereicht, um die österreichische F&E-Quote nachhaltig anzuheben -

für ein Aufschließen zum OECD-Schnitt von gut 2% des BIP wären über drei bis vier Jahre hinweg zusätzlich mindestens 13 Milliarden Schilling pro Jahr erforderlich (SN 25.3.98, 10).

Forschungsausgaben 1981 bis 1998 in Österreich		
	Bruttoinlandsausgaben für F&E	
Berichtsjahr	in Mrd. öS	in % des BIP
1981	12,33	1,17
1985	17,18	1,27
1989	22,97	1,37
1990	25,61	1,41
1991	28,96	1,49
1992	30,33	1,47
1993	31,69	1,49
1994	34,64	1,55
1995	36,00	1,54
1996	36,76	1,52
1997	38,32	1,52
1998	40,58	1,56

Quelle: ÖSTAT/BMWV 1998

Als Résumé muß allerdings festgehalten werden, daß die Probleme der österreichischen Technologiepolitik nicht alleine aus der mangelnden finanziellen Mittelausstattung resultieren, sondern struktureller Natur sind. Das Scheitern der mit dem Technologiekonzept intendierten Umstrukturierung führte zu einer weiteren Zementierung dieser Situation, die vor allem durch ihre Kompetenzzersplitterung charakterisiert ist. Darüber hinaus sind drei weitere Spezifika zu nennen: Erstens entfällt, wie bereits erwähnt, rund die Hälfte der Finanzierung der gesamtwirtschaftlichen F&E-Ausgaben auf den öffentlichen Sektor, womit Österreich den Spitzenrang unter den hochentwickelten europäischen OECD-Ländern einnimmt, wohingegen der Unternehmensanteil vergleichsweise gering ausfällt. Zweitens absorbiert der universitäre Sektor einen international unübertroffen hohen Anteil der F&E-Ausgaben und ist zudem fast zur Gänze öffentlich finanziert. Drittens schließlich verweist der außerordentlich niedrige Prozentsatz auslandsfinanzierter Forschung und Entwicklung auf den geringen Internationalisierungsgrad österreichischer Forschung (Hutschenreiter et al. 1998, 1; Standard 28.8.98, 28).

7.2. *Biotechnologiepolitik in Österreich - Ausgangsbedingungen und Strategien*

Die Entwicklung einer österreichischen Strategie in der Biotechnologiepolitik setzte 1980/81 ein. Grundsätzlich ist vorwegzunehmen, daß die Träger und Trägerinnen dieser Politik von einer eher passiven Grundhaltung ausgingen: Im wesentlichen ging es darum, Forschungsrückstände wettzumachen bzw. die prinzipiell durchaus als solche definierte Chance Biotechnologie nicht gänzlich zu versäumen. Der erste Schritt auf diesem Weg war die Aufnahme der Forschungsbereiche Biotechnologie und Gentechnik in das Schwerpunktprogramm der „Österreichischen Forschungskonzeption 80“. Auf dieser Basis richtete das BMWF ein Projektteam ein, das eine Bestandsaufnahme des österreichischen Potentials auf diesen Gebieten vornehmen und Forschungskonzepte für die Bereiche Biotechnologie und Gentechnik formulieren sollte. Der Projektbericht bildete die Grundlage des 1984 vom Ministerrat genehmigten Forschungsschwerpunktes „Biotechnologie und Gentechnik“ und konzeptualisierte Biotechnologieförderung als Innovationsstrategie. Ein starker Akzent lag auf der Notwendigkeit des Wissenstransfers von den Forschungsinstitutionen zur Industrie. Eine kohärente Strategie wurde jedoch nicht entwikkelt, die Empfehlungen gingen in Richtung einer Förderung der bereits existenten Gen- und Biotechnologieforschung in Österreich. Die Jahre 1985 bis 1990 sollten dem beschlossenen Forschungsschwerpunkt gemäß als Aufbauphase vor allem der Verbesserung der infrastrukturellen Bedingungen der universitären und außeruniversitären Forschungseinrichtungen dienen.[7] Daran schloß sich eine Phase konkreter Projektförderungen an, in der insbesondere das Ziel einer verbesserten Interaktion zwischen Wissenschaft und Industrie verfolgt wurde. In der Praxis sollte dies einerseits die Förderung von Kooperationsprojekten zwischen universitären und außeruniversitären Forschungseinrichtungen, andererseits die Forcierung von Grundlagenforschungsprojekten mit langfristigem volkswirtschaftlichem Nutzen umfassen. Die Koordination der Förderung oblag dem BMWF. Beim Bundesministerium für Öffentliche Wirtschaft und Verkehr (BMÖWV) wurde ein spezielles Anwendungsförderungsprogramm angesiedelt, welches schließlich 1988 vom „Innovations- und Technologiefonds“ (ITF) abgelöst wurde. In den neunziger Jahren liefen die Schwerpunktprogramme aus. Entwicklungen in den Bereichen Bio- und

[7] Eine Evaluierungsstudie unter Federführung des WIFO über die Schwerpunktprogramme Biotechnologie und Gentechnik bzw. Mikroelektronik und Informationsverarbeitung kam zu einer vorsichtig positiven Einschätzung dieser Technologieförderungsinstrumente (Hutschenreiter 1992).

Gentechnologie unterstützen neben dem ITF auch die beiden anderen Fonds - die beide Mitte der achtziger Jahre entsprechende eigene Schwerpunkte etablierten - aktiv, wobei der FWF die wissenschaftliche, der FFF die gewerbliche Forschung fördert.

Die seit Mitte der achtziger Jahre verstärkten Förderungsaktivitäten litten allerdings unter dem Fehlen einer sinnvollen Schwerpunktsetzung und einer nachvollziehbaren strategischen Ausrichtung. Daran vermochte auch die Arbeit der zwischen 1985 und 1987 beim BMWF eingerichteten Projektgruppe „Biotechnologisches Gesamtkonzept" nichts zu ändern. Das bisherige weitgehende Scheitern einer erfolgreichen biotechnologiepolitischen Strategie ist Faktoren geschuldet, die im wesentlichen den allgemeinen Schwachpunkten österreichischer Technologiepolitik entsprechen: Zum einen konnte nur von einem höchst begrenzten Budget ausgegangen werden. Zum anderen ist der institutionell-organisatorische Rahmen der österreichischen Biotechnologiepolitik weder der Entwicklung noch der Verfolgung einer kohärenten Linie zuträglich, entspricht doch die Kompetenzzersplitterung im Bereich der Förderung jener der F&E-Förderung insgesamt (Gottweis 1997, 664-667). Angesichts dieser Lage, die noch verschärft wird durch „eine breite und durch keine erkennbaren formalen Regeln strukturierte Beteiligung von Wirtschaft, Wissenschaft und Sozialpartnern am technologiepolitischen Entscheidungsprozeß und eine vor diesem Hintergrund wenig durchsetzungsfähige Verwaltung" kam es nach Gottweis (1997, 667) bis dato „weniger zum Konsens als zur partiellen Paralysierung" der österreichischen Biotechnologiepolitik. Eine weitere Verschärfung erfuhr diese Situation durch die Ereignisse nach den ersten Freisetzungsanträgen und dem darauf folgenden Gentechnikvolksbegehren.

Diskussionen über sektorale technologiepolitische Leitlinien spielen sich immer vor dem Hintergrund von Überlegungen ab, auf welche Weise ein Kleinstaat wie Österreich überhaupt eine sinnvolle und erfolgversprechende Forschungs- und Technologiepolitik verfolgen kann (Steinhöfler 1995). Von den möglichen Strategien wie Nischenbildung, Spezialisierung, Stimulierung eigener multinationaler Unternehmen, internationalen Kooperationen und der Schaffung von Anreizen für ausländische multinationale Unternehmen (Gottweis/Latzer 1997, 660-661) war Österreich im Bereich der Biotechnologie bisher vor allem im letztgenannten Punkt erfolgreich, wie das Paradebeispiel des „Instituts für Molekulare Pathologie" beweist. Dieses und andere Forschungsinstitute sowie einige Unternehmen sind die Träger gentechnischer Forschung und Entwicklung in Österreich,[8] auf die wichtigsten unter ihnen (abgesehen von den Universitätsinstituten) soll im folgenden Abschnitt kurz eingegangen werden. Dies nicht nur, um den Bezugsrahmen für die österreichische Regulierungsdiskussion auch auf diesem Sektor zu beschreiben, sondern vor allem, weil im Zuge der Diskussionen um das zu schaffende Gentechnikgesetz Repräsentantinnen und Repräsentanten dieser Unternehmen und Forschungseinrichtungen in vielerlei Hinsicht Gehör geschenkt wurde - sei es als Fachleuten, die ihre Expertise zur Verfügung stellten, sei es als Interessensvertreterinnen und -vertretern.

7.3. Gentechnische Forschung und Industrie in Österreich

Alles in allem betrachtet, hat die Biotechnologie bzw. die Gentechnik in Österreich nur wenig wirtschaftliche Bedeutung, die relativ größte Rolle spielt sie im pharmazeutischen Bereich. Insbesondere das Fehlen großer Saatgutunternehmen ist für dieses verhältnismäßig geringe ökonomische Gewicht - wie auch für die Verspätung bei Freisetzungsexperimenten - verantwortlich.

Relativ früh stieg die Tiroler Firma Biochemie Kundl - ursprünglich eine 100%-Tochter der Baseler Sandoz, und seit deren Fusion mit Ciba-Geigy eine Tochter des aus dem Zusammenschluß hervorgegangenen Novartis-Konzerns - in die Gentechnik ein. Der Schwerpunkt ihrer Arbeit liegt in der Prozeßoptimierung, eigenständige Grundlagenforschung wird kaum betrieben. Mit biochemischen Methoden stellte die Firma vor allem Penicillin (erstmals in Tablettenform) her, bis auch die Gentechnik in ihre Tätigkeit Einzug hielt:[9] 1980 begann man für die Konzernmutter mit der Produktion von Interferon und Interleukin - Ausgangssubstanzen für ein Medikament,

---

[8] Torgersen/Mikl (1995, 6) stellen diesem Bereich ein durchaus positives Zeugnis aus: „(T)here always had been a small number of both university and industrial research institutions with a good reputation doing innovative work in the field of biotechnology."

[9] Die Biochemie Kundl bestritt Mitte der 90er Jahre mehr als die Hälfte aller österreichischen Pharmaexporte (trend 6/96, 31). Im Geschäftsjahr 1996 erreichte sie mit knapp 7 Milliarden öS den bisher höchsten Umsatz ihres Bestehens, wobei das Wachstum ausschließlich vom Exportgeschäft getragen wurde (Presse 26.4.97, 27). 1997 kletterte der Umsatz erneut (um 14% auf knapp 8 Milliarden öS), wobei 96,5% auf den Export entfielen (SN 10.2.98, 10). Vor diesem Hintergrund expandierte die Firma und übernahm Mitte 1998 eine Fermentationsanlage der Firma Hoechst in Frankfurt (SN 9.7.98, 13).

das in der Organtransplantation Verwendung findet. Seit 1987 wird in Kundl für die US-Firma Monsanto das in Europa verbotene Rinderwachstumshormon BST produziert (trend 3/90, 223; trend 6/96, 28-30). Die Firma Waldheim Pharmazeutika beendete nach der Entwicklung eines Aids-Tests und eines Alzheimer-Präparats 1995 wieder ihren Ausflug in die gentechnische Forschung. Als Ursachen wurden der zu geringe kommerzielle Erfolg, die überwältigende Konkurrenz am Weltmarkt und die als zu restriktiv empfundenen Bestimmungen des (gerade erst in Kraft getretenen) Gentechnikgesetzes angeführt (trend 6/96, 33). Bei der Immuno International AG handelt es sich um ein traditionsreiches Unternehmen, das bereits in den frühen fünfziger Jahren gegründet wurde. Das Unternehmen mit Stammsitz in Wien investiert rund 40% seiner Forschungsausgaben in die gentechnische Entwicklungsarbeit und ist erfolgreich in der Bekämpfung von Infektionskrankheiten sowie in der Herstellung von Plasmaprodukten, biologischen Therapeutika und Impfstoffen.[10] Ende August 1996 erwarb der amerikanische Pharmariese Baxter International Inc. 54% der Stimmrechte und 37% des Aktienkapitals der Immuno, die volle Übernahme war in Etappen binnen der folgenden drei Jahre geplant. Die Immuno sollte in Zukunft - voraussichtlich unter demselben Namen - als unabhängige Gesellschaft unter gemeinsamer Führung operieren. Aufgrund von Querelen mit einem Beamten des Gesundheitsministeriums rund um die Zulassung eines von ihr entwickelten Blutgerinnungsmittels drohte sie vorübergehend mit dem Rückzug aus Österreich (profil 13/97, 60; SN 31.8.96, 9).

Seit 1970 ist in Wien ein Entwicklungsinstitut der Firma Sandoz installiert, das sich auf vorklinische Forschung konzentriert und neue Therapieansätze für das Stammhaus in Basel erarbeitet. Aus dieser Niederlassung kam ein gentechnisch hergestellter Eiweißstoff, der an der Bildung von Immunzellen beteiligt ist und bei Chemotherapien sowie Knochenmarkstransplantationen angewandt wird. Darüber hinaus widmet man sich hier vor allem der Aids-Forschung. Ebenfalls in Wien ansässig ist eines von vier Forschungszentren des deutschen Pharmariesen Boehringer Ingelheim. Dessen Tochterunternehmen Bender + Co. beschäftigt sich bereits seit Anfang der sechziger Jahre mit konventioneller Arzneimittelforschung bzw. -produktion, 1980 begann man mit gentechnischer Grundlagenforschung.[11] Bender wurde 1995 als europaweiter Hersteller von gentech-

[10] Der Umsatz der Immuno betrug Mitte der 90er Jahre über 5 Milliarden öS, die mit weltweit 3500 Beschäftigten, davon 2000 in Österreich, erwirtschaftet wurden.

[11] Pionierarbeit wurde dabei in Kooperation mit dem späteren Wissenschaftsminister Tuppy geleistet (trend 3/90, 222).

nisch produziertem Gamma-Interferon gegen Virus- und Krebserkrankungen registriert (SN 28.9.95, 20; trend 3/90, 222-223; trend 6/96, 31).

Die wissenschaftlichen Grundlagen bezieht Bender vom bereits angesprochenen „Institut für Molekulare Pathologie" (IMP). Dieses wurde Mitte der achtziger Jahre als *joint venture* zwischen Boehringer Ingelheim und dem amerikanischen Spezialisten Genentech Inc. (San Francisco)[12] ins Leben gerufen. Bei der Standortsuche entschied man sich relativ rasch für Wien,[13] nicht zuletzt wegen der hohen Investitionszuschüsse, die der Bund und die Stadt Wien (49 Mio. öS) gewährten.[14] Auch über die Bereitstellung finanzieller Mittel hinaus zeigten sich die österreichischen Behörden im Falle des IMP überaus kooperationsbereit: Zum einen wurde die Vorbedingung der beiden Firmen, zwei neue Lehrstühle an der Universität Wien zu errichten, erfüllt, zum anderen standen der Anstellung zahlreicher ausländischer Mitarbeiter und Mitarbeiterinnen keinerlei Hürden (z.B. durch fehlende oder hinausgezögerte Arbeitsbewilligungen) im Weg, wie der langjährige *managing director* Max Birnstiel in einem Interview erzählte (io Management Zeitschrift 3/91, 13-15). Birnstiel baute das IMP auf und leitete es seit der Ansiedelung in Wien 1988 bis zu seinem Rückzug aus dieser Funktion 1996. Das auf molekularbiologische Krebsforschung spezialisierte Grundlageninstitut war von Anfang an als Teil eines geplanten *centers of excellence* biomedizinischer Forschung (und damit einer Symbiose von universitärer Lehre und industrieller F&E) konzipiert. 1992 wurde dieses Projekt mit der Eröffnung des neuen „Biozentrums" der Universität Wien, das fünf naturwissenschaftliche bzw. medizinische Institute[15] beherbergt, realisiert, das Universitätsgebäude ist praktisch die Erweiterung des IMP-Komplexes. Im Rahmen des „Vienna Biocenter", das sich international bester Reputation erfreut, findet eine rege Zusammenarbeit zwischen dem IMP und den einzelnen universitären Instituten statt.[16]

---

12 Dabei handelt es sich um jenes Unternehmen, das weltweit Furore machte, weil es als erste Firma überhaupt ein erfolgreiches Gentechnikprodukt (Wachstumshormon) auf den Markt brachte.

13 Das *joint venture* war unter der Bedingung gegründet worden, das Laboratorium weder in den USA noch in der BRD zu errichten. Strukturell veränderte sich im Lauf der Zeit einiges: Nachdem zuerst Genentech von Roche übernommen worden war, übernahm Boehringer 1993 sämtliche Anteile des IMP und gliederte es in den Unternehmensverband ein.

14 Der damalige Vizebürgermeister und Finanzstadtrat Hans Mayr erwies sich als besonderer Förderer.

15 U.a. Biochemie, molekulare Genetik, Mikrobiologie und Genetik.

16 Diese von der Politik geförderte enge Verknüpfung zw. Grundlagenforschung und Industrie rief auch kritische Stimmen auf den Plan, z.B. das Gen-Ethische Netzwerk Österreich (Falter 50/92, 16).

Auch IMP-Angehörige widmen sich der Lehre und der Betreuung von Diplomarbeiten bzw. Dissertationen, deren Verfasser und Verfasserinnen wiederum ursprünglich die Möglichkeit hatten, mit dem IMP (relativ gut dotierte) Verträge abzuschließen. Ihre Forschungsergebnisse waren dafür dem Institut zur Verfügung zu stellen (Falter 50/92, 16; SN 21.2.96, 17; SN 28.12.96, V; trend 3/90, 222). Neue Regelungen in der Sozialversicherung sowie das Sparpaket, das auch universitäre Einrichtungen massiv betraf, führten allerdings zu beträchtlichen Einkommenseinbußen und zu Unklarheiten bezüglich des arbeitsrechtlichen Status der jungen Forscher und Forscherinnen, mit der Konsequenz, daß bis 1998 immer weniger Dissertationen begonnen wurden (Presse 4.5.98, 7).

Zu den bereits bestehenden Forschungseinrichtungen gesellte sich 1994 das „Interuniversitäre Forschungsinstitut für Agrarbiotechnologie" (IFA) in Tulln. Das an die 500 Mio. öS teure Institut, ein Projekt der Universität für Bodenkultur, der Veterinärmedizinischen und der Technischen Universität Wien, wurde zu einem Drittel vom Land Niederösterreich und zu zwei Dritteln vom Bund finanziert. Ab dem Frühjahr 1994 wurde - unter der Leitung des Bodenkulturprofessors Peter Ruckenbauer - im Probebetrieb gearbeitet, im Herbst 1994 erfolgte die offizielle Eröffnung durch den damaligen Wissenschaftsminister Busek. Unter anderem mit Hilfe gentechnischer Methoden wird in fünf Abteilungen in den Bereichen Pflanzen- und Tierproduktion, Umweltbiotechnologie, Analytik und Biochemie sowie Verpackungstechnik gearbeitet (Internationale Wirtschaft 12/94, 11; SN 30.5.94, 6). Im Zuge der ersten Freisetzungsanträge in Österreich geriet das IFA wegen der Ausbringung von gentechnisch veränderten Kartoffeln ohne formelle Genehmigung in beachtliche Turbulenzen. Danach litt das Institut nach Angaben der kaufmännischen Leitung vor allem unter Finanzierungsproblemen sowie darunter, daß es „am Gängelband des Bundes ... 'wie ein Amt' (behandelt wurde) und nicht wie ein High-Tech-Unternehmen" (profil 48/96, 74). Auch 1998 waren die Klagen darüber, finanziell ausgehungert zu werden, noch nicht verhallt (Presse 10.2.98, 13).

7.4. *Technikbewertung in Österreich - Ein Blick auf zwei Ebenen*

Öffentliche Meinung zu Technik und Gentechnik

Die Gentechnik spielte - primär aufgrund der hiesigen Rahmenbedingungen - in der österreichischen öffentlichen Meinung lange Zeit eine sehr untergeordnete Rolle, wie Torgersen/Mikl (1995, 1) in einem *country report* für eine internationale Vergleichsstudie erläuterten:

> In accordance with the limited economical importance, the late onset of diffusion of genetic engineering into biological sciences (especially in the agricultural sector), and industry's reluctance to engage in biotechnology (lack of venture capital and entrepreneurs), public awareness remained marginal for a long time.

Dieses Bild änderte sich auch nicht, als im benachbarten Deutschland bereits eine überaus heftige Diskussion um die Chancen und Risiken der Gentechnik in Gang war. Entsprechend dürftig war die Datenlage hinsichtlich der öffentlichen Wahrnehmung: Erst im Herbst 1991 wurde eine diesbezügliche Untersuchung vom Gallup-Institut durchgeführt.[17] In Auftrag gegeben hatte sie die damals mit der Öffentlichkeitsarbeit für die Immuno betraute Werbeagentur. Auszugsweise veröffentlicht wurden die Ergebnisse im Magazin *Edition Zeitthema* (o.A. 1992a, 10-14). Als wesentlichste Resultate ließen sich ein hohes Maß an Skepsis bis hin zu dezidierter Ablehnung (52% der Befragten gaben an, „bei Abwägung aller Für und Wider" gegen die Anwendung der Gentechnologie zu sein), aber auch an Uninformiertheit ablesen: 57% fühlten sich nicht ausreichend informiert, weitere 35% befanden, die Information „sollte mehr sein" und nur 6% gaben an, sich ausreichend informiert zu fühlen. Ebenso deutlich fiel der Wunsch nach gesetzlicher Regulierung aus (67% befürworteten ein spezielles Gesetz, 20% forderten ein generelles Verbot, aber nur 6% eine generelle Freigabe). Die massive Ablehnung von Eingriffen in die menschliche Keimbahn (79% sprachen sich dagegen aus) bzw. die hohe Zustimmung zum Einsatz gentechnischer Methoden in der Medizin (59% erklärten, sie würden im Falle einer AIDS- oder Krebserkrankung die Hilfe der Gentechnik in Anspruch nehmen) konnten u.a. als Meinungspole ausgemacht werden, wie überhaupt die Anwendung am Menschen deutlich im

[17] Die repräsentative Umfrage unter 1000 Österreichern und Österreicherinnen wurde zw. Ende September und Anfang Oktober 1991 durchgeführt.

Vordergrund stand. Etliche der - vor allem über die Medien transportierten - Schlagworte im Zusammenhang mit der Gentechnik wurden von den Befragten zwar identifiziert, Wissen über ihren Bedeutungsinhalt wurde jedoch nicht hinterfragt. Eine Gallup-Mitarbeiterin vermutete allerdings, in diesem Fall wäre die Quote jener, die die Antwort verweigerten, infolge ihrer Uninformiertheit auf 80-90% hochgeschnellt (o.A. 1992a, 12-14).

Im Oktober/November 1994 wurde vom IMAS eine repräsentative Umfrage[18] auf Basis des Fragensatzes aus dem *Eurobarometer* 39.1 vom Oktober 1993[19] durchgeführt, die insgesamt 1135 mündliche Interviews von Personen über 16 Jahren in ganz Österreich beinhaltete. Damit war es zum ersten Mal möglich, die öffentliche Meinung zur Gentechnik in vergleichender Perspektive abzutesten. Die Analyse der Daten ergab, daß die österreichische Bevölkerung hinsichtlich ihrer Einstellung zu Bio- bzw. Gentechnologie im europäischen Vergleich eine bemerkenswerte Sonderrolle einnahm, die vor allem aus dem gemeinsamen Auftreten der folgenden Merkmale resultierte:

- einer vergleichsweisen **geringen Zustimmung** zur Bio-/Gentechnologie - lediglich West-Deutschland wies einen noch geringeren Grad an Zustimmung auf
- einem relativ **niedrigen Risikobewußtsein** - Österreich nahm nach Frankreich und Italien den drittletzten Platz in der Einschätzung des mit diesen Technologien verbundenen Risikos ein
- einer **schwach ausgeprägten Forderung nach Kontrolle** durch die Regierung - bei dieser Frage lag Österreich auf dem vorletzten Platz vor Portugal
- einem sehr **geringen Wissensstand** zu gen- und biotechnologischen Themen - Österreich nahm beim objektiven Wissen den drittletzten Platz vor Portugal und Griechenland ein.

Dieses Ergebnis mußte nicht nur als statistisch auffällig klassifiziert werden, weil es in allen genannten Bereichen ausgesprochen niedrige Werte

[18] Aufgrund der großen Unterschiede in den Fragestellungen sowie der Tatsache, daß die Gallup-Umfrage lediglich auszugweise vorliegt, lassen sich die beiden Untersuchungen nicht seriös miteinander vergleichen. Torgersen et al. (1995, 72) stellen nur fest, daß die erste Umfrage eine wesentlich feindseligere Haltung der Gentechnologie gegenüber ergeben habe und vermuten, die Fragestellung der Eurobarometer-Umfrage sei eventuell besser geeignet, positive Reaktionen hervorzurufen.

[19] Analog der deutschen Eurobarometer-Befragung wurde bei jeweils einer Hälfte des Samples der Begriff „Biotechnologie", bei der anderen Hälfte der Begriff „Gentechnologie" verwendet. Im allgemeinen gab es ein abweichendes Bewertungsmuster, je nachdem, welcher Begriff verwendet wurde, wobei in der Regel „Gentechnologie" negativer bewertet wurde (Torgersen et al. 1995, 50-51).

aufwies - vielmehr stellte insbesondere die Kombination der verschiedenen Haltungen ein österreichisches Spezifikum dar. Denn insgesamt war im europäischen Vergleich ein deutlich negativer Zusammenhang zwischen Zustimmung und Risikowahrnehmung zu erkennen: In Ländern, in denen Bio-/Gentechnologie mit einem hohen Risikopotential in Verbindung gebracht wurde, erhielt sie auch nur geringe Unterstützung. Demgegenüber ging in Österreich geringe Zustimmung mit geringer Risikoeinschätzung einher. Nach einem ähnlichen Muster stellte sich im allgemeinen in Europa der Zusammenhang zwischen der Forderung nach staatlicher Kontrolle und Zustimmung dar. In Ländern mit geringer Zustimmung war der Ruf nach Kontrolle durch die Regierung tendenziell laut. Auch diesbezüglich lag Österreich nicht im gesamteuropäischen Trend, korrelierte hier doch eine geringe Zustimmung mit einer unterdurchschnittlich ausgeprägten Forderung nach Kontrolle.

Die Erklärung dürfte zum Teil darin zu suchen sein, daß alles in allem die Forderung nach staatlicher Kontrolle noch stärker als mit der Zustimmung mit der Risikoeinschätzung in Zusammenhang stand. Das bedeutet, daß in den europäischen Ländern mit hohem Risikobewußtsein auch der Wunsch nach Kontrolle stark ausgeprägt war, während in Ländern mit unterdurchschnittlicher Risikoeinschätzung die Forderung nach Kontrolle durch die Regierung weniger massiv erhoben wurde. Offensichtlich war Österreich diesbezüglich zur letzteren Gruppe zu zählen. Nimmt man allerdings alle drei Kategorien (Zustimmung, Risikowahrnehmung, Kontrollforderung) zusammen, erwies sich das österreichische Resultat nach wie vor als im europäischen Vergleich singulär.

Klarer wurde diese einzigartige Position Österreichs im europäischen Vergleich bei Betrachtung des sog. *net global index*.[20] Allgemein ließen sich anhand dieser Variable zwei Gruppen ausmachen: Zum einen die „Besorgten", das waren Länder mit hoher Risikoeinschätzung, hoher Kontrollforderung und geringer Zustimmung. Darunter fielen z.B. die BRD und Norwegen. Zum anderen ließen sich als „Unbesorgte" jene Länder charakterisieren, in denen geringe Risikoeinschätzung und geringe Kontrollforderung mit überdurchschnittlicher Zustimmung korrelierten, dazu zählten etwa Belgien, Frankreich, Großbritannien, Italien und Spanien. Österreich paßte zu keiner dieser beiden Gruppen. Zwar entsprachen auch Irland und Griechenland nicht diesem europäischen Schema; in diesen beiden Ländern war jedoch überdurchschnittliche Zustimmung mit über-

[20] Dieser ergab sich für jedes der untersuchten Länder aus den Abweichungen der Variablen „allgemeine Zustimmung", „allgemeine Risikoeinschätzung" und „allgemeine Kontrollforderung" vom EU-Durchschnitt.

durchschnittlicher Risikoeinschätzung verbunden, wohingegen sich in Österreich bezüglich Zustimmung, Risikoeinschätzung und Kontrollforderung jeweils unterdurchschnittliche Werte ergaben. Schließlich wies Österreich auch *in puncto* objektiver Wissensstand aufschlußreiche Werte auf, nahm es doch nur den drittletzten Platz im europäischen Vergleich ein, was für ein Land mit geringer Zustimmung eher ungewöhnlich war. Denn im allgemeinen ließ sich aus den EU-Daten ein gewisser Zusammenhang zwischen diesen beiden Variablen feststellen: Demnach wurde in Ländern mit relativ hohem Wissensstand der Bio-/Gentechnologie relativ geringe Zustimmung entgegengebracht, der geringe Wissensstand in Österreich hätte somit einen höheren Zustimmungswert erwarten lassen. Die Tatsache, daß der positive Zusammenhang zwischen Sachwissen, Risikowahrnehmung und Kontrollforderung für Österreich bestehen blieb, während die Zustimmung den europäischen Trends zuwiderlief, ließ auf andere Ursachen für die abwehrende Haltung als in den Vergleichsländern schließen. Die geringe Zustimmung ging auch mit einem relativ geringen Wissen und Interesse einher, Ablehnung der Gentechnik äußerte sich also allgemein eher als deutliches, aber unbewußtes Gefühl des Unbehagens. Aus der Kombination aller genannten Ergebnisse ließ sich der Schluß ableiten, daß sich die bewußte Ablehnung auf relativ gut informierte, aber kleine Gruppen innerhalb der österreichischen Gesellschaft beschränkte.[21] Aufschlußreich war in diesem Zusammenhang auch die Frage nach den verläßlichsten Informationsquellen bzw. den vertrauenswürdigsten Institutionen: Der EU-Vergleich ergab zwar eine weitgehende Übereinstimmung in der Rangfolge, jedoch deutliche Unterschiede in der Gewichtung. So lagen zwar auf den ersten beiden Positionen Umweltschutz- und Verbraucherorganisationen als verläßlichste Informationsquellen, die entsprechenden Prozentanteile in Österreich waren allerdings deutlich geringer als im EU-Durchschnitt. Demgegenüber erzielten Behörden bei dieser Frage einen deutlich höheren Prozentwert als die EU-Vergleichszahl.

Offensichtlich ergab sich die Sonderrolle Österreichs bei dieser Befragung weder aus einem hohen Wissensstand noch aus einer hohen Risikoeinschätzung noch aus einer intensiven öffentlichen Thematisierung. Als Erklärungsvariable bot sich die Frage nach dem „allgemeinen Technikoptimismus“ an, mit der die generelle Bewertung des technischen Fortschritts in sechs unterschiedlichen Bereichen (Solarenergie, Computer- und In-

[21] Aufgrund der signifikanten Unterschiede bei einigen Schlüsselvariablen war damit auch das Argument, die Einstellungen in Österreich seien besonders von der benachbarten BRD beeinflußt, nicht haltbar, diese Vermutung betraf wohl nur jene relativ kleine Gruppe gut informierter Kritiker und Kritikerinnen, die deswegen eine sehr bewußt ablehnende Haltung einnahmen.

formationstechnologie, Telekommunikation, Bio-/Gentechnologie, Neue Materialien und Substanzen, Weltraumforschung) erfragt wurde. Im EU-Vergleich tendierten die Österreicher und Österreicherinnen zu nur geringen positiven Erwartungen an alle Technikbereiche, wobei der Optimismus bezüglich Bio- und Gentechnologie besonders gedämpft ausfiel. Insgesamt hatte Österreich den niedrigsten Wert von allen befragten Ländern in der Kategorie „allgemeiner Technikoptimismus" (Seifert/Torgersen 1996, 50-53; Torgersen et al. 1995, 66-72).

Dies entspricht einem traditionell in Österreich verankerten Technikskeptizismus bzw. einer sehr ambivalenten Haltung, die bereits frühere Untersuchungen an den Tag gebracht hatten. 1990 etwa wurden Ergebnisse einer im Auftrag der BWK vom Fessel- und GfK-Institut durchgeführten Meinungsumfrage veröffentlicht, die ergaben, daß zwar rund drei Viertel der Österreicher und Österreicherinnen eine starke technologische Entwicklung der heimischen Wirtschaft für nötig hielten, um mit westlichen Industriestaaten Schritt halten zu können, daß aber gleichzeitig ein noch höherer Prozentanteil (84%) der modernen Technik mit Skepsis bzw. Pessimismus begegnete und die Meinung vertrat, „der Mensch muß für jede Errungenschaft seinen Preis bezahlen." Nach den damals erhobenen Daten bescheinigten sich die Befragten selbst nur einen bescheidenen Wissensstand: Nur 5% stuften ihr Wissen als hoch ein, während fast zwei Drittel eingestanden, über ein eher geringes Wissen zu verfügen. An einer Weiterbildung auf technischem Gebiet bestand allerdings dennoch nur geringes Interesse (Wiener Zeitung 22.2.90; Presse 22.2.90). Ähnlich äußerten sich die Befragten 1991 in der Gallup-Umfrage: Zwar befürworteten 74% den wissenschaftlichen Fortschritt, gleichzeitig sprachen sich allerdings 71% nur bedingt für die Anwendung wissenschaftlicher Erkenntnisse aus, lediglich 20% wollten diese uneingeschränkt (o.A. 1992a, 10). Auch hinsichtlich des Informationsstandes brachte diese Umfrage, wie bereits beschrieben, die in Österreich üblichen dürftigen Werte: Im Fall der Gentechnik fühlten sich nur 6% der Befragten ausreichend informiert (o.A. 1992a, 14). Die Ergebnisse der Eurobarometer-Umfrage 1994 deckten sich somit weitestgehend mit traditionellen Haltungen der Österreicher und Österreicherinnen zur technologischen Entwicklung allgemein.

Umfragen jüngeren Datums bestätigten weitgehend das Bild, wonach die Technik in der Öffentlichkeit zumindest als janusköpfiges Phänomen wahrgenommen wird. So gab im Mai 1997 die Hälfte von insgesamt 1303 Befragten an, die Österreicher und Österreicherinnen stünden technischen Neuerungen sehr (6%) bzw. eher mißtrauisch gegenüber (44%), wohingegen 8% als sehr und 39% als eher aufgeschlossen beschrieben wurden

(SWS 1997, 339). Zu einem ähnlichen Ergebnis kam 1997 eine weitere Fessel-GfK-Umfrage unter 4500 Österreichern und Österreicherinnen: Demnach stand rund die Hälfte der Befragten Wissenschaft und Technik positiv, die andere Hälfte negativ gegenüber. Entscheidend schien allerdings die Tatsache, daß 48% der Geschwindigkeit des Fortschritts mit Mißtrauen gegenüberstanden und befanden, diese sei „ein wenig zu bremsen, um wenigstens mit der bereits vorhandenen fertig zu werden." 27% meinten dezidiert, daß „die Menschen die Kontrolle über Wissenschaft und Technik längst verloren hätten." Im Vergleich zur Gallup-Umfrage 1991 war die Anzahl derjenigen, die sich nur bedingt für die Anwendung wissenschaftlicher Erkenntnisse aussprachen, weiter angestiegen: 88% stimmten der Aussage „Man darf im Zeitalter der Wissenschaft nicht alles tun, was möglich ist" zu. 61% der Befragten werteten als wesentlich für die Entstehung von Ängsten den Mangel an Information (Presse 31.3.98, 9; SN 31.3.98).

Besondere Skepsis zeigten die beiden Umfragen aus dem Jahr 1997 hinsichtlich der Gentechnik. So standen etwa den 50% der Befragten, die diesem Bereich in seiner Gesamtheit überwiegend Gefahren attestierten, nur 15% gegenüber, die fanden, die Gentechnik bringe überwiegend Nutzen (SWS 1997, 340). Ihren Einsatz in der Produktion von Lebensmitteln bewertete in beiden Umfragen jeweils rund die Hälfte der Befragten als gefährlich bzw. schädlich;[22] noch größer war die Ablehnung von Eingriffen in die Keimbahn bzw. des Klonens von Tieren (SWS 1997, 341; SN 31.3.98).

Im Oktober/November 1996 wurde erneut eine *Eurobarometer* Umfrage (Eurobarometer 46.1) in allen 15 Mitgliedsländern der EU sowie in Norwegen und der Schweiz durchgeführt, diesmal war also Österreich von Anfang an inkludiert.[23] Vorausschickend ist zu bemerken, daß der Zeitpunkt der Umfrage retrospektiv als besonders heikel zu betrachten ist:

---

22 Die Ablehnung gentechnisch hergestellter Lebensmittel durch große Teile der österreichischen Bevölkerung zieht sich durch alle Umfragen, vgl. auch Gallup/Global 2000 1996 sowie Ökonsult 1996.

23 Die Umfrage war Teil der Concerted Action „Biotechnology and the European Public", die durch die EU-Kommission (DG XII) finanziert wurde (BI04-CT95-0043). Neben der Durchführung des Eurobarometers beinhaltete dieses Forschungsprojekt auch eine Medien- sowie eine *policy*-Analyse - insgesamt brachte das Projekt Forschungsteams aus 13 europäischen Ländern zusammen (Dänemark, Deutschland, Finnland, Frankreich, Griechenland, Großbritannien, Italien, Niederlande, Norwegen, Österreich, Polen, Schweden, Schweiz), parallel dazu wurden ähnliche Untersuchungen auch in den USA sowie in Kanada durchgeführt (Gaskell et al. 1998a, 1998b). Das österreichische

„(T)hat is, just as the issue of genetically modified soyabeans was beginning to be discussed in Europe, and a few weeks before the announcement of the birth of Dolly the sheep" (Gaskell et al. 1998a, 11).

Was Österreich anbelangte, war der Zeitpunkt noch kritischer als im europäischen Kontext insgesamt, war doch hier nach den Vorgängen um die ersten Freisetzungsanträge und die Ausbringung gentechnisch veränderter Kartoffel ohne Genehmigung seit dem Frühjahr 1996 die Bio-/Gentechnologie[24] zu einem medialen und politischen Top-Thema geworden und damit im Vergleich zu anderen Ländern mit einiger Verspätung in den Blickpunkt des öffentlichen Interesses gerückt. Aus dieser Tatsache resultierten ausgesprochen hohe Werte hinsichtlich der Auseinandersetzung mit dem Thema: 79,4% der Befragten gaben an, entweder von Bio-/Gentechnologie gehört oder darüber mit jemandem gesprochen zu haben, womit Österreich den dritten Rang innerhalb Europas einnahm (Appendix 2 1998, 271).

Abgesehen von diesem explosionsartigen Anstieg der öffentlichen Aufmerksamkeit, deren Ausmaß im Gegensatz zur vorangegangenen *Eurobarometer*-Umfrage stand, waren allerdings die übrigen, europaweit einzigartigen Charakteristika der Grundhaltung der österreichischen Bevölkerung relativ unverändert geblieben bzw. hatten sich tendenziell verstärkt: Was die Ablehnung der Bio-/Gentechnologie in ihrer Gesamtheit betraf, nahm Österreich mittlerweile die Spitzenposition innerhalb Europas ein: Als einziges Land wies Österreich diese Technologie betreffend insgesamt mehr Pessimisten als Optimisten auf. Speziell hinsichtlich der Anwendung der Gentechnik in der Landwirtschaft zählte Österreich ebenfalls zu jenen Ländern mit der geringsten Unterstützung. Der sehr geringe Wissensstand über gen- und biotechnologische Themen hatte sich jedoch ungeachtet der signifikant gestiegenen Aufmerksamkeit kaum verändert - nach wir vor befand Österreich sich diesbezüglich im untersten Drittel der europäischen Länder, zusammen mit Portugal, Griechenland, Spanien und Irland. Generell ließ sich aus den Umfrageergebnissen jedoch ableiten, daß auch verstärkte Information und ein höherer Wissensstand nicht unbedingt mehr Zustimmung zur Folge haben, sondern eher in stärkerer Polarisierung resultieren. Auch in Fragen der Regulierung hatten die Österreicher und Österreicherinnen laut *Eurobarometer* sehr prononcierte Meinungen:

Teilprojekt „Biotechnology in the Austrian Public Discourse" wurde vom FWF im Zuge des Projekts Nr. P 11849-SOZ gefördert.

24 Wie bereits in der vorangegangenen Umfrage wurde erneut - und mit ähnlichem Ergebnis - sowohl der Terminus „Biotechnologie" als auch der Terminus „Gentechnologie" verwendet.

67,3% fanden (im Gegensatz zu europaweit durchschnittlich 51,8%) die herrschende Regulierung nicht ausreichend, um Schutz vor etwaigen Risiken der Bio-/Gentechnologie zu bieten. Dennoch erhielten die nationalen Behördern erneut überdurchschnittlich hohe Werte bezüglich des ihnen entgegengebrachten Vertrauens (16,9% in Österreich vs. 11,1% in Europa), während im Durchschnitt weniger Österreicher und Österreicherinnen ihr Vertrauen auf wissenschaftliche Selbstregulierung setzen würden als die Einwohner und Einwohnerinnen der übrigen europäischen Länder. Erneut rangierten Umwelt- und Konsumentenschutzorganisationen an oberster Stelle bei der Frage nach den verläßlichsten Informationsquellen, waren aber bei der vorangegangenen Umfrage die entsprechenden Prozentanteile noch erheblich geringer als im europäischen Durchschnitt gewesen, so hatten mittlerweile die österreichischen die europäischen Werte überflügelt (Wagner et al. 1998, 19-21).

Als eines der interessantesten Ergebnisse der Umfrage insgesamt erwies sich die Tatsache, daß die Unterstützung für einzelne Anwendungsgebiete der Bio-/Gentechnologie in Europa weniger mit der Risikoeinschätzung als damit zusammenhängt, ob die jeweilige Anwendung für moralisch akzeptabel oder für sinnvoll gehalten wird. In diesem Punkt folgte Österreich dem europäischen Trend (Gaskell et al. 1998b, 196-198; Wagner et al. 1998, 20).

Insbesondere bestätigt wurde der österreichische Trend in Sachen „allgemeiner Technikoptimismus“ - wie bereits 1994 waren die österreichischen Werte auch 1996 die niedrigsten innerhalb Europas, wobei erneut innerhalb der sechs unterschiedlichen Bereiche (Telekommunikation, Computer- und Informationstechnologie, Solarenergie, Neue Materialien und Substanzen, Weltraumforschung, Bio-/Gentechnologie) die Bio-/Gentechnologie am untersten Ende rangierte (Gaskell et al. 1998b, 202-203). Damit befand sich die *Eurobarometer*-Umfrage in Übereinstimmung mit zahlreichen anderen Befragungen zur Einstellung der österreichischen Bevölkerung zur Technik.

Technikfolgenabschätzung in Österreich

In Österreich wurde der Ruf nach Institutionalisierung von TA später als in anderen europäischen Ländern laut. Zu den vielfältigen Gründen für diese Startschwierigkeiten zählen die allgemeinen technologiepolitischen Probleme Österreichs ebenso wie die Dominanz der Sozialpartnerschaft in wirtschaftspolitischen Entscheidungsprozessen[25] sowie die relative Schwäche des Parlaments, verglichen etwa mit dem amerikanischen Kongreß (Martinsen/Melchior 1994, 144-146).[26] Vor allem seit den Ereignissen rund um das Atomkraftwerk Zwentendorf 1978 wurde jedoch trotz der allgemein relativ ungünstigen Rahmenbedingungen für die Etablierung von TA zunehmend klar, „daß kostspielige Irrwege in der Technologiepolitik durch vorausschauende gründliche Technikfolgen-Abschätzungen vermieden werden sollten" (Peissl/Torgersen 1996, 55). 1980 fand ein Symposium „Technologie und Gesellschaft" statt, das als erste Wegmarke in diese Richtung in Österreich gelten kann. Die eigentliche Initialzündung kam allerdings vier Jahre später vom damaligen Wissenschaftsminister und späteren Ersten Nationalratspräsidenten Heinz Fischer, der anläßlich eines Nationalfeiertagssymposiums den Bedarf einer Institution ähnlich dem OTA formulierte. Anfang 1985 wurde dann eine „Arbeitsgruppe für Technikbewertung" am Institut für sozio-ökonomische Entwicklungsforschung der ÖAW ins Leben gerufen, aus der drei Jahre später die „Forschungsstelle für Technikbewertung" (FTB) entstand. Diese wiederum wurde schließlich mit Beginn des Jahres 1994 in das „Institut für Technikfolgen-Abschätzung" (ITA) umgewandelt (Peissl 1996, 605-606).

Die Gründung dieser Einrichtung erfolgte auf Veranlassung und mit Hilfe finanzieller Mittel des BMWF und war mit dem ausdrücklichen Auftrag verbunden, wissenschaftliche TA zu betreiben. Die Anbindung an die ÖAW wurde insbesondere deswegen gewählt, weil sie „als größte außeruniversitäre, interdisziplinäre Forschungseinrichtung Österreichs über eine hohe wissenschaftliche Reputation verfügt und als Körperschaft öffentlichen Rechts unabhängig agieren kann" (Peissl/Torgersen 1996, 55). Der interdisziplinäre Anspruch des ITA spiegelt sich in den Studienzweigen wider, die die wissenschaftlichen Mitarbeiter und Mitarbeiterinnen absolviert haben und die von Psychologie und Soziologie über Ökonomie bis hin zu Molekularbiologie und Genetik reichen. Den Vorteilen wissenschaftlicher Freiheit standen - vor allem in den ersten Jahren - die Nachteile bescheidener finanzieller Ressourcenausstattung und mangelnder Nähe zu politi-

---

[25] „(U)nd in der Arbeitgeber-Arbeitnehmer-Logik waren Technikfolgenfragen ... nie ein aktueller Kostenfaktor", wie Martinsen/Melchior (1994, 145) die Aussage eines Ministerialbeamten zitieren. Befürchten einerseits Arbeitnehmervertreter den Verlust von Arbeitsplätzen als Resultat von Risikoabwägungen, sieht andererseits die Arbeitgeberseite die Gefahr der Hemmung von Modernisierungsprozessen.

[26] Hinzu kommt die Tatsache, daß Nationalratsabgeordneten bis 1992 überhaupt keine finanziellen Mittel zur Verfügung standen, um einen Beratungsstab zu installieren. Das nun für diese Zwecke vorhandene Budget ist allerdings so knapp bemessen, daß manche Abgeordnete dazu übergegangen sind, entsprechende *pools* zu bilden (Peissl 1996, 605).

schen Entscheidungsträgern und -trägerinnen gegenüber. Dementsprechend beschränkten sich in den Anfangsjahren die Tätigkeiten der FTB fast ausschließlich auf Auftragsstudien für das Wissenschaftsministerium. Mittlerweile konnte die Zusammenarbeit auch mit anderen Bereichen der Administration intensiviert werden bzw. gelang die Partizipation in internationalen Projekten, insbesondere die Kooperation im Rahmen von EU-Forschungsprogrammen. In den vergangenen Jahren hat das nunmehrige ITA die folgenden Arbeitsschwerpunkte entwickelt: Telekommunikation, Biotechnologie, Medizintechnologien, umweltrelevante Technologien und methodische Fragen der TA (Peissl 1996, 606; Peissl/Torgersen 1996, 55-56).

In der Wahrnehmung von TA innerhalb Österreichs hat das ITA als explizit mit dieser Funktion betraute Institution gewissermaßen eine Monopolstellung inne. Nichtsdestotrotz wird auch in einer Reihe anderer Einrichtungen zumindestens punktuell (und häufig an bestimmte Personen gebunden) TA betrieben. Die Bandbreite reicht dabei vom Institut für Höhere Studien (IHS) über das Institut für Wirtschaftsforschung (WIFO) hin zur Ludwig Boltzmann Gesellschaft bzw. dem Ludwig Boltzmann Institut für Wissenschaftsforschung oder der TU Wien. Versuche, durch ein entsprechendes Netzwerk die Kommunikation zwischen den einzelnen mit TA befaßten Institutionen zu verbessern, scheiterten bisher nicht zuletzt an mangelnden finanziellen Mitteln (Martinsen/Melchior 1994, 146-148; Peissl/Torgersen 1996, 56-57).

Auch die Exekutive ist mit TA beschäftigt, und zwar in einem stärkeren Maße als das Parlament. Teilweise erfolgt dies durch die Vergabe von Studien an externe Institutionen, teilweise verfügen die Ministerien aber auch über eigene Kapazitäten zur Erarbeitung von TA-Studien in Form von nachgelagerten Dienststellen. Zu diesem Sektor zählen etwa das Umweltbundesamt (UBA)[27] beim Umweltministerium, das Österreichische Bundesinstitut für Gesundheitswesen beim Gesundheitsministerium (ÖBIG) sowie die verschiedenen Bundesanstalten (für Pflanzenschutz, für Bergbauernfragen etc.) beim BMLuF. Darüber hinaus findet auch im

[27] Dessen Existenz in der bisherigen, ein relativ hohes Maß an Selbständigkeit garantierenden Form, allerdings seit einiger Zeit durch umstrittene Reformpläne Minister Bartensteins (Ausgliederung eines Teils als GesmbH; Eingliederung des Rests ins Ministerium) massiv in Frage gestellt ist. Zwar stellte das Finanzministerium klar, daß die Auflösung des UBA kein zwingender Teil des Budgetprogramms 1996-2000 sei - Bartenstein hatte zuvor stets den Vorwurf, das UBA entmachten zu wollen, mit dem Hinweis auf Budgetvorgaben gekontert (SN 13.3.97, 1) -, die Ausgliederung ist aber dennoch nicht vom Tisch (Standard 30.6.98, 18).

Rahmen der Sozialpartnerschaft TA statt, da sich einige Referate bzw. Abteilungen innerhalb der Wirtschafts- und der Arbeiterkammer zumindestens teilweise mit entsprechenden Fragestellungen beschäftigen. Insgesamt haben TA-relevante Themen innerhalb des österreichischen Verbändesystems allerdings nur einen sehr bescheidenen Stellenwert inne. Eine weitere zentrale Institution der österreichischen Technologiepolitik ist schließlich der beim Wissenschaftsministerium eingerichtete „Rat für Technologieentwicklung", der sich im wesentlichen mit der Weichenstellung hinsichtlich der zu bearbeitenden Themen und Fragen der TA befaßt. Im selben Jahr wie die FTB, d. h. 1985, war vom BMWF auch der „Beirat für Technikbewertung" installiert worden, ein Beratungsorgan des Ministers, das jedoch bereits nach wenigen Sitzungen wieder aufgelöst wurde. Als Nachfolgegremium wurde 1988 der „Rat für Technologieentwicklung" ins Leben gerufen, der mit Vertretern und Vertreterinnen aus den Parlamentsfraktionen, der Sozialpartnerschaft und der Wissenschaft sowie aus den mit technologischen Entwicklungen befaßten Ministerien beschickt wird. Zu seinen Aufgaben zählt - recht pauschal formuliert - unter anderem auch die „Prüfung der Sozialverträglichkeit des technischen Fortschritts" (zit.n. Gottweis/Latzer 1997, 658). Der Rat tritt etwa zwei- bis dreimal jährlich zusammen und diskutiert über neuere Entwicklungen in den Bereichen TA und Technikforschung. Seine Arbeit erfolgt in enger Kooperation mit dem ITA: Dieses führt zusammen mit der technologiepolitischen Abteilung des BMWF das wissenschaftliche Sekretariat und trägt auch zur inhaltlichen Gestaltung der Sitzungen bei. Außerdem bringt das ITA zu jeder Sitzung einen *newsletter* mit dem Titel „TECHNOLOGIE-BEWERTUNG-ENTWICKLUNG-POLITIK" heraus. Der Zuschnitt des Rates auf das österreichische politische System, der sich in seiner Zusammensetzung deutlich widerspiegelt, ermöglicht es, ihn zu einer relativ gut funktionierenden Schnittstelle zwischen TA und Technologiepolitik zu machen und wissenschaftliche Erkenntnisse in die Politik zu transportieren. Nach wie vor allerdings haben viele politische Entscheidungsträgerinnen und -träger ein nur gering ausgeprägtes Problembewußtsein bezüglich TA. Ebenfalls einschränkend auf die Arbeit des Rates wirken sich die hohe Mitgliederanzahl in diesem Gremium und das Fehlen eines eigenen Budgets aus. Beeinträchtigt ersteres die Arbeitseffizienz, so bedeutet zweiteres, daß die Vergabe von eigenen Forschungsaufträgen nicht möglich ist (Peissl/Torgersen 1996, 59-60).

Übereinstimmend gehen die verschiedenen Autoren und Autorinnen davon aus, daß eine weitere Institutionalisierung von Technikfolgenabschätzung in Österreich nötig und auch unter den gegebenen Voraussetzungen machbar ist. Ebenso mangelt es in diesem Zusammenhang nicht an konkreten Umsetzungsvorschlägen, insbesondere auch in Hinblick auf die Verankerung von parlamentarischer TA. Als erste Initiative in diese Richtung gilt allgemein die parlamentarische Enquete-Kommission „Technikfolgenabschätzung am Beispiel der Gentechnologie", die zwischen Februar und Oktober 1992 tagte.

8. BEGINNENDE REGULIERUNGSDISKUSSIONEN - ANSÄTZE UND REFERENZSYSTEME

Ab Mitte der achtziger Jahre fanden in Österreich Fragen, insbesondere Rechtsfragen, der medizinisch assistierten Fortpflanzung und der Gentechnologie verstärkt Beachtung. Lange Zeit hindurch wurde beiden Themenkreisen zumeist gleich große Aufmerksamkeit geschenkt bzw. wurden beide weitestgehend im Zusammenhang miteinander diskutiert. Ihren Niederschlag fand diese zunehmende Beschäftigung in der Veranstaltung diverser Enqueten, Symposien und Diskussionsrunden durch verschiedene Ressorts wie dem damaligen Bundesministerium für Familie, Jugend und Konsumentenschutz bzw. dem späteren Bundesministerium für Umwelt, Jugend und Familie und dem Wissenschafts- sowie dem Gesundheitsministerium. Daneben beschäftigte sich auch die Arbeiterkammer intensiv mit der Gentechnologie. Insbesondere zu Beginn der Diskussion in Österreich kamen darüber hinaus wesentliche Anstöße aus dem damaligen Frauenstaatssekretariat im Bundeskanzleramt unter der späteren Ministerin Johanna Dohnal. Parallel zu diesen Veranstaltungen und vorbereitenden Arbeiten für eventuelle Gesetzeswerke wurden in zahlreichen Publikationen und wissenschaftlichen Zeitschriften Artikel, Interviews und Diskussionen veröffentlicht, die die verschiedensten Aspekte der Gen- und Reproduktionstechnologien thematisierten und auszuleuchten versuchten.

Von Beginn der Diskussion an gab es Vorstöße in Richtung gesetzlicher Regulierung der künstlichen Befruchtung und verwandter Themenfelder sowie der Gentechnik, das Ausmaß des jeweiligen Regelungsbedarfes war jedoch lange Zeit umstritten. Alles in allem folgten die österreichischen rechtspolitischen Überlegungen in ihren großen Zügen der internationalen Auseinandersetzung mit diesen Themenkreisen. Insbesondere die - zeitlich vorgelagerte - Diskussion in der BRD im Zusammenhang mit der Schaffung des Embryonenschutz- und des Gentechnikgesetzes war von einiger Bedeutung für die verschiedenen Argumentationslinien, die auch hierzulande verfolgt wurden. Als weitere Bezugspunkte der Diskussion fungierten - allerdings eher am Rande - das dänische Gesetz über Umwelt und Gentechnologie[1] sowie - wesentlich wichtiger - die beiden einschlägigen Richtlinien der EG bzw. die jeweiligen Entwürfe.[2] Nicht nur

[1] Das dänische Gesetz war das erste europäische GTG überhaupt.

[2] Je realistischer die Option eines Beitritts zur Gemeinschaft wurde, desto stärker rückten natürlich Fragen der Implementation dieser Richtlinien ins Zentrum der Überlegungen.

die kritischen Stimmen zur Gentechnologie, auch deren Befürworter und Befürworterinnen plädierten, wenn auch aufgrund völlig unterschiedlicher Interessenlagen, für eine Regulierung. Galt es den einen als drängende Aufgabe, in erster Linie die prinzipielle Frage nach der Legitimität und Sinnhaftigkeit vieler Facetten der gentechnischen Forschung und Anwendung zu stellen bzw. in zweiter Linie Forschungs- und Verwertungsinteressen in (möglichst streng geregelte) Bahnen zu lenken, so erhofften sich die anderen vor allem Rechtssicherheit. Gerade für Wissenschaft und Industrie kann Regulierung auch die Möglichkeit „institutioneller Entlastungswirkungen" (Luf/Potz 1991, 387) bedeuten, indem etwa in Form von Sicherheitsrichtlinien und Haftungsgrenzen der juristische Rahmen des erlaubten Handelns abgesteckt wird oder auf dem Gebiet von Erfindungen durch eine klare Rechtsordnung Schutzfunktionen gewährleistet sind. Nach analogem Muster konnte die Interessenlage bezüglich der künstlichen Befruchtung ausgelotet werden, standen doch auch hier massive Wünsche nach Restriktion (basierend auf durchaus unterschiedlichen Weltanschauungen) auf der einen Seite dem Bedürfnis nach Rechtssicherheit speziell innerhalb des ärztlichen Sektors auf der anderen Seite gegenüber. Entsprechend den divergierenden Interessen und Motivationen, die man den jeweiligen Akteursgruppen (meist subsumiert unter den Begriffen „die Wirtschaft", „die Wissenschaft", „die Medizin", „das Rechtssystem", „der Staat", „die Öffentlichkeit" u.ä.m.) zuschrieb, wurden verschiedene Alternativen erörtert. Dabei umfaßte das Spektrum der Diskussion neben den beiden Polen eines generellen Verbots[3] bzw. des weitreichenden Verzichts auf rechtliche Regulierung (zugunsten einer wissenschaftlichen Selbstkontrolle) in erster Linie Optionen zur Schaffung von möglichst umfassenden und flexiblen Regulierungen. Trotz des oben angeführten Wunsches nach klar festgelegten Rahmenbedingungen für das eigene Handeln bestand - besonders in Fragen der Gentechnik - dennoch ein nur schwach ausgeprägtes Interesse der Wirtschaft ebenso wie der Wissenschaft an rechtlicher Regulierung (profil 18/89, 56-58).[4]

Auf politischem Parkett vertrat besonders prominent der damalige Wissenschaftsminister Tuppy die Linie der wissenschaftlichen Selbstregulierung. Als Universitätsprofessor für Biochemie hatte er nicht nur einen politischen, sondern vor allem auch einen fachspezifischen und an Professionsinteressen orientierten Zugang zur Frage des gesetzlichen Rahmens.

---

3 Über die Tatsache, daß ein solches Verbot in erster Linie eine politische Entscheidung gewesen wäre, die darüber hinaus aus rein verfassungsrechtlichen Gründen (Forschungsfreiheit) weder in Österreich noch in der BRD ernsthaft zur Disposition stand, herrschte allerdings in der Literatur weitgehend Übereinstimmung.

4 Auch hierin ähnelte die Ausgangssituation in Österreich jener in der BRD.

Daß er persönlich in das selbstregulierende Potential der *scientific community* durchaus einiges Vertrauen zu setzen bereit war, machte er beispielsweise 1988 anläßlich einer vom BMfUJF veranstalteten Enquete über *„Die ethische Herausforderung der modernen Gen- und Reproduktionstechnologie im menschlichen Bereich"* deutlich:

> Es gibt nicht nur gemeinsame Regeln und Verhaltensweisen für die gesamte Bevölkerung, welche auf gesetzlich normativer Ebene erlassen werden können oder welche möglicherweise auch durch Ethik-Kommissionen - ohne die gesetzliche rechtliche Stringenz - kontrolliert werden können, sondern es gibt in unserer Gesellschaft auch berufsethische Regeln, die wir beachten müssen. Ich glaube, daß berufsethische Regeln im ärztlichen Bereich, aber auch im wissenschaftlichen Bereich - und das spielt heute in der Wissenschaft eine große Rolle - nicht unterschätzt werden dürfen und daß man nicht immer in allen Fällen den Gesetzgeber, der Normen für die gesamte Gesellschaft gleicherweise erläßt, heranziehen muß (Tuppy 1988, 12).

Trotz seines Plädoyers für die den Wissenschaftern und Wissenschafterinnen zuzugestehende „notwendige und zulässige Handlungsfreiheit im Rahmen ihrer Forschungen" (Tuppy 1988, 25) - die als durchaus weitgehend zu verstehen war - gestand der Minister die Notwendigkeit eines Mindestmaßes an rechtlicher Regulierung ein:

> Ich wünsche mir aber ebenso, daß jene Bereiche der Gentechnologie und der menschlichen Fortpflanzungsbiologie, welche nach ethischer und moralischer Auffassung als nicht vertretbar erscheinen, nicht nur einer Kontrolle unterzogen, sondern in manchen Fällen auch durch gesetzliche Bestimmungen unterbunden werden (Tuppy 1988, 25).

Insgesamt ging die Diskussion jedoch über die Debatte um konkrete Gestaltungsmöglichkeiten hinaus und thematisierte grundsätzliche Fragen nach den Möglichkeiten und Dimensionen rechtlicher Regulierung gentechnologischer Entwicklung. So stellten einerseits die Chancen und Risiken der Gentechnologie Ausgangspunkte und Eckpfeiler der Diskussion dar. Das breite Spektrum dieser Auseinandersetzung, das - wie bereits ausführlich erörtert - weit über die Sicherheitsfrage hinausreicht, signalisierte, daß „die Verrechtlichungsdiskussion sich mit allen ... Bereichen der Kritik und ihren spezifischen Argumentationsmustern um des weiteren Funktionierens unserer politischen und rechtlichen Strukturen willen auseinandersetzen" mußte (Luf/Potz 1991, 369). Der entsprechende Diskurs sollte daher umfassend und möglichst vorausblickend geführt werden. Dieser Intention entsprechend wurde eine Reihe von vorbereitenden Studien in Auftrag gegeben, um sowohl Regelungsbedarf wie auch Regelungsmöglichkeiten klar eingrenzen zu können.

Nach einem Blick auf die Zusammensetzung der diversen Veranstaltungen bzw. Beiträge zu Fragen nach den Vor- und Nachteilen sowie nach dem Regelungsbedarf bezüglich Gentechnologie und Fortpflanzungsmedizin fällt die starke Dominanz einiger weniger Akteure und Akteurinnen auf, die im Laufe der Zeit aufgrund ihrer Kompetenz bzw. beruflichen Position die Diskussion stark dominierten. Auch die Nominierung der Fachleute für die parlamentarische Enquete-Kommission betreffend *„Technikfolgenabschätzung am Beispiel der Gentechnologie"* sollte sich schließlich teilweise an diesem bereits eingeführten Personenkreis orientieren. Die von Bemühungen um rechtliche Regulierung charakterisierte Auseinandersetzung um Reproduktionsmedizin und Gentechnologie in Österreich stand damit weitgehend unter jenen Vorzeichen der Herausbildung einer ganz spezifischen Form von *scientific community*, wie sie Wolf (1986, 244) für die Schaffung von Umweltgesetzen beschrieben hat, deren Charakteristika aber wohl zu verallgemeinern sind. Dieser interdisziplinäre Meinungsaustausch, an dem Rechtswissenschafter und -wissenschafterinnen sowie - der jeweiligen Materie entsprechend - Experten und Expertinnen aus diversen anderen Fachgebieten und Ministerialbeamte gleichermaßen involviert sind, ist vorwiegend dadurch gekennzeichnet, daß alle Beteiligten die Domäne des/der anderen respektieren und sich innerhalb des ihnen fachlich vorgegebenen Rahmens bewegen. Als Ergebnis solcher Diskussionsverfahren werden in der Regel „praktische Lösungen" präsentiert, die von instrumenteller Vernunft geprägt sind und bei deren Gestaltung die Rechtswissenschaft eine besondere Rolle spielt - so sehr nämlich auch in der Theorie über das Verhältnis von Technik und Recht nachgesonnen werden mag, ändert sich doch in der Praxis manchmal schnell die Positionierung weg von eher pessimistischen Betrachtungen über die politischen und rechtlichen Steuerungsmöglichkeiten moderner Technologien hin zu pragmatischen Rechtskonzepten (Künzler 1990, 110-111; Wolf 1986, 246-247).

Was waren nun die Wegmarken, die zur Entstehung des österreichischen Gentechnikgesetzes führten, das heißt welche Faktoren beeinflußten die Diskussion bzw. stellten Rahmenbedingungen dar? Hierzu zählen zuallererst die NIH-Richtlinien aus dem Jahre 1976, die als erstes entsprechendes Regelwerk überhaupt von nicht zu unterschätzender Bedeutung für alle später folgenden nationalen Regulierungsansätze waren. Auch auf der Ebene der EG bzw. EU wird seit Jahren eine eigenständige Gentechnikpolitik und -regulierung formuliert, die die Entwicklungen in Forschung und Produktion und daraus resultierende Regelungsbereiche widerspiegelt. Den ersten Schritt auf diesem Weg stellte die Verabschiedung der beiden Richtlinien des Rates über die Anwendung genetisch veränderter Mikroorganismen im geschlossenen System (90/219/EWG) bzw. über die absichtliche Freisetzung genetisch veränderter Organismen in die Umwelt (90/220/EWG) dar. Die Richtlinien der EG und einzelne nationalstaatliche Regulierungsansätze wurden in zeitlicher Überschneidung entwickelt, wobei sich ein komplexes Wechselwirkungsverhältnis zwischen den Diskursen auf nationaler und auf internationaler Ebene erkennen läßt.[5] Für die österreichische Debatte waren die Festlegungen der EG insofern relevant, als sowohl der Beitritt zum EWR als auch ein zukünftiges nationales Gesetz ihre Implementierung erforderten. Mit dem Erlaß der beiden Richtlinien war jedoch die Regulierungsdiskussion auf europäischer Ebene keineswegs abgeschlossen. Im Verlauf der neunziger Jahre kam es zu intensiven Auseinandersetzungen um die Patentrichtlinie und die Bioethikkonvention. Ebenfalls überaus kontrovers wurde die *novel-food*-Verordnung diskutiert, auf die im Zusammenhang mit den Ereignissen in Österreich seit Verabschiedung des Gentechnikgesetzes noch einzugehen sein wird. Am einflußreichsten von den nationalstaatlichen Regulierungsdebatten für die österreichische Situation war zweifellos jene in der BRD. In manchen Aspekten ähnelten sich Ablauf und Inhalte in Österreich und Deutschland außerordentlich stark, so etwa in der ursprünglich engen Verknüpfung der Themenkreise künstliche Befruchtung und Gentechnik bis hin zur Schaffung jeweils eigener Gesetze für die IVF und in der parlamentarischen Technikfolgenabschätzung in Form einer Enquete-Kommission.

8.1. Die NIH-Sicherheitsrichtlinien

Wie bereits erwähnt, waren die Entwicklung einer spezifischen Sicherheitsphilosophie für die DNA-Rekombinationstechnik sowie die Erarbeitung der NIH-Richtlinien unmittelbare Folgen der Asilomar-Konferenz. Die rhetorische Verknüpfung mit dem Risikodiskurs rund um Asilomar und damit die Betonung einer direkten Verlaufslinie rückt allerdings leicht die Tatsache aus dem Blickfeld, daß bereits im Oktober 1974 das *NIH Recombinant DNA Molecular Advisory Board (Recombinant Advisory Com-*

---

[5] Ausführlich beschrieben von Gottweis (1995a, 1996).

mittee; RAC) etabliert worden war, um Regulierungsvorschläge für die neue Technik zu erarbeiten. Die *Recombinant DNA Research Guidelines*, die am 23. Juni 1976 vom NIH herausgegeben wurden, traten gewissermaßen das Erbe von Asilomar an und bildeten das erste nationale regulatorische Rahmenwerk für die DNA-Forschung. Damit war ein Referenzmodell für die Regulierung gentechnischer Arbeit geschaffen worden, an dem sich sämtliche nachfolgenden Richtlinien (z.B. in Großbritannien, der BRD und Frankreich) orientieren sollten (Gottweis 1995a, 98-99).

> To be sure, none of the other countries adopted the NIH guidelines without revisions or more or less substantial changes. However, overall a great similarity in global regulation had been reached, exemplified by other countries following each of the revisions of the NIH guidelines over the years. From the very beginning, the greatest concern was the existence of a more or less common regulatory framework in order to avoid regulatory distortions in research and development (Gottweis 1995b, 140).

Zentrale Angelpunkte der darin zum Ausdruck kommenden Sicherheitsphilosophie waren das biologische und das physikalische *containment*, d.h. zum einen eine biologische Eindämmung, die darin besteht, fremde Gene nur in sog. Sicherheitsstämme[6] zu übertragen, zum anderen die Arbeit im geschlossenen System, das ein Entweichen von GVOs durch bauliche und apparative Vorkehrungen verhindert. Kernstücke dieses Sicherheitskonzepts waren die Annahme potentieller Gefahren und damit die Antizipation unbekannter Größen sowie das Begriffspaar Kosten/Nutzen. Dabei wurde nicht nur die Diskussion auf einige zentrale, ursprünglich keineswegs unumstrittene Elemente des Konzepts der biologischen Sicherheit zugespitzt, bis dieses in Form eines Zirkelschlusses Gültigkeit erlangte (Gottweis 1995a, 99-106) - darüber hinaus wurde auch mit

> ... der Regelung der biologischen Risiken der Forschung ... das Thema des gesellschaftlichen Umgangs mit dieser Technologie auf Sicherheitsfragen, die technische Lösbarkeit suggerieren, reduziert und die politischen, sozialen, kulturellen und ethischen Folgen ausgeblendet (Künzler 1990, 28).

---

[6] Darunter sind Mikroorganismen zu verstehen, die das aufgenommene genetische Material nicht weiter übertragen, die nur in der künstlichen Umwelt des Labors überleben und sich außerhalb solcher Labors nicht verbreiten können.

Mit der Formulierung der NIH-Richtlinien war allerdings die Sicherheitsdebatte keineswegs abgeschlossen. Während zum einen zwischen 1977 und 1978 mehr als ein Dutzend Gesetzesentwürfe beim Kongreß eingebracht wurden, um die Regulierung der DNA-Rekombination legistisch weiter voranzutreiben, wurden zum anderen, untermauert durch zahlreiche Experimente und Beiträge in Fachzeitschriften, massive Vorstöße in Richtung Deregulierung unternommen. Von herausragender Bedeutung waren in diesem Kontext die drei wissenschaftlichen Konferenzen in Bethesda, Falmouth und Ascot (Gottweis 1995a,106-107; Wright 1986, 177-179). Schließlich gelang die Durchsetzung eines Paradigmenwechsels: Die ursprünglich angenommenen Risiken der gentechnischen Forschung galten nunmehr als rein hypothetisch und übertrieben, statt dessen setzte sich die Annahme prinzipieller Sicherheit durch (Sibatani 1986). Zahlreiche kritische Arbeiten, wie z.B. jene von Wright (1986, 1994) oder Krimsky (1982, 1991), zeigten allerdings,

> ... daß die an der Risikobewertung beteiligten Wissenschaftler im politischen Bereich sehr effektvoll eine Botschaft von der Sicherheit rekombinanter DNS verbreitet haben, die weit über die legitimerweise aus den Risikostudien abzuleitenden Schlußfolgerungen hinausging (Bartels 1986, 73).

Dennoch führte dieser Paradigmenwechsel zu einer sukzessiven Lockerung der Richtlinien (bereits im Dezember 1978, erneut im Jänner 1980 sowie weitere Male in den folgenden Jahren). Und schon 1982 hatte, wie Wright (1986, 186) feststellt, das NIH infolge dieser Revisionen,[7]

> ... die Überwachung rekombinanter DNS-Aktivitäten praktisch aufgegeben, eine gewaltige Fülle von Experimenten durfte in den Labors stattfinden, und - dies ist das Wichtigste - das gesamte Spektrum der Lebewesen wurde für die genetische Manipulation geöffnet.

Damit hatte sich der professionsinterne Risikodiskurs ein zweites Mal in Fragen der Regulierung von DNA-Rekombination sehr erfolgreich durchgesetzt. Weder wurden in Zusammenhang mit der Sicherheitsdiskussion das politisch-soziale Klima und die wirtschaftlichen Interessen thematisiert, die mit den Deregulierungsbestrebungen aufs engste verknüpft waren, noch wurde darauf eingegangen, daß sich zwar manche der ursprünglich

---

[7] Vgl. zu diesen Entwicklungen auch die ausführliche Kritik von Shapiro (1990), der deutlich für eine Umgestaltung des vorhandenen Regelungssystems mit Stoßrichtung mehr Effizienz, größere Überschaubarkeit der involvierten Einrichtungen und Verhinderung potentieller Schäden eintritt.

angenommenen Gefahren tatsächlich als hypothetisch erwiesen hatten, dafür aber neue Erkenntnisse über Risiken gewonnen worden waren, die in die Sicherheitsforschung und -philosophie integriert werden mußten.

8.2. Regulierungsansätze auf europäischer Ebene

Bereits Ende November 1984 organisierte CUBE (*Concentration Unit for Biotechnology in Europe*), angesiedelt bei der DG XII, ein informelles Treffen, um eine Diskussion hinsichtlich des Regelungsbedarfs für die Biotechnologie zu initiieren. Die Ausgangslage für derartige Initiativen hatte sich seit der Etablierung der NIH-Richtlinien massiv verändert: Nicht nur war die Öffentlichkeit zunehmend auf die Bio- bzw. Gentechnologie aufmerksam geworden, zusätzlich waren Fragen der Laborarbeit zugunsten anderer Problemfelder aus dem Zentrum des Interesses gerückt. Mittlerweile galten mögliche Eingriffe in das menschliche Genom, vor allem aber auch die Folgen von Freisetzungen für die Umwelt als die politisch und gesellschaftlich kontroversiellsten Themen (Gottweis 1996, 1).[8] Damit setzte sich ein schwerfälliger und komplexer Prozeß in Gang, der sich über mehrere Jahre erstrecken sollte.[9] In der Zwischenzeit - 1986 - formulierte bereits die OECD Grundsätze der Risikoabschätzung für Freisetzungen. Diese *Safety Considerations for Experimental Releases of Genetically Modified Organisms* besitzen immer noch Gültigkeit und bilden für viele andere bestehende Regelungen die Grundlage. Die beiden Prinzipien des *case by case* und *step by step* fanden auch Eingang in die entsprechende Richtlinie der EG. Ersteres besagt, daß jede Freisetzung eines GVO von Fall zu Fall zu beurteilen ist, nachdem seine Eigenschaften genau im Labor studiert wurden. Zweiteres schreibt vor, daß eine Freisetzung nur Schritt für Schritt erfolgen darf, also etwa im Fall einer Pflanze vom Labor ins Glashaus, vom Glashaus auf ein kleines Versuchsfeld, dann auf eine größere Anbaufläche, bis schließlich die endgültige Freigabe für die Anwendung oder Markteinführung erfolgt (Torgersen 1996, 75).

Das Treffen im November hatte zwar klar ergeben, daß die Gentechnik eines Regulierungsrahmens durch die EG bedurfte, welche Generaldirektion dabei federführend sein sollte, blieb jedoch lange Zeit Gegenstand

---

[8] Dies umso mehr, als sich in der Zwischenzeit die Ökologiebewegung etabliert hatte.

[9] Ausgesprochen detailliert zur Entstehungsgeschichte des europäischen Regulierungsrahmens auch der Beitrag von Marc Cantley (1995), der Anfang der 90er Jahre Chef von *CUBE* war.

eines komplizierten Aushandlungsprozesses innerhalb der Gemeinschaft. Aufs engste mit der Frage der Hauptakteure war auch eine perspektivische Klärung in Hinblick auf Risikodefinition und daraus resultierendem Regelungsbedarf verknüpft: Während die DG III und die DG XII produktorientierte Ansätze favorisierten bzw. sich teilweise stark am Modell der amerikanischen Regulierung orientierten, vertrat die DG XI eine ökologisch ausgerichtete Position.[10] Hinzu kam die Tatsache, daß - wie bereits weiter oben erwähnt - parallel zur Regulierungsdebatte der EG auch auf nationalstaatlicher Ebene (NL, GB, BRD, DK) entsprechende Initiativen diskutiert wurden. In der Folge sollten die jeweiligen Diskurse sich aufeinander beziehen und einander wechselseitig beeinflussen, wie von Gottweis ausführlich beschrieben (1995a, 1996).[11] Eine Vielzahl von Akteuren und Akteurinnen tat ihr übriges dazu, die Formulierung der europäischen Gentechnikregulierung zu einem eng verwobenen und kaum durchschaubaren Netz zu machen.

Die Ausweitung der Gentechnik von der Laborarbeit auf die großangelegte Produktion, auf Feldversuche und auf die Diffusion von gentechnisch hergestellten Produkten hatte also neue Regulierungserfordernisse entstehen lassen. Ab Oktober 1986 unternahm die DG XI - deren Sichtweise sukzessive an Dominanz gewann - erste konkrete Schritte zur Erarbeitung von Richtlinien für die Laborarbeit (*contained use*) sowie für die Freisetzung von GVOs (*deliberate release*). Im Sommer 1987 lagen die ersten Entwürfe vor, wobei insbesondere jene Direktive betreffend Freisetzungen zu heftigen Diskussionen führte. Im Herbst 1987 hatten sich die DG III und die DG XI über die Kooperation an einem neuen Entwurf verständigt, und der bis dahin eher informelle Entscheidungsfindungsprozeß trat in ein formelleres Stadium ein, das erneut zahlreiche Akteure und Akteurinnen und einzelne Stufen inkludierte. Nachdem beträchtliche Abänderungen der ursprünglichen Entwürfe überaus kontroversiell diskutiert und teilweise auch vorgenommen worden waren, verabschiedeten schließlich die Umweltminister der EG-Staaten am 23. April 1990 auf ihrer Sitzung in Brüssel die „Richtlinie des Rates über die Anwendung genetisch veränderter Mikroorganismen im geschlossenen System“ (90/219/EWG) sowie die „Richtlinie des Rates über die absichtliche Freisetzung genetisch veränderter Organismen in die Umwelt“ (90/220/EWG) (Gottweis 1996, 18-

---

[10] DG III = Generaldirektion für Gemeinsamen Markt und Handel, DG XI = Generaldirektion für Umwelt, Nukleare Sicherheit und Katastrophenschutz, DG XII = Generaldirektion für Wissenschaft, Forschung und Entwicklung.

[11] Zum Vgl. der Regulierungsdebatten innerhalb der Gemeinschaft und in der BRD Ende der 80er Jahre auch Albrecht 1989 sowie Hart 1989.

27).[12] Beide Richtlinien betonen mit ihren Zielbestimmungen den Vorrang des Umwelt- und Gesundheitsschutzes, halten dieses Schutzziel allerdings nicht in allen weiteren Regelungen konsequent durch. Mit der Orientierung am sog. additiven Modell schreiben sie die seit den siebziger Jahren dominante Sicherheitsphilosophie fort (UBA 1991, 429). Die wesentlich relevantere der beiden Richtlinien ist die *deliberate-release*-Richtlinie, die eine Rahmenbestimmung darstellt und bis Anfang 1992 in die nationalen Gesetzgebungen implementiert sein sollte, wofür die EG-Kommission auch eine Anleitung herausgab. Diese Frist wurde allerdings nur von wenigen Staaten eingehalten (UBA 1993, 134). Im wesentlichen soll die Richtlinie dafür sorgen, daß alle Mitgliedsländer ihre Risikoabschätzungen nach vergleichbaren Kriterien *vor* der geplanten Freisetzung durchführen. Entsprechende Informationen sind mindestens 90 Tage zuvor anzugeben. Die jeweils zuständigen Behörden der Mitgliedsstaaten untersuchen auf dieser Basis

- Eigenschaften des Spender- und Empfängerorganismus
- Eigenschaften des Vektors und genetischen Konstrukts
- Eigenschaften des enstandenen gentechnisch veränderten Organismus
- die geplante Freisetzungsprozedur
- Eigenschaften der Umwelt, in die die Organismen freigesetzt werden
- Eigenschaften, die Überleben und Vermehrung der GVO beeinflussen
- Wechselwirkungen und potentielle Auswirkungen auf die Umwelt
- Pläne zur Überwachung, zur Abfallbeseitigung und Noteinsatzpläne (UBA 1993, 10).

Besonders beim Inverkehrbringen von Produkten ist eine solche Risikobewertung bedeutsam, denn erfolgt eine Produktzulassung in einem Mitgliedsland, gilt diese für die gesamte EG (EU). Andere Mitglieder können allerdings gegen die Beurteilung der Behörden des antragstellenden Landes Einspruch erheben. Für diesen Fall ist ein Schiedsverfahren vorgesehen. Obwohl die Richtlinie äußerst detailliert angibt, welche Fragen zu untersuchen sind, und dieser Kriterienkatalog verbindlich ist, lassen sich erhebliche nationale Unterschiede in der Umsetzung feststellen (Levidow et al. 1995; Torgersen 1996, 77).

Die Entwicklung eines regulatorischen Rahmens für die Biotechnologie auf Unionsebene ist nach wie vor im Fluß. Die langjährigen Kontroversen um Patentrichtlinie und Bioethikkonvention sowie um Regelungen zur Kenn-

[12] Das Europäische Parlament hatte in einer Sitzung im März noch 23 Änderungsvorschläge beschlossen, diese wurden aber in der Ministerratssitzung nicht mehr berücksichtigt (UBA 1991, 258).

zeichnung von gentechnisch veränderten Produkten, insbesondere Lebensmitteln (*novel food*) wurden bereits angesprochen (Barling 1995; Wheale/McNally 1993). Außerdem wurde wiederholt die Liberalisierung der beiden vorhandenen Richtlinien in Aussicht gestellt, so z.B. im Juni 1993 vom Vizepräsidenten der EG-Kommission Bangemann in einem Referat vor der Österreichischen Industriellenvereinigung (Standard 9.6.93).[13] Knapp ein Jahr später legte Kommissionspräsident Jacques Delors am EU-Gipfel in Korfu ein *„Weißbuch zu Wachstum, Wettbewerbsfähigkeit und Beschäftigung"* vor, in dem die Unterstützung der Gentechnik-Industrie einen zentralen Stellenwert einnahm. Eine Revision der beiden Richtlinien von 1990 sollte unnötige - weil auf einer Überschätzung der potentiellen Risiken beruhende - Barrieren in Forschung und industrieller Anwendung beseitigen.[14] Das Papier war insbesondere auf Druck der BRD sowie der *Senior Advisory Group Biotechnology* (SAGB), der Brüsseler Lobbying-Organisation führender Biotechnologie-Unternehmen, zustande gekommen (FR 20.6.94). Zentral für diese zum damaligen Zeitpunkt auf deutliche Deregulierung abzielende Debatte war in erster Linie die Freisetzungsrichtlinie. In der diesbezüglichen Novellierungsdiskussion verschoben sich jedoch seit Mitte der neunziger Jahre die Akzente deutlich hin zu einem Mix aus verfahrenserleichternden Bestimmungen einerseits und stärkeren Einschränkungen (z.B. nur noch zeitlich befristete Zulassungen) andererseits, worauf im Schlußkapitel nochmals zurückzukommen sein wird.

8.3. Der rechtliche Regulierungsrahmen in der BRD

Die Bundesrepublik zählt zu den der Gentechnik gegenüber kritischsten europäischen Ländern, wie nicht zuletzt die bereits zitierten *Eurobarometer*-Umfragen eindrucksvoll belegten. Vor allem seit Mitte der achtziger Jahre entstand hier ein besonders skeptisches Potential. Ähnlich wie in

---

13 Dabei argumentierte er zum einen mit Wettbewerbsnachteilen gegenüber Japan und Amerika und mit dem zur Umsetzung der Richtlinien erforderlichen bürokratischen Aufwand, zum anderen aber auch mit patentrechtlichen Problemen. Auch die immer wieder ins Gespräch gebrachte sog. „vierte Hürde" im Sinne ethischer Kriterien lehnte er in diesem Zusammenhang als „übertrieben" ab. Vgl. ausführlich die entsprechenden Darstellungen im Magazin *Edition Zeitthema*, 2/93 (Bangemann 1993; Diskussion 1993).

14 Vgl. den Entwurf des „Berichts zur Überprüfung der Richtlinie 90/220/EWG im Rahmen der Mitteilungen der Kommission über die Biotechnologie und das Weißbuch" (Dok. XI/27/96).

Österreich begann die öffentliche Diskussion mit einer thematischen Verknüpfung von Reproduktions- und Gentechnologie, was sich sowohl in entsprechenden Veranstaltungen wie auch in diversen Publikationen manifestierte.[15] Eine breite Koalition gegen die beiden Bereiche entstand, die nicht nur die Partei der Grünen und Umweltorganisationen bzw. Bürgerinitiativen umfaßte, sondern ebenso Teile der Katholischen und der Protestantischen Kirche sowie der Gewerkschaft. Darüber hinaus spalteten diese Fragen auch die beiden großen Parteien der Christ- und Sozialdemokraten (Gill 1996, 175; Gottweis 1995c). Neben diesem ohnehin bereits breiten Spektrum formierten sich spezielle Gruppen wie 1986 das „Genethische Netzwerk" (Gill 1991a, 76-81) oder das Gen-Archiv Essen. 1985 fand der Kongreß „Frauen gegen Gen- und Reproduktionstechnik" in Köln statt, eine Plattform feministischer Kritik (Gill 1991b, 109). Große Aufmerksamkeit schenkten den neuen Technologien auch Behinderteninitiativen.[16]

Bereits 1978/79 hatte das BMFuT erste Anläufe zu einem Gentechnikgesetz unternommen. Dieser Vorstoß war allerdings rasch am Widerstand von Wissenschaft und Industrie gescheitert. Gegen einen Regelungsbedarf wurde vorgebracht, die ursprünglichen Risikobefürchtungen hätten sich nicht realisiert, eine spezialgesetzliche Regelung würde die Wettbewerbssituation deutscher Unternehmen dramatisch verschlechtern, und darüber hinaus sei die Gentechnologie ohnehin eine kaum zu regulierende Materie (Gerlach 1993, 60-61). In Anlehnung an die US-Sicherheitsauflagen erließ die Bundesregierung allerdings 1978 die „Richtlinien zum Schutz vor Gefahren durch invitro neukombinierte Nukleinsäuren", die mehrmals neugefaßt und erst 1990 durch das deutsche Gentechnikgesetz (GenTG) abgelöst wurden. Die kompetente Behörde bezüglich der Sicherheitsfragen war die „Zentrale Kommission für Biologische Sicherheit" (ZKBS), die ihre zentrale Rolle auch in den Bestimmungen des GenTG beibehielt.[17] Ab 1988 unterlagen Errichtung und Betrieb von gentechni-

---

15 Vgl. hierzu z.B. die Kongreß-Dokumentation über den juristischen und politischen Regelungsbedarf von IVF und Gentechnik der Friedrich-Naumann-Stiftung (1985), die Vorschläge der SPD zur „Lösung von Problemen der Unfruchtbarkeit und der Anwendung gentechnologischer Methoden beim Menschen" (Däubler-Gmelin 1986), den Seminarbericht aus der AG „Gentechnologie" des Dt. Juristinnenbundes (Lanz-Zumstein 1986) und die Dokumentation einer Anhörung im Niedersächsischen Landtag von Balkenohl et al. 1987.

16 Eine besondere Rolle für die Kritik in der BRD spielen die historischen Erfahrungen des Nationalsozialismus. Überblicksartig zur deutschen „Antigenbewegung" und ihren Wurzeln Kaiser 1990.

17 Nach den Richtlinien war jedes Vorhaben einer von vier Risikoklassen zugeordnet. Je höher die Risikoklasse, umso höher auch die bei dem Experiment zu beachtenden

schen Produktionsanlagen auch einer Genehmigungspflicht nach dem Bundesimmissionsschutzgesetz (Wurzel/Merz 1991, 14). Alles in allem erwies sich jedoch mit zunehmender Ausbreitung gentechnischer Verfahren und Produktionsweisen die Gesetzeslage als zu zersplittert und lükkenhaft, so daß kritische Stimmen immer lauter wurden, die die Verankerung einer stringenten Grundkonzeption im deutschen Rechtskatalog verlangten.

Vorerst schien der öffentliche Druck allerdings in erster Linie eine Regelung der künstlichen Befruchtung erforderlich zu machen. Zwischen Mai 1984 und November 1985 tagte ein Gremium unter dem Vorsitz des ehemaligen Präsidenten des Bundesverfassungsgerichtshofs, Benda. Diese sog. „Benda-Kommission" erarbeitete ein ganzes Spektrum legistischer Maßnahmen zur IVF, Genomanalyse und Gentherapie (BMFT 1985). Parallel dazu formulierte die Bundesärztekammer Richtlinien zur Durchführung der IVF; 1986 lehnte der Deutsche Juristentag in Berlin jegliche Experimente an *in vitro* gezeugten Embryonen ab (BMUJuF 1988, 121). Politisch bestand lediglich ein breiter und parteiübergreifender Konsens über ein strafrechtliches Verbot der Manipulation an menschlichen Keimbahnzellen, darüber hinaus gestaltete sich der gesetzgeberische Entscheidungsfindungsprozeß einigermaßen schwierig. Nach etlichen Querelen und nachdem man die strittigsten Punkte einfach aus dem ursprünglichen Entwurf ausgeklammert hatte, wurde schließlich das Embryonenschutzgesetz im Oktober zur abschließenden Lesung im Bundestag eingebracht und trat mit 1. Jänner 1991 in Kraft (Gill 1991b, 106-110; Hohlfeld 1989, 242-243; Wurzel/Merz 1991, 20-23). Strafrechtlich verboten sind demnach die gezielte Herstellung von Embryonen zu Forschungszwecken, die Forschung und der Handel mit Embryonen, das Klonen, die Erzeugung von Mischwesen aus Mensch und Tier sowie die Ersatzmutterschaft und andere mißbräuchliche Anwendungen der IVF. Entstanden war auf diese Weise ein Gesetz, das die durch die Humangenetik aufgeworfenen Probleme - abgesehen von Detailfragen - keineswegs umfassend löst (Ruderisch 1992). Gill (1991b, 111) faßt die Entwicklung wie folgt zusammen:

> So recht war mit diesem Formelkompromiß am Ende niemand zufrieden. Die Redner *aller* Fraktionen brachten in der abschließenden Bundestagsdebatte ihre Zwiespälte zum Ausdruck ... Dennoch wurde das Gesetz kurz vor Ende der Legislaturperiode mit den Stimmen der Regierungsmehrheit verabschiedet.

---

physikalischen, chemischen und biologischen Sicherheitsmaßnahmen. Kritisch zur Arbeit der ZKBS u.a. Gill 1991b, 150-166.

Zu diesem Zeitpunkt war bereits das GenTG in Kraft, obwohl sich ursprünglich die Gesetzgebungsmaschinerie hinsichtlich der künstlichen Befruchtung schneller in Gang gesetzt hatte. Im Verlauf der achtziger Jahre kristallisierte sich - trotz anfänglicher Widerstände - zwar immer klarer heraus, daß auch in bezug auf die Gentechnik ein gesetzlicher Steuerungsbedarf gegeben war, in welcher Form diesem Rechnung getragen werden sollte, blieb jedoch strittig. Prinzipiell bestand neben der Option eines Spezialgesetzes auch die Möglichkeit, die notwendigen Regelungen in bereits bestehende Gesetze einzuarbeiten (Gerlach 1991, 61). Einen wesentlichen Beitrag zur politischen Willensbildung sollte die parlamentarische Enquete-Kommission „Chancen und Risiken der Gentechnologie" leisten.[18] Beinahe zeitgleich hatten sowohl die Grünen als auch die SPD im Frühling 1984 Einsetzungsanträge für eine solche eingebracht. Ursprünglich war eine durchaus kritische Aufarbeitung geplant, in den folgenden Debatten im Bundestag zeichneten sich jedoch deutliche Verschiebungen der Argumentationsschwerpunkte hin zu wesentlich abgeschwächteren Fragestellungen ab. Der Fraktionszwang in den Großparteien führte schließlich schon im Einsetzungsbeschluß für die Kommission zur Vorwegnahme eines Konsenses, der gleichsam als Präjudiz für die darauffolgende Arbeit wirkte und sowohl die personelle Zusammensetzung als auch den Verlauf der Beratungen und schließlich die inhaltlichen Festlegungen massiv beeinflußte (Gill 1991b, 167-185). Als Ergebnis der zwischen August 1984 und Dezember 1985 absolvierten Sitzungen wurde zwar ein äußerst umfangreicher Bericht publiziert (Enquete et al. 1990), dieser deckt aber trotzdem weder alle wichtigen Aspekte der Gentechnologie ab, noch werden Alternativen diskutiert. Dementsprechend stießen sowohl das Prozedere wie auch der Bericht bzw. die darin enthaltenen Empfehlungen auf massive Kritik.[19]

Entgegen seiner publizistischen Wirkung (hingewiesen sei nur auf den Topos „Chancen und Risiken") entfaltete der Bericht der Enquete-Kommission wenig realpolitischen Einfluß. Der Verband Chemischer Industrie, die Deutsche Forschungsgemeinschaft und die ZKBS wandten sich

---

[18] Die Möglichkeit zur Einrichtung dieses parlamentarischen Instruments besteht in der BRD schon um einiges länger als in Österreich, nämlich seit 1969. Vom Verfahren her sind Enquete-Kommissionen mit Untersuchungsausschüssen vergleichbar, der Unterschied besteht darin, daß daran nicht nur Bundestagsabgeordnete, sondern auch externe Experten und Expertinnen als stimmberechtigte Mitglieder teilnehmen. Bis 1996 wurden 26 solcher Kommissionen eingerichtet, die sich mit insgesamt 16 Themenkomplexen befaßten (Ismayr 1996).

[19] Vgl. ausführlich Gill 1991b und die Stellungnahmen und Kommentare in Grosch et al. (1990), speziell zur Vorgangsweise der Kommission Ueberhorst in diesem Sammelband; außerdem Spaniol 1992; Theisen 1991.

heftig gegen seine Schlußfolgerungen, der Gesetzgeber mißachtete die Empfehlung, auf eine spezialgesetzliche Regelung zu verzichten. Denn mittlerweile hatten andere Ereignisse unerwartete Dynamik in die Entwicklung gebracht: Zuerst nahm der Bundesrat im September 1988 gentechnische Produktionsanlagen ins Bundesimmissionsschutzgesetz auf, gut ein Jahr später traf der Hessische Verwaltungsgerichtshof eine aufsehenerregende Entscheidung und stoppte den Weiterbau einer Insulinanlage von Hoechst (Bizer 1990). Da mit diesen Entscheidungen die Genehmigung von Anlagen und letztlich die gesamte industrielle Gentechnik-Produktion in der BRD in Frage gestellt schien, drängte nun gerade die Industrie auf ein eigenständiges Gesetz. Die Bundesregierung reagierte darauf und legte schon im Frühling 1989 den ersten Referentenentwurf vor. In kürzester Zeit wurde schließlich das GenTG trotz extrem kontrovers geführter Diskussionen in den Bundestags- und Bundesratssitzungen „in Eile durchgepeitscht" (FR 30.3.90) und schließlich am 11. Mai 1990 verabschiedet. Zuguterletzt trat es sogar früher als ursprünglich vorgesehen in Kraft, nämlich am 1. Juli 1990 (Gerlach 1993, 61-66; Gill 1991b, 191; Wurzel/Merz 1991, 13-17). Durch dieses Gesetz wurden im wesentlichen drei Komplexe geregelt, nämlich die Durchführung von Arbeiten in gentechnischen Anlagen zu gewerblichen und zu Forschungszwecken, die Freisetzung von GVOs und das Inverkehrbringen von gentechnisch veränderten Produkten. Die Humangenetik blieb ausgeklammert (Ruderisch 1992, 261; Wurzel/Merz 1991, 17-20). Sowohl die Entstehungsgeschichte als auch die Inhalte des Gesetzes standen sofort im Zentrum kritischer Betrachtungen, die auch eine baldige Novellierung nicht ausschlossen (Kloepfer/Delbrück 1990; Winter 1991).

Fast umgehend machte sich erneuter Druck seitens der Industrie und der Wissenschaft bemerkbar. Knapp zwei Jahre nach Inkrafttreten des GenTG klagten bereits Unternehmenssprecher über den damit verbundenen bürokratischen Aufwand, Firmenabwanderungen und gesunkene Berufschancen für Absolventen und Absolventinnen einschlägiger Studienrichtungen. Mit diesen Argumenten wurde im Februar 1992 bei einer Anhörung im Deutschen Bundestag die „dringende Korrekturbedürftigkeit" des Gesetzes untermauert (Zeit 27.3.92).[20] In der Folge sprachen sich die Koalition und die SPD für eine rasche Novellierung aus (FAZ 13.11.92) und bereits Anfang 1993 wurde ein Entwurf für die Gesetzesänderungen versandt (FAZ 25.2.93). Die geplante Novelle wurde intensiv diskutiert, alles in allem konnten aber ihre Befürworter und Befürworterinnen mit dem

[20] Die Industrie begleitete ihre Deregulierungsoffensive u.a. mit einer vieldiskutierten Inseratenserie „Pro-Gentechnik", die über Monate Magazine und Tageszeitungen füllte.

Standortargument punkten, nicht zuletzt wohl auch deswegen, weil sich im Zuge der spürbaren ökonomischen Folgen der Wiedervereinigung und globaler wirtschaftlicher Umstrukturierungsprozesse die öffentliche Aufmerksamkeit und Sensibilität für Umweltthemen deutlich reduziert hatte (Gill 1996, 176).

> Mit der *Novellierung des Gentechnikgesetzes* Ende 1993 und der Neufassung der *Gentechniksicherheits-Verordnung* Anfang 1995 wurden die Sicherheitsbestimmungen für die biotechnische Forschung und Produktion nachhaltig entschärft, die Möglichkeiten für mit großen Unabwägbarkeiten verbundene Freisetzungsversuche erweitert, die Genehmigungsverfahren, wo nicht völlig ausgesetzt, beschleunigt und die öffentlichen Beteiligungsmöglichkeiten drastisch beschnitten (Dolata 1996, 581).[21]

Nicht zuletzt diese Änderungen bezüglich der Öffentlichkeitsbeteiligung provozierten Kritik (Bora 1994). Am prinzipiellsten wurde allerdings von vielen Seiten die Frage gestellt, ob nicht

> ... wirtschaftliche Probleme der Branche weniger einer rechtlichen Strangulierung geschuldet als vielmehr Resultat des selbst verschuldeten verspäteten Einstiegs und/oder der mangelnden Nachfrage sind (Ginzky 1993, 36).

Die fundamentalen Gegensätze zwischen den Stimmen *pro* bzw. *contra* Gentechnik in der BRD haben jedenfalls in den vergangenen Jahren kaum eine Änderung erfahren, vielmehr beschreibt Gill (1996), wie die bisherige Politik und Regulierungspraxis den Konflikt sogar noch verstärkte. Ein besonders deutliches Beispiel für diese These bieten die immer wieder und mit unvergleichlicher Heftigkeit geführten Auseinandersetzungen um Freisetzungen. Auf parteipolitischer Ebene wurden allerdings Neupositionierungen vorgenommen. So veränderte sich die Haltung der Grünen in Richtung stärkerer Ausdifferenzierung. Ihr forschungspolitischer Sprecher Manuel Kiper wandte sich in einem sechsseitigen Strategiepapier gegen die „einseitige Verteufelung" der Gentechnik (zit.n. profil 21/96, 31). Der kontroversielle innerparteiliche Diskurs, den diese Positionierung auslöste, wurde teilweise über Medien wie die *taz* ausgetragen.[22] Auch die SPD

---

[21] Einige der Korrekturen betrafen auch Anpassungen an die Richtlinien der EG (Ginzky 1993).

[22] Kiper hatte bereits im März dieses Papier zur „Entideologisierung" der grünen Gentechnikkritik präsentiert und umgehend heftige parteiinterne Kritik geerntet (taz 13.3.96, 2). In weiterer Folge veröffentlichten über 40 gentechnikkritische Wissen-

legte ein neuerliches deutliches Bekenntnis zur Gentechnologie ab, da diese die Möglichkeit eröffne, weitere qualifizierte und zukunftssichere Arbeitsplätze zu schaffen (SN 25.11.96, 17). Trotz dieser keineswegs gänzlich ablehnenden Haltung führte die Machtübernahme durch eine rotgrüne Koalitionsregierung nach den Bundestagswahlen im Herbst 1998 zu einer beträchtlichen Verunsicherung der Industrie (Zeit 15.10.98, 50).

8.4. *Das Fortpflanzungsmedizingesetz*

Die Geburt von Louise Brown 1978 hatte einen historischen Wendepunkt markiert. Das erste extrakorporal gezeugte Kind war zur Welt gekommen, unzählige weitere sog. „Retortenbabies", d.h. durch künstliche Befruchtung entstandene Kinder sollten folgen. In Österreich wurde 1982 das erste *in vitro* gezeugte Kind geboren (Feichtinger/Kemeter 1985, 61). Angesichts der Tatsache, daß die IVF 1985 bereits an zehn Kliniken vorgenommen wurde und zu rund 200 Geburten führte, sah sich der Gesetzgeber weitgehend vor vollendete Tatsachen gestellt, als die rechtliche Regulierung der künstlichen Befruchtung diskutiert wurde (Posch 1988, 12-13).[23]

Dabei handelt es sich bei den Reproduktionstechniken um einen höchst umstrittenen medizinischen Fortschritt, nicht zuletzt wegen der äußerst belastenden Behandlungsprozedur, deren Erfolgschancen nach wie vor sehr gering zu veranschlagen sind. Darüber hinaus wird die Fortpflanzungsmedizin aber auch aus verschiedenen anderen Perspektiven problematisiert und ihr kulturrevolutionierendes Potential kritisch beleuchtet. So läßt sich ein feministischer Diskurs ausmachen, der sich zwischen den Polen der Beurteilung der IVF als Befreiungsinstrument für selbstbestimmtes Leben von Frauen einer- und als patriarchaler Unterdrückungs-

---

schafter und Wissenschafterinnen eine gemeinsame Stellungnahme, in der sie Kipers Thesen zurückwiesen (taz 25.4.96, 5), der allerdings seinerseits den Aufruf zu einer „pragmatischeren" Haltung bekräftigte (taz 25.4.96,10). In einer Replik erklärte die grüne Europarlamentarierin Hiltrud Beyer, es gebe für ihre Partei keinen Grund, von der bisherigen Linie abzurücken (taz 29.4.96, 10).

23 Das Fehlen eines Gesetzes auf Bundesebene führte übrigens zu landespolitischen Initiativen wie in Salzburg, wo die Landesregierung im Februar 1991 Richtlinien beschloß (Regierungsbeschluß 15-K 10.094/273-1991), die die Durchführung der künstlichen Befruchtung an den Salzburger Landeskrankenanstalten regelten (Grabner/Wolfgruber 1992; Horner 1993).

mechanismus andererseits bewegt.[24] Auch innerhalb der Psychologie findet eine ausführliche Auseinandersetzung mit Funktion und Auswirkungen der Reproduktionsmedizin statt, die an mehreren Problemkonstellationen ansetzt: Die aufgeworfenen Fragen fokussieren die (häufig nicht körperlich bedingten) Ursachen von ungewollter Kinderlosigkeit, die Beziehungsdynamik und Psychosexualität der Paare, die sich einer IVF-Behandlung unterwerfen und schließlich die Lebensverhältnisse, Entwicklungschancen und Identitätsfragen der nach einer solchen Behandlung geborenen Kinder.[25] Ebenfalls intensiv befaßt sich mit Fragen künstlicher Befruchtung die katholische Kirche. Deren Standortbestimmung erfolgt vor allem entlang folgender Argumentationslinien: In erster Linie wird - in enger Verknüpfung mit der zentralen Frage nach dem Lebensbeginn - die unantastbare Würde des Menschen betont. Diese sei untrennbar mit dem Recht auf Leben und Unversehrtheit verbunden und ab dem Zeitpunkt der Verschmelzung von Ei- und Samenzelle gegeben. In weiterer Folge werden die künstliche Befruchtung als Umgehung eines gottgewollten Zustandes sowie daraus entstehende weiterführende Möglichkeiten wie Embryonenforschung oder genetische Manipulation prinzipiell abgelehnt (Laun 1985, 69-70). Wissenschaftliche Erkenntnis und technische Innovation dürfen keine instrumentalisierende und zwingende Wirkung entfalten, die die Anpassung des Menschen und seiner Werte an die Logik der Technik erfordern (Gründel 1990, 36). Schließlich sei der eheliche Akt untrennbar mit dem Ziel der Fortpflanzung verbunden (Kathol. Presseagentur 1987, 25-26). Eine eindeutige Ablehnung jeglicher Form von künstlicher Befruchtung hatte die Stellungnahme der römischen Glaubenskongregation *Donum Vitae* 1987 vorgegeben, ähnlich wie in anderen Fragen fanden aber einzelne Anwendungsfelder der IVF[26] schließlich doch die Akzeptanz vieler katholischer Würdenträger.

Die Beurteilung der künstlichen Befruchtung und in weiterer Folge des damit verbundenen Regelungsbedarfes ist außerordentlich stark von weltanschaulichen Positionen abhängig.[27] Diese divergierenden Werthaltungen manifestierten sich auch in der rechtspolitischen Diskussion in Österreich, sowohl in den Stellungnahmen der politischen Parteien wie auch in den Fachbeiträgen namhafter Juristen, die sich intensiv an der Debatte

24 Vgl. exemplarisch Arditti et al. 1985, Corea 1988.
25 Dazu Amendt 1988, Auhagen-Stephanos 1989, Lyon 1990.
26 Z.B. die homologe IVF (d.h. innerhalb der Ehe) unter bestimmten Voraussetzungen.
27 Darin ähnelt das Thema der Fristenlösung - auf die rechtspolitische Debatte darum wurde im übrigen im Zusammenhang mit der IVF häufig Bezug genommen, geht es doch bei beiden Regelungsmaterien ganz wesentlich auch um die Frage beginnenden Lebens bzw. des Umgangs damit.

beteiligten. Die öffentliche (und veröffentlichte) Auseinandersetzung mit der IVF begann Mitte der achtziger Jahre. Als eine der ersten einschlägigen Veranstaltungen erörterte 1985 in Villach der Österreichische Rechtsanwaltskammertag unter dem Generalthema „Schnittpunkte von Medizin und Recht“ Fragen der Reproduktionsmedizin und Gentechnik. Ebenfalls 1985 erschienen bereits ausführliche Sammelbände, die sich aus juristischer, medizinischer und moraltheologischer Perspektive mit der künstlichen Befruchtung befaßten (Bernat 1985; Brandstetter et al. 1985). Am 25. September des selben Jahres brachten die ÖVP-Abgeordneten Hosp, Stummvoll, Neisser und Kollegen einen parlamentarischen Initiativantrag betreffend ein „Bundesgesetz über das Verbot der Embryo-Manipulation“ (Antrag 156/A) ein, der allerdings nicht behandelt wurde und dem Posch in einem Rechtsgutachten (1988, 23) abgesehen von gravierenden inhaltlichen Schwächen einen sehr restriktiven Tenor bescheinigt. Auch der Privatentwurf für ein „Bundesgesetz über die künstliche Befruchtung beim Menschen“, verfaßt vom Strafrechtler Wolfgang Brandstetter und im November 1985 in der *Furche* erschienen,[28] hatte sich die Bekämpfung „unerträgliche(r) Verhaltensweisen oder Rechtsgutbeeinträchtigungen“ (Furche 48/85, 11) zur Aufgabe gestellt.[29] Demgegenüber meldete sich beispielsweise der ehemalige österreichische Justizminister Christian Broda[30] in seinen letzten Lebensjahren häufig mit sehr liberalen Stellungnahmen zu Wort, etwa bei der Enquete „Familienpolitik und künstliche Fortpflanzung“ im Dezember 1985 (Broda 1985; 1987).

Im August 1986 legte der damalige Wissenschaftsminister Fischer dem Nationalrat den „Bericht zu grundsätzlichen Aspekten der Gentechnologie und der humanen Reproduktionsbiologie“ (Bericht BMWuF 1986) vor, der das Résumé einer von ihm eingesetzten Gen-Ethik-Kommission sowie ein vielbeachtetes Gutachten der Kommission der österreichischen Rektoren-

---

28 In der *Furche* erschienen 1985-87 zahlreiche weltanschaulich eindeutig deklarierte und gegenüber permissiven Stellungnahmen ausnehmend kritische Artikel. Auch der Darstellung ideologisch begründeter Divergenzen auf politischer Ebene wurde Platz eingeräumt, wie die Kommentare der Abg. Rieder (SPÖ) und Stummvoll (ÖVP) illustrierten (Furche 19/85, 5).

29 Beiden Entwürfen beschied Posch (1988, 114), „in der jeweils präsentierten Fassung nicht die Grundlage für einen Konsens der relevanten politischen Kräfte in Österreich sein“ zu können.

30 Broda ging mit seiner liberalen Justizreform der 70er Jahre in die Geschichte der österreichischen Innenpolitik als einer der wichtigsten Justizminister der Zweiten Republik ein.

konferenz zur IVF[31] enthielt. Letzteres wurde von Brandstetter ausgesprochen heftig kritisiert (Furche 8/87, 3). Insbesondere die in diesem Gutachten enthaltene Empfehlung, in gewissen Fällen zu Forschungszwekken verbrauchende Experimente an *in vitro* gezeugten Embryonen zuzulassen, rief weitere Kritiker auf den Plan, wie etwa Lewisch (1990, 133), der - ausdrücklich aus christlicher Perspektive - die Auffassung vertrat, daß von einer Umsetzung dieser Empfehlung Abstand genommen und statt dessen ein umfassendes strafrechtliches Verbot derartiger Versuche normiert werden sollte. Ausführlichst behandelte schließlich auch der 10. Österreichische Juristentag 1988 anhand eines Gutachtens von Posch (1988) Rechtsprobleme der medizinisch assistierten Fortpflanzung und der Gentechnik.

Zu diesem Zeitpunkt war bereits ein erster interner Diskussionsentwurf des Justizministeriums - offensichtlich verfrüht - an die Öffentlichkeit gelangt und hatte für gehöriges Aufsehen gesorgt. Die *Österreichische Richterzeitung* (1987, 220) hatte diesen in der Folge teilweise als „Geheimentwurf" bezeichneten „Entwurf eines Bundesgesetzes, mit dem die zivilrechtlichen Folgen der künstlichen Fortpflanzung geregelt werden" sollten, publiziert und seine „Geheimhaltung" durch das Ministerium scharf kritisiert. Das Ministerialpapier, das der „vorläufigen Meinungsbildung innerhalb der Bundesregierung dienen sollte" (Entwurf FHG 1990, 29), stieß auf vehemente Ablehnung, die besonders deutlich - und „punktuell überzogen" (Posch 1988, 113-114) - von Selb (1988) artikuliert wurde.[32] Die zentralen Angelpunkte seiner Kritik betrafen erstens inkonsequente Bestimmungen hinsichtlich der Mutter- und der Vaterschaft sowie nachfolgender Unterhaltsansprüche und erbrechtlicher Regelungen. Zweitens plädierte er für ein Verbot der laut Entwurf zulässigen heterologen Insemination; die ebenfalls in dem Ministerialpapier enthaltenen Vorschriften bezüglich der Leihmutterschaft schließlich bewertete er drittens als völlig ungenügend. Alles in allem monierte Selb vor allem das seiner Meinung nach gänzliche Fehlen dahinter stehender gesellschaftspolitischer Vorstellungen über den Umgang mit neuen medizinischen Fertilisationstechniken.

---

[31] Die sog. IVF-Kommission war im Frühjahr 1985 von Fischer ins Leben gerufen und durch Vertreter verschiedenster Fachrichtungen beschickt worden, um zu einer möglichst abgerundeten Darstellung zu gelangen (Posch 1988, 22).

[32] In der Sache nicht weniger kritisch, jedoch in der Wortwahl moderater z.B. Ladurner 1988, der in einem *Furche*-Kommentar (1/88, 4) den Erstentwurf einen „negative(n) Diskussionsanstoß" nannte.

Die deutliche und ausführlich begründete Kritik am Vorentwurf hatte gezeigt, daß sich Regulierungen nicht auf Teilbereiche (wie familien- und erbrechtliche Folgen) beschränken konnten, sondern eine umfassende Regelung anzustreben war, die eine konsequente Position des Gesetzgebers zu Fragen der Reproduktionsmedizin im allgemeinen und zur Zulässigkeit einzelner Verfahren im speziellen erkennen lassen würde. Daher kündigte Justizminister Foregger bereits Anfang 1988 eine weitere rechtspolitische Initiative in Form der Etablierung einer entsprechenden Arbeitsgruppe an (Wiener Zeitung 24.1.88). Im März erging die Einladung an die Parlamentsklubs, ihre Vertretung in diese Arbeitsgruppe zu entsenden. Neben Abgeordneten zum Nationalrat und Mitarbeitern bzw. Mitarbeiterinnen der Parlamentsklubs wurden diesem Gremium auch Angehörige des Bundeskanzleramts (Verfassungsdienst und Sektion Volksgesundheit), des BMUJuF und des Staatssekretariats für allgemeine Frauenfragen sowie Fachleute aus Medizin und Rechtswissenschaft beigezogen (Entwurf FHG 1990, 30).[33] Im Familienministerium wiederum war von Ressortchefin Flemming ebenfalls in den ersten Monaten 1988 eine Ethikkommission etabliert worden,[34] die Ende Juni 1989 eine Bilanz vorlegte. Die Kommission lehnte grundsätzlich alle Experimente mit Embryonen wie überhaupt alle Arten von Menschenversuchen ab. Lediglich therapeutische Eingriffe am Embryo zu dessen eigenem Nutzen waren davon ausgenommen. Außerdem sprach sie sich gegen die Leihmutterschaft und die planmäßige Erzeugung überzähliger Embryonen aus (Neues Volksblatt 29.6.1989). Mit dieser Festlegung unterstützte die Kommission die bereits zuvor sowohl von Flemming wie auch von Frauenstaatssekretärin Dohnal mehrmals bekräftigte unbedingte Ablehnung der Leihmutterschaft.

Die Leihmutterschaft war zweifellos eines der zentralen Themen in der gesamten Debatte. Heftig diskutiert - und überaus kontroversiell beantwortet - wurden darüber hinaus auch durch die Reproduktionstechnik aufgeworfene Grundrechtsfragen (Loebenstein 1987a, 1987b; Öhlin-

---

[33] Neben der Etablierung von Arbeitsgruppen und Kommissionen organisierten die mit der Thematik befaßten Stellen auch weiterhin Veranstaltungen: Eine Tagung des BKA und des Staatssekretariats für allgemeine Frauenfragen im Juni 1989 war beispielsweise dem Thema „Von der Fortpflanzungs- zur Genmanipulation" gewidmet. In einer Anhörung des BMUJuF nahmen schließlich im November des selben Jahres „Ärzte und Betroffene zur künstlichen Fortpflanzung" Stellung (Entwurf FHG 1990, 26).

[34] Die Ministerin hatte die Bischofskonferenz, die evangelische Generalsynode, die Ärztekammer, den Rektor der Univ. Wien und die theologischen, juridischen, medizinischen und geisteswissenschaftlichen Fakultäten zur Nominierung von Fachleuten eingeladen (Presse 18.2.88).

ger/Nowak 1985; Steiner 1987; Stolz 1985).[35] Grundrechtsnormen, die für einzelne Aspekte der medizinisch assistierten Fortpflanzung relevant sein konnten, waren neben dem Datenschutzgesetz und dem Grundrecht auf Wissenschaftsfreiheit vor allem Bestimmungen der Menschenrechtskonvention. Angesprochen waren somit das Recht auf Leben, das Verbot der Folter bzw. unmenschlicher und erniedrigender Strafe oder Behandlung, das Recht auf Respektierung des Privat- und Familienlebens sowie das Recht, eine Ehe einzugehen und eine Familie zu gründen (Posch 1988, 24-25). Besonders umstritten waren außerdem Rechtsfragen in Zusammenhang mit der Aufbewahrung (Kryokonservierung)[36] von und dem weiteren Umgang mit Keimzellen und extrauterinen Frühembryonen (Bernat 1989a), d.h. im wesentlichen die Verwendung für Forschungszwecke. Auch die durch die IVF möglichen multiplen Elternschaften, insbesondere die Aufsplittung in genetische, physische und soziale Mutterschaft, warf für die Rechtswissenschaft die Notwendigkeit grundsätzlicher Positionierungen auf (Edlbacher 1988). Schließlich wurde den Fragen, ob auch unverheirateten Frauen die Möglichkeit einer IVF-Behandlung offenstehen sollte und ob die Samenspender anonym bleiben sollten oder nicht bzw. ob neben der homologen auch die heterologe IVF gestattet werden sollte, große Aufmerksamkeit geschenkt. Die Antworten fielen - abhängig von den weltanschaulichen Positionen der Kommentatoren - unterschiedlich aus. In der wissenschaftlichen Diskussion finden sich neben etlichen sehr differenziert argumentierenden Beiträgen auch solche, die als Antipoden bezeichnet werden können. Den eindeutig in den meisten Punkten liberalsten Standpunkt vertrat der Grazer Zivilrechtler Bernat, der der Thematik der Reproduktionsmedizin auch seine Habilitationsschrift widmete (Bernat 1989b) und die Auffassung vertrat, die Möglichkeiten der modernen Medizintechnik sollten weitestgehend genutzt werden (profil 21/92, 44). Am heftigsten kritisiert wurden seine Positionen unter anderem vom ehemaligen Sektionschef im Justizministerium, Edlbacher (1986, 321), der vehement gegen derartig „avantgardistische Meinungen“ auftrat. Gleichfalls in vielen Fragen gegenteilige Auffassungen vertraten Bydlinski (Presse 2./3.8.86, 5), Selb, Steiner und Brandstetter,[37] um den Diskussionsstand nur schemenhaft zu

---

[35] Posch (1988, 24) hierzu: „Eine 'wertfreie' Diskussion der juristischen Implikationen der Reproduktionsmedizin ist auch auf der Grundrechtsebene offensichtlich nicht durchführbar!“

[36] Bei der Kryokonservierung handelt es sich um die tiefgekühlte Aufbewahrung von Keimzellen bzw. Embryonen in flüssigem Stickstoff bei minus 196°C.

[37] Alle die genannten Autoren gingen im wesentlichen von einem konservativ-christlich geprägten Weltbild aus und legten dementsprechend großen Wert auf den Schutz und die Würde des ungeborenen Lebens und auf traditionelle Familienverhältnisse. Die Vornahme einer künstlichen Befruchtung an alleinstehenden Frauen, die Leihmutter-

skizzieren. Divergenzen bestanden selbstverständlich in mindestens ebenso großem Ausmaß auf dem politischen Parkett, wiewohl es in manchen Fragen zu kaum erwartbaren Koalitionen kam. So waren sich etwa Politikerinnen aus allen Parteien in ihrer Ablehnung der Leihmutterschaft einig und verlangten restriktive Bestimmungen, um eine Kommerzialisierung der Gebärfähigkeit hintanzuhalten - ganz im Sinne des katholischen Klerus. Für besonders strenge gesetzliche Regelungen sprachen sich auch die Grünen aus. Das Wochenmagazin *profil* (7/92, 50) beschrieb die „skurrilsten Koalitionen" so: „Die österreichische Bischofskonferenz ist plötzlich mit Johanna Dohnal ein Herz und eine Seele, der katholische Familienverband marschiert Hand in Hand mit den Grünen." Dagegen eröffneten sich teilweise innerhalb der Parteien Konfliktlinien: Entgegen der restriktiven Auffassung der ÖVP-Frauen und vieler anderer konservativer Abgeordneter (man denke nur an die erste Gesetzesinitiative aus diesen Reihen) trat z.B. der damalige Obmann des parlamentarischen Justizausschusses, Michael Graff, offen für eine liberale Handhabung der künstlichen Befruchtung ein.

Die lebhaften Diskussionen und Beratungen im Justizministerium resultierten schließlich im Entwurf für ein „Fortpflanzungshilfegesetz." Weitestgehend darauf gestützt und weil eine Beschlußfassung auf Basis einer Regierungsvorlage noch in der laufenden Legislaturperiode kaum mehr zu erwarten war, brachten am 17. Mai 1990 einige SPÖ-Abgeordnete im Nationalrat einen Initiativantrag betreffend ein Gesetz über die medizinische Fortpflanzungshilfe beim Menschen ein (Antrag 406/A). Diese Vorgangsweise - die das gesamte Begutachtungsverfahren im Justizministerium wirkungslos gemacht hätte - wurde aus demokratiepolitischen Gründen vom Juristen Martin Schlag[38] in einem Zeitungskommentar (Presse 11.6.90) massiv angegriffen, wobei seine Kritik sich darüber hinaus jedoch auch auf inhaltliche Mängel des Gesetzesantrags erstreckte. Die Aufregung erübrigte sich schließlich insofern, als der SPÖ-Initiativantrag keine parlamentarische Behandlung mehr erfuhr, und der Ministerialentwurf schließlich doch das übliche Begutachtungsprozedere durchlief. Dieser Entwurf[39] wurde bereits wesentlich positiver aufgenommen als das voran-

---

schaft und zum Teil auch die Samenspende durch Dritte waren diesen Positionen gemäß inakzeptable Auswüchse, denen juristisch Einhalt geboten werden mußte.

38 Damals Vass. am Inst. für Öffentliches Recht und Politikwissenschaft in Innsbruck.

39 Die wichtigsten Regelungsinhalte: Die Gentechnik wurde grundsätzlich ausgeklammert, lediglich soweit der Einsatz künstlicher Fortpflanzungsverfahren die Möglichkeit gentechnischen Zugriffs auf menschliche Zellen ermöglichte, waren Bestimmungen vorgesehen, um eventuellen Mißbräuchen vorzubeugen (Entwurf FHG 1990, 31). IVF sollte nur innerhalb aufrechter Ehen und eheähnlicher Lebensgemeinschaften erlaubt

gegangene Papier. In einer differenzierten Auseinandersetzung damit bewertete z.B. der Innsbrucker Rechtsanwalt Ladurner (1991) die Initiative als äußerst begrüßenswert, riet jedoch dazu, den Entwurf einer nochmaligen Revision zu unterwerfen.[40] Ähnlich argumentierte der Zivilrechtler Bydlinski (Presse 19.9.90), einer jener konservativen Juristen, die für strenge Regelungen der IVF eintraten und der in den Grundzügen der Regelung zustimmte, jedoch in Teilfragen mehr Ausgewogenheit und differenziertere Lösungen forderte. Während die genannten Juristen für eine tendenzielle weitere Einschränkung der Gesetzesvorlage plädierten, verlangte ÖVP-Justizsprecher Graff eine Ausweitung auch auf gleichgeschlechtliche Paare und alleinstehende Frauen. Frauenstaatssekretärin Dohnal dagegen beanstandete vor allem einen Passus, wonach „Merkmale" des Samenspenders wie Augen- oder Haarfarbe festgehalten werden sollten sowie die Bezeichnung „Fortpflanzungs*hilfe*gesetz" (Neue AZ 17.8.90). In der neuerlichen Revision des Entwurfs wurden einzelne dieser kritischen Anmerkungen berücksichtigt, etwa bezüglich des Namens: Am 8. Mai 1992 schließlich passierte das „Fortpflanzungs*medizin*gesetz" den parlamentarischen Justizausschuß, kaum eine Woche später den Nationalrat (BGBl 105). Mit 1. Juli 1992 trat das Gesetz in Kraft, dessen Inhalte sich im wesentlichen mit denen des vorangegangenen Entwurfs deckten. Die tragenden Säulen blieben die Beschränkung auf Ehe- und Lebenspartnerschaften, die Möglichkeit der Durchführung heterologer Insemination nur unter bestimmten Umständen sowie das Verbot der Leihmutterschaft und der verbrauchenden Embryonenforschung. Die Frage der Anonymität von Samenspendern wurde dahingehend gelöst, daß dem Kind mit Vollendung des 14. Lebensjahres die Möglichkeit eingeräumt wird, Auskunft über seinen genetischen Vater zu erhalten, familien- und erbrechtliche Beziehungen werden dadurch jedoch nicht begründet.

Damit war die lange und kontroversielle Entstehungsgeschichte der rechtlichen Regulierung der Reproduktionsmedizin in Österreich beendet. Den erzielten Kompromiß hielten viele für durchaus gelungen, so zeigten sich etwa der nunmehrige Justizminister Michalek, Johanna Dohnal (mittler-

---

sein. Im Falle der Insemination mit Spendersamen sollten keine familien- oder erbrechtlichen Beziehungen zw. Spender und Kind entstehen, das Kind sollte allerdings nach Erreichen der Volljährigkeit einen Anspruch auf Auskunft über die Person des Samenspenders haben. Jegliche Experimente unterlagen - ebenso wie die Leihmutterschaft - einem generellen Verbot (Wiener Zeitung 27.7.90).

40 Insbesondere empfahl er (1991, 293), „es möge der vorliegende Entw dahingehend eingeschränkt werden, daß die künstliche Fortpflanzungshilfe nur unter Eheleuten, nur unter Verwendung des Samens des Ehemannes und nur durch Gewinnung von maximal zwei Eizellen und unter sofortiger Einsetzung derselben in die Gebärmutter gestattet werden solle."

weile von der Frauenstaatssekretärin zur Frauenministerin avanciert) sowie SPÖ-Justizsprecherin Hlavac durchaus zufrieden (Wiener Zeitung 9.5.92). Nichtsdestotrotz wurde in der emotionsgeladenen Debatte rund um die Verabschiedung des Gesetzes nochmals Kritik geübt - die FPÖ bewertete die Regelung als zu wenig liberal, die Grünen äußerten prinzipielle Bedenken, die Last der Unfruchtbarkeit und entsprechender Behandlungen würde lediglich den Frauen aufgebürdet. Besonders unzufrieden zeigten sich manche auf IVF spezialisierte Mediziner wie Wilfried Feichtinger[41] (Standard 15.5.92, 8). Als leider nur faulen Kompromiß bezeichneten einzelne Juristen wie Bernat (profil 21/92, 44) und Schick (SN 30.5.92, 6.6.92) die erzielte Lösung. Erneut fand sich das - prinzipiell nicht weiter in Frage gestellte - FMedG in Diskussion, als die aufsehenerregende Vernichtung tiefgekühlter Embryonen in Großbritannien die Aufmerksamkeit darauf lenkte, daß die herrschende Gesetzeslage dies auch hierzulande erlauben würde (SN 3.8.96, 8).

8.5. Erste Vorstöße in Richtung Gentechnikgesetz

Während bereits intensiv an den oben beschriebenen Entwürfen für ein Gesetz zur Regelung der künstlichen Fortpflanzung gearbeitet wurde, monierte die damalige Zweite Nationalratspräsidentin Hubinek (ÖVP), in der Frage um eine mögliche rechtliche Regulierung der Gentechnik sei es zu einem Stillstand gekommen (Standard 22.2.89). Mit der an diesen Befund geknüpften Forderung nach einem einschlägigen Gesetzesentwurf stellte sie sich klar gegen ihren Parteifreund Wissenschaftsminister Tuppy. Dieser hatte zwar eine Studie über den Stand der *„Gentechnologie im österreichischen Recht“* in Auftrag gegeben, an seiner Präferenz für wissenschaftliche Selbstregulierung bestand jedoch kein Zweifel. Das allgemeine Fazit, das nach einem vom Wissenschaftsministerium veranstalteten Symposium gezogen wurde und wonach es in Österreich „weniger Regelungs- als dringenden Diskussionsbedarf“ gab (Standard 24.1.90), kam dieser Linie sehr entgegen.

Tatsächlich setzte die Diskussion im Vergleich zur BRD mit erheblicher Verzögerung und vor allem mit wesentlich geringerer Heftigkeit ein. Zwar

---

[41] So kündigte er an, seine Patientinnen könnten eine Klage beim VfGH wegen Verletzung der Menschenrechte einbringen, da die Verweigerung der Kinderwunschbehandlung eine solche sei. Außerdem wollte er nach Budapest ausweichen, um dort Behandlungen durchzuführen, die nun in Österreich verboten waren.

gab es einzelne Vorstöße aus der Politik, wie etwa von Frauenstaatssekretärin Dohnal, die schon früh die Fortpflanzungsmedizin als möglichen „Weg in die Genmanipulation" thematisierte (Zukunft 10/89, 5-8); Umweltorganisationen dagegen verhielten sich lange Zeit ausgesprochen zurückhaltend. Eine frühe Ausnahme bildete allerdings das „Forum österreichischer Wissenschaftler für Umweltschutz", das Ende 1989 einen Arbeitskreis „Angewandte Gentechnik und Umwelt" etablierte, um sich mit zu schaffenden gesetzlichen Regelungen zu beschäftigen. Im Frühjahr 1990 trat das Forum mit einem von diesen zwölf Experten erarbeiteten Forderungskatalog an die Öffentlichkeit. In dessen Mittelpunkt standen Sicherheitsbestimmungen für die Laborarbeit sowie für Freisetzungen von GVOs. Kritische Stimmen stießen sich jedoch an der Konzentration auf technische Problemlösungen, die den Vorschlägen zugrundelag (Falter 15/90).[42] Ansonsten gab es bis zum formalen Begutachtungsverfahren im Zuge der Formulierung des Gentechnikgesetzes so gut wie keine offiziellen Stellungnahmen von Umweltorganisationen zu diesem Thema. Abgesehen von den Umweltgruppen hatte sich als eigene Organisation das „Gen-ethische Netzwerk Österreich" gegründet, ein Ableger des deutschen GEN, auf das der Befund von Torgersen/Mikl (1995, 29) wohl besonders zutrifft, wonach die Tätigkeit spezialisierter NGOs in Österreich extrem abhängig vom Engagement einzelner Mitglieder und empfindlich eingeschränkt durch minimale finanzielle Ressourcen war. Im allgemeinen stützte sich diese Arbeit außerdem stark auf Expertisen aus dem benachbarten Deutschland, was beispielsweise immer wieder an den Einladungen für Diskussionen, Symposien usw. deutlich wurde.[43] Trotz der geringen personellen und finanziellen Ausstattung gelang es aber gerade dem GEN Österreich (bzw. seinem Hauptsprecher Harald Wosihnoj), schon frühzeitig mit seinen gentechnikkritischen Positionen bei zahlreichen Veranstaltungen ebenso wie in den Medien (vgl. Standard 9.2.90) präsent zu sein.

[42] Das als direkte Reaktion auf den Hainburg-Konflikt gegründete Umweltforum litt außerdem eine Zeit lang an einem internen Konflikt um die Position zur Gentechnik (Torgersen/Mikl 1995, 21). Einer der Mitbegründer der Organisation, Peter Weish, sollte später allerdings einer der Proponenten des Gentechnikvolksbegehrens werden.

[43] Nach dem selben Muster wurde übrigens auch ein großer Teil des „kritischen Sachverstandes" für die spätere Enquete-Kommission aus der BRD „importiert." - Eine der vom GEN Österreich organisierten Veranstaltungen war z.B. eine Konferenz an der Wiener BOKU über die sozio-ökonomischen und ökologischen Folgen der Gentechnologie im Mai 1989 (Notizen 3/89).

AK-Entwurf und SPÖ-Grundsatzpapier

Ab 1990 mehrten sich die Wortmeldungen über Regelungsbedarf und -optionen in Sachen Gentechnologie. Dohnal wiederholte bei einer von der SPÖ, den SPÖ-Frauen und dem Renner-Institut organisierten Enquete in Wien ihre Forderung nach einem Gesetz und formulierte konkrete inhaltliche Vorstellungen wie eine verpflichtende Bürgerbeteiligung und Technikfolgenbewertung bei Genehmigungsverfahren sowie die Offenlegung aller Förderungsmaßnahmen (Neue AZ 6.2.90). Die Basis dafür bildete eine von den SPÖ-Bundesfrauen formulierte „Punktation zum Gentechnologiegesetz" (Renner-Institut 1990, 101-108). Kurz darauf artikulierten anläßlich einer Vortragsreihe an der Universität für Bodenkultur in Wien sowohl Tuppys Nachfolger als Wissenschaftsminister, Busek, wie auch Landwirtschaftsminister Fischler ihre grundsätzlich positive Haltung zur Gentechnologie und ihre Skepsis weitgehenden rechtlichen Regulierungen gegenüber (Wiener Zeitung 2.3.90; BMLuF 1990).[44] In der Zwischenzeit konkretisierten sich allerdings Vorschläge für ein Gentechnikgesetz: Mitte Mai 1990 legte die Arbeiterkammer einen Rohentwurf vor, den eine Arbeitsgruppe unter Berücksichtigung des deutschen Modells und der EG-Normen formuliert hatte (SN 17.5.90).[45] Zentrale Punkte dieses Vorschlags waren:

- Verbot der Keimbahnmanipulation am menschlichen Erbgut
- Verbot der Herstellung biologischer Waffen
- Verbot von Genomanalysen sowohl im Rahmen von Arbeitsverhältnissen als auch im Versicherungswesen
- Sicherheit für Arbeitnehmer und Arbeitnehmerinnen im Labor und in der Produktion (4 Stufen)
- öffentlich zugängliche Gentechnikregister für jedes Labor
- Schaffung einer Zulassungsbehörde beim BKA
- Öffentlichkeitsbeteiligung bei Zulassungsverfahren
- Haftpflicht über die bestehende Produkthaftpflicht hinaus
- Einrichtung einer aus Fachleuten und Interessenvertretungen zusammengesetzten Gentechnologiekommission, eines Bundesinstituts für Gentechnolo-

[44] Dabei vertraten die ÖVP-Minister und Ministerinnen keineswegs alle die selbe Position, denn Umweltministerin Flemming machte sich *für* ein Gentechnikgesetz stark (profil 25/90, 71).

[45] Movens für diesen Entwurf war nach Angaben des Leiters des AK-Expertenteams, Wenty, v.a. die Schaffung arbeitsrechtlicher Schutzbestimmungen (pers. Mitteilung; vgl. auch Neue AZ 17.5.90).

gie sowie einer internationalen Behörde zur Überwachung und Kontrolle gentechnischer Verfahren (Entwurf AK 1990).[46]

Nur kurz darauf startete die SPÖ einen massiven Vorstoß für ein Gentechnikgesetz, als Frauenstaatssekretärin Dohnal zusammen mit Klubobmann-Stellvertreter Ewald Nowotny und dem Tiroler Abgeordneten Lothar Müller ein Grundsatzpapier für ein Gentechnikgesetz präsentierte, das von einer Arbeitsgruppe des Parlamentsklubs ausgearbeitet worden war und das insbesondere auf den Schutz von Mensch und Umwelt vor den potentiellen Gefahren gentechnischer Verfahren und Produkte abzielte. Wesentliche Punkte deckten sich mit dem Entwurf der AK bzw. mit den früheren Vorschlägen der SPÖ. Neben der strengen Kontrolle von Forschung und Wirtschaft war auch die Errichtung einer Gentechnik-Kommission im BKA vorgesehen, die mit weitreichenden Kompetenzen, z.B. in Genehmigungsverfahren, ausgestattet sein sollte. Ihre Mitglieder sollten sich u.a. aus Vertretern und Vertreterinnen der Parlamentsparteien, der Sozialpartnerschaft sowie der Ministerien, außerdem aus Fachleuten der Natur- und Geisteswissenschaften sowie von Umweltorganisationen rekrutieren. Die Beurteilung von Forschungsaufträgen und die Beratung der Regierung oblagen nach diesem Entwurf ebenso der Kommission. Gentechnische Arbeiten sollten angemeldet werden müssen, die Genehmigung von entsprechenden Anlagen setzte ein öffentliches Anhörungsverfahren voraus. Über bewilligte Anlagen und Labors sollte ein öffentlich zugängliches Register geführt werden, auch für die kommerzielle Verwertung von gentechnisch hergestellten Produkten wurde ein Produktregister gefordert. Freisetzungen bedurften zu ihrer Durchführung spezieller Einzelbewilligungen und der Zustimmung der Kommission. Zur Deckung von Schäden wurde eine verschuldensunabhängige Gefährdungshaftung gefordert, die verpflichtend mit einer Versicherung abzudecken wäre. Da „nicht alles was machbar ist, auch gemacht werden darf" (Dohnal), sah das Grundsatzpapier der SPÖ-Abgeordneten schließlich ein generelles Verbot für obligatorische Pränataldiagnostik, für Analysen des menschlichen Erbguts sowie für Eingriffe in die menschliche Keimbahn vor (Presse 9.6.90; Wiener Zeitung 9.6.90). Trotz der „Verzögerungstaktik", die die drei SPÖ-Abgeordneten der ÖVP, und insbesondere dem früheren Minister Tuppy, zum Vorwurf machten, sollte ein GTG nach ihren Vorstellungen noch im selben

[46] Wenige Monate später präsentierte die AK Ergänzungen zu diesen Punkten, die umweltpolitischen Erwägungen entsprangen. Z.B. sollten bei der Anlagengenehmigung auch Umweltorganisationen und Bürgerinitiativen in Form von „Bürgergutachten" gehört werden (Tiroler Tageszeitung 7.8.90).

Jahr verabschiedet werden (Standard 9.6.90).[47] Einen Schritt hierzu schien die Kompetenzverlagerung ins Bundeskanzleramt darzustellen, der der nunmehrige Wissenschaftsminister Busek zur Freude Dohnals zugestimmt hatte. Damit wanderte die Regelungsmaterie Gentechnik schließlich ins damals dort integrierte Gesundheitsressort (Wiener Zeitung 14.9.90).

Bereits zum damaligen Zeitpunkt stellten Kommentatoren erhebliche Defizite in der Diskussion rund um die Gentechnik in Österreich fest, die zum einen eine frühzeitige Polarisierung, zum anderen ein nur sehr schwach ausgeprägtes öffentliches Interesse an dieser Regelungsmaterie betrafen. Angesichts einer Veranstaltung der Wiener AK im Juni 1990 konstatierte der *Kurier* (14.6.90):

> Eine offene und sachliche Diskussion wäre notwendig; sowohl um Ängste abzubauen als auch um blinden Fortschrittsglauben zu blokkieren. Leider wird in dieser heiklen Materie aber nicht miteinander, sondern aneinander vobeigeredet.[48]

Über die inhaltlichen Konflikte hinaus thematisierte das Wochenmagazin *profil* in Zusammenhang mit der Gentechnikfrage das Fehlen eines öffentlichen, auf Information und Wissen basierenden Diskurses und prognostizierte - durchaus treffsicher, wie sich später herausstellen sollte - „stürmische Debatten, ähnlich wie bei der Atomtechnik."

> Freilich setzt ein öffentlicher Diskurs über Grenzen der Genforschung Sachverstand voraus. Gleichzeitig besteht die Gefahr, daß Horrorvisionen an die Wand gemalt und Emotionen geschürt werden. Aber weil Gentechnik uns alle betrifft, dürfen wir uns nicht mit dem Hinweis auf das Verantwortungsbewußtsein der Wissenschafter bescheiden. Allerdings dauert eine Sachdiskussion mit Bürgerbeteiligung Jahre. Die Genforschung aber entwickelt sich mit Riesenschritten weiter. Es hat den Anschein, als ob der Fortsturz der Wissenschaft schneller ist

---

[47] Erneut bildete Umweltministerin Flemming eine Ausnahme. Auch sie stellte nämlich legistische Vorhaben zur Regelung der Pränataldiagnostik in Aussicht (Standard 9.6.90). Lange Zeit war ja unklar, welches Ressort (Wissenschaft, Gesundheit oder Umwelt) letztlich für die Gentechnikregulierung zuständig sein sollte. Ähnliche Kompetenzdiskussionen und schließliche -verschiebungen hatte es auch in der BRD gegeben (Gottweis 1996, 13).

[48] Diese Kritik war insbesondere auf Dohnal und Tuppy, die Antipoden der damaligen Debatte, gemünzt.

als die Fähigkeit der Gesellschaft, deren Folgen zu erfassen und wenigstens gedanklich zu bewältigen (profil 25/90, 71).

Wie bereits erwähnt, gab es in Tages- und Wochenzeitungen durchaus etliche Beiträge, die sich den Vor- und Nachteilen des Einsatzes der Gentechnologie widmeten und in dieser Frage unterschiedlichste Stimmen zu Wort kommen ließen. Als ein Beispiel von vielen sei eine ausführliche Diskussion angeführt, die im Verlauf des Jahres 1990 über drei Ausgaben des *FORVM* hinweg veröffentlicht wurde (Forum 433-435/90, 52-59; 442-443/90, 38-42; 444/90, 64-69). Teil nahmen daran neben einem *Falter*- und einem *Standard*-Journalisten zwei Vertreter der Immuno, ein Molekularbiologe, der Sprecher des GEN, Wosihnoj, sowie die damalige grüne Nationalratskandidatin Puntscher Riekmann. In der kontroversiell und informativ geführten Debatte wurde so gut wie das gesamte mit der Gentechnologie in Verbindung stehende Themenspektrum angerissen, beginnend bei allgemeinen F&E-Fragen und den üblichen Argumentationssträngen der Chancen-und-Risiken-Diskussion hin zu Themen wie Risikodefinition und -abschätzung, *screenings* bzw. DNA-Analysen sowie wissenschaftliche Selbstregulierung, Patentierung und Haftung. Die gesamte Freisetzungsproblematik sowie Fragen der Ethik und der Menschenwürde, der Wissenschaftsfreiheit und schließlich der sozialen Akzeptanz wurden ebenfalls angesprochen. Besonders in der Frage möglicher zukünftiger rechtlicher Regulierungen blieben auch in diesem Rahmen die üblichen Verweise auf die internationalen Referenzmodelle, speziell jedoch auf die Situation in der BRD, nicht aus. So meinte etwa Eibl von Immuno:

> ... was machen die Leute? Sie bringen nichts zusammen, außer nach Deutschland zu schauen und die dortigen dummen Gesetze abzuschreiben, noch dazu falsch - zu ihrem gesetzgeberischen Nachteil und zum Nachteil der Bevölkerung (Forum 442-443/90, 40).

Mittlerweile zeichnete sich auch eine Argumentationslinie ab, die sich ebenfalls aus dem Vergleich mit dem deutschen Beispiel ergab und an der mangelnden öffentlichen Wahrnehmung ansetzte. So plädierte etwa Wosihnoj in der *FORVM*-Diskussion (444/90, 68) für einen politischen Entscheidungsfindungsprozeß im Rahmen möglichst breiter öffentlicher Diskussion nach deutschem Muster:

> Da bräuchte man z.B. in Österreich unbedingt eine Enquetekommission, die sich mit den Vor- und Nachteilen der Gen- und Biotechnologien tief auseinandersetzt, die auch den Mut hat, gewisse Bereiche für 10 Jahre einfach einmal zu blockieren und zu sagen, darüber

gibt's jetzt keinen Konsens, weil wir ganz einfach noch zu wenig wissen.

Diese Idee einer parlamentarischen Enquete-Kommission zur Gentechnologie hatte einige Monate zuvor bereits die SPÖ artikuliert, damals wurde die Zustimmung zu einem solchen Verfahren jedoch seitens der ÖVP von der Behandlung anderer Gesetzesmaterien abhängig gemacht - eine Junktimierung, die die SPÖ laut Familiensprecherin Traxler nicht zu akzeptieren bereit war (Presse 27.1.90). Diese Haltung bekräftigte kurz darauf bei der bereits erwähnten Enquete im Februar 1990 Johanna Dohnal. Auch sie sprach sich damals für eine Enquete-Kommission zur Gentechnik aus und kritisierte die Position des Koalitionspartners (Renner-Institut 1990, 98). Allerdings gab es in der ÖVP durchaus Vorreiter für die Einrichtung einer solchen, insbesondere den Abgeordneten Brünner, dessen Engagement vor allem auf eine Aufwertung des Parlaments und die prinzipielle Etablierung von Technikfolgenabschätzung abzielte (Brünner 1992). Ebenso wie der SPÖ-Vertreter Müller, dessen Antriebsfeder allerdings primär der Wunsch nach einem möglichst bald zu schaffenden umfassenden Gentechnikgesetz war (Müller 1990), begrüßte Brünner in einem Interview in der *Edition Zeitthema* (o.A. 1992b, 7-8) daher auch Anfang 1992 ausdrücklich die geplante Enquete-Kommission zur Gentechnik.

Die Voraussetzungen für die Etablierung einer parlamentarischen Enquete-Kommission waren formal bereits durch die Geschäftsordnungsreform des Nationalrats 1988 geschaffen worden. Politisch stellte das Arbeitsübereinkommen der Bundesregierung, das am 17. Dezember 1990 von Bundekanzler Vranitzky für die SPÖ und von Vizekanzler Riegler für die ÖVP unterzeichnet worden war, einen wesentlichen Schritt auf dem Weg dorthin dar.

Geschäftsordnungsreform und Regierungsübereinkommen

Das Reglement für die parlamentarische Arbeit wird durch die Geschäftsordnung des Nationalrats festgelegt, die in der Zweiten Republik vor 1988 bereits zweimal (1961 und 1975) umfassend geändert wurde. Diese Reformen waren immer als Reaktion auf grundlegende Umwälzungen der politischen Lage zu bewerten.[49] Der Geschäftsordnungsreform 1988 gin-

[49] Die Geschäftsordnungsreform 1961 war deutlicher Ausdruck dessen, daß seit Mitte der 50er Jahre keinerlei Bestimmungen der Besatzungsmächte mehr die österreichi-

gen die Bildung der Großen Koalition zwischen SPÖ und ÖVP 1987 und der Einzug der Grünen als neue vierte Partei in den Nationalrat voran. Alles in allem wurden mit den Änderungen in der Geschäftsordnung 1988 durch den Ausbau des Instrumentariums der direkten Demokratie die Bevölkerung ein wenig mehr als zuvor in die parlamentarische Willensbildung eingebaut; eine Reihe von Maßnahmen sollte außerdem dazu dienen, die parlamentarische Arbeit transparenter, lebendiger und effizienter zu gestalten (Zögernitz 1990, 243).[50] Um eine Parlamentsreform hatten sich in den Jahren vor 1988 vor allem die ÖVP und die FPÖ bemüht, wohingegen die SPÖ - mit einigen Ausnahmen, wie z.B. Heinz Fischer - eine sehr zurückhaltende Position vertrat. Die massivsten Forderungen und insbesondere Herausforderungen[51] kamen jedoch zweifellos von den Grünen (Staudinger 1990). 1986 regte Heinrich Neisser, laut Frischenschlager (1990, 284) neben Kurt Bergmann einer der Vorreiter der reformatorischen ÖVP-Linie, in einem Sammelband über den österreichischen Parlamentarismus die Einrichtung von parlamentarischen Enquete-Kommissionen nach deutschem Vorbild als wesentliches Element zur Reform des bereits bestehenden parlamentarischen Enquetensystems an (Neisser 1986, 720-721). Die Installierung dieses Instruments sollte schließlich zu den parteipolitisch am wenigsten umstrittenen Punkten in der Reform der Nationalratsgeschäftsordnung zählen. Übereinstimmend erwartete man sich davon die Möglichkeit einer weitaus differenzierteren Behandlung von Sachfragen, als es das bisherige Enquetensystem[52] zuließ. Ab 1. Jänner 1989 konnten vom Hauptausschuß Enquete-Kommissionen eingesetzt werden (gemäß § 98 Absatz 4 der Geschäftsordnung), im Gegensatz zu parlamentarischen Enqueten sollten sie - wie Ausschußsitzungen - nicht öffentlich sein (Zögernitz 1990, 259). Von ihrer Einrichtung erhoffte man sich,

---

sche Politik einschränkten. Die Reform 1975 war eine verspätete Reaktion auf das Ende der Großen Koalition 1966 (Zögernitz 1990, 248-250).

50 Es liegt in der Natur der Sache, daß trotz der Einigkeit über die grundsätzlich eingeschlagene Richtung der Reform die Bewertung der Verhandlungsergebnisse je nach politischem Standpunkt unterschiedlich ausfällt, vgl. für die Grünen Staudinger und für die FPÖ Frischenschlager, beide 1990. Zu einer Analyse aus SPÖ-Perspektive vgl. Fischer 1990.

51 Wie etwa die neunstündige Rede des Abg. Geyer zum Luftreinhaltegesetz. Die Grünen forderten vehement eine Ausweitung der Minderheitsrechte der Opposition. Um dies zu unterstreichen, nutzten sie das vorhandene Instrumentarium exzessiv aus und bedienten sich teilweise aktionistischer Methoden.

52 Die in Österreich üblichen Gesetzgebungsenqueten dienen zur Information von Abgeordneten über Angelegenheiten, in denen die Gesetzgebung Bundessache ist. Sie sind bloße, in der Regel eintägige Informationsveranstaltungen, in denen kein Beschluß erfolgt (Neisser 1986, 709-710).

> ... daß das Parlament grundsätzliche Probleme über einen längeren Zeitraum zwischen Abgeordneten und Experten beraten kann und damit die fachliche Vorbereitung parlamentarischer Entscheidungen im Parlamentsbereich selbst durchführen kann und nicht mehr ausschließlich auf die Expertentätigkeit der Bürokratie angewiesen ist (Frischenschlager 1990, 293).

Trotz der großen an die parlamentarischen Enquete-Kommissionen geknüpften Hoffnungen sollte es dennoch einige Zeit dauern, bis dieses Instrument zum ersten Mal genutzt wurde. Als erster zu behandelnder Themenkreis kristallisierte sich die TA heraus. Das Regierungsübereinkommen vom 17. Dezember 1990 enthielt diesbezüglich wichtige Weichenstellungen. Beilage 2 vermerkte unter der Rubrik „Rechtsstaat und Justizreform“:

> Die Problemkreise der Fortpflanzungshilfe und Gentechnologie sind weiter intensiv zu prüfen, dies mit dem Ziel gesetzlicher Regelungen, sobald hinreichende Erkenntnisse und Erfahrungen vorliegen (Regierungsübereinkommen 1990, 3).

Beilage 15 widmete sich „Wissenschaft und Forschung“ und enthielt als zweiten Punkt eines Katalogs für „Bessere Bedingungen für Forschung und Entwicklung“ folgenden Passus:

> Einbeziehung der Beachtung der Technologiefolgen in die Technologieförderung. Zentrale Information über Technologieentwicklung und -beurteilung ihrer gesellschaftlichen und umweltbezogenen Auswirkungen. Einrichtung einer „Enquete Kommission für Forschung und Entwicklung“ im Bereich des Parlaments. Gesetzliche Regelung für die Forschung und Anwendung der Gentechnik mit Vorrang (Regierungsübereinkommen 1990, 13).

Die relevanten Passagen im Arbeitsübereinkommen zwischen SPÖ und ÖVP enthielten also noch keine dezidierten Festlegungen über die genaue inhaltliche Ausrichtung der in Aussicht gestellten ersten Enquete-Kommission in der Geschichte des österreichischen Parlaments. Eine Vorentscheidung in Richtung TA und Priorität für die Regelungsmaterie Gentechnik war allerdings gefallen. Bevor jedoch die Arbeit der Enquete-Kommission betreffend „Technikfolgenabschätzung am Beispiel der Gentechnologie“, die Ende 1991 eingesetzt wurde, und schließlich die weitere Entwicklung bis hin zur Verabschiedung des österreichischen Gentechnikgesetzes beschrieben werden, müssen die juristischen Ausgangsbedingungen beleuchtet werden. Der Sondierung des rechtlichen Rahmens, in dem die Arbeit mit gentechnischen Methoden sich bis zum Ende der achtziger Jahre bewegt hatte, wurde innerhalb der rechtspolitischen Diskussion in Österreich große Bedeutung zugemessen. Das Wissenschaftsministerium etwa, das ja prinzipiell einem Spezialgesetz ablehnend gegenüberstand, verwies darauf, mit der Auftragserteilung für die im nächsten Kapitel beschriebene Rechtsstudie einen sehr verantwortungsvollen Beitrag zur österreichischen Auseinandersetzung mit Fragen der Gentechnikentwicklung geleistet zu haben (Renner-Institut 1990, 93).

9. DIE RECHTLICHE AUSGANGSLAGE IN ÖSTERREICH

Schon 1987 hatte man im Wissenschaftsministerium damit begonnen, die bestehende Rechtslage bezüglich der Gentechnik zu sichten. Nachdem sich dieses Vorhaben als einigermaßen schwieriges Unterfangen entpuppte - so dauerte es etwa ein volles Jahr, bis die anderen Ministerien sowie die Landesregierungen ihre Stellungnahmen abgaben (profil 18/89, 57) -, erteilte das Ministerium, noch unter dem damaligen Bundesminister für Wissenschaft und Forschung, Hans Tuppy, Anfang 1989 den Auftrag für eine rechtswissenschaftliche Studie, die schließlich 1991, bereits während der Amtsperiode seines Nachfolgers Erhard Busek, erschien. Diese Studie unter dem Titel *„Gentechnologie im österreichischen Recht"* sollte drei Ziele erfüllen: Zum ersten war es Aufgabe der damit betrauten Experten und Expertinnen, die österreichische Rechtsordnung zu sondieren, um allenfalls für den Bereich der Gentechnologie relevante, bereits vorhandene Regelungen aufzufinden.[1] Zum zweiten sollten sogenannte „Grauzonen" erfaßt werden, also jene Bereiche, die durch bestehende Gesetze und Verordnungen nicht abgedeckt wurden, aber rechtlichen Handlungsbedarf aufwiesen. Als drittes Ziel war schließlich die Erarbeitung von „Vorschlägen für allfällige neue gesetzliche Regelungen unter Berücksichtigung einschlägiger ausländischer und internationaler Normen" (Busek 1991, XII) formuliert worden. Der Forschungsauftrag war seitens des Ministeriums insofern eingeschränkt, als nur Fragen der Gentechnik im engeren Sinn (Umgang mit rekombinantem Genmaterial) bearbeitet werden sollten, nicht jedoch Problemstellungen der unmittelbaren Anwendung der Gentechnik am Menschen. Diese Eingrenzung betraf somit die somatische Gentherapie, den Gentransfer in Keimbahnzellen sowie sämtliche Arbeiten mit menschlichen Keimbahnzellen außerhalb der zellbiologischen Grundlagenforschung. Dabei orientierte man sich an bereits bestehenden ausländischen rechtlichen Regelungen, die ebenfalls die Humangenetik ausklammern. Ausgenommen waren auch die Rechtsfragen der künstlichen Fortpflanzung, zu deren Bearbeitung zum damaligen Zeitpunkt bereits einige wissenschaftliche und ministerielle Gremien bzw. Arbeitsgruppen bestanden (Öhlinger 1991b, 429-431). Da als Ausnahme jenseits der Ausklammerung der Humangenetik die Genomanalyse in die-

[1] Genauer formuliert sollte nach Regelungen gesucht werden, „die sich auf den Umgang mit rekombinantem Genmaterial erstrecken und geeignet sind, damit verbundene Risiken zu begrenzen oder negative Folgen (Schäden) zu beseitigen" (Öhlinger 1991b, 429).

ses juristische Sondierungsprojekt[2] miteingeschlossen worden war, ging man in Österreich mit den entsprechenden Überlegungen allerdings weiter als die ausländischen Vergleichsbestimmungen.

Interessanterweise zielen die in der Studie gemachten Vorschläge für ein noch zu schaffendes Regelungssystem bezüglich der Gentechnologie zum Teil in eine gänzlich andere Richtung als die tatsächliche Gesetzgebungsarbeit. Am auffälligsten ist die Tatsache, daß diese Auftragsstudie von einem Stamm- oder Rahmengesetz deutlich abrät und stark in Richtung einer Streunormierung tendiert (Luf/Potz 1991, 411; Öhlinger 1991b, 443-444), während 1994 schließlich doch ein Rahmengesetz zur Gentechnik verabschiedet wurde. Was die Möglichkeit anbelangt, sie der wissenschaftlichen Selbstregulierung zu überlassen, herrschten wiederum zwischen den einzelnen Autoren graduelle Meinungsdifferenzen: Während Luf und Potz (1991, 396-397) sich sehr deutlich dagegen aussprachen, wurde in der von Öhlinger verfaßten Zusammenfassung der Ergebnisse aus den Einzelstudien (1991b, 443) die Option einer durch Gesetz delegierten autonomen Rechtsetzung (eventuell zu erarbeiten durch ein entsprechendes Kollegialorgan oder einen wissenschaftlichen Beirat) nicht völlig von der Hand gewiesen, womit er sich durchaus in Einklang mit der im Wissenschaftsministerium dominanten Linie befand.

Das Kompendium sollte, basierend auf dieser Einsicht in die Notwendigkeit von rechtlichen Regulierungsmaßnahmen, eine Bestandsaufnahme der juristischen Grundlagen liefern.[3] Abgesehen von der direkten Bezugnahme auf die konkrete Gesetzeslage in Österreich knüpfte diese Arbeit selbstverständlich an Argumentationslinien der bereits skizzierten allgemeinen Verrechtlichungsdebatte an. Darüber hinaus ist vorauszuschicken, daß auch die in diesem Band enthaltenen Einzelstudien bzw. die daraus abgeleiteten Schlußfolgerungen nicht die gesamte Bandbreite der in der

---

[2] Mit der Koordination des Projekts beauftragt worden war der Universitätsprofessor Theo Öhlinger vom Institut für Staats- und Verwaltungsrecht in Wien; thematisiert wurden sämtliche relevanten Rechtsbereiche. Aus all jenen Beiträgen, die sich mit speziellen juristischen Fragestellungen (etwa bezüglich des Haftungsrechts, des Strafrechts oder des Arbeitnehmerschutzes) in Hinblick auf die Gentechnologie beschäftigen, ragen die allgemeinen Überlegungen von Luf/Potz über „*Probleme der Verrechtlichung der Gentechnologie*" heraus.

[3] Große Teile der Studie (z.B. Huber/Stelzer) wurden bereits im Dez. 1989 abgeschlossen und spiegeln daher die Rechtslage zu diesem Datum wider. Was die internationalen Verweise bzw. Vergleiche anbelangt, wird tlw. daher noch von Entwürfen ausgegangen, tlw. wurde aber (offenbar bei einer Überarbeitung - die Kurzfassung von Öhlinger ist mit Juni 1990 datiert) berücksichtigt, daß sowohl die EG-Richtlinien als auch das deutsche GenTG in der Zwischenzeit beschlossen wurden.

hiesigen juristischen Diskussion geäußerten Meinungen widerspiegeln. So befaßte sich etwa 1991 ein Autorenteam in einer vom österreichischen Umweltbundesamt in Auftrag gegebenen Studie ebenfalls mit nationalen und internationalen rechtlichen Regelungsmöglichkeiten und -modellen.[4] Die aus der BRD kommenden Autoren (gleichermaßen kompetente wie kritische Beobachter der Gentechnikentwicklung) bezogen sich dabei teilweise stark auf die österreichische Rechtsstudie, kamen aber durchaus zu eigenständigen, anders lautenden Schlußfolgerungen. Die parlamentarische Enquete-Kommission wiederum griff ihrerseits im Rahmen des Themenkreises *„Gesellschaft, Demokratie und Grundrechte"* zwar auf Öhlinger als Diskutant zurück, hatte aber als Gutachter bzw. Gutachterin drei weitere Personen geladen,[5] die das Meinungsspektrum jeweils aus ihrer Perspektive erweiterten. Die in den verschiedenen Zusammenhängen angestellten Überlegungen hinsichtlich der juristischen Ausgangssituation und des daraus resultierenden Regelungsbedarfs bzw. der entsprechenden Möglichkeiten in Österreich sollen in den folgenden Abschnitten zusammengefaßt skizziert werden.

Als eine Richtmarke ergab sich aus der rechtswissenschaftlichen Sondierung, daß zum damaligen Zeitpunkt bereits mehr als 200 Gesetze und Rechtsverordnungen existierten, die für gentechnisches Arbeiten relevant waren, so daß keineswegs von einem rechtsfreien Raum gesprochen werden konnte. Allerdings wies mit einer einzigen Ausnahme (nämlich dem Arzneimittelgesetz in der novellierten Fassung von 1988) keine dieser Regelungen eine explizite Bezugnahme auf die Gentechnik auf.[6] Für die übrigen Rechtsvorschriften galt, daß bei ihrer Erlassung die Gentechnik kaum mitbedacht worden war. Zu Anfang der neunziger Jahre gab es in Österreich also bereits ein relativ dichtes Normengefüge, innerhalb dessen man bei der Anwendung der Gentechnik agierte, dies war *„jedoch in keiner Weise auf die spezifischen Probleme der Gentechnik zugeschnitten"* (Öhlinger 1991b, 441). Zu diesem Rahmen zählte auch die - rechtlich

---

[4] Die Koordination für den Abschnitt über *„Gesetzliche Regelungen zur Gentechnik in Europa"* (UBA 1991, 371-499) lag bei Joachim Spangenberg und Dan Leskien; die einzelnen Unterkapitel waren von Florian Gerlach, Martin Führ, Ruben Scheller und Wolfgang Polt betreut worden. Dabei war Gerlach für die *„Darstellung des rechtlichen Regelungsbedarfs"* in Österreich zuständig.

[5] Diese Gutachten wurden erstellt von Birgit Bolognese-Leuchtenmüller vom Institut für Wirtschafts- und Sozialgeschichte und Peter Gerlich vom Institut für Staats- und Politikwissenschaft, beide Univ. Wien, sowie von Dan Leskien vom Studienkreis Umweltpolitik und Recht in Hamburg.

[6] Eine Liste der in Frage kommenden Gesetze und Verordnungen erstellten Huber/Stelzer (1991, 185-189) im Rahmen ihrer Abhandlung der öffentlich-rechtlichen Rechtsfragen der Gentechnologie.

allerdings zwanglose - Orientierung österreichischer Forschungslabors und Unternehmen an internationalen Sicherheitsrichtlinien (Öhlinger 1991a, XIII). Die Einhaltung der *NIH-guidelines* erfolgte in Österreich in freiwilliger Selbstbindung und unterlag ihrem Charakter entsprechend nur interner Kontrolle, war allerdings Voraussetzung für die Vergabe öffentlicher Förderungen (Luf/Potz 1991, 418), für pharmazeutische Produkte konnten darüber hinaus die Sicherheitsrichtlinien der FDA herangezogen werden (Öhlinger 1991b, 442).

9.1. Die Bestandsaufnahme des vorhandenen Regelungssystems - Ein Überblick

Produktionssicherheit

Hinsichtlich der Produktionssicherheit war nach geltender Rechtslage in erster Linie relevant, ob die entsprechende Anlage in den Anwendungsbereich der Gewerbeordnung und damit des gewerblichen Betriebsanlagenrechts fiel oder nicht. Da die Gewerbsmäßigkeit einer Tätigkeit das dafür entscheidende Kriterium darstellte, wurde die Arbeit mit rekombinierter DNA im Bereich der Universitäten von dieser Rechtsbestimmung nicht erfaßt, dasselbe galt für Labors, die privaten Forschungsinteressen dienten. Dies war nach Huber/Stelzer (1991, 51) insofern von Belang, als „sämtliche Einrichtungen zum Betrieb" eines solchen Labors „inklusive der benötigten Materialien sowie der notwendigen Mikroorganismen auf dem freien Markt erhältlich sind" und es daher „abgesehen von einer gewissen Ausbildung, die aber an den Universitäten zu erhalten ist, lediglich eine Frage der Finanzkraft dar(stellte), sich als Privater ein derartiges Labor einzurichten." Darüber hinaus waren aber auch andere gesellschaftsrechtliche Konstruktionen (z.B. Idealvereine) denkbar, die eine Anwendung der Gewerbeordnung ausgeschlossen hätten. Schließlich existierten vom Geltungsbereich der Gewerbeordnung ausdrücklich ausgenommene Tätigkeiten, die teilweise auch im Zusammenhang mit der Gentechnik von Bedeutung waren (Huber/Stelzer 1991, 51-53).[7] Sowohl die Gewerbeordnung als auch die entsprechenden, die Produktion betreffenden Vorschriften des Arznei- und Lebensmittelrechts enthielten Sicherheitsvor-

[7] Angeführt wurden hier die Land- und Forstwirtschaft, der Betrieb von Molkereien, die Züchtung, Vermehrung, Bearbeitung, Verwertung und Beschaffung von Saatgut, der Bergbau, die Ausübung der Heilkunde, der Betrieb von Krankenanstalten und die Erzeugung von Blatternimpfstoff (Huber/Stelzer 1991, 52-53).

schriften, die auf die sog. technische Sicherheit abstellten.[8] Das Betriebsanlagenrecht bezog sich allerdings in erster Linie auf die Ausstattung der Betriebsanlage und regelte die dort durchgeführten Tätigkeiten nur indirekt, so daß etwa für Vorschriften des biologischen *containments* keine expliziten gesetzlichen Grundlagen vorhanden waren. Die Umwelt genoß in diesem Regelungsrahmen keinen umfassenden, sondern lediglich punktuellen Schutz, etwa in bezug auf Gewässer. Was die menschliche Sicherheit anbelangte, so waren die den Bestimmungen des Arbeitnehmerschutzgesetzes unterliegenden Personen explizit vom durch die Gewerbeordnung geschützten Personenkreis ausgenommen, dieser umfaßte im wesentlichen die Gewerbetreibenden selbst, mit im Betrieb tätige Familienangehörige, Nachbarn und Kundschaft. Die Gewerbeordnung berücksichtigte das Anforderungskriterium der menschlichen Sicherheit außerdem dadurch, daß sie teilweise subjektive Voraussetzungen für den Erwerbsantritt - wie etwa die Erbringung eines Befähigungsnachweises - normierte. Daneben existierten noch Regelungen für den Umgang mit bestimmten (gefährlichen) Substanzen, die auch im Zusammenhang mit der Gentechnik in Gebrauch sind, wie beispielsweise radioaktives Material, giftige Chemikalien oder humanpathogene Krankheitserreger. Allerdings galten diese Vorschriften jeweils nur für einen kleinen Teilbereich der gentechnischen Forschung und Produktion. Hinsichtlich der Sonderproblematik der Erzeugung biologischer Waffen stellte sich die damalige Rechtslage als besonders unübersichtlich dar (Huber/Stelzer 1991, 53-97). Das Autorenteam kam am Ende seiner Betrachtungen über die Produktionssicherheit zu dem Schluß, daß diesbezüglich folgende Bestimmungen fehlten:

- allgemeine Vorschriften über die Ausstattung gentechnologischer Forschungs- und Produktionsstätten (technische Sicherheit),
- Vorschriften, die eine präventive öffentlich-rechtliche Kontrolle aller gentechnologischen Forschungs- und Produktionsstätten im Hinblick auf die verwendeten Organismen und die durchgeführten Experimente bzw. Produktionsverfahren ermöglichen,

---

[8] Das bedeutet, es ergaben sich entweder direkt aus dem Gesetz oder aus den darauf basierenden Verordnungen und Bescheiden Verpflichtungen zur Vermeidung gesundheitsgefährdender Immissionen. - Da nicht-gewerbliche bzw. universitäre Laboratorien von der Gewerbeordnung nicht erfaßt waren, fehlten auch die entsprechenden Sicherheitsvorschriften für diese Einrichtungen. Die österreichische Rechtsordnung erfaßte solche Forschungsstätten allenfalls in Form zivilrechtlicher Haftungsbestimmungen sowie des Strafrechts.

- allgemeine Regelungen über die fachliche Befähigung der im Bereich der Gentechnologie tätigen Personen (Huber/Stelzer 1991, 176).

Über diesen Befund hinaus stellten Huber/Stelzer (1991, 65) aus rechtssystematischer Perspektive außerdem fest, daß die Gewerbeordnung ohnehin nicht das geeignete Regelungsgebiet darstellte, innerhalb dessen eine umfassende Verrechtlichung des Umgangs mit der Gentechnik geleistet hätte werden können. Dies deswegen, weil nach der Gewerbeordnung die Registrierung, Genehmigung und Überprüfung einzelner gentechnischer Arbeiten kaum möglich war.[9] Gerade diese Überwachung einzelner Arbeiten schien

> ... jedoch dringend erforderlich, da eine Sicherheitsbeurteilung nur aufgrund der spezifischen Besonderheiten des einzelnen gentechnischen Experiments bzw. der einzelnen gentechnischen Arbeit, insbesondere auf Grund einer Bewertung des Spender- und Empfängerorganismus und des gentechnisch veränderten Organismus selbst erfolgen kann (UBA 1991, 374).

In diesem Zusammenhang verwiesen die Autoren der UBA-Studie auf entsprechende, weitergehende Vorschriften des Bundesimmissionsschutzgesetzes der BRD, wonach eine neuerliche Genehmigungspflicht für Anlagen dann besteht, wenn Arbeiten (wie gentechnische Arbeiten), die von der ursprünglichen Genehmigung der Anlage noch nicht erfaßt worden sind, neu aufgenommen werden. Außerdem griffen die Vorschriften der Gewerbeordnung erst bei Vorliegen einer „Gefahr",ohne die unterhalb der Gefahrengrenze liegenden Risiken zu erfassen, so daß eine umfassende Risikovorsorge auf dieser juristischen Grundlage nicht möglich war (UBA 1991, 374).[10]

---

9 Daher ja auch das bereits erwähnte Fehlen gesetzlicher Grundlagen für die Anordnung von Maßnahmen bezüglich des biologischen *containments*.

10 Die hier angeführten Begriffe spiegeln die rechtsdogmatische Differenzierung unterschiedlicher Risikoszenarien und -potentiale wider. So ist für den Begriff „Gefahr" juristisch kennzeichnend, „daß sie vorliegt, 'wenn eine Sachlage bei objektiv zu erwartendem, ungehindertem Geschehensablauf mit Wahrscheinlichkeit zu einem Schaden an einem rechtlichen Schutzgut führt'" (Luf/Potz 1991, 403). Im Falle von „Risiko unterhalb der Gefahrenschwelle" wird die „Schwelle hinreichender Eintrittswahrscheinlichkeit" dagegen nicht erreicht, es handelt sich also um vermutetes Risiko, „das zu Maßnahmen der Schadens- bzw. Risikovorsorge auffordert" (Luf/Potz 1991, 404).

Produktsicherheit

Die Produktpalette, bei deren Herstellung gentechnisch veränderte Mikroorganismen eingesetzt werden konnte und deren Inverkehrbringen je nach Verwendungszweck speziellen gesetzlichen Regelungen unterlag, umfaßte Arznei-, Lebens-, Futter-, Dünge-, Wasch- und Schädlingsbekämpfungsmittel sowie weitere Chemikalien (Huber/Stelzer 1991, 98-120). Wie bereits eingangs erwähnt, war die Arzneimittelgesetz-Novelle die einzige Bestimmung, die zum Zeitpunkt der Studienerstellung ausdrücklich auf die Gentechnik - nämlich auf gentechnisch hergestellte Arzneispezialitäten - Bezug nahm. Die in dieser Bestimmung angeführten Arzneispezialitäten dürfen im Inland erst abgegeben werden, wenn sie vom Bundeskanzler bescheidmäßig zugelassen sind. Außerdem ist für ihr Inverkehrbringen eine weitere Zulassung vorgeschrieben, die sog. „Chargenfreigabe".[11] Die UBA-Studie kam diesbezüglich zu dem Schluß, daß die Rechtslage insofern nicht ganz ausreiche, als die Chargenfreigabe nur für ausdrücklich genannte Arzneispezialitäten nötig sei, diese Einschränkung im Fall von gentechnisch hergestellen Arzneimitteln allerdings in Anbetracht der Risiken, denen die Chargenprüfung entgegenwirken sollte, sachlich nicht gerechtfertigt sei. Die Arzneimittelspezialitätenverordnung enthält außerdem Vorschriften über die Zulassung sogenannter „biogener Arzneimittelspezialitäten", wobei nicht ganz klar war, ob dieser Begriff nach der Arzneimittelgesetz-Novelle GVOs erfaßte. Tendenziell wurde diese Frage allerdings bejaht. Zur Klarstellung der neuen Rechtslage forderten Huber/Stelzer (1991, 102) eine Anpassung der Arzneimittelspezialitätenverordnung an die Novelle. Da das Arzneimittelgesetz, anders als die meisten übrigen, auf andere Produkte abzielenden Vorschriften nicht immer an der Schädlichkeit des betreffenden Produkts, sondern vor allem an den Bestimmungen über die Chargenfreigabe am Herstellungsverfahren anknüpfte, konnte resumiert werden, daß „der Gesetzgeber offenbar davon aus(ging)", daß gewisse „Arzneimittelspezialitäten grundsätzliche Gefahren oder Risiken bergen, die einen Genehmigungsvorbehalt rechtfertigen", weshalb dem Grundsatz der Risikovorsorge „hier ausreichend Rechnung getragen" würde (UBA 1991, 380). Was die anderen, spezielle Produktgruppen (Lebensmittel, Düngemittel usw.) betreffenden Rechtsvorschriften anbelangte, wurde hier weitestgehend auf die Qualität der jeweiligen Endprodukte, nicht aber auf die Herstellung bzw. die dabei eingesetzten Ver-

---

[11] Eine Charge ist nach dem Arzneimittelgesetz die im Zuge eines einheitlichen Herstellungsganges gefertigte Menge eines Arzneimittels. Eine Prüfung ist offenbar erforderlich, weil bei manchen Arzneimitteln auch bei sorfältiger Herstellung Unterschiede in der Zusammensetzung und biologischen Wirkung nicht ausgeschlossen werden können. Die Chargenfreigabe erfolgt daher nach einer entsprechenden Prüfung.

fahren abgestellt. Im wesentlichen konnte aber nach Huber/Stelzer (1991, 176-177) bereits durch das vorhandene Regelungswerk die einwandfreie Beschaffenheit von Produkten sichergestellt werden, unabhängig davon, mit welchen Verfahren sie hergestellt worden waren. Einschränkend hielten sie (1991, 177) allerdings fest, daß „Auslegungsprobleme im Zusammenhang mit der Anwendung produktrechtlicher Vorschriften" dann entstehen konnten, „wenn gentechnisch veränderte Mikroorganismen nicht bloß eine Substanz erzeugen, sondern selbst das Produkt darstellen." In diesen Fällen hing es vom jeweils anzuwendenden Gesetz ab, ob es sich bei Mikroorganismen um „Stoffe" im Sinne des betreffenden Gesetzes handelte oder nicht. Ebenfalls kritisch bewertete die UBA-Studie (1991, 383) das Chemikaliengesetz, das demnach „bei gentechnisch hergestellten Substanzen seiner Auffangfunktion, für die es u.a. im Recht der herkömmlichen Chemikalien geschaffen wurde, nicht gerecht werden" konnte.

Freisetzung

Das österreichische Verwaltungsrecht beinhaltete punktuell Rechtsvorschriften, die die absichtliche Freisetzung von Tieren, Pflanzen, Mikroorganismen oder Viren tangierten, in der Regel handelte es sich dabei um Bestimmungen, die den Schutz konkreter Rechtsgüter bzw. die Vermeidung oder Beseitigung von bestimmten Gefahren zum Inhalt hatten. Hinsichtlich potentieller Gefahren für die menschliche Gesundheit waren das Epidemiegesetz sowie die Verordnung über die Vornahme medizinisch-diagnostischer Untersuchungen relevant, hinsichtlich der Gefährdung von Tieren war das Tierseuchengesetz und bezüglich der Gefährdung von Pflanzen in erster Linie das Pflanzenschutzgesetz zu Rate zu ziehen. Handelte es sich bei den freigesetzten Organismen nicht um Krankheitserreger, sondern um Lebewesen, so mußten die Naturschutzgesetze der Länder beachtet werden, deren Anwendung sich allerdings in mehrerlei Hinsicht als schwierig erwies. Zum ersten war unklar, ob auch Mikroorganismen Pflanzen oder Tiere im Sinne der Naturschutzgesetze sein konnten, zum zweiten warfen die Begriffe „standortfremd" oder „landes- oder gebietsfremd" für die Bewertung von freigesetzten gentechnisch veränderten Pflanzen oder Tieren beträchtliche Auslegungsprobleme auf. Da darüber hinaus Genehmigungsvoraussetzungen zum Teil länderweise sehr unterschiedlich geregelt waren, waren die Naturschutzgesetze kaum geeignet, eine adäquate einheitliche und präventive Regulierung von Freisetzungsrisiken zu gewährleisten. Vor ähnliche Probleme sah man sich allerdings auch bei der Anwendung des Epidemie- und des Tierseuchengesetzes gestellt: Beide beinhalteten zwar Vorschriften zur Verhinderung der Ausbreitung ansteckender Krankheiten oder Seuchen, Voraussetzung dafür war allerdings, daß die Krankheit schon erfaßt war bzw. sich die Gefahr bereits realisiert hatte. Präventive Maßnahmen, die Freisetzung humanpathogener Organismen oder anderer pathogener Mikroorganismen zu verhindern, konnten auf dieser rechtlichen Basis somit nicht ergriffen werden (Huber/Stelzer 1991, 142-152). Ein wenig weiter gefaßt war der Schutz, den das Pflanzenschutzgesetz zu bieten imstande war: Einerseits erfaßte es unter dem Begriff Schädlinge auch Mikroorganismen als Erreger von Pflanzenkrankheiten, andererseits ergab sich aus den landesgesetzlichen Ausführungsbestimmungen, „daß im Anwendungsbereich des Pflanzenschutzgesetzes sowohl die Freisetzung als auch das Halten von Organismen, die Pflanzenschädlinge oder Erreger von Pflanzenkrankheiten sind, unzulässig" war (UBA 1991, 385). Soweit es um den Schutz des Waldes laut Forstgesetz ging, war nach gültiger Rechtslage die Freisetzung gentechnisch veränderter Organismen ebenfalls untersagt. Nach dem Berg- und dem Wasserrechtsgesetz schließlich war eine Freisetzung zumindestens bewilligungspflichtig (Huber/Stelzer 1991, 156-160; UBA 1991, 385-386). Insgesamt jedenfalls war die Freisetzungsproblematik von der geltenden Rechtslage völlig unzureichend erfaßt; insbesondere eine „umfassende Risikoabschätzung unter Einbeziehung der Auswirkungen für alle in Betracht kommenden Rechtsgüter und der gerade für Freisetzungen typischen komplexen Kausalzusammenhänge (soweit dies möglich ist)" konnte keineswegs geleistet werden (Huber/Stelzer 1991, 179).

Pflanzen- und Tierzucht

Zu den ebenfalls mehr als mangelhaft geregelten Sachfragen zählten jene der Pflanzen- und Tierzucht. Alle im Bereich der Pflanzenzucht relevanten Gesetze[12] stellten hauptsächlich „auf die Qualität, einwandfreie Beschaffenheit, Gesundheit und ähnliche Eigenschaften der Pflanzen (des Saatgutes) ab und erwähn(t)en nur zum Teil Zuchtverfahren und -methoden" (Huber/Stelzer 1991, 129), insofern bestanden Parallelen zu den bereits angeführten produktrechtlichen Vorschriften, die ebenfalls am Endprodukt und nicht am Herstellungsverfahren ansetzten. Einschränkungen der Zulässigkeit von gentechnischen Methoden konnten sich höchstens aus dem bestehenden Verbot der Haltung pflanzenpathogener Mikroorganismen („Pflanzenschädlinge") ergeben, weil diese unter Umständen bei der ge-

[12] Pflanzenzuchtgesetz, Saatgutgesetz, Rebenverkehrsgesetz, Gesetz über den Verkehr mit Obstpflanzgut, Forstsaat- und Forstpflanzgutgesetz (Huber/Stelzer 1991, 121-129).

netischen Manipulation von Pflanzen als Vektoren zum Einsatz kommen konnten. Insgesamt dominierten die gesetzlichen Regelungen bezüglich der Pflanzenzucht also wettbewerbsrechtliche Gesichtspunkte. Einschränkungen, die sich aus der Bezugnahme auf Zuchtmethoden ergeben konnten und die eventuell wettbewerbsrechtliche Nachteile nach sich ziehen konnten, kam durchwegs zufälliger Charakter zu, so daß ihre sachliche Rechtfertigung fraglich erscheinen mußte. Die damalige Gesetzeslage zeichnete sich somit durch das Fehlen allgemeiner Regelungen über die Zulässigkeit der Anwendung gentechnischer Verfahren in der Pflanzenzucht (wie auch in der Forschung) und die dabei zu beachtenden Sicherheitsvorkehrungen (soweit diese nötig schienen) aus (Huber/Stelzer 1991, 177-178).

Die Rechtslage auf dem Gebiet der Tierzucht konnte als beinahe noch unklarer und unübersichtlicher bezeichnet werden, wofür vor allem die Zersplitterung in Landesgesetze verantwortlich war. Für landwirtschaftliche Nutztiere galten die Tierzuchtgesetze der Länder, wobei jedoch nicht eindeutig feststellbar war, ob und inwieweit diese sich auch auf wissenschaftliche Forschung auf dem Gebiet der Tierzucht bezogen bzw. wo die Grenzen zwischen Landwirtschaft und Forschung zu verorten waren. Nur drei der neun Landesgesetze regelten die - für die Anwendung gentechnischer Methoden teilweise notwendige - Embryoübertragung. Die übrigen Tierzuchtgesetze enthielten kein explizites Verbot der Embryoübertragung, so daß nicht einmal die Frage der Zulässigkeit dieser Vorgangsweise für alle Bundesländer eindeutig zu klären war. Ebenso fraglich schien, ob die Zulässigkeit der Embryoübertragung auch die gleichzeitige Zulässigkeit der genetischen Veränderung des Embryos implizierte. Ebenfalls für genetische Veränderungen an Tieren relevant waren neben den Tierzuchtgesetzen das Tierversuchsgesetz und die Tierschutzgesetze der Länder. Sowohl Eingriffe an Tieren wie auch an tierischen Eizellen waren also lediglich unter den in diesen Gesetzen normierten Voraussetzungen zulässig, die allerdings nur allgemein auf Tierversuche, nicht aber auf spezifische Gefahren der Gentechnologie Bezug nahmen. Huber/Stelzer (1991, 178-179) forderten daher dringend

> ... allgemeine Regelungen, ob bzw. welche Genübertragungen an Tieren (und zwar nicht nur an landwirtschaftlichen Nutztieren) zulässig sind, verbunden mit entsprechenden behördlichen Kontrollen. Sobald die Anwendung der Gentechnologie im Bereich der Tierzucht über das Stadium der Grundlagenforschung hinausgelangt ist, müßte auch klargestellt werden, ob und unter welchen Voraussetzungen gentechnisch veränderte Tiere z.B. zum Zweck der Nahrungsmittel-

produktion verwendet werden dürfen. Das Lebensmittelrecht verbietet nur den Einsatz von (auch gentechnisch hergestellten) Hormonen zur Zucht von Tieren, die der Nahrungsmittelproduktion dienen.

Patentrecht

Für den gewerblichen Rechtsschutz bezüglich gentechnologischer Erfindungen relevant war im österreichischen Recht das Patentgesetz von 1970 sowie seine beiden Novellen 1984 und 1986.[13] Durch diese letzte Patentrechtsänderung war bereits „eine Angleichung der für den Schutz von Mikroorganismen maßgeblichen innerstaatlichen Rechtsvorschriften an die Erteilungspraxis des Europäischen Patentamtes in München (EPA) herbeigeführt" worden (Kresbach 1991, 225-226). Aus patentrechtlicher Perspektive schien es übrigens sinnvoll, nicht nur von einem sehr weit gefaßten Begriff der Gentechnologie auszugehen, sondern - wegen der zahllosen Wechselbeziehungen zwischen gen- und biotechnologischen Arbeitsschritten - darüber hinaus auch die Biotechnologie mitzuerfassen. Insgesamt fiel die Bestandsaufnahme des entsprechenden Regelungsbestandes im österreichischen Recht weitgehend positiv aus: Die gesetzlichen Grundlagen in Österreich für die Patentierbarkeit mikrobiologischer Erfindungen - darunter werden Erfindungen verstanden, bei denen ein Mikroorganismus das Ausgangsmaterial oder das Arbeitsmittel eines Verfahrens bildet - wie auch für deren Erzeugnisse („Genprodukte", z.B. Enzyme, andere chemische Stoffe, Nahrungs- oder Arzneimittel)[14] sowie für Erzeugnisse sonstiger biotechnologischer Verfahren stellten sich als ausreichend dar. Die allgemeinen Patentierungsvoraussetzungen (Erfindungseigenschaft, Offenbarung, Wiederholbarkeit) konnten demnach erfüllt werden, auch wenn die Frage der Patentierbarkeit von Lebewesen zu Kontroversen Anlaß geben konnte.[15] Allerdings schien die Einführung einer sog. Neuheitsschonfrist - unter Berücksichtigung der diesbezüglichen internationalen Rechtsentwicklung - im allgemeinen und im besonderen für gen-

---

[13] „Der Schutz gentechnologischer Erfindungen nach einem anderen Immaterialgüterrecht - insbesonders nach dem Urheberrecht -" kam nach Kresbach (1991, 226) unter Berufung auf die Fachliteratur nicht in Betracht.

[14] Die Patentierbarkeit dieser Erzeugnisse war erst durch das Auslaufen des Stoffschutzverbotes 1987 möglich geworden (Kresbach 1991, 243).

[15] Im Kern war dieser Analyse zufolge ohnehin „die Anerkennung der Erfindungseigenschaft von z.B. Mikroorganismen als solchen nicht so sehr eine Frage der gesetzlichen Grundlagen, sondern (hing) vielmehr ... von der grundsätzlichen Bereitschaft des Patentamtes ab, den für das Patentrecht wesentlichen Grundsatz des technischen Charakters einer Erfindung prinzipiell *auch in bezug auf Lebewesen* anzuerkennen" (Kresbach 1991, 234).

und biotechnologische Erfindungen ratsam. Diese sollte verhindern, daß Veröffentlichungen von Forschungsergebnissen u.ä. die Patentierbarkeit verunmöglichen könnten, da eine Erfindung an sich nur dann als neu gilt, wenn sie nicht zum Stand der Technik gehört. Als zum Stand der Technik gehörig gilt allerdings wiederum alles (seien es auch nur wissenschaftliche Vorarbeiten), was noch vor der Anmeldung in irgendeiner Form der Öffentlichkeit zugänglich gemacht wurde. Was Erfindungen im Bereich der Gentherapie und der Gendiagnose anbelangte, so waren gentherapeutische und diagnostische Verfahren am Menschen von der Patentierbarkeit ausgeschlossen. Hinsichtlich der Diagnoseverfahren mußte jedoch differenziert werden: Diagnostische Verfahren am lebenden Menschen galten als von der Patentierung ausgeschlossen. Dagegen waren solche Verfahren außerhalb des menschlichen Körpers nach Entnahme der zu untersuchenden „Bestandteile" (z.B. Blutproben, Haaranalysen) nach geltendem Recht patentierbar. Unter diesem Schutz standen sowohl die entsprechenden Methoden (wie die pränatale Diagnose) als auch Erzeugnisse, die dabei Anwendung finden, so daß auch in diesem Bereich die Rechtslage ausreichte. Dies galt hingegen nicht für den Bereich von Pflanzen- und Tierzüchtungen: Vom Patentschutz ausgeschlossen waren Pflanzensorten und Tierarten (-rassen) sowie im großen und ganzen biologische Verfahren zur Züchtung von Pflanzen und Tieren. Eine Regelungslücke bestand allerdings insofern, als für Erfindungen auf dem Pflanzensektor zum Schutz neuer Pflanzensorten ein Sortenschutzgesetz vorgesehen war, das zum Zeitpunkt der Erstellung der Studie erst als Entwurf vorlag.[16] Dessen Verabschiedung vorausgesetzt sollten Pflanzensorten, die nicht in seinen Geltungsbereich fielen, eventuell vom allgemeinen Patentierungsverbot ausgenommen werden. Erfindungen, die Bestandteile von Pflanzen oder Tieren (wie Gewebekulturen oder Zellinien) zum Gegenstand haben, und entsprechende gentechnische Verfahren waren unter den allgemeinen Voraussetzungen patentierbar, so daß auch in diesem Bereich die Rechtslage als im wesentlichen ausreichend bezeichnet werden konnte. Eine explizite gesetzliche Grundlage für die Hinterlegung von pflanzlichem und tierischem Material zum Zweck der Offenbarung und Wiederholbarkeit einer Erfindung (wie für mikrobiologische Erfindungen) fehlte allerdings (Kresbach 226-263).

---

[16] Das Sortenschutzgesetz (BGBl 108/1993) trat mit 1.3.1993 in Kraft, über Verordnungen werden mittlerweile rund 40 Pflanzenarten ausdrücklich geschützt. Ebenfalls von Bedeutung sind in dem hier genannten Zusammenhang das Saatgutgesetz (BGBl 236/1937) sowie auf EU-Ebene die Verordnung 2100/94.

Schutz von Arbeitnehmern und Arbeitnehmerinnen

Die Analyse des gesamten Bündels relevanter Gesetze[17] ergab, daß abgesehen vom Fehlen spezifischer Gentechnikbestimmungen „alle wesentlichen gesetzlichen Arbeitnehmerschutzbestimmungen so gefaßt (waren), daß sie nicht nur zwanglos auch auf gentechnologische Verfahren anwendbar (waren), sondern wahrscheinlich auch für spezielle Gentechnologie-Arbeitnehmerschutzverordnungen" als „ausreichende Rechtsgrundlage" dienen konnten (Schrank 1991b, 279). Grundsätzlich sind die gesetzlichen Arbeitnehmerschutzbestimmungen ihrer Konzeption nach konkretisierungsbedürftig, d.h. weitgehend von Verordnungen abhängig, um tatsächlich effizienten Schutz von Arbeitnehmern und Arbeitnehmerinnen zu gewährleisten. Aus diesem Umstand leitete sich die Forderung nach dem Erlaß einer Gentechnologie-Schutzverordnung ab (Schrank 1991b, 284-285; 294). Die aus dem Fehlen spezifischer Durchführungsverordnungen resultierende Lücke hätte zwar „auch durch entsprechende Betriebsvereinbarungen zwischen Betriebsinhaber und Betriebsrat normativ wirksam überbrückt oder reduziert" werden können (Schrank 1991b, 285), diese Option weist allerdings prinzipiell zwei gewichtige Einschränkungen auf: Zum ersten haben derartige Vereinbarungen rein fakultativen Charakter, können also nur auf dem Konsensweg entstehen. Gelingt eine solche Einigung nicht, kommen sie daher nicht zustande. Zum zweiten sind eventuelle Verstöße gegen Betriebsvereinbarungen wegen deren privatrechtlichen Charakters nicht öffentlich-rechtlich sanktioniert, so daß lediglich betriebsverfassungs- und individualrechtliche Möglichkeiten offenstehen. Somit kommt dem Arbeitnehmerschutzgesetz eine zentrale Rolle zu. Alles in allem ergab

> ... die Untersuchung des umfassend zu sehenden Sanktionsinstrumentariums ..., daß die Effizienz der Arbeitnehmerschutzbestimmungen allgemein und damit auch etwaiger spezieller Gentechnologienormen nicht nur durch vom Willen der geschützten Arbeitnehmer unabhängige, bis zur Untersagung der Beschäftigung von Arbeitnehmern gehende öffentlich-rechtliche Sanktionsmöglichkeiten, sondern auch durch entsprechende individualrechtliche Positionen im allgemeinen (mit gewissen Defiziten im Bereich des Schadensersatzrechts) gut abgesichert ist, zu denen noch der betriebsverfassungs-

[17] Dieses umfaßte das mehrmals novellierte Arbeitnehmerschutzgesetz und die entsprechenden Verordnungen, das Bundesbediensteten-Schutzgesetz, spezielle Bestimmungen des Landarbeitsgesetzes, des Mutterschutzgesetzes sowie des Kinder- und Jugendlichen-Beschäftigungsgesetzes (Schrank 1991b, 278).

rechtliche Flankenschutz (Informations-, Überwachungs- und Interventionsrechte des Betriebsrats) kommt (Schrank 1991b, 294).

Strafrecht

Aus der Formulierung des Forschungsauftrags ergab sich hinsichtlich der strafrechtlichen Analyse, daß durch die Ausklammerung der direkten Anwendung gentechnischer Methoden am Menschen bzw. am menschlichen Embryo (mit Ausnahme der Genomanalyse) Problemfelder ausgenommen waren, „denen gerade aus strafrechtlicher Sicht besondere Relevanz" zugekommen wäre (Burgstaller 1991, 296). Auszugehen war bei der Beurteilung des strafrechtlichen Instrumentariums auch davon, daß es „nur soweit eingesetzt werden soll, als mit weniger einschneidenden Mitteln nicht das Auslangen zu finden ist" (Burgstaller 1991, 343). Allerdings waren auf internationaler Ebene, nämlich durch die *Association Internationale de Droit Penal* (AIDP), bereits 1989 in Hinblick auf die Biotechnologie Kriminalisierungsvoraussetzungen formuliert worden. Strafrechtlich verfolgt werden sollten demnach Delikte nur, sofern sie sowohl „Strafwürdigkeit", „Strafbedürftigkeit" als auch „Straftauglichkeit" aufwiesen (Burgstaller 1991, 343).[18] Zu berücksichtigen galt, daß auch in Österreich diese drei Voraussetzungen für den Einsatz des Strafrechts bereits anerkannt worden waren, wie aus dem „Gutachten der Kommission der Österreichischen Rektorenkonferenz für In-Vitro-Fertilisation" (1986, 29) hervorging. Gegen Risiken der Gentechnologie außerhalb des Humanbereichs bot das österreichische Strafrecht zunächst insoweit Schutz, als es sich um befürchtete Beeinträchtigungen von Leben und Gesundheit handelte: Für den konkreten Fall des Todes, der Körperverletzung oder einer Gesundheitsschädigung war ein prinzipiell umfassender strafrechtlicher Schutz für alle Anwendungsbereiche der Gentechnologie gegeben, bei einer aus Fehlverhalten resultierenden sogenannten konkreten Gefährdung[19] war der nach der geltenden österreichischen Rechtslage gewährte Strafrechtsschutz immerhin noch relativ weitreichend. Dagegen bot das österreichische Strafrecht im Fall von sog. für Leib und Leben bedrohlichen Verhaltensweisen, die noch nicht unter den Tatbestand „konkrete Gefährdung" fielen,

---

18 Für eine genaue Erklärung dieser drei Begriffe s. Burgstaller 1991, 343-344.

19 Darunter ist eine potentiell besonders hohe Gefährdung oder Unfallwahrscheinlichkeit, in der andere Personen als der/die Handelnde bei Fehlverhalten von Tod, Körperverletzung oder Gesundheitsschädigung betroffen sein könnten, zu verstehen.

nur einen punktuellen Schutz[20] (Burgstaller 1991, 298-306). Den zweiten zu beachtenden Sektor stellte das Umweltstrafrecht dar, das allerdings ebenfalls keine umfassende, sondern nur fragmentarische Schutzfunktion hatte. „Differenzierten Strafrechtsschutz“ gab es nach geltender Rechtslage „gegen solche Umweltbeeinträchtigungen, die mit einer - im weiten Sinn verstandenen - *Verunreinigung eines Umweltmediums*, dh eines Gewässers, des Bodens oder der Luft, verbunden sind“ (Burgstaller 1991, 346). Ein wichtiger Teilbereich der befürchteten Risiken durch die Gentechnologie ließ sich demnach prinzipiell einwandfrei erfassen, wenn auch zwischen einzelnen Delikten bzw. zwischen den beeinträchtigten Umweltmedien zu differenzieren war. Für den Tier- und Pflanzenbestand gab es außerdem einen unmittelbaren, also von der Beeinträchtigung eines Umweltmediums unabhängigen, Strafrechtsschutz, wobei für den Fall der Verbreitung von Seuchen, Krankheitserregern oder Schädlingen besonders klare Regelungen vorlagen (Burgstaller 1991, 311-317). Ein deutlicher Mangel der österreichischen Rechtslage bestand allerdings in dem Fehlen verbindlicher Verhaltensnormen[21] sowohl im Bereich der Delikte hinsichtlich des Schutzes von Leben und Gesundheit des Menschen als auch im Bereich der Umweltdelikte, weswegen Burgstaller (1991, 349) die Erlassung gesetzlicher Verhaltensnormen ausdrücklich forderte.[22] Spezielles Augenmerk mußte schließlich auf den Schutz des ungeborenen Lebens gelegt werden. Während für Embryonen im Mutterleib ein strafrechtlicher Schutzstandard galt, der nicht hinter dem oben beschriebenen für das geborene Leben zurückstand, stellte sich die Situation für Embryonen außerhalb des Mutterleibs radikal anders dar. Demnach hätten „extrakorporale menschliche Embryonen straffrei für jedwede Experimente verwendet und gentechnisch beliebig manipuliert werden können“ (Burgstaller 1991, 308).[23] Aus Sicht des Embryonenschutzes bestand somit ein drin-

[20] Dieser erfaßte beispielsweise die Verbreitung gefährlicher und übertragbarer Krankheiten durch vorsätzliches oder fahrlässiges Handeln oder das Inverkehrbringen gefährlicher Produkte.

[21] Dabei geht es um die Gewinnung eines benötigten Maßstabs, indem auf „das hypothetische Verhalten eines einsichtigen und gewissenhaften Repräsentanten des jeweiligen Verkehrskreises in der konkreten Tatsituation“ Bezug genommen wird (Burgstaller 1991, 348).

[22] Gentechnik-Sicherheitsrichtlinien nach ausländischem Vorbild hielt er zumindestens auf dem Gebiet der Umweltdelikte für nicht ausreichend (Burgstaller 1991, 349).

[23] Zwar war die hier relevante sog. „verbrauchende Embryonenforschung“ vom Untersuchungsgegenstand ausdrücklich ausgenommen, nicht aber die Genomanalyse, die für die hier angesprochene Regelungslücke ebenfalls von einigem Belang war. Denn nach damaligem Rechtsstand wäre es in Österreich straffrei möglich gewesen, einem extrakorporalen Frühembryo eine seiner noch totipotenten Zellen zu entnehmen, eine DNA-Analyse vorzunehmen und auf der Basis deren Ergebnisses zu entscheiden, ob

gendes Bedürfnis nach Strafrechtsschutz, dem allerdings 1992 mit dem Fortpflanzungsmedizingesetz Rechnung getragen wurde.

Schadensersatzrecht

Innerhalb der rechtswissenschaftlichen Studie ging man auch der Frage nach, wie sich die Situation in bezug auf Haftungsfragen angesichts möglicher durch die Gentechnik verursachter Schäden darstellte. Diesem Problem der privatrechtlichen Verantwortung war in Österreich (im Gegensatz zur BRD) bis zu diesem Zeitpunkt allerdings noch relativ wenig Aufmerksamkeit geschenkt worden, was Welser (1991, 192) auf die Absurdität der Frage nach haftpflichtigen Personen bzw. nach dem Umfang des zu leistenden Ersatzes angesichts möglicher Gefährdungsszenarien (bzw. des jeweiligen Schadensausmasses) zurückführte und zu dem Schluß kommen ließ, daß der Prüfung des Haftungssystems eigentlich nur eine den zentralen Fragestellungen des Umgangs mit der Gentechnik nachgeordnete Rolle zukommen konnte, da das Schadensersatzrecht „eine präventive und repressive Funktion nur in gewissen Fällen erfüllen" kann (Welser 1991, 192). Als Résumé hielt er fest, daß gegenüber den von der Gentechnik ausgehenden Gefahren „im österreichischen Recht *kein hinreichender Schutz*" bestand (Welser 1991, 218). Hinsichtlich der Schadensersatzpflicht wegen der Verletzung absolut geschützter Rechtsgüter (Leben, Gesundheit, Eigentum) befand sich nach der damaligen Rechtslage der Geschädigte in einer sehr ungünstigen Position, weil einerseits ein objektiv sorgfaltswidriges Verhalten oder ein Verschulden vorauszusetzen war und andererseits die Beweislast bezüglich der Kausalität und des Verschuldens beim Geschädigten lag. Nicht viel positiver fiel der Befund für die Schadensersatzpflicht wegen Schutzgesetzverletzungen[24] aus, obwohl hier die Beweislast umgekehrt und der Kausalitätsbeweis erleichtert war. Spezifische, die Gentechnik betreffende Schutzgesetze (Verhaltensge- und -verbote) fehlten allerdings, und auch wenn teilweise bestehende Verhaltensvorschriften herangezogen werden konnten, hatte der

---

der betreffende Embryo wieder in den Körper einer Frau implantiert wird oder nicht. Auch die wie immer gearteten Kriterien dieser Embryoselektion hätten nichts an der Straffreiheit geändert (Burgstaller 1991, 308; 357-358).

24 Ein Schutzgesetz schreibt - im Gegensatz zum Schutz der absoluten Rechtsgüter - ganz konkrete Verhaltensweisen vor. Es geht also nicht nur darum, das Eigentum anderer zu achten und nicht zu verletzen, wobei die daraus resultierenden Verhaltenspflichten für den Einzelfall gefunden werden müssen, sondern das Schutzgesetz „gebietet zur Vermeidung einer Gefährdung bestimmter Güter ein Tun oder Unterlassen" (Welser 1991, 199), man spricht hier auch von „abstrakten Gefährdungsverboten."

dadurch gewährleistete Schutz letztlich doch eher lückenhaften und zufälligen Charakter. Die selben Probleme - Zufälligkeit und Lückenhaftigkeit, Schwierigkeiten beim Kausalitätsnachweis - ergaben sich aus den nachbarrechtlichen Schutzbestimmungen. Auch Detailregelungen wie beispielsweise die Tierhalterhaftung wären lediglich im Sinne von Analogieschlüssen für den Bereich der Gentechnik heranzuziehen gewesen, was jedoch einen nur sehr bescheidenen Schutzeffekt nach sich gezogen hätte; ein spezielles Problem bestand schließlich darin, daß nach herrschender Meinung Mikroorganismen nicht als Tiere galten. Nur unter gewissen Voraussetzungen hätten Ersatzansprüche aus einer Schädigung durch gentechnische Tätigkeiten auch auf einzelne Verwaltungsgesetze (Wasserrechtsgesetz und Forstgesetz) gestützt werden können (Welser 1991, 193-209). Ebenso bot das Produkthaftungsgesetz nur einen äußerst unzureichenden Schutz gegenüber gentechnisch hergestellten Produkten. Laut Gesetz haftete der Unternehmer für durch sein Unternehmen in Verkehr gebrachte Erzeugnisse. Problematisch war allerdings, daß gerade das in diesem Zusammenhang besonders wichtige Entwicklungsrisiko rechtlich nicht abgedeckt war. Der Ersatz entfiel daher,

> ... wenn 'die Eigenschaften des Produkts nach dem Stand der Wissenschaft und Technik zu dem Zeitpunkt, zu dem es der Inanspruchgenommene in Verkehr gebracht hat, nicht als Fehler erkannt werden konnten.' Dieser Haftungsausschluß führt dazu, daß gerade in besonders unerforschten Gebieten der Gentechnik die Haftung für fehlerhaft hergestellte Produkte nicht zum Tragen kommt und das Risiko bei Neuentwicklungen in voller Höhe dem Geschädigten aufgebürdet wird (UBA 1991, 389).

Eine weitere wichtige Einschränkung ergab sich daraus, daß „land- und forstwirtschaftliche Naturprodukte" vor der ersten Verarbeitung vom Produktbegriff ausgenommen waren und der Hersteller auch hier nicht haftbar gemacht werden konnte. Die Tatsache, daß auch die Vertragshaftung[25] nur in Einzelfällen heranzuziehen war, rundete den negativen Befund ab. Daraus resultierte für den Fall, daß das allgemeine Schadensersatzrecht für die Haftung aus gentechnischen Arbeiten eingesetzt werden sollte, die Forderung nach der Aufstellung verbindlicher Verhaltensvorschriften, um dem Defizit an Sorgfaltsanforderungen abzuhelfen. Außerdem forderte Welser (1991, 219) die *„Schaffung einer eigenen, auf die Gefahren und*

---

[25] In diesem Fall stehen Schädiger und Geschädigter in einem Vertragsverhältnis bzw. in einer ständigen Geschäftsbeziehung zueinander; der Geschädigte ist insofern in einer vergleichsweise günstigen Position, als die Beweislast beim Schädiger liegt (Welser 1991, 213-214).

besonderen Bedürfnisse der Gentechnologie zugeschnittenen Gefährdungshaftung.“[26] Diese Haltung nahm übrigens auch die parlamentarische Enquete-Kommission in ihrem abschließenden Bericht ein (EK-B/Bd.1, 11), wobei SPÖ, FPÖ und Grüne zusätzlich eine Deckungsvorsorge für Schadensabgeltungen durch potentielle Verursacher forderten und die Grünen in einem weiteren Zusatzvotum für Beweiserleichterungen zugunsten potentiell Geschädigter eintraten. Überhaupt herrschte in der Frage der dringenden Notwendigkeit von solchen Haftungsregelungen weitestgehender Konsens. Dies beweist vor allem die Tatsache, daß sie sowohl von befürwortenden wie auch von skeptischen Stimmen zu einem speziellen Gesetz gleichermaßen gefordert wurden. So ortete etwa der Jurist Walter Selb (1992b, 48-49), prinzipiell ein heftiger Gegner eines „übereilt beschlossene(n) Gentechnik-Gesetz(es)“, in der Frage der Haftung „akuten Handlungsbedarf“ und forderte die raschest mögliche Einführung von Gefährdungshaftungs- und Deckungsvorsorgeregelungen. Darin konnte er sich einig sehen mit dem Biologen Joachim Spangenberg (1992b, 56), der allerdings generell für eine möglichst baldige und umfassende gesetzliche Regelung der Gentechnik in Österreich eintrat.

9.2. Genomanalyse

Wie bereits mehrfach erwähnt, stellte die Genomanalyse[27] eine spezielle Fragestellung innerhalb der juristischen Sondierungsstudie dar. Die komplexe Problemlage erforderte eine Betrachtung der Genomanalyse aus arbeits-, versicherungs-, zivil- und strafrechtlicher Perspektive. Darüber hinaus galt es, in verfassungsrechtlicher Hinsicht vor allem das Grundrecht auf Datenschutz in die Überlegungen miteinzubeziehen.

Obwohl, dem allgemeinen Befund über das Fehlen spezifisch gentechnologischer Bezüge im österreichischen Recht entsprechend, keine der ar-

---

[26] Welser (1991, 219) begründete diese Forderung damit, „daß es in einigen Anwendungsbereichen (der Gentechnologie, P.G.) keinen durch lange Erfahrungen gesicherten Stand von Wissenschaft und Technik gibt, so daß auch bei ihrer Einhaltung ein ‘Restrisiko’ verbleibt, dessen Verwirklichung eben jenen belasten soll, der erlaubterweise die Gefährdung schafft.“

[27] Genaugenommen geht es um DNA-Analysen, da jedoch in der Diskussion zum damaligen Zeitpunkt immer von Genomanalyse die Rede war, wird dieser Ausdruck hier übernommen.

beitsrechtlichen Quellen[28] explizite Bestimmungen oder Anhaltspunkte zur Genomanalyse enthielt, konnte dennoch „eine unbeschränkte Zulässigkeit und Zugänglichkeit der Genomanalyse für den Arbeitgeber schon nach geltendem Recht“ verneint werden (Schrank 1991a, 265). Das Arbeitnehmerschutzgesetz legt nicht nur Arbeitsbedingungen fest, sondern bezieht sich in Fällen eines besonderen Bedrohungspotentials auch auf die gesundheitliche Eignung von Arbeitnehmern und Arbeitnehmerinnen. Die Feststellung von Tätigkeiten, die auf die Beschäftigten gesundheitsschädigende Auswirkungen haben könnten, erfolgt jeweils via Verordnung. Die Gesundheit stellt damit das höhere Rechtsgut als die Beschäftigung dar, dies bedeutet jedoch nicht, daß zugleich dem Arbeitgeber diesbezüglich ein umfassendes Informationsrecht zukäme. Man konnte von der Annahme ausgehen, daß diese Beschränkungen auch auf noch ungeregelte Bereiche wie die Genomanalyse ausstrahlen würden. Somit wäre die Weitergabe solcher spezifischer Informationen an den/die Arbeitgeber/in durch die untersuchende Stelle - sowohl aus arbeitsrechtlichen wie auch aus Datenschutzgründen - unzulässig, eine entsprechende vorangegangene Übereinkunft zwischen Arbeitgeber/in und Arbeitnehmer/in nichtig gewesen. Wenig Schutz bot die Rechtslage bei Stellenbewerbungen: Zwar sollten Einzelheiten einer Genomanalyse, die den zulässigen Rahmen der Ermittlung der Eignung für einen Posten überschritten, dem/der potentiellen Arbeitgeber/in nicht zugänglich gemacht werden und entgegenstehende Vereinbarungen bzw. Einwilligungen daher unwirksam sein - für den Fall einer Preisgabe dieser Daten, um eine Stellung zu erhalten, konnte die Rechtslage den Bewerbern allerdings keinen hinreichenden Schutz gewähren. Dem Betriebsrat schließlich standen im Zusammenhang mit der Genomanalyse im wesentlichen nicht mehr als Abwehrrechte zu (Schrank 1991a, 266-276).

Laut Versicherungsvertragsgesetz hatten Versicherungsnehmer und -nehmerinnen bei Abschluß eines Vertrages alle ihnen bekannten erheblichen Gefahrenumstände - dies sind solche, „die geeignet sind, auf den Entschluß des Versicherers, den Vertrag überhaupt oder zu den vereinbarten Bestimmungen abzuschließen, einen Einfluß auszuüben“ (Welser 1991, 221) - anzuzeigen. Zweck dieser „vorvertraglichen Anzeigepflicht“ war es, dem Versicherer eine Risikoeinschätzung zu ermöglichen und ihn so in die Lage zu versetzen, entweder einen Vertragsabschluß überhaupt abzulehnen oder die Prämie entsprechend festzulegen. Besondere Bedeutung hatte diese - grundsätzlich für alle Arten der Vertragsversicherung gültige -

---

28 Diese setzten sich aus dem Arbeitnehmerschutzrecht, dem Arbeitsvertragsrecht und dem Betriebsverfassungsrecht zusammen.

Anzeigepflicht für den Abschluß von Kranken- und Lebensversicherungen. Die Frage einer generellen Zulassung der Genomanalyse als Mittel der Risikoeinschätzung durch den Versicherer wurde daher sehr kontrovers diskutiert (übrigens auch in der österreichischen Enquete-Kommission), wobei Welser (1991, 221-223) die primär vorgebrachten Argumente einer kritischen Prüfung unterzog. Dem Einwand, ein Versicherungsnehmer würde im Falle der Risikodifferenzierung durch genetische Prognostik erhebliche Abstriche von seinem Persönlichkeitsrecht hinnehmen, wollte er nicht uneingeschränkt folgen.[29] Mit der Annahme, der Versicherer hätte überhaupt keinen Anspruch auf „Persönlichkeitsanalysen" oder „-prognosen", und auch pathogene Anlagen seien nicht mitzuteilen, ging Welser allerdings konform, womit er der Enquete-Kommission in ihren Schlußfolgerungen[30] weitestgehend zustimmte.

Was die Bewertung öffentlich-rechtlicher Fragen in Hinblick auf die Genomanalyse anbelangte, so ergaben sich aus dem Ärzte- und Krankenanstaltenrecht kaum Anhaltspunkte für die Beurteilung. Beispielsweise enthielt lediglich das steirische Krankenanstaltengesetz eine ausdrückliche Verpflichtung, besondere Untersuchungsmethoden - und damit auch die Genomanalyse - nur mit Zustimmung des/der Patienten/in durchzuführen, für alle anderen Bundesländer war davon auszugehen, daß die Zustimmungsverpflichtung zu sogenannten besonderen Heilbehandlungen auch die Genomanalyse inkludierte. Im großen und ganzen waren solche Verpflichtungen allenfalls aus den ärztlichen Betreuungspflichten abzuleiten (dazu gehörte auch die Bekanntgabe des Zweckes der Genomanalyse). Allerdings war es fraglich,

> ... ob die Genomanalyse ... überhaupt zu jenen Tätigkeiten zählt, die ausschließlich Ärzten vorbehalten sind. Ausdrückliche Regelungen,

---

[29] So meinte Welser (1991, 222) hinsichtlich der Wahrscheinlichkeit, mit der in Zukunft die Genomanalyse als Diagnosemittel in Anspruch genommen werden könnte, „(d)ie menschliche Erfahrung" würde jedenfalls lehren, „daß Möglichkeiten zur Aufklärung von Gefahren eher genützt als abgelehnt werden." Außerdem sei es auch „einem Versicherungsunternehmen schwer zumutbar, erhebliche Risiken zu versichern, wenn über die Wahrscheinlichkeit ihrer Realisierung sofort Klarheit geschaffen werden könnte." Auf die häufig vorgebrachte Befürchtung bezogen, Menschen mit hohem Krankheitsrisiko könnten sich in der Konsequenz aufgrund der drastisch erhöhten Prämien die Versicherung nicht mehr leisten, argumentierte er, hier würde der Privatversicherung ein sozialer Zweck unterstellt, den sie nicht habe. Darüber hinaus würden mangelhafte Risikoeinschätzungen letzten Endes zu Lasten aller Privatversicherungsnehmer gehen und hohe Kosten verursachen.

[30] Im Schlußbericht (EK-B/Bd.1, 13) wurde die Forderung erhoben, genetische Tests im Versicherungswesen grundsätzlich nicht zuzulassen.

> wer Genomanalysen durchführen darf und unter welchen Voraussetzungen (z.B. Zustimmung des Patienten, Aufklärung, welche Gene untersucht werden und Beschränkung der Untersuchung auf eben diese Gene, Verwendung der Information nur zu bestimmten Zwekken) ...

fehlten nach der Analyse von Huber/Stelzer (1991, 180) zum damaligen Zeitpunkt im österreichischen Verwaltungsrecht.

Im Rahmen des Strafrechts verdient der Einsatz der Genomanalyse als Mittel der Täteridentifikation im Strafverfahren besondere Aufmerksamkeit. Vorauszuschicken ist, daß diese

> ... von allen anderen Anwendungsbereichen der in Rede stehenden Untersuchungsmethode strikt zu unterscheiden (ist). Der sogenannte Sondereinsatz liefert *keinerlei persönlichkeitsrelevante Daten*, und zwar auch nicht als sog 'Überschußinformation,' sondern identifiziert den Betreffenden lediglich; das erklärt auch den im gegebenen Zusammenhang verwendeten bildhaften Ausdruck *'genetischer Fingerabdruck'* (Burgstaller 1991, 354).

Die damals gültige Rechtslage stellte sich, wie Burgstaller (1991, 337-342; 354-356) zeigte, folgendermaßen dar: Generell zulässig war die Ermittlung des individualspezifischen DNA-Musters von Körperzellen, die in Tatspuren enthalten sind (wie etwa Blutflecke, Hautteile, Haare usw.). Dasselbe galt für die Vergleichsanalyse einer bestimmten Person, um sie als für vorgefundene Spuren verantwortlich festzustellen oder auszuschließen, sofern deren Zustimmung vorlag. Nicht rechtlich gedeckt waren hingegen derartige Untersuchungen zu Identifikationszwecken ohne die Zustimmung der betreffenden Person, zumindestens insoweit, als zu diesem Zweck ein körperlicher Eingriff vonnöten war. Die Vornahme von Blutabnahmen u.ä. ohne diese Zustimmung wäre vielmehr potentiell als Körperverletzung strafbar gewesen. Nicht strafbar, aber zumindestens bedenklich schien die Möglichkeit, für die Ermittlung des genetischen Fingerabdrucks nicht kooperationsbereiter Personen auf Körpersubstanzen auszuweichen, die ohne körperlichen Eingriff zur Verfügung standen. Der Gedanke, es müßte quasi eine „Jagd" nach Spuren (von Haaren bis hin zu für andere Zwecke abgenommene Blutproben) des Betreffenden veranstaltet werden, schien unter dem Aspekt eines fairen Verfahrens als problematisch. Da es alles in allem „keinen vernünftigen Grund (gab), auf die zusätzlichen Möglichkeiten, welche die Genomanalyse zur Täteridentifikation im Strafverfahren bietet, zu verzichten", andererseits aber „ein Bedürfnis (bestand), Vorkehrungen gegen den Mißbrauch dieser neuen Möglichkeiten zu treffen", schloß Burgstaller (1991, 355) seine diesbezüglichen Ausführungen mit der Forderung nach einer klaren gesetzlichen Regelung dieser Materie.

9.3. *Die Grundrechtsdiskussion*

Sowohl in inhaltlicher als auch in kompetenzrechtlicher Hinsicht mußte die Diskussion um die rechtliche Regulierung der Gentechnik in Österreich im Rahmen der Bundesverfassung geführt werden, weswegen dieser Frage sowohl in der juristischen wie auch in der politischen Diskussion breiter Raum gewidmet wurde. Exemplarisch sei der Jurist Schlag (1992) zitiert, der ganz allgemein in der Biotechnologie und vor allem in der Gentechnologie eine „Herausforderung an die österreichische Grundrechtsdogmatik" sah. Demgegenüber wollte allerdings der Politikwissenschafter Gerlich die Grundrechtsdiskussion „keineswegs prioritär" (EK-B/Bd.2, 180) geführt wissen, um nicht von der „Notwendigkeit wichtiger, konkreter Regelungen" (Gerlich 1992, 138) abzulenken. Daele (1985, 136) hatte bereits früher auf eine weitere Dimension dieser Diskussionsebene verwiesen:

> Der Bezug auf die Grundrechte erlaubt es am ehesten, das spontane Gefühl des moralisch Unerlaubten, das viele Vorschläge zur genetischen Kontrolle der menschlichen Natur auslösen, auf die Ebene gesellschaftlich verbindlicher Wertvorstellungen zu heben.

Eine dominante Rolle in diesem Zusammenhang spielte der Begriff der Menschenwürde (Luf/Potz 1991, 381-386), wobei allerdings im Vergleich zur BRD festzuhalten ist, daß im österreichischen Grundrechtskatalog an dieser zentralen Stelle eine Lücke klafft, da es ihm nicht nur an einer dem Art 1 GG vergleichbaren Menschenwürdeklausel, sondern auch an einem umfassenden Persönlichkeitsschutz mangelt:[31]

> Ein solcher könnte nur auf interpretativem Weg etwa aus den Art 8 StGG, 2, 3 und 8 MRK[32] erschlossen werden. So wurde in der Lehre

[31] Allgemein zu einem Vergleich der österreichischen Verfassung und des Grundrechtskatalogs mit anderen westeuropäischen Verfassungen vgl. Schambeck 1992a und b.

[32] Art 8 StGG: Schutz der persönlichen Freiheit, Art 2 MRK: Grundrecht auf Leben, Art 3 MRK: Verbot unmenschlicher oder erniedrigender Behandlung, Art 8 MRK: Schutz der Privatsphäre.

bereits ein 'Grundrecht auf körperliche Integrität' behauptet, das ein Grundrecht auf Leben, körperliche Unversehrtheit und Gesundheit beinhalten soll. Demgegenüber muß aber festgehalten werden, daß diese Gedanken (noch) nicht in die Judikatur des VfGH Eingang gefunden haben (Huber/Stelzer 1991, 23-24).

Regelungen auf dem Gebiet der Gentechnologie hätten in erster Linie das Grundrecht auf Wissenschaftsfreiheit (Art 17 StGG) sowie auf Erwerbsfreiheit (Art 6 StGG) und darüber hinaus den Gleichheitssatz (Art 7 B-VG) tangiert. Das besondere Charakteristikum der österreichischen Grundrechtsdogmatik besteht allerdings in der Tatsache, daß die Grundrechte als „subjektive Abwehrrechte" zu verstehen sind, d.h. als Instrumente zum Schutz des/der einzelnen vor staatlichen Eingriffen.[33] Für den Bereich der Gentechnik wurde allerdings weniger mit staatlichen als mit privaten Eingriffen gerechnet. Verfassungsrechtliche Schutzpflichten, „wonach der Staat sich schützend vor die Grundrechte einzelner Grundrechtsträger zu stellen hat, wenn es zu Gefährdungen durch andere Private kommt" (UBA 1991, 395), sind aber dem österreichischen Verfassungsrecht fremd. „Etwas pointiert" konnte man daher formulieren, „daß die Grundrechte nach dieser Sicht nicht den Menschen vor der Gentechnologie, sondern die Gentechnologie vor dem Menschen schützt" (Schlag 1992, 52). Obwohl die Freiheit von Wissenschaft und Forschung ohne Gesetzesvorbehalt gewährleistet wird, galt eine staatliche Beschränkung gentechnischer Forschung dennoch als möglich, sofern sie durch (gleichwertige) Verfassungsrechtsgüter gerechtfertigt war. Als solche einschränkende Verfassungsrechtsgüter konnten das B-VG über den umfassenden Umweltschutz sowie das Grundrecht auf Leben (Art 2 MRK) und die Eigentumsfreiheit (Art 5 StGG) in Betracht kommen. Die unter einem Gesetzesvorbehalt stehende Erwerbsfreiheit ist grundsätzlich leichter einzuschränken als die Wissenschaftsfreiheit. Entsprechende limitierende Gesetze sind hier unter Berücksichtigung des „Verhältnismäßigkeitsprinzips"[34] gegen das Schutzgut der freien Erwerbsbetätigung abzuwägen, ohne daß dieses Gesetz einer besonderen Legitimierung durch ein anderes Verfassungsrechtsgut bedarf. Alles in allem verboten weder das Grundrecht auf Wissenschafts- noch jenes auf Erwerbsfreiheit Regelungen und Beschränkungen im Bereich der Gentechnologie, vorausgesetzt, diese betrafen andere Verfassungsgüter und erfüllten ein gewisses Aus-

---

[33] Neben diese ursprünglichen liberalen und demokratischen Grundrechte, die den Schutz vom und im Staat verbürgen sollten, traten in der weiteren Entwicklung soziale Grundrechte (die vor allem Aspekte der Arbeitssituation zum Inhalt haben) sowie existenzielle Grundrechte, die den Umweltschutz betreffen (Schambeck 1992a, 636).

[34] Vgl. Schambeck 1992a, 641.

maß an „rationalen" Anforderungen, worunter in erster Linie eine profunde Risikoabschätzung zu verstehen war (Huber/Stelzer 1991, 26-34; UBA 1991, 394-396). Der Gleichheitssatz - nach ihm verbietet es der Gesetzgeber, Ungleiches gleich und Gleiches ungleich zu behandeln bzw. sachlich nicht gerechtfertigte Differenzierungen vorzunehmen - durchbrach in gewisser Weise den Grundsatz, daß die österreichischen Grundrechte keine (explizite) Verpflichtung zum Erlaß von speziellen Schutzbestimmungen begründen. Demnach konnte sich der Gesetzgeber (mittelbar) von Verfassungs wegen zum Erlaß konkreter Regelungen gezwungen sehen, wenn es ansonsten zu „Wertungswidersprüchen" mit anderen legislativen Entscheidungen käme. Stärker noch als der Gleichheitssatz war schließlich das B-VG über den umfassenden Umweltschutz, so es in der Rechtsprechung zu einer echten Staatszielbestimmung ausgebaut würde, geeignet, den Gesetzgeber zum Erlaß spezifischer gesetzlicher Regelungen zu verpflichten. Auch für einen solchen Fall wäre allerdings eine Abwägung mit potentiell betroffenen Grundrechtspositionen durchzuführen gewesen. Aus der Rechtslage im Bereich der Kompetenzverteilung ließen sich Probleme für künftige rechtliche Regelungen der Gentechnologie insofern erwarten, als ein effizientes Maßnahmenpaket nur durch das Zusammenwirken von Bund und Ländern realisierbar erschien. Schließlich stellten noch das Bestimmtheits- und Publizitätsgebot zusätzliche Anforderungen an die Rechtstechnik, die angesichts einer dynamischen Materie wie der Gentechnik nicht geringzuschätzen waren (Huber/Stelzer 1991, 34-46).[35]

Hinsichtlich der Genomanalyse waren einerseits das durch Art 8 MRK verbürgte Recht auf Schutz der Privatsphäre relevant, andererseits, und für Österreich beinahe noch zentraler, das Datenschutzgesetz (DSG), insbesondere dessen § 1, wonach

> ... jedermann Anspruch auf Geheimhaltung der ihn betreffenden personenbezogenen Daten (hat) - gleichgültig, ob diese informationsunterstützt verarbeitet werden oder nicht -, soweit er daran ein schutzwürdiges Interesse, insbesondere im Hinblick auf Achtung seines Privat- und Familienlebens hat (Huber/Stelzer 1991, 167).

Das genetische Material betreffende Informationen, wie sie aus Genom- bzw. DNA-Analysen zu gewinnen sind, sind zweifellos zu diesen perso-

[35] Die zentrale Sorge bestand hierbei darin, daß sich der „Stand der Technik" so rasch entwickeln könnte, daß sich nicht nur das Gesetzgebungsverfahren, sondern auch das Verfahren zur Setzung von Verordnungen als zu schwerfällig erweisen könnte, um mit dieser Entwicklung Schritt zu halten.

nenbezogenen Daten zu zählen. Soweit Daten automationsunterstützt verarbeitet werden, normiert das Datenschutzgesetz auch ein Geheimhaltungsrecht. Als einziges österreichisches Grundrecht ist schließlich das Grundrecht auf Datenschutz explizit mit unmittelbarer Drittwirkung ausgestattet, was bedeutet, daß es nicht nur gegenüber dem Staat, sondern auch gegenüber Privaten zur Anwendung kommen kann. Da das Grundrecht auf Datenschutz Beschränkungen nur zur Wahrung berechtigter Interessen eines anderen oder auf Grund von Gesetzen zuläßt, die in Art 8 MRK genannt werden, und an dieser Stelle ausdrücklich der Schutz der Gesundheit angeführt wird, ließ dieses Spannungsverhältnis Probleme erwarten. Denn gerade der Gesundheitsschutz wird häufig als Argument für breit angelegte Reihenuntersuchungen der Bevölkerung ins Treffen geführt, speziell mit derartigen gesundheitspolitischen Maßnahmen wäre aber auch höchstwahrscheinlich die Weitergabe der Daten und damit ein Bruch der Geheimhaltung verbunden (Huber/Stelzer 1991, 168-170). Die verschiedenen, im Zusammenhang mit der Genomanalyse diskutierten und hier nur kurz angerissenen Problemfelder hatten schon früh die Frage nach der Notwendigkeit der Formulierung eines neuen Grundrechts auf „informationelle Selbstbestimmung"[36] aufgeworfen, für die sich beispielsweise in der Enquete-Kommission Birgit Bolognese-Leuchtenmüller (EK-B/Bd.2, 183) massiv aussprach.

9.4. *Rechtspolitische Schlußfolgerungen*

Mit der Analyse des bereits bestehenden Regelungsinstrumentariums war ein erster Schritt zu einer umfassenden Diskussion um die rechtliche Regulierung der Gentechnologie in Österreich getan. Die Auftragsvergabe hatte klar gezeigt, daß einerseits ein Regelungsbedarf geortet worden

---

[36] Einen Anspruch der Person auf informationelle Selbstbestimmung hatte das deutsche Bundesverfassungsgericht in seinem Volkszählungsurteil „bekräftigt und daraus die Freiheit abgeleitet, über die Erhebung und Verbreitung persönlicher Daten selbst zu entscheiden. Diese Freiheit kann zwar im öffentlichen Interesse eingeschränkt werden, aber nur unter Wahrung eines 'unantastbaren Bereichs privater Lebensgestaltung, der der Einwirkung öffentlicher Gewalt entzogen ist.' Bei der Aufklärung der genetischen Konstitution des Individuums dürfte dieser Bereich erreicht sein. Jeder hat ein unentziehbares Recht, seine Gene zu kennen, aber er muß auch ein ebensolches Recht haben, sie nicht zu kennen" (Daele 1985a, 137-138). Dies wurde beispielsweise auch bei der Jahrestagung der deutschen Gesellschaft für Humangenetik 1994 bestätigt (SN 26.3.96, 6).

war, andererseits ein Verbot nicht ernsthaft in Betracht gezogen wurde.[37] Form und Ausmaß der zukünftigen Bestimmungen waren allerdings durchaus variabel und mußten Gegenstand politischer Entscheidungen sein, wobei sowohl Argumentationslinien wie auch Ergebnisse wissenschaftlicher Studien als denkbar bestes Rüstzeug für entsprechende Diskussionsprozesse geeignet sind. Dies gilt speziell auch für die juristisch wie politisch zentrale Frage der Grundrechte im Zusammenhang mit der Gentechnologie. Schließlich zeigt sich, daß die an Analysen des österreichischen Ist-Zustands anknüpfenden Forderungen bzw. Vorschläge unter Bezugnahme auf eine breitere (wissenschaftliche) Diskussion um Probleme und Erfordernisse des Technikrechts formuliert wurden und entsprechend unterschiedlich nuancierte Positionen innerhalb dieses Koordinatensystems widerspiegeln.

Ein großer Teil der bereits vor dem Inkrafttreten des Gentechnikgesetzes für diesen Bereich relevanten rund 200 Gesetze und Verordnungen hatte sich im Verwaltungsrecht gefunden. Da aber mit einer einzigen Ausnahme alle diese Bestimmungen ohne die spezielle Beachtung der Gentechnik formuliert worden waren, wies die bestehende Rechtslage zahlreiche Lükken und Unzulänglichkeiten auf. Insbesondere die Bereiche Freisetzung, Pflanzen- und Tierzucht waren völlig unzureichend geregelt. Intensiver normiert war hingegen die Produktionssicherheit; aus der hier zur Anwendung kommenden Gewerbeordnung ergaben sich jedoch auch auf diesem Sektor empfindliche Defizite, waren doch private und universitäre Forschungsstätten von den entsprechenden Bestimmungen ausgenommen. Auch hinsichtlich der Produktsicherheit war die Rechtslage teilweise mangelhaft, vor allem, da in erster Linie an der Qualität des Endprodukts, nicht aber am Herstellungsverfahren angeknüpft wurde. Zwar hatte die Analyse des Arbeits- und des Patentrechts weitgehend positive Ergebnisse gebracht, in letzterem Fall blieben allerdings Fragen in Zusammenhang mit dem geplanten Sortenschutzgesetz offen. Allgemein konnte nach der geltenden Rechtslage eine umfassende Risikovorsorge nicht gewährleistet werden. In Sachen Gentechnik bestand somit in so gut wie allen diesen Rechtsbereichen hoher Regelungsbedarf, entsprechende Vorschläge waren in den beiden juristischen Studien formuliert worden.

---

[37] Ein totales Verbot sowohl der Forschung wie auch der industriellen Verwertung wäre mit dem Bestand der österreichischen Grundrechte nicht kompatibel gewesen (EK-B/Bd.2, 186). Die ausführliche Diskussion von juristischen Grundlagen und Möglichkeiten für eine rechtliche Regulierung bewies, daß ein solches Verbot auch politisch nicht erwünscht war.

Die Lückenhaftigkeit des Verwaltungsrechts wirkte sich auch auf das Straf- und das Haftungsrecht aus, insbesondere letzteres hatte sich als absolut unzulänglich erwiesen. Wie bereits weiter oben gezeigt, wurden aber selbst von Skeptikern einer umfassenden gesetzlichen Regulierung gerade in spezielle Haftungsbestimmungen (Stichwort Gefährdungshaftung) große Hoffnungen gesetzt. Dem war jedoch entgegenzuhalten, daß eine präventive Wirkung durch derartige Bestimmungen nur in äußerst beschränktem Ausmaß zu erzielen ist, da hier prinzipiell der Schadensausgleich vor der Verhinderung des Schadensfalles rangiert (Leskien 1992, 150-151). Die Einführung gentechnikspezifischer Haftungsbestimmungen (darunter etwa auch die Erleichterung der Beweisführung) war daher zwar unbedingt zu begrüßen, letztlich konnte dies aber nur als flankierende Maßnahme präventiven Technikrechts sinnvoll erscheinen.[38] Tendenziell galt dasselbe auch für das Strafrecht. Dessen Anpassung an die Gentechnik (die, wie Burgstaller dargelegt hatte, je nach Delikt in unterschiedlichem Ausmaß nötig war) hätte zwar ebenfalls eine nachsorgende Schutzfunktion mit sich gebracht - auf die Gerlich (1992, 139) neben dem Schadensersatz- und dem Patentrecht übrigens ausdrücklich baute -, Präventivansprüchen aber wiederum nicht Rechnung getragen.

Haftungsbestimmungen stellen allerdings, wie bereits ausgeführt, nur einen Aspekt des Forderungskatalogs für ein modifiziertes Technikrecht dar. In der Diskussion rund um Notwendigkeit und Rahmenbedingungen eines österreichischen Regulierungsrahmens für die Gentechnologie wurden auch andere Vorschläge formuliert, die in der allgemeinen Debatte um die rechtliche Regulierung moderner Technologien wurzeln. So setzte sich etwa das von Leskien (1992, 150-152) im Rahmen der parlamentarischen Enquete-Kommission skizzierte demokratieverträgliche Technikrecht aus einer gestaltenden, einer experimentellen, einer kontrollierenden und einer kommunikativen Komponente zusammen. Dieser Vorschlag entspricht teilweise sowohl in der Wortwahl wie auch inhaltlich Winters dreistufigem Konzept, das ebenfalls ein technikgestaltendes Recht entwickelt und u.a. als dessen Charakteristikum die Reversibilität nennt, die bei Leskien wiederum das experimentelle Technikrecht kennzeichnet. Stichworte wie Prozeduralisierung, Verfahrensgerechtigkeit und Öffentlichkeitsbeteiligung sind ebenfalls aus der Technikrechtdiskussion wohl vertraut und wurden auch in der österreichischen Debatte aufgegriffen. Gerlich (1992, 139) et-

38 Zwar führt die Gefährdungshaftung erfahrungsgemäß zu größerer Sorgfalt, insbesondere wegen des ökonomischen Drucks durch die Versicherung, und ist insofern ein taugliches Mittel zur Risikominderung. Der wesentlichste Einwand gegen eine solche den Schadensfall voraussetzende Regelung gründet sich allerdings auf mögliche Schadensszenarien, deren Eintritt *verhindert* und nicht *sanktioniert* werden soll.

wa setzte auf Rechtssicherheit durch klare Prozeßregeln und stimmte in der Forderung nach mehr Öffentlichkeitsbeteiligung mit beiden Rechtsstudien überein. In der vom Wissenschaftsministerium in Auftrag gegebenen Analyse sprachen sich mehrere Autoren (Luf/Potz 1991, 408-410; Öhlinger 1991b, 457-458) für entsprechende verfahrensrechtliche Schritte aus. In der UBA-Studie (1991, 406-409) schließlich wurde die Forderung nach Prozeduralisierung und Öffentlichkeitsbeteiligung nicht nur massiv erhoben, sondern auch ausführlich begründet (etwa durch den Vergleich mit den entsprechenden Vorschriften in der BRD bzw. in der EG) und durch konkrete Vorschläge ergänzt.

Der Blick auf die Grundrechte hatte gezeigt, daß auch das Fehlen eines Gesetzesvorbehalts für das Grundrecht auf Freiheit von Wissenschaft und Forschung rechtlichen Regelungen der Gentechnik nicht entgegenstand. Eingriffe in die Wissenschafts- wie auch in die Erwerbsfreiheit mußten allerdings dem Erfordernis genügen, sachlich gerechtfertigt und verhältnismäßig zu sein.[39] Als zentrale Fragen kristallisierten sich somit jene nach den Risiken der Gentechnik für die Grundrechte Dritter und jene nach der Risikoeinschätzung heraus. Ungeklärt blieb jedoch, wie und von wem eine solche Risikoeinschätzung vorzunehmen wäre (Leskien 1992, 148-149). Darüber hinaus kam aber, ähnlich wie bereits zuvor in der BRD,[40] im Zusammenhang mit den Grundrechten in erster Linie immer wieder die Menschenwürde zur Sprache, auch wenn sie ganz besonders relevant für Themen sein mochte, die nicht unbedingt in einem eventuell zu verfassenden Gentechnikgesetz geregelt werden sollten bzw. unter Umständen in den Regelungsbereich anderer Gesetzesvorhaben fielen, wie etwa die Gentherapie oder die künstliche Befruchtung. So wurden im Kontext der Gentechnologie auch Möglichkeiten einer Erweiterung und Konkretisierung des Grundrechtsschutzes thematisiert. Leskien (1992, 143) warnte in seinem Gutachten für die Enquete-Kommission zwar mit Verweis auf das bundesdeutsche Schrifttum vor allzu großen Erwartungen in die Aufnahme einer Menschenwürdeklausel, forderte allerdings die grundrechtliche Verbürgung eines umfassenden Persönlichkeitsschutzes, der ja bislang nur in der Literatur auf interpretative Weise entwickelt worden war. Bolognese-Leuchtenmüller (EK-B/Bd.2, 182-183) wiederum sprach sich für die grundrechtliche Verankerung sowohl der Menschenwürde als auch des Rechts auf informationelle Selbstbestimmung aus. In der vom Wissenschaftsministerium in Auftrag gegebenen Studie ging man weniger weit, wie vor allem die Position von Öhlinger belegte: Zwar sollten die durch die Gentechno-

[39] Dies hatte auch der Verfassungsdienst des Bundeskanzleramtes in einer Stellungnahme ausdrücklich festgehalten (Meixner 1990, 100).

[40] Vgl. hierzu Enders 1986 sowie Riedel 1986.

logie aufgeworfenen Fragen „bei der im Gang befindlichen Reform des Grundrechtekatalogs“ berücksichtigt werden (Öhlinger 1991a, XV; ebenso Luf/Potz 1991, 386, die von einer besonderen Herausforderung „für unsere zukünftige grundrechtliche Ordnung“ sprechen), wobei er in der Enquete-Kommission (EK-B/Bd.2, 186) im übrigen auch betonte, daß das „traditionelle Verständnis der Grundrechte als ausschließlich staatsgerichtete Abwehrrechte nicht mehr der letzte Stand“ der Verfassungsdogmatik sei, sondern zunehmend auch eine Schutzpflicht des Staates abgeleitet werde.[41] Alles in allem vertrat er die Auffassung, die weitere grundsätzliche Revision des Grundrechtsverständnisses sei nötig, lehnte aber die „Nachlieferung“ spezieller Grundrechte ab (Öhlinger 1990, 27). Dieser insgesamt vorsichtigen Haltung stand eine andere Position gegenüber, die die Herausforderung durch die Biotechnologie im Grundrechtsbereich deutlich offensiver annehmen wollte (Schlag 1992). Demnach könnte über die allen Grundrechtsgewährungen gemeinsame Idee des Menschenbildes, die nur ein anderer Ausdruck dafür sei, was in Deutschland mit Menschenwürde gemeint ist, auch in Österreich ein allgemeiner Menschenwürdeschutz begründet werden.[42] Daraus ließe sich eine Hierarchie innerhalb der Grundrechte ableiten und damit das Spannungsverhältnis zwischen Schutz und Freiheit ordnen, sodaß ein Bereich abgegrenzt werden könne,

> ... in dem die Schutzpflicht, dh Eingriffspflicht des Staates **Vorrang** vor seiner Unterlassungspflicht hat, und gleichzeitig sichern, daß der liberale Charakter der Grundrechtsordnung gewahrt bleibt (Schlag 1992, 55).

Die Gentechnik stellte sich als eine ähnliche Querschnittsmaterie wie der Umweltschutz dar. Fragen des sachlichen Umfangs eines speziellen Gentechnikgesetzes waren daher entscheidend durch die verfassungsrechtliche Verteilung der Gesetzgebungskompetenzen zwischen Bund und Ländern vorgeprägt. Diese machte den juristischen Analysen zufolge eine

[41] Ähnlich spricht auch Schambeck (1992a, 642) von einer Entwicklung der Grundrechte hin zu Gestaltungsrechten, die den Staat nicht nur zu einem Unterlassen, sondern auch zu einem Tun verpflichten. Mit Bezug auf Öhlinger schlußfolgert Hofer (1994, 57), daß die „rechtspolitische Herausforderung der Biotechnologie an die Gesetzgebung ... als Herausforderung an die österreichische Grundrechtsdogmatik angenommen worden sei.“ Die Annahme einer solche Herausforderung innerhalb der Lehre muß jedoch nicht zwangsläufig mit entsprechendem politischen Handeln, nicht einmal mit entsprechenden Empfehlungen der Wissenschaft an die Politik einhergehen.

[42] Schlag stützt sich dabei vor allem auf Loebenstein (vgl. 1987a, 699) und Ermacora; einige Autoren der Öhlinger-Studie - z.B. Burgstaller sowie Luf/Potz - beurteilen diese Positionen eher kritisch.

einheitliche und zugleich umfassende Regelung der Gentechnik unmöglich, wobei sich im Rahmen der Bundeskompetenzen die Zersplitterung auf der Ebene der Ressortzuständigkeiten noch fortsetzte. Kaum ein Ressort über das Gesundheitsministerium hinaus wäre von einem Gentechnikgesetz nicht in einzelnen Fragen ebenfalls betroffen gewesen.[43] Aus diesen Gründen wurde eine verfassungsgesetzliche Änderung der geltenden Kompetenzverteilung als nötig erachtet, sofern auf der politischen Ebene eine Entscheidung für ein weitgefaßtes spezielles Gentechnikgesetz fallen sollte (Öhlinger 1991b, 438-440; UBA 1991, 415-416). Nicht von ungefähr zeigten sich in dieser Frage des möglichen Umfangs eines Gentechnikgesetzes die größten Auffassungsunterschiede, manifestieren sich doch genau an diesem Punkt die praktische Umsetzung theoretischer Annahmen über das Verhältnis von Technik und Recht einerseits, politischer Gestaltungswille andererseits. Öhlinger (1991a, XV bzw. 443-444) faßte die Ergebnisse der juristischen Sondierungsstudie mit der Empfehlung zusammen, kein spezielles Gentechnikgesetz zu erlassen, sondern der sogenannten Streunormierung, also der Regelung unterschiedlicher Sachverhalte im Kontext bereits bestehender Gesetze, den Vorzug zu geben.[44] Außerdem sei der differenzierte Einsatz des zur Verfügung stehenden Regelungsinstrumentariums (Gesetze, Verordnungen, Formen autonomer Rechtssetzung wie Sicherheitsrichtlinien) anzustreben. Neben kompetenzrechtlichen Gründen führte er als Argument für seine Haltung wiederholt die Tatsache an, daß sowohl das dänische wie auch das deutsche Gesetz einige zentrale Themen im Zusammenhang mit der Gentechnik nicht regeln, womit er der eventuellen Bezeichnung „Gentechnikgesetz" letzten Endes nicht mehr als symbolische Wirkung zubilligte und die ganze Frage in den Bereich der „Etikettenwahrheit" (Öhlinger 1991b, 436-437) verwies. Diese Position bekräftigte er auch im Rahmen der Beratungen der Enquete-Kommission (EK-B/Bd.2, 208). Dem diametral gegenüber stand die in der UBA-Studie erhobene Forderung nach einer „sachgerechten Lösung" (UBA 1991, 415) in Form eines einheitlichen

---

43 Eventuell tangiert worden wären Wirkungsbereiche folgender Ressorts: „jener des Bundesministeriums für Justiz bezüglich haftungsrechtlicher und (von Gerichten zu vollziehender) strafrechtlicher Regelungen, des Bundesministeriums für Wissenschaft und Forschung bezüglich Universitäten, des Bundesministeriums für wirtschaftliche Angelegenheiten bezüglich gewerblicher und industrieller Betriebe, des Bundesministeriums für Arbeit und Soziales bezüglich des Arbeitnehmerschutzes, des Bundesministeriums für Land- und Forstwirtschaft bezüglich der Tierzucht und der Pflanzenzucht ..." (Öhlinger 1991b, 439).

44 Ganz ähnlich argumentierte Selb (1992a, 25), der Regelungen an ihrem „ganz speziellen Sitz" (also im Versicherungs-, im Arbeitsrecht etc.) angesiedelt wissen wollte und vor der „Furcht vor der mangelnden Koordination spezialgesetzlicher Regelungen" warnte.

Spezialgesetzes, das den gesamten Bereich der Bio- und Gentechnologie abdecken sollte (UBA 1991, 400). Die Methode, etwa Sicherheitsanforderungen durch Verordnungen und andere untergesetzliche Normen festzulegen, galt den Autoren dieser Analyse als

> ... nicht unproblematisch, da dadurch Entscheidungen, die eigentlich der Gesetzgeber selbst treffen müßte, auf außerparlamentarische Stellen übertragen werden und es so vielfach zu einer 'Selbstregulierung' in den einschlägigen Technikbereichen kommt (UBA 1991, 406).

Demzufolge hätte eine solche Regelungsmethodik lediglich durch entsprechende verfahrensrechtliche Regelungen (z.B. Demokratisierung von Genehmigungsverfahren) kompensiert werden können. Auch den im Öhlinger-Band favorisierten Weg einer Streunormierung bzw. eines Novellierungsansatzes, d.h. die Adaption bereits bestehender Gesetze, kritisierten die UBA-Autoren (1991, 413-414) vor allem deswegen als defizitär, weil sie darin einen Rückzug auf traditionelles Sicherheitsrecht sahen, in dem der Sicherheitsaspekt leicht zum alles dominierenden Bezugspunkt werden könne (etwa, wenn an Seuchen- oder Epidemiegesetzen angesetzt[45] wird), die eigentlich anzupeilende Gestaltungsregulierung dagegen aber völlig in den Hintergrund trete. Eine ausgesprochen weitgehende Regulierung forderte auch Bolognese-Leuchtenmüller, die sich in diesen Fragen „bewußt exponiert" hatte, wie sie selbst in der Enquete-Kommission sagte (EK-B/Bd.2, 182): Das von ihr dringend befürwortete Gentechnikgesetz sollte auch die Humangenetik umfassen, außerdem trat sie, wie bereits erwähnt, für die grundrechtliche Verankerung des Schutzes der Menschenwürde und des Rechts auf informationelle Selbstbestimmung ein. Als zweite Option konnte sie sich auch die Aufnahme dieser Inhalte in das Gentechnikgesetz vorstellen.[46] Wie nicht weiter verwunderlich, traten die Differenzen zwischen diesem Standpunkt der Gutachterin Bolognese-Leuchtenmüller und jenem des Diskutanten Öhlinger im Rahmen der Beratungen der Enquete-Kommission deutlich zutage (EK-B/Bd.2, 178-208).

Die in der vom Wissenschaftsministerium in Auftrag gegebenen Studie vorgeschlagene rechtliche Regulierung der Materie entspricht klar dem

---

[45] Demgegenüber hielten Huber/Stelzer (1991, 96) das österreichische Epidemiegesetz ausdrücklich für einen „systematisch sinnvollen Ansatzpunkt."

[46] So hätte die Aufnahme des Begriffs der „Menschenwürde" in ein GTG ihrer Auffassung nach (1992, 124) immerhin den Vorteil gehabt, daß damit der Begriff dezidiert in die österreichische Rechtsordnung aufgenommen worden wäre, so daß auch bei der Behandlung anderer Rechtsmaterialien darauf rekurriert hätte werden können.

bereits beschriebenen Muster der Bevorzugung praktischer Lösungen für Gesetzgebungsverfahren durch ein Netzwerk von Vertretern und Vertreterinnen der Rechtswissenschaft, der naturwissenschaftlichen Disziplinen und der Ministerialbürokratie. Wenn etwa Öhlinger (1991a, XV) in der Kurzfassung ausdrücklich eine „pragmatische Vorgangsweise", an anderer Stelle *„effiziente und vollziehbare rechtliche Regelungen"* (Öhlinger 1991b, 437) empfiehlt und generell gegen ein Spezialgesetz, dessen Wert ohnehin hauptsächlich in seiner Symbolwirkung bestünde, dafür aber für die Vorteile der wissenschaftlichen Selbstregulierung plädiert,[47] unterscheidet er sich wenig von einem Biochemiker, der sich im Rahmen einer Diskussionsveranstaltung zum Thema Gentechnikgesetz folgendermaßen äußerte:

> Ein allgemeines Gentechnikgesetz könnte sehr leicht zu einer die Öffentlichkeit zumindest zunächst beruhigenden, gleichzeitig aber die Anwendung der Gentechnik auch in problemlosen Bereichen auf lange Zeit bürokratisch behindernden Alibi-Aktion werden. Daher sollten für Teilbereiche ... in zweckmäßiger Form Teilregelungen geschaffen werden. Dies könnte ... in Form neuer Gesetze, durch Novellierung existierender Gesetze oder durch Verordnungen geschehen. Jedenfalls wäre es jedoch notwendig und zweckmäßig, die schon bisher existierende und eigentlich sehr gut funktionierende freiwillige Selbstkontrolle der Wissenschaftler und sonstigen Anwender nicht durch neue Regelungen auszuschalten, sondern sie in diese einzubinden (Ruis 1990, 42).

Ausdrücklich unter der Prämisse aufzuzeigen, wie sich die Materie einem Verwaltungsbeamten und Nicht-Juristen darstelle, aber mit deutlicher Bezugnahme auf einen ersten Zwischenbericht des von Öhlinger koordinierten Expertenteams skizzierte ein Beamter die Position des Wissenschaftsministeriums, das „der Gentechnik gegenüber grundsätzlich positiv" (Meixner 1990, 107) eingestellt sei. Angesichts der Kompetenzzersplitterung stellte sich demnach dem Ministerium die Frage,

> ... ob eine Verfassungsänderung alleine zu diesem Zweck (nämlich um hier eine einheitliche Bundeskompetenz zu schaffen) zielführend, notwendig oder überhaupt in diesem Sinne möglich wäre (Meixner 1990, 105-106).

In logischer Konsequenz und durch die Öhlinger-Studie juristisch abgestützt sprach man sich daher zu diesem Zeitpunkt seitens des Wissen-

[47] Ähnlich auch Huber/Stelzer 1991, 43-44.

schaftsministeriums dafür aus, mehrere „Rahmengesetze" für größere Teilbereiche der Gentechnik zu schaffen, beispielsweise speziell für die Freisetzung, die Genomanalyse, die Patentierung usw. Ressortchef Tuppy selbst hatte seine reservierte Haltung einem eigenen Gentechnikgesetz gegenüber ohnehin deutlich artikuliert (Spangenberg 1992a, 27). Angesichts der Kompetenzlage (deren Änderung ja nicht angestrebt wurde) wären im Rahmen einer solchen Regulierung die diversen Ministerien bzw. Landeshauptleute jeweils ihrem Kompetenzbereich entsprechend zuständig gewesen. Um eine bundesweit einheitliche Handhabung zu gewährleisten, sollte daher ein Koordinationskomitee oder Lenkungsausschuß eingesetzt werden, „dessen Federführung entweder beim Bundeskanzleramt oder durchaus auch beim Bundesministerium für Wissenschaft und Forschung liegen könnte" (Meixner 1990, 106). Unabhängig von legislativen Maßnahmen und als Sofortmaßnahme sollten die NIH-Richtlinien durch eine Kommission der Österreichischen Akademie der Wissenschaften für Österreich adaptiert werden. In diesem Vorschlag war zweifellos die weitere Festschreibung einer bestimmten Perspektive auf die Gentechnik und des entsprechenden Regulierungsansatzes angelegt - der Hinweis auf einen eigens adaptierten nationalen Regelungsrahmen hätte den Verzicht auf ein spezielles und umfassendes Gesetz argumentativ stärken können.

10. DIE GESETZGEBUNGSMASCHINERIE SETZT SICH IN GANG

10.1. Der erste Ministerialentwurf

Tatsächlich war die Arbeit der „Kommission für rekombinante Gen-Technik" der ÖAW (sie wurde 1989 eingesetzt) implizit mit dem Gedanken verbunden gewesen, Richtlinien mit selbstbindendem Charakter zu verfassen und damit eine spezielle gesetzliche Regulierung zu unterlaufen. Letztlich blieb es allerdings im wesentlichen bei einer Übersetzung der *NIH-guidelines*, ohne daß darüber hinausgehend verbindliche und spezifisch österreichische Richtlinien erarbeitet worden wären.[1] Denn mittlerweile hatte sich, trotz aller Widerstände seitens des Wissenschaftsministeriums, die Auffassung durchgesetzt, daß ein österreichisches Gentechnikgesetz nötig sei, und Gesundheitsminister Ettl (SPÖ)[2] stellte den Entwurf eines Gentechnikgesetzes mit Stand 1. 3. 1991 vor. Unter anderem gab für diese Entwicklung den Ausschlag, daß die EG in der Zwischenzeit ihre Direktiven verabschiedet hatte und Österreich im Zuge der Überlegungen und späteren Verhandlungen über einen Beitritt zur Gemeinschaft begann, sein Rechtssystem entsprechend anzugleichen.[3] Im Falle eines Beitritts würden jedenfalls nach einer Übergangsfrist die beiden Richtlinien in nationales Recht zu implementieren sein. Doch auch das Inkrafttreten des Abkommens über den Beitritt zum Europäischen Wirtschaftsraum

---

[1] Außerdem erhob die Kommission, wo in Österreich bereits mit gentechnischen Methoden Forschung betrieben bzw. gewerblich gearbeitet wurde, wozu diese Arbeiten dienten, in welchem Ausmaß sie betrieben wurden und wie ihre Risiken einzustufen waren (Kreil 1992a).

[2] Harald Ettl war zuerst BM für Gesundheit und Öffentlichen Dienst im BKA (2.2.89-17.12.90), danach BM ohne Portefeuille (17.12.90-1.2.91) und schließlich Ressortchef im neuen BM für Gesundheit, Sport und Konsumentenschutz (1.2.91-3.4.92).

[3] Am 17.7.89 hatte Außenminister Mock in Brüssel den österreichischen Antrag auf eine Aufnahme der Verhandlungen über eine EG-Mitgliedschaft Österreichs überreicht; nach einem zweijährigen Prüfverfahren übermittelte die Kommission Österreich schließlich am 31.7.91 einen positiven Prüfbericht (*avis*), worin sie unterstrich, „daß der Beitritt Österreichs aufgrund seiner Wirtschaftskraft, seiner intensiven wirtschaftlichen Verflechtungen sowie vor allem auch seiner beträchtlichen Integrations-'Vorleistungen' durch die Übernahme von EG-Regelungen und -Recht sehr positiv zu bewerten sei" (Kramer 1997, 733).

würde ihre Umsetzung nötig machen,[4] weswegen die damalige Forschungsstelle für Technikbewertung Michael Nentwich vom Forschungsinstitut für Europafragen der Wirtschaftsuniversität Wien beauftragte, nationale Spielräume bei der Umsetzung der EG-Freisetzungsrichtlinie zu analysieren. Veröffentlicht wurde diese Studie schließlich gemeinsam mit dem Umweltbundesamt (Nentwich 1993), das sowohl allgemeinen umweltschutzrelevanten Problemen der Gen- und Biotechnologie (UBA 1991, Berger et al. 1992) wie auch speziellen Fragen der Freisetzung größte Aufmerksamkeit widmete.[5] UBA und FTB entwickelten in der Folge eine rege Zusammenarbeit in der Freisetzungsthematik: Im April 1992 organisierten die beiden Institutionen einen gemeinsamen Workshop, um einen Überblick über die Erfahrungen in verschiedenen Ländern mit der Beurteilung von Freisetzungen von GVOs zu schaffen und einen entsprechenden Kriterienkatalog zu entwickeln (Gaugitsch et al. 1992; UBA 1993). Diese Ergebnisse wurden von Umweltministerin Rauch-Kallat im September 1993 anläßlich eines Symposiums präsentiert (Gaugitsch/Torgersen 1994). Während der Entwurf für ein österreichisches GTG die Richtlinie der EG in groben Zügen berücksichtigt und integriert hatte, wurde vom UBA und von der FTB an Möglichkeiten gearbeitet, wie Freisetzungsprojekte in Österreich beurteilt und welche maßgeblichen Kriterien dafür entworfen werden könnten.

Wie der Abgeordnete Müller in einem Artikel berichtete, hatte eine Arbeitsgruppe des SPÖ-Parlamentsklubs (bestehend aus ihm sowie den Abgeordneten Dohnal, Nowotny und Schnattinger) Ende November 1990 den Entwurf für das GTG fertiggestellt, den der Bundesminister für Gesundheit, Sport und Konsumentenschutz wenig später präsentierte. Ziel dieses auf dem oben genannten Grundsatzpapier basierenden Entwurfs war

> der Schutz des Menschen einschließlich seiner Nachkommenschaft gegen gesundheitliche Schäden, die entweder unmittelbar durch Eingriffe am menschlichen Genom oder mittelbar durch gentechnologi-

---

[4] Der EWR-Vertrag wurde am 22.9.92 vom Nationalrat mit den Stimmen der Koalition gegen die Opposition angenommen und trat am 1.1.94 in Kraft. Österreich war damit unabhängig vom Ausgang der Beitrittsverhandlungen großteils in den Binnenmarkt eingebunden (Schaller 1997, 58).

[5] „UBA has for a long time been engaged in public debates and negotiations on the GTG ... Although UBA did not succeed in its struggle towards becoming Competent Authority for GMO releases, it acted, in a way a CA would, in international meetings on EU and OECD level because of its knowledge, at a time, when there was no expertise at other ministries“ (Torgersen/Mikl 1995, 17).

sche Eingriffe an anderen zur Vermehrung oder zur Weitergabe gentechnischen Materials fähigen biologischen Einheiten entstehen können, und der Schutz der Umwelt (Müller 1991, 26).

Bei den Verboten für Keimbahneingriffe, für die Entwicklung biologischer Waffen und für die Genomanalyse im Rahmen von Arbeits- oder Versicherungsverhältnissen war es geblieben; Anwendungen im geschlossenen System sowie Freisetzungen sollten entsprechend den Richtlinien der EG gehandhabt werden. Prinzipiell baute der Entwurf auf fünf Prinzipien auf: Das Vorsorgeprinzip (1) beinhaltete, daß gentechnische Eingriffe nur zulässig sein sollten, wenn dadurch nach dem Stand der Wissenschaft die Gesundheit des Menschen und seiner Nachkommenschaft nicht gefährdet würde. Nach dem ökologischen Prinzip (2) sollte der Einsatz gentechnischer Methoden das Ökosystem nicht gefährden. Das demokratische Prinzip (3) zielte auf die Information und Mitwirkung der Öffentlichkeit bei der Vollziehung des Gesetzes ab und das Zukunftsprinzip (4) besagte, daß unter Berücksichtigung aller Prinzipien keine unangemessenen Beschränkungen für die Forschung in Österreich entstehen sollten. Das Stufenprinzip (5) inkludierte die international übliche Vorgangsweise *step by step* und *case by case*, eine Freisetzung mußte mit dem Vorsorge- und dem ökologischen Prinzip vereinbar sein (Furche 1.8.90).

Der vorliegende Entwurf wurde explizit als Diskussionsgrundlage bezeichnet. Entstanden war er ohne die Einbeziehung von Interessengruppen und anderen Ministerien, nun sollten auf dieser Basis weitere Verhandlungen aufgenommen werden:

> Initially, there were attempts to broadly involve all relevant parties (including e.g. the Gen-Ethisches Netzwerk, the most outspoken NGO, and various others) in the following shaping of the law. There were regular meetings with representatives of other ministries and various organised and non organised interest groups attending in which the content and the way of regulations were negotiated.The results of these meetings were never made public and the members representing industry as well as those from NGOs criticised this lack of transparency, stating that their interests were not considered equally (Torgersen/Mikl 1995, 8).

Die Einbeziehung verschiedenster Interessen und die Berücksichtigung möglichst aller relevanten Problemkreise - u.a. auch durch die Etablierung dreier interministerieller Arbeitsgruppen[6] - erfolgte in diesem Stadium also nach kaum formalisierten Kriterien. Eine zuständige Legistin aus dem Ministerium bewertete allerdings retrospektiv diese Vorgangsweise dennoch als durchaus erfolgreich (Satzinger 1995).

Im Verlauf des Jahres 1991 traten nochmals die äußerst gegensätzlichen Positionen zur rechtlichen Regelung der Gentechnik zutage. Dabei betrafen die Divergenzen zum einen nach wie vor die prinzipielle Frage des Regelungsbedarfs; durch das Vorliegen eines Ministerialentwurfs entzündete sich nun jedoch zum anderen auch Kritik an den konkreten Regelungsinhalten.[7] Diese wurde besonders massiv von Selb formuliert. Er hielt den Entwurf schon im Ansatz für völlig verfehlt und unausgereift, das Papier trage „alle Zeichen hastiger Pragmasie" nach dem Motto „es muß etwas geschehen" und könne „auch durch eine Fülle von Verbesserungen nicht mehr geheilt werden." Statt dessen hielt Selb eine „völlige Neudiskussion und Neuformulierung" für angezeigt (Selb 1991, 750). Dem Gesundheitsministerium warf er vor, weder die Studie über die *„Gentechnologie im österreichischen Recht"* noch die Vorarbeiten der Kommission der ÖAW hinreichend berücksichtigt zu haben. Der Entwurf gehe - anders als etwa die Richtlinien der EG - nicht von hypothetischen Risiken aus, sondern postuliere „neue Gefahren" und lasse dafür das Chancenpotential ungerechtfertigterweise gänzlich außer Acht. Die drei Verbote (für Keimbahneingriffe, für die Entwicklung biologischer Waffen sowie für Genomanalysen) erschienen ihm besonders problematisch, vor allem weil sie teilweise auch begriffliche Fehler beinhalteten.[8] Die Übernahme der EG-Direktiven sei ebenfalls „im Eifer der schlichten Textübernahme" (Selb

---

[6] Ab Herbst 1991 nahmen die beiden AGen zur industriellen Produktion bzw. zur Freisetzung ihre Tätigkeit auf, die sich aus Vertretern und Vertreterinnen der betroffenen Ministerien, der Sozialpartnerschaft und der Forschung zusammensetzten, Anfang 1992 die AG zur Genanalyse, an der zusätzlich Behindertenorganisationen beteiligt waren (Torgersen, pers. Mitteilung).

[7] Demgegenüber äußerte sich im Rahmen der Enquete-Kommission ein Jahr später der Politikwissenschafter Gerlich durchaus positiv über den Entwurf (EK-B/Bd.2, 206).

[8] Insofern ist Selb zuzustimmen. Insbesondere der Begriff „Genomanalyse" ist falsch verwendet, weil es tatsächlich Arbeitgebern und Versicherungsanstalten nicht um eine Genomanalyse gehen kann, sondern um eine DNA-Analyse. Allerdings zog sich dieser mißverständliche Gebrauch bereits seit langem durch die rechtspolitische Diskussion. Die Begriffsverwirrungen im Entwurf wurden auch von anderen Seiten thematisiert: „Der Gentechnikgesetzentwurf ... ließ recht eindeutig erkennen, daß Fingerabdrücke eines Biologen auf dem Entwurf nicht hätten nachgewiesen werden können. Tautologien wie 'genetisches Erbmaterial' waren noch die eher harmlosen Indizien dafür, daß die wichtigsten Experten - nämlich Molekularbiologen - hier nicht mitgearbeitet haben" (Steinhardt 1991, 32-33). Auch diese Kommentatorin hielt das Gesetz in der damaligen Version für nicht exekutierbar.

1991, 754) mehr als mangelhaft erfolgt. Besonders stieß Selb (1991, 753) sich an den fünf Grundsätzen des Entwurfs, die seiner Ansicht nach eine „absonderliche Neuheit für den 'Stufenbau der Rechtsordnung'" waren. Außerordentlich heftig kritisierte er schließlich auch die im Entwurf vorgesehene Parteienstellung für „jedermann," die durch die schriftliche Einwendung gegen „die einzelne Anwendung, nicht - wie sinnvoll - gegen die Anlage" zu erlangen war (Selb 1991, 755). Auf die nach seinem Dafürhalten ebenfalls völlig unzureichenden Bestimmungen hinsichtlich der Freisetzung von GVOs ging Selb gar nicht mehr ausführlich ein und schloß mit der galligen Bemerkung:

> Der Kritiker hat es an dieser Stelle resigniert aufgegeben, den Entwurf weiter zu begutachten. Die Fülle grober Mängel und kleinerer Unzulänglichkeiten in der Umsetzung des politischen Wollens, vor allem aber die so offen sichtbare Unangemessenheit des Einsatzes in der Bürokratie war hier schon erdrückend genug. Man beginne neu, mit Sachverstand und Augenmaß, mit rechter Abschätzung der Chancen und Risiken einer Technologie und ohne Übereifer gegenüber der Europäischen Gemeinschaft (Selb 1991, 756).

Hatte Minister Ettl im Frühjahr 1991 noch über positive Reaktionen zum Entwurf seines Ressorts seitens der Interessenvertretungen wie BWK, AK und ÖGB zu berichten gewußt und lediglich Einwände aus der Wissenschaft eingeräumt (Wiener Zeitung 26.5.91), ließ die Beobachtung der Diskussion im weiteren Verlauf des Jahres doch andere Schlüsse zu. Zwar wurde mittlerweile von der Industrie begrüßt, daß mit Hilfe eines Gesetzes Rechtssicherheit geschaffen würde, und auch die Gesprächsbereitschaft des Ministeriums fand positive Resonanz, die Beseitigung unausgegorener Formulierungen sowie zu restriktiver Bestimmungen wurde aber dringend gefordert. Die Hauptbefürchtung sowohl der Industrie wie auch der Forschung betraf eine unzumutbare Bürokratisierung, die die tägliche Arbeit lahmzulegen imstande sei (Pötsch 1991, 78-82). Ursprünglich hatte der Plan bestanden, die Endfassung des Entwurfs bis Ende des Jahres fertigzustellen und dann zur Begutachtung aufzulegen, so daß das Gesetz 1992 ins Parlament gekommen wäre (KSÖ 17/91, 3). Die Widerstände und daraus resultierenden Verzögerungen ließen dieses Vorhaben jedoch zunehmend unrealistisch erscheinen. Auch die politischen Konfliktlinien zwischen den Parteien sowie den einzelnen Ministerien bzw. nachgeordneten Dienststellen, die sich in Fragen der Gentechnik deutlich exponiert hatten, traten in dieser Phase noch einmal überaus deutlich zutage. Wie die Grünen forderte das dem Umweltministerium zugehörige UBA durch seinen zuständigen Referenten Gaugitsch ein Moratorium für

Freisetzungen bis zum Inkrafttreten des GTG.[9] Der *Falter* (11/92, 13) kommentierte im März 1992 die Situation wie folgt:

> Aus dem Wissenschaftsministerium erfolgte prompt eine Absage. Das Gesundheitsministerium ist da schon vorsichtiger, hält ein solches Moratorium für entbehrlich und involviert sich im übrigen nicht in die Debatte. Man hält die Befürchtungen von Kritikerseite, daß genmanipuliertes Saatgut aus dem Ausland in Österreich angepflanzt wird, für unwahrscheinlich und läßt lieber die beiden ÖVP-Ministerien diesen Streit ausfechten. Wie dem auch sei, geht es nach dem Willen aller Beteiligten, so soll das Gen-Gesetz noch vor dem Sommer in die Begutachtung. Im Herbst sollte es dann als Regierungsvorlage das Parlament passieren.

Die inhaltlichen und politischen Konflikte um das zukünftige GTG hatten den ursprünglichen Zeitplan also bereits durcheinander gebracht. Über den eingeschränkten Kreis der informierten kritischen Öffentlichkeit hinaus hatte die Thematik allerdings dennoch bis zum damaligen Zeitpunkt kaum Widerhall gefunden, so daß Ende 1991 diese fehlende öffentliche Diskussion in Österreich immer noch Anlaß für größte Verwunderung bot:

> Die relative Ruhe um den Gesetzesentwurf - und darüberhinaus den Themenbereich - läßt sich zwar aus der Komplexität der Materie und dem vorauseilenden Vertrauen in wissenschaftliche Forschung und Entwicklung erklären, nicht aber verstehen (KSÖ 17/91, 3).

10.2. Ein neues Instrument: Die Enquete-Kommission

In der Zwischenzeit war allerdings - nicht zuletzt auch mit dem Vorsatz, einen breiteren parlamentarischen und in weiterer Folge öffentlichen Diskurs zu initiieren - die Durchführung einer parlamentarischen Enquete-Kommission betreffend „Technikfolgenabschätzung am Beispiel der Gentechnologie" beschlossen worden. Der Beginn ihrer Beratungen wurde von einem zeitlich wohl nicht ganz zufälligen neuerlichen Vorstoß der Industrie begleitet, die ihre mangelnde Einbeziehung im dortigen Experten-

[9] Die Grünen brachten am 29.1.92 vergeblich einen Entschließungsantrag über ein Freisetzungsmoratorium ein (Antrag 284/A(E)).

kreis monierte.[10] Nochmals wurde von österreichischen Unternehmensvertretern die Kritik am vorliegenden Gesetzesentwurf intensiviert („praktisch unbrauchbar") und Befürchtungen Ausdruck verliehen, das österreichische GTG könnte womöglich noch krasser als das deutsche Pendant ausfallen (Wiener Zeitung 11.3.92).

Mit der Einrichtung der Enquete-Kommission waren, wie schon durch das Regierungsübereinkommen vorbereitet, wenn auch an dieser Stelle noch nicht explizit vorgegeben, zwei parallel zueinander verlaufene Stränge der Diskussion schlußendlich miteinander verbunden worden. Die SPÖ, und in ihr neben Johanna Dohnal vor allem Lothar Müller, der seine Fraktion auch in der Kommission vertreten sollte, hatten bereits seit Jahren den Regelungsbedarf in Sachen Gentechnologie thematisiert und waren für einen intensiven Diskurs eingetreten. Seitens der ÖVP hatte der Abgeordnete und Professor an der Grazer Juridischen Fakultät, Christian Brünner, eine Vorreiterrolle hinsichtlich der Technikfolgenabschätzung inne. Immer wieder erwies er sich mit großem Nachdruck als Fürsprecher für die TA als ein

> ... Forum für die Freiheit des Abgeordnetenmandats, für den Dialog zwischen Wissenschaft und Politik und für die Funktionalisierung von Konflikt und Dissens im Dienste des gesellschaftlich-politischen Steuerungs- und Innovationspotentials (Brünner 1992, 33).

Sein Engagement für die Enquete-Kommission war besonders deutlich mit dem Anliegen der Aufwertung des österreichischen Parlamentarismus verbunden, zu dem unter anderem auch die Verankerung der Technikfolgenabschätzung an dieser Stelle zählen sollte. Um die Auseinandersetzung damit zu intensivieren, veranstaltete der ÖVP-Parlamentsklub auch im April 1992 eine Enquete zum Thema „Technikfolgenabschätzung - eine Herausforderung für das Parlament" (ÖVP-Pressedienst 29.4.92). Neben der Darstellung theoretischer Grundlagen der TA sowie der Präsentation ausländischer Modelle durch Gastreferenten und -referentinnen wurde selbstverständlich seitens der ÖVP-Abgeordneten auch die soeben ins Leben gerufene Enquete-Kommission zur Gentechnik thematisiert. Wissenschaftsminister Busek betonte die Vorarbeiten, die in seinem Ressort für eine eventuelle Regelung geleistet worden waren, und artikulierte seine Ablehnung gegenüber möglichen Verboten. Brünner pflichtete in dieser

---

[10] Dies beklagte im übrigen u.a. Zacherl vom IMP, der schließlich in der Kommissionssitzung vom 2.6.92 als Experte zum Themenkreis Forschung - Entwicklung - Industrie auftrat.

Frage bei und warnte vor einer Konzentration auf Gefahren, die die Vorteile gentechnischer Methoden vernachlässigen würde. Einig waren sich beide weiters in ihrem Appell an die Politik und an die Medien, im Zusammenhang mit Technikfolgen auch ethische Fragen zu thematisieren (SN 30.4.92, 6).

11. DIE ARBEIT DER ENQUETE-KOMMISSION

11.1. Konstituierung, Zusammensetzung und Organisation

Am 4. Dezember 1991 stellten die Abgeordneten Stippel (SPÖ), Brünner (ÖVP) und Genossen an den Hauptausschuß des Nationalrats den Antrag, zur Initiierung eines parlamentarischen Diskussionsprozesses über die Bewertung und Folgenabschätzung moderner Schlüsseltechnologien gemäß § 98 Abs. 4 der Geschäftsordnung eine parlamentarische Enquete-Kommission betreffend die „Technikfolgenabschätzung am Beispiel der Gentechnologie" einzusetzen. Die Kommission wurde beauftragt, einen zur Entwicklung der Gentechnologie in ihren jeweiligen Anwendungsgebieten parallel ablaufenden parlamentarischen Diskurs über Chancen, Risiken und Folgen zu führen und entsprechende Maßstäbe für einen verantwortlichen Umgang damit in einem Bericht an den Nationalrat zu formulieren.[1] Als Frist bis zur Berichterstattung wurde der 1. Oktober 1992 angesetzt, diese Frist wurde in weiterer Folge auf den 1. November verlängert. Der Hauptausschuß beriet in seiner Sitzung am 13. Dezember 1991 sowohl den Einsetzungs- als auch den Fristsetzungsantrag und nahm beide einstimmig an.

Der Enquete-Kommission gehörten folgende Parlamentarier und Parlamentarierinnen an: Für die SPÖ die Abgeordneten Graenitz, Hlavac, Müller, Reitsamer, Seel, Stippel und Svihalek; für die ÖVP die Abgeordneten Bauer, Brünner, Leiner, Molterer und Steinbauer, für die FPÖ die Abgeordneten Barmüller, Haupt und Motter und schließlich als einziger Vertreter der Grünen der Abgeordnete Voggenhuber (EK-B/Bd.1, 3).

In der konstituierenden Sitzung der Enquete-Kommission, die am 6. Februar 1992 stattfand, wurde außerdem beschlossen, allen Sitzungen ständige Berater zuzuziehen. Von den parlamentarischen Klubs wurden Univ.-Prof. Dr. Hans Niedermüller (Inst. für Physiologie der Veterinärmedizinischen Univ. Wien), Doz. Dr. Ludwig Maurer (Boltzmann Inst. für biologischen Landbau), Mag. Dietmar Wenty (AK Wien), Dr. Josef Hoppichler

---

[1] Die eigenständige Formulierung eines Gesetzestextes gehörte also nicht explizit zur Aufgabenstellung der Kommission. Allerdings erwartete man sich von den Empfehlungen der Kommission politisches Gewicht, das sich auch im Gesetzgebungsprozeß niederschlagen sollte.

(Bundesanstalt für Bergbauernfragen), Univ.-Prof. Dr. Hans Tuppy (Biochemisches Inst. der Univ. Wien), Univ.-Prof. Dr. Eberhard Schockenhoff (Katholisch-Theologische Fakultät der Univ. Regensburg), Univ.-Ass. Dipl.-Ing. Dr. Friederike Turnowsky (Univ. Graz) sowie Dan Leskien (Studienkreis Umweltpolitik und Recht, Hamburg) nominiert. Ferner nahmen Dr. Helge Torgersen (ÖAW, FTB), Univ.-Prof. Dr. Dieter Schweizer (ÖAW, Fachbereich Genetik), Univ.-Prof. Dr. Helmut Ruis (ÖAW, Fachbereich Biochemie), Univ.-Prof. Erich Heintel (ÖAW, Fachbereich Philosophie/Geisteswissenschaften), Univ.-Prof. Dr. Peter Ruckenbauer (ÖAW, Fachbereich Landwirtschaft/Bodenkultur), Univ.-Prof. Dr. Walter Knapp (ÖAW, Fachbereich Medizin), Mag. Michael Eckerstorfer (Forum Österreichischer Wissenschaftler für Umweltschutz), Dipl.-Ing. Walter Scharf (Österreichische Gesellschaft für Natur- und Umweltschutz), Harald Wosihnoj (GEN Österreich) sowie Oberphysikatsrätin Dr. Ingrid Pilz (Verbindungsstelle der Bundesländer) als ständige Experten bzw. Expertinnen teil. Als Obmann der Kommission hatte Abgeordneter Stippel die Sitzungsleitung inne, zur Berichterstatterin für das Plenum wurde Elisabeth Hlavac gewählt (EK-B/Bd.1, 3-5).

Prinzipiell sah die Vorgangsweise in der Enquete-Kommission vor, auf Basis eines möglichst breiten Meinungsspektrums eine Bewertung von Nutzen, Gefahren und zu erwartenden Folgen der Gentechnik zu entwikkeln. Diesem Zweck sollten die Beiträge von geladenen Experten und Expertinnen dienen, die gebeten wurden, ein schriftliches Gutachten anzufertigen. Die Abgeordneten, die ihre Fraktionen in der Kommission vertraten, hatten in diesem Zusammenhang auch die Möglichkeit, Fragenkataloge zu formulieren, deren Beantwortung möglichst in die Expertisen einfließen sollte.[2] In den jeweils thematischen Schwerpunkten gewidmeten Sitzungen sollten die Fachleute in Referaten die wesentlichsten Inhalte ihrer Gutachten präsentieren und danach für eine ausführliche Diskussion mit den Parlamentariern und Parlamentarierinnen zur Verfügung stehen. Zur Abrundung der Meinungsvielfalt bestand die Möglichkeit, noch weitere Diskutanten und Diskutantinnen hinzuzuziehen. Darüber hinaus konnte jeder Klub eigene Sachverständige nominieren. Um den Meinungsbildungsprozeß noch pluralistischer zu gestalten, wurde außerdem der Beschluß gefaßt, zusätzlich weitere Institutionen und Organisationen um schriftliche Stellungnahmen zu bitten.

Überlegungen hinsichtlich des Ablaufs und möglicher thematischer Schwerpunktsetzungen der Kommission waren bereits im Vorfeld ange-

---

[2] Alle Gutachten in EK-B/Bd.3.

stellt worden, unter anderem auch unter Hinzuziehung der Forschungsstelle für Technikbewertung (Torgersen, pers. Mitteilung). Am 6. Februar 1992 fand die *konstituierende Sitzung* der Enquete-Kommission statt. Die *zweite Sitzung* am 26. Februar diente der genaueren Terminplanung sowie der Festlegung der Themenbereiche. Die *dritte Sitzung* am 8. April 1992 war einer thematischen Einführung gewidmet, die Vorträge hielten Max Birnstiel (IMP/Wien) und Christine von Weizsäcker (Heinrich-Böll-Stiftung/Bonn). Mit der *vierten Sitzung* am 7. Mai fand man durch die Diskussion des Schwerpunkts „Landwirtschaft und Umwelt" den Einstieg in die kontroversen Fragen der Gentechnik. Als Experte war zur Verfassung eines Gutachtens bzw. zum Referat Hermann Katinger (Inst. für angewandte Mikrobiologie/BOKU) eingeladen worden, als Diskutanten traten Heinrich Wohlmeyer (Öst. Vereinigung für agrarwissenschaftliche Forschung) sowie Alfred Haiger (BOKU) auf. In der *fünften Sitzung* am 2. Juni widmete man sich der Auseinandersetzung mit „Risikoforschung und Sicherheit." Expertisen/Referate wurden von Ewald Langenohl (Zentralabteilung für Chemieanlagen und Biotechnologie/Köln), Werner Lubitz (Inst. für Mikrobiologie/Wien) und Beatrix Tappeser (Öko-Inst./Freiburg) geliefert, hinzu kam ein Statement von Ernst Leitner (Biochemie Kundl). Die Vorträge zu „Forschung - Entwicklung - Industrie" am selben Tag hielten Hans Tuppy (Inst. für Biochemie/Wien) sowie Nikolaus Zacherl (IMP/Wien), weitere Statements gaben Robert Kastner (Raiffeisen Bioforschungs GmbH, Tulln) sowie Johann Eibl (Immuno AG, Wien) ab. Die *sechste Sitzung* fand am 10. Juni 1992 zu den Themenkreisen „Grundrechte und Demokratie" statt, referiert wurde von Peter Gerlich (Inst. für Staats- und Politikwissenschaft/Wien) sowie von Birgit Bolognese-Leuchtenmüller (Inst. für Wirtschafts- und Sozialgeschichte/Wien), als Diskutant war außerdem Theo Öhlinger (Inst. für Staats- und Verwaltungsrecht/Wien) eingeladen worden. Am selben Tag wurde auch das Kapitel „Gesundheitswesen" behandelt, wozu Alois Stacher (Akademie für Ganzheitsmedizin/Wien), Walter Rosenkranz (Inst. für Biologie und Humangenetik/Graz), Peter Swetly (Bender) sowie Klaus Rhomberg (Inst. für Sozialmedizin/Innsbruck) gehört und befragt wurden. Bereits am nächsten Tag, also am 11. Juni, fand die *siebte Sitzung* über „Ethik/Bioethik" statt, bei der Günther Virt (Inst. für Moraltheologie/Wien) als einziger Referent auftrat.[3] Bei der *achten Sitzung* am 7. Juli wurden einige Themen vermischt: Zur „Patentierung" sprachen Karl Wolf (Österr. Patentamt) sowie Rudolf Teschemacher (EPA), daran schloß sich ein Nachtrag zu „Grundrechten und Demokratie" von Dan Leskien (Studienkreis Umweltpolitik und

[3] Der geplante Zweitreferent hatte auf mehrmalige Kontaktaufnahmen und Einladungen nicht reagiert (EK-B/Bd.2, 242).

Recht/Hamburg) sowie ein weiterer Zusatz zum Thema „Sicherheit“ von Otto Widetschek (Öst. Berufsfeuerwehrverband).

Damit waren die inhaltlichen Beratungen abgeschlossen. Es folgten in der *neunten Sitzung* am 17. September die Beratung bezüglich der Berichtlegung und in der *zehnten Sitzung* am 27. Oktober die Diskussion des Entwurfs der Empfehlungen der Enquete-Kommission. Damit hatte die erste parlamentarische Enquete-Kommission ihre Arbeit beendet.

11.2. Der Verlauf der Sitzungen

Die Bandbreite der in den Gutachten, Stellungnahmen und Debatten vorgebrachten Argumente umfaßte die gesamte, bereits in den vorangegangenen Kapiteln ausgeführten Diskussionsstränge um die Gentechnologie. Daher sei vorweggenommen, daß im folgenden der Verlauf jeder einzelnen Sitzung und die Positionen der jeweiligen Referenten und Referentinnen bzw. Abgeordneten zu einzelnen Fragen nicht in allen Details nachgezeichnet werden. Worum es im anschließenden Abschnitt gehen wird, ist eine überblicksartige Beschreibung des chronologischen und inhaltlichen Verlaufs des Meinungsbildungsprozesses in der Enquete-Kommission und einiger seiner Charakteristika. Das Ergebnis dieses Prozesses schlug sich im gemeinsamen Endbericht nieder, der in vielen Punkten Übereinstimmung beweist, aber auch den verbliebenen Dissens zwischen den Fraktionen widerspiegelt.

Erste Klärungen und grundsätzliche Probleme

Wie bereits erwähnt, diente die zweite Sitzung in erster Linie der Diskussion darüber, welche Experten und Expertinnen um ihre Beiträge gebeten werden sollten und wie eine sinnvolle thematische Gliederung gestaltet werden könnte. Dabei tauchten die ersten prinzipiellen Divergenzen auf. Denn selbstverständlich kamen im Rahmen dieser Festlegungen durchaus unterschiedliche inhaltliche und politische Zugänge zu Fragen der Gentechnik zum Tragen, die nicht nur die gewünschten Schwerpunkte betrafen, sondern vor allem die Fachleute, die gehört werden sollten. Während manche ÖVP-Mandatare eher dazu tendierten, Vertreter und Vertreterinnen aus dem industriellen und dem wissenschaftlichen Sektor einzuladen und in ihrem Wunsch, Praktiker zu hören, deutlich von einigen Wissenschaftern aus dem ständigen Expertenkreis unterstützt wurden, neigten besonders der SPÖ-Abgeordnete Müller sowie Voggenhuber von den Grünen dazu, prononcierte Gentechnik-Kritiker und -Kritikerinnen (insbesondere aus Deutschland) vorzuschlagen und fanden dabei die Unterstützung des Gen-Ethischen Netzwerks. Diese Differenzen betrafen unter anderem die Einladungen zum Thema Freisetzungen:

> Ja, ich bin der Meinung, daß der Vorwurf einer gewissen Einseitigkeit in der Einladung der Sachverständigen vor allem für diesen Punkt gilt ... Ich glaube, daß diese Einladungsliste, so wie sie hier vorliegt, nicht die notwendige Vielfalt an Positionen einbringt (Voggenhuber, EK-B/Bd.2, 10).

In der vierten Sitzung fand dieser Konflikt übrigens eine Fortsetzung, da im Zuge einiger Absagen die Liste der Fachleute revidiert werden mußte und daher dieses Thema noch einmal die Abgeordneten beschäftigte. Diesmal allerdings blieb Voggenhuber mit seiner Position alleine, während die Abgeordneten Müller und Brünner, gewissermaßen die Wortführer innerhalb ihrer Fraktionen, sich in großkoalitionärer Eintracht übten. Voggenhuber klagte:

> Ich nehme an, daß nicht nur ich allein über die Vorgänge in der Enquete-Kommission langsam etwas unglücklich werde. Kritiker werden ausgeladen beziehungsweise erscheinen nicht, und für sie werden jeweils massive Befürworter eingeladen. Es werden bei jeder Enquete-Sitzung neue Namen genannt, ohne daß man weiß, wer das ist, von wem das vorgeschlagen wird, von wem das betrieben wird. Die Enquete-Kommission bekommt eine immer größere Schlagseite hin zur Befürwortung (EK-B/Bd.2, 53).

Müller dagegen äußerte sein Unverständnis:

> Auf der anderen Seite, Herr Kollege Voggenhuber, muß ich sagen, ich kann Ihr Unglücklichsein zwar verstehen, aber nicht teilen, weil es wirklich von den Mitgliedern der Enquete-Kommission, und zwar von den Abgeordneten, abhängen wird, wie die Stellungnahme dann schlußendlich ausschauen wird (EK-B/Bd.2, 53).

Und Brünner - sehr zum Ärger Voggenhubers - sekundierte:

> Meine bisherige Erfahrung mit Herrn Kollegen Voggenhuber ist die, daß er genügend Selbstbewußtsein und Durchschlagskraft hat, um sich nicht von Gutachtern aufs Kreuz legen zu lassen, und fähig und bereit ist, sich seine eigene Meinung zu bilden. Und ich gehe davon aus, daß das für alle Abgeordneten der Enquete-Kommission gilt ... *(Abg. Voggenhuber: Bei Ihnen habe ich Sorge!)* (EK-B/Bd.2, 54).

Ansonsten war die zweite Sitzung jedoch von Abklärungen bezüglich des Verlaufs, den die Enquete-Kommission nehmen sollte, geprägt. Dabei kam auch eines der grundsätzlichen Probleme zur Sprache, nämlich die äußerst begrenzten finanziellen Mittel, die der Kommission zur Verfügung standen, sowie der Zeitdruck, unter dem ihre Arbeit stand. Auf diese Umstände verwies der Obmann Stippel - zwar zum ersten, aber nicht zum letzten Mal - bereits zum damaligen Zeitpunkt (EK-B/Bd.2, 8). Nichtsdestotrotz war deutlich, daß die Abgeordneten ein starkes Interesse daran hatten, sich mit der Thematik so umfassend wie möglich auseinanderzusetzen. Zu diesem Zweck sollten daher zusätzlich schriftliche Stellungnahmen von verschiedensten, zum Teil bisher weniger berücksichtigten Gruppierungen eingeholt werden, die auf diesem Wege ihre grundsätzlichen Positionen darlegen konnten. Dieser Vorschlag Stippels (EK-B/Bd.2, 15) traf auf allgemeine Zustimmung, und in der Folge erhielt die Kommission 33 schriftliche Stellungnahmen von folgenden Organisationen:[4]

- Arbeitsgemeinschaft Österreichischer Schwarzbunt-Züchter
- Arbeitsgemeinschaft zur Förderung des biologischen Landbaus
- ARGE DATEN - Österreichische Gesellschaft für Datenschutz
- Biochemie Gesellschaft m.b.H. Kundl
- Bundesanstalt für Lebensmitteluntersuchung und -forschung
- Bundesarbeitskammer
- Bundeskammer der gewerblichen Wirtschaft
- Bundeskammer der Tierärzte
- Dachverband der Österreichischen Kinder-Krebs-Hilfe-Organisationen
- Fraktion Christlicher Gewerkschafter im ÖGB
- Generalsynode der Evangelischen Kirche AB und HB in Österreich
- Gen-Ethisches Netzwerk Österreich

---

[4] Auch diese Positionspapiere sind in Band 3 der Enquete-Kommission - zus. mit den Gutachten zu spezifischen Fragestellungen - abgedruckt. Ob und in welcher Form diese Stellungnahmen in den Endbericht der Kommission aufgenommen werden sollten, war Gegenstand eines ausführlichen Meinungsaustauschs in der zehnten und letzten Sitzung (EK-B/Bd.2, 385-387).

- Gewerkschaft der Privatangestellten
- Homosexuelle Initiative (HOSI) Wien
- Kammer für Land- und Forstwirtschaft Salzburg
- Katholische Aktion Österreichs
- Katholischer Familienverband Österreichs
- Landeskammer für Land- und Forstwirtschaft Steiermark
- Landwirtschaftskammer für Oberösterreich
- Lebenshilfe Österreich
- Niederösterreichische Landes-Landwirtschaftskammer
- Österreichische Apothekerkammer
- Österreichische Bergbauernvereinigung (ÖBV)
- Österreichische Hochschülerschaft - Alternativreferat
- Österreichische Hochschülerschaft - Frauenreferat
- Österreichische Rektorenkonferenz
- Pioneer Saaten AG
- Renner-Institut
- Umweltberatung Österreich
- Verein für Konsumenteninformation
- Vereinigung der Österreichischen Rübenbauernorganisationen
- Vereinigung Österreichischer Industrieller
- Wiener Tierschutzverein

Diese schriftlichen Stellungnahmen hatten zwar keinen nennenswerten Einfluß auf die Sitzungen der Enquete-Kommission, stellten aber dennoch ein bisher nicht dagewesenes Kompendium der Einschätzungen durch die zahlreichen Interessengruppen unterschiedlichster Größe und politischer Bedeutung dar. Besonders heben Torgersen/Mikl (1995, 9) zu Recht die Stellungnahme des GEN hervor, das sich des Themas am detail- und facettenreichsten angenommen hatte. Von der Freisetzung über Genanalyse und -therapie hin zu demokratischer Kontrolle und in diesem Rahmen insbesondere die Sozialverträglichkeit war dabei kein Aspekt unbeachtet geblieben (EK-B/Bd.3, 236-249). Dies zeigt im übrigen alleine der Umfang, der mit 14 Seiten weit über die durchschnittlich ein bis drei Seiten der übrigen Positionspapiere hinausging. Das Spektrum dieser Erklärungen hatte eine beachtliche Bandbreite, deren Schwerpunktsetzungen jedoch kaum verwundern:[5] Von gewerkschaftlicher Seite (GPA) etwa wurde der Arbeitnehmerschutz in den Vordergrund gerückt und u.a. für „Genomana-

5 Dies gilt ganz besonders für Vereine wie die ARGE DATEN oder den Tierschutzverein. Auch die Betonung ethischer Aspekte durch kirchliche Gruppierungen nimmt nicht weiter wunder, wobei sich allerdings der Kathol. Familienverband mit einer exklusiven Stellungnahme zu Fragen der IVF anstatt zur Gentechnik (EK-B/Bd.3, 257-259) einer klassischen Themenverfehlung schuldig gemacht hat.

lysen" im Rahmen von Arbeitsverhältnissen ein strafrechtliches Verbot gefordert (EK-B/Bd.3, 250-251). Die Bundesarbeitskammer verlangte zusätzlich strenge Kontrollen bei Freisetzungsexperimenten und strikt geregelte Zulassungsverfahren inklusive Öffentlichkeitsbeteiligung. Die Verabschiedung eines umfassenden Gentechnikgesetzes sollte so rasch als möglich erfolgen - nachdem der erste Entwurf für ein solches von der AK kam, eine kaum überraschende Forderung (EK-B/Bd.3, 218-219). Dem sozialpartnerschaftlichen Gegenüber stellte sich die Situation konsequent anders dar. Ein Gentechnikgesetz sollte lediglich Sicherheitsfragen regeln, alle anderen Regelungsbereiche hingegen durch Ergänzungen in den jeweiligen Materiengesetzen wie Arzneimittelgesetz usw. abgedeckt werden. Mit dem Argument, Österreich dürfe seine Attraktivität als Industriestandort nicht verlieren, wurde für eine Orientierung an international gültigen Standards plädiert. Der Tenor dieser Stellungnahme lautete, Österreich solle eine „Überregulierung" wie in der BRD vermeiden und ein Gesetz Förderungs-, aber nicht Verhinderungszweck haben (EK-B/Bd.3, 220-224). Noch eindeutiger - d.h. einem Gesetz gegenüber ablehnend - war die Haltung der Industriellenvereinigung, wobei auch auf internationale Deregulierungstendenzen verwiesen wurde:

> Insgesamt ist nochmals festzuhalten, daß es aus unserer Sicht im Bereich der Gentechnik vor allem darum gehen muß, den Investitionsstandort Österreich zu erhalten. Deshalb dürfen nicht international isoliert spezielle Maßnahmen und Restriktionen eingeführt werden, die die Weiterentwicklung der Gentechnik im international vergleichbaren Ausmaß verhindern würden, zum Schaden der österreichischen Wissenschafts-, Wirtschafts-, Gesundheits- und Sozialpolitik (EK-B/Bd.3, 288).

Die diversen Landwirtschaftsorganisationen forderten - wie auch die gewerkschaftliche Seite - die Einbeziehung von sozialen und politischen Fragestellungen sowie die strenge Einhaltung des Stufenprinzips. Darüber hinaus differierten ihre Stellungnahmen hinsichtlich ihrer Haltung der Anwendung gentechnischer Methoden gegenüber. Die konventionell ausgerichteten Verbände lehnten die Gentechnik nicht grundsätzlich ab und beriefen sich in ihren Einschränkungen stärker auf sozio-ökonomische denn auf Sicherheitsaspekte. Die Vertretung des biologischen Landbaus hingegen wandte sich strikt gegen jeglichen Einsatz der Gentechnik in der Landwirtschaft (EK-B/Bd.3, 212).

Auch wenn, wie bereits erwähnt, die Positionspapiere keine direkte Behandlung in den Kommissionssitzungen erfuhren, sahen sich die Abgeordneten doch bald an die Grenzen ihrer Leistungsfähigkeit getrieben. Nachdem Fragen an die Experten und Expertinnen ausgearbeitet worden waren und erste Diskussionen stattgefunden hatten, mußte die Gutachten gelesen und die Sitzungen vorbereitet werden. Immer wieder - erstmals schon in der zweiten Sitzung - erging daher die Bitte an die Forschungsstelle für Technikbewertung, Hilfestellungen zu leisten, etwa in Form einer Synopse der eingelangten Stellungnahmen (EK-B/Bd.2, 15). Der Abgeordnete Brünner wiederholte diese Bitte in der vierten Sitzung mit folgender Argumentation:

> Ich stimme ... schon zu ..., je mehr Information, umso besser, nur möchte ich festhalten, daß ich schon in Informationsmaterial und Gutachten ersticke ... Ich sehe mich ... außerstande, ständig mit neuen Gutachtern und Gutachten konfrontiert zu werden (EK-B/Bd.2, 57).

Schließlich wurde noch am selben Tag der formelle Beschluß gefaßt, zur Unterstützung der Arbeit der Enquete-Kommission bei der FTB ein zusammenfassendes Gutachten über die eingelangten Stellungnahmen und über die Erfahrungen mit dem deutschen GenTG sowie eine Expertise beim Gesundheitsministerium über den Inhalt der gentechnisch relevanten Regelungen der EG und des EWR einzuholen (EK-B/Bd.2, 78).[6]

Ein weiterer Punkt zog sich von Beginn der Sitzungen an durch die Beratungen der Kommission, nämlich die Tatsache, daß parallel zu diesen Verhandlungen die Arbeiten am Ministerialentwurf zu einem Gentechnikgesetz vonstatten gingen. Der SPÖ-Abgeordnete und Kommissionsobmann Stippel präzisierte die Aufgabe dieses Gremiums und formulierte bescheidene Hoffnungen:

> Wir haben nicht die Aufgabe, ein Gentechnikgesetz zu machen, sondern die Folgen abzuschätzen, und diese Enquete-Kommission hat eine ganz bestimmte Aufgabe. Allerdings wird niemand etwas dagegen haben, wenn die Ergebnisse dieser Enquete-Kommission dann bei den Beratungen des zuständigen Ausschusses - das wird der Gesundheitsausschuß sein - mitberücksichtigt werden ... Ich habe irgendwo ... gehört, daß frühestens mit Ende dieses Kalenderjahres eine Regierungsvorlage erwartet werden könnte. Das würde bedeu-

---

[6] Torgersen et al. 1992a bzw. 1992b (Gutachten FTB); BMG 1992. In der Abschlußsitzung der Kommission wurde seitens Brünners und Voggenhubers allerdings massive Kritik an der FTB laut, die ein Gutachten mit anderem Inhalt verfaßt hatte, als in Auftrag gegeben worden war, das darüber hinaus geraume Zeit auf sich hatte warten lassen - die vorläufige Fassung datierte mit September 1992 (EK-B/Bd.2, 386-387).

> ten, daß sie also mit Beginn des nächsten Jahres ins Haus käme und dem Gesundheitsausschuß zugeteilt werden würde. Noch einmal: Wenn die Mitglieder dieses Ausschusses sich gewisser Ergebnisse unserer Arbeit bedienen, dann soll das so sein (EK-B/Bd.2, 16).

Damit waren am Ende der zweiten Sitzung der Arbeitsauftrag klar definiert und die wichtigsten Weichenstellungen für die kommenden Plena - Einladung der Experten und Expertinnen, Themenfestlegungen - getroffen. In der dritten Sitzung konnte daher mit der inhaltlichen Diskussion begonnen werden.

Die inhaltlichen Diskussionen

Die dritte Sitzung (8. April 1992) wurde durch zwei Einführungsvorträge eingeleitet. Max Birnstiel vom IMP konzentrierte sich in seinem Referat - wie auch im Gutachten (1992, 27-33) - auf die Erklärung wissenschaftlicher Grundlagen und die Darstellung der wesentlichsten Anwendungsgebiete der Gentechnologie. Hinsichtlich der Keimbahntherapie erklärte er, diese sei nach bisherigem Wissensstand am Menschen nicht möglich, trat aber dennoch für ein gesetzliches Verbot ein (EK-B/Bd.2, 20). In dieser Frage bestand Einigkeit zwischen ihm und der Zweitreferentin sowie den Abgeordneten. Darüber hinaus ging der Vortragende auf die internationalen Sicherheitsrichtlinien und auf die Gesetzeslage in anderen Ländern ein, wobei er bezüglich des deutschen GenTG ausführte, am Gesetz selbst sei wenig zu bemängeln, der Vollzug desselben habe sich allerdings zu einem veritablen Problem für Forschung und Industrie entwickelt. An den österreichischen Gesetzgeber appellierte er daher, dieses Exempel genau zu studieren und die deutschen Fehler nicht zu wiederholen (EK-B/Bd.2, 24-25). Christine von Weizsäcker legte den Schwerpunkt ihrer Ausführungen auf andere prinzipielle Abklärungen in Zusammenhang mit der Gentechnologie, nämlich auf die politische Steuerung von Technikentwicklung. Zum einen thematisierte sie die Problematik der „unterschiedlichen Geschwindigkeiten" von Demokratie und Technologie, zum anderen stellte sie die beiden grundsätzlichen Ansätze der TA (technologie- oder problemzentriert) dar (1992, 44-47). Besondere Aufmerksamkeit schenkte sie der Kennzeichnung von gentechnisch hergestellten Produkten, vor allem Lebensmitteln, und plädierte für die Freiheit des „informierten Nicht-Konsums" (1992, 48). Gerade die Entscheidung für eine Deklaration stellte für Weizsäcker eine politische Grundsatzfrage dar:

> Ohne Kennzeichnung ist eine politische Schmerzgrenze, also auch ein Zerbrechen des politischen Burgfriedens um das Thema Gentechnik für viele - vielleicht auch für mich - erreicht, gehört doch zu einer Freiheit, ja sagen zu können, auch die Freiheit, nein sagen zu können, sonst kann man nicht von Freiheit sprechen (EK-B/Bd.2, 30).

Diesem Thema war auch ein großer Teil der anschließenden Diskussion gewidmet, da damit in Zusammenhang auch die vom ÖVP-Abgeordneten Molterer aufgeworfene prinzipielle Frage nach einem qualitativen Unterschied zwischen gentechnischen und anderen Methoden stand (EK-B/Bd.2, 40). Wosihnoj vom GEN knüpfte an die Deklarationspflicht den Begriff der Sozialverträglichkeit und argumentierte, da weite Teile der Bevölkerung gentechnisch produzierte Lebensmittel ablehnen würden, sei eine Kennzeichnung ohnehin „schon ein ein bißchen müder Kompromiß" (EK-B/Bd.2, 50). Auch der grüne Parlamentarier Renoldner trat dringend für die Deklarationspflicht ein und erklärte, es sei ihm

> ... unbegreiflich, wie gerade Leute, die ansonsten so sehr für die Kräfte des freien Marktes sind, sich hier vor dem Markt fürchten und die selbstverständlich notwendige Information und Aufklärung sozusagen hier staatlicherseits zurückhalten wollen, oder nicht nur staatlicherseits, sondern auch von seiten der Forschungshierarchien. Das ist durch nichts zu vertreten (EK-B/Bd.2, 50).

Dagegen wehrte sich der Biologe Schweizer von der ÖAW massiv gegen eine solche Produktkennzeichnung, da diese implizieren würde, daß gentechnische Produktionsweisen an sich schlechter als andere seien. An Weizsäcker gerichtet wandte er sich gegen eine Argumentationslinie, „die wirklich mittelalterlich anmutet, die wirklich darauf abzielt, Ängste zu erzeugen" (EK-B/Bd.2, 49). Ebenfalls im Rahmen dieser Sitzung andiskutiert wurden Themen wie die Freisetzung, die Sinnhaftigkeit von Moratorien und die Wissenschaftsfreiheit, die Patentierung sowie medizinische Anwendungen der Gentechnik. Anknüpfend an Birnstiels Ausführungen über die internationalen Sicherheitsstandards und das deutsche Gesetz erhitzten sich auch an diesem Thema die Gemüter. Kreil von der ÖAW (er hatte wesentlich an der Adaption der *NIH-guidelines* mitgewirkt) wandte sich aufgrund des deutschen Beispiels vehement gegen ein überhastet beschlossenes österreichisches Gesetz und meinte in diesem Zusammenhang: „Ich habe mich nur gemeldet, weil ich auch Angst habe. Ich habe Angst vor verängstigten Abgeordneten..." (EK-B/Bd.2, 40). Der Experte für den grünen Klub, Leskien, widersprach Kreil in seiner Einschätzung der fatalen Wirkungen des deutschen GenTG vehement und relativierte darüber hinaus den Begriff der Forschungsfreiheit (EK-B/Bd.2, 44-45). Auf die dominante Frage der Gerechtfertigtheit oder Ungerechtfertigtheit von Ängsten in Zusammenhang mit der Gentechnik gingen auch die Abgeordneten ein und thematisierten damit eine der Aufgaben von Politik. Brünner etwa meinte:

> Ich gebe schon zu, daß ich vielleicht auf dem Feld der Gentechnologie sehr leicht manipulativ Angst machen kann. Aber selbst wenn das der Fall ist, ist es wichtig, Angst und das Angstmachenkönnen als eine reale Kategorie des politischen Systems zu betrachten und sie nicht so ein bißchen wegzuschieben und zu sagen, da sind halt ein paar professionelle Angstmacher am Werk (EK-B/Bd.2, 48).

Der Sozialdemokrat Müller schloß daran an und definierte, was seiner Ansicht nach die Hauptaufgabe der Enquete-Kommission war:

> Ich glaube, wir haben vom Parlament aus sehr häufig einen großen Fehler gemacht, daß wir keine Dialoge geführt haben, sondern Anhörungen gemacht haben. Das heißt, wir laden Wissenschaftler beispielsweise ein, um von denen zu hören, was ist und was sein könnte. Wir sollten fairerweise hergehen und auch den Wissenschaftlern rechtzeitig sagen, was wir wollen im Sinne der Bevölkerung, denn die Legitimation aus der Bevölkerung haben wir ... Auch wir werden daher, wenn wir die politische Arbeit ehrlich machen, dazu kommen müssen, daß wir in den Dialog eintreten und uns gegenseitig sagen, was wir können, was wir wollen, was sein wird und was wir beispielsweise anstreben ... Im Grunde genommen wäre es die Aufgabe der zuständigen Abgeordneten, Regierungsmitglieder und so weiter, Technikbewertung zu machen. Darauf möchte ich großen Wert legen, daß es nicht so unverbindliche Plaudereien über dieses und jenes gibt ... Das, was wir zu formulieren haben, sind nicht unbedingt Ängste, sondern wir werden Bedingungen formulieren. Dazu ist ein Gentechnikgesetz da, auch wenn es manchem der Herren ... nicht passen wird (EK-B/Bd.2, 49).

Am Schluß dieser ersten inhaltlichen Sitzung waren damit die Grundzüge der Arbeit der parlamentarischen Enquete-Kommission bereits deutlich festgelegt. Die Abgeordneten beriefen sich auf ihren politischen Auftrag und auf den Wählerwillen. Dieser erfordere, von den Fachleuten möglichst viel Information zu bekommen, um auf dieser Grundlage zu einer Bewertung der Gentechnik zu gelangen. Auch wenn dies nicht explizit als Arbeitsauftrag festgelegt war, erwartete man sich dennoch, daß das Ergebnis dieses Meinungsbildungsprozesses in die Formulierung des zukünftigen Gentechnikgesetzes einfließen möge. Diese Prämissen bestimmten auch den Verlauf der Sitzungen, die stark von einem Frage-Antwortspiel zwischen den Mandataren bzw. Mandatarinnen und den eingeladenen Fachleuten geprägt war. Daß die Abgeordneten der verschiedenen Fraktionen in vielen Detailfragen differierende Positionen vertraten, wurde gleichsam als gegeben hingenommen, stand aber selten im Vordergrund. Die Enquete-Kommission war weniger eine Arena für politische Konflikte, sondern stand unter dem Zeichen der Diskussionen mit den referierenden Fachleuten, zu denen auch die ständig anwesenden Experten und Expertinnen viele Wortbeiträge lieferten. Eindeutig, so die Einschätzung des permanent anwesenden Vertreters der FTB (Torgersen/Mikl 1995, 9), waren die Abgeordneten auch auf der Suche nach „wissenschaftlicher Wahrheit", und die Expertisen wurden daher mehr als einmal in Zweifel gezogen, wenn die Widersprüche in den Aussagen der Fachleute unüberbrückbar schienen.

Weiters hatten sich bereits so gut wie alle Themen, die sich wie ein roter Faden durch sämtliche Kommissionssitzungen ziehen sollten, herauskristallisiert: Dies waren zum einen die Freisetzung und alle damit verbundenen Sicherheitsfragen, wobei jedoch Torgersen/Mikl (1995, 10) feststellen, daß diesem Problemkreis nicht mehr Aufmerksamkeit als z.B. der industriellen Produktion und medizinischen Anwendungen geschenkt wurde. Im Kontext der industriellen Produktion wurden immer wieder internationale Regelungsstandards thematisiert und damit die Frage nach dem Regelungsbedarf und -zweck in Österreich und der möglichen Gestalt eines Spezialgesetzes. Besondere Priorität in der Diskussion genossen dabei Materien wie die Kennzeichnung, die Haftung sowie die Patentierung. Außerordentlich viel Aufmerksamkeit wurde - dies geht, wie die bereits angeführten Punkte, aus einem Blick auf die Zusammenfassung der Sitzungen hervor (EK-B/Bd.3, 1-26) - Grundrechtsfragen wie jener nach der Wissenschaftsfreiheit und der Menschenwürde geschenkt. Daran geknüpft war wiederum im Kontext der medizinischen Anwendungen insbesondere die Keimbahntherapie. Schließlich wurde immer wieder die Frage der Sinnhaftigkeit von Moratorien thematisiert, wobei es sich hierbei um einen Punkt handelte, wo auch die politischen Positionen mehr als deutlich waren, hatten doch die Grünen bereits einen entsprechenden Antrag im Nationalrat eingebracht, der jedoch auf wenig Gegenliebe gestoßen war.

Die folgende vierte Sitzung (7. Mai 1992) zum Thema Landwirtschaft verwies allerdings durchaus noch auf weitere, auch politische Konfliktlinien, wie im folgenden gezeigt werden soll. Als Gutachter war Hermann Katinger eingeladen worden,[7] seines Zeichens Vorstand des Instituts für angewandte Mikrobiologie an der BOKU. In dieser Funktion war er auch Leiter einer Arbeitsgruppe, die sich mit der Züchtung einer Marillensorte beschäftigt, die mit Hilfe gentechnischer Manipulationen gegen eine bestimmte Viruserkrankung (Sharkavirose) resistent werden soll. Insofern handelte es sich dabei um eines der gentechnischen Vorreiterprojekte in Österreich, und eine Freisetzung in absehbarer Zeit wurde allgemein erwartet. Katinger war es im Vorfeld der Sitzung nicht möglich gewesen, ein schriftliches Gutachten zu verfassen, so daß keine Unterlage vorhanden war. Als Referentin hatte er seine Mitarbeiterin Margit Laimer-Machado mitgebracht, die in ihrem Vortrag das Forschungsprojekt präsentierte (EK-B/Bd.2, 59-62). In der darauf folgenden Diskussion[8] engagierte Katinger sich selbst wieder sehr stark. Angesprochen wurden alle prinzipiellen Themen rund um Freisetzungen, so etwa befürchtete ökologische Gefahren wie die Einschränkung der Artenvielfalt oder die Entstehung neuartiger Viren und Resistenzbildungen und ökonomische Fragen wie die Dritte-Welt-Problematik und Konzentrationstendenzen z.B. in der Saatgutbranche. Ebenfalls thematisiert wurden die Unvorhersehbarkeit der Folgen, die eventuell die Einschränkung durch ein Moratorium rechtfertigen könnten, und die dem gegenüber stehende Forschungsfreiheit (EK-B/Bd.3, 4-7). Zwei weitere Experten waren als Diskutanten eingeladen worden, wobei Heinrich Wohlmeyer von der Österreichischen Vereinigung für agrarwissenschaftliche Forschung eine vorsichtig befürwortende Haltung zum Einsatz der Gentechnik in der Landwirtschaft einnahm und sich deutlich um differenzierende Wortmeldungen bemühte. Alfred Haiger von der Univ. für Bodenkultur hingegen vertrat eine unmißverständliche Position: Das Postulat einer wertfreien Wissenschaft lehnte er ab, ebenso die Trennung zwischen Mikroorganismen, Pflanzen und Tieren in der Gentechnikdiskussion. Im Pflanzenbereich warnte er vor der sich verstärkenden Tendenz zu Monokulturen und stellte generell klar, daß das Problem der Landwirtschaft in unseren Breiten nicht der Mangel, sondern vielmehr der Überschuß sei. Darüber hinaus versuchte er, wie er selbst sagte, zu beweisen,

> ... daß sie (die Gentechnik; P.G.) bei der landwirtschaftlichen Nutztierzucht keine landwirtschaftlichen Probleme löst, daß sie unnötig ist, daß man sie nicht braucht, außer einige multinationale Konzerne für ihre Bilanzen (EK-B/Bd.2, 66).

---

7 Die beiden ebenfalls eingeladenen Gutachter hatten abgesagt (EK-B/Bd.2, 53).

8 Diese war - nicht nur aus Sachfragen - eine der kontroversiellsten Diskussionen überhaupt, worauf später noch einzugehen sein wird.

Die fundamentalen Differenzen in der Beurteilung des Einsatzes gentechnischer Methoden in der Landwirtschaft waren damit angerissen und wurden im weiteren Verlauf der Diskussion immer offensichtlicher. Vor allem zwei Vertreter von Institutionen, die ÖVP-dominierten Ministerien (Land- und Forstwirtschaft, Umwelt) nahestanden, nämlich Josef Hoppichler von der Bundesanstalt für Bergbauernfragen sowie Helmut Gaugitsch vom UBA wandten sich mit äußerst kritischen Fragen und Feststellungen zur Freisetzung an die anderen anwesenden Experten und Expertinnen (EK-B/Bd.2, 73-74; 78-79). Gerade bei dieser Thematik wurde somit ein Problem besonders deutlich, an dem die Volkspartei während der gesamten Gentechnikdiskussion litt und bis heute leidet, nämlich die Existenz zweier Flügel. Dem Wirtschaftsflügel, der für eine Förderung der Industrie eintrat und zum damaligen Zeitpunkt vom ebenfalls ÖVP-geführten Wissenschaftsministerium weitgehend unterstützt wurde, stand ein ökologisch ausgerichteter Flügel gegenüber, der durch das Umweltministerium repräsentiert wurde. Besonders profiliert hatten sich mit den ökologischen Argumenten eben das dem Umweltministerium zugehörige UBA,[9] aber auch die Bundesanstalt für Bergbauernfragen, die allerdings wesentlich weniger Unterstützung durch das Landwirtschaftsministerium genoß. Dieses ist nach wie vor als Vertretung konventioneller landwirtschaftlicher Methoden zu sehen. Der biologische Landbau verfügt zwar in Österreich über eine breite Basis, innerhalb des Gefüges von landwirtschaftlichen Interessenorganisationen (Öst. Bauernbund, Landwirtschaftskammern, landwirtschaftliche Genossenschaften) bis hin zum Ministerium wird er dennoch als Nischenbereich behandelt.

Angesichts der massiven Meinungsunterschiede unter den Fachleuten beschieden sich die Abgeordneten im Verlauf dieser Sitzung zumeist damit, Fragen - allerdings durchaus kritischer Natur - an die Experten und Expertinnen zu richten, die sich primär mit Abklärungen hinsichtlich der Besonderheiten und der Vor- und Nachteile gentechnischer Methodik sowie mit der Einteilung in Sicherheitsstufen befaßten. Eine grundsätzliche Stellungnahme gab allerdings der Grüne Voggenhuber ab:

> Die Aufgaben der Gentechnologie werden heute in Österreich von der Industrie gestellt und weder von der Gesellschaft noch von der wissenschaftlichen Grundlagenforschung. Ich glaube, das ist einer der entscheidenden Punkte, wenn wir über Landwirtschaft schon einmal im gesamten reden: Hier unterwirft sich die Gentechnologie

[9] Das vom UBA geforderte Freisetzungsmoratorium war auch von Flemmings Nachfolgerin als Umweltministerin, Feldgrill-Zankel (ebenfalls ÖVP), zumindest in Erwägung gezogen worden (EK-B/Bd.2, 70).

> einem Verwertungssystem, das mit der Hilfe der Gentechnologie Probleme lösen will, die sie selber hervorgebracht hat. In diesem Haus, dem Parlament, sollte aber diskutiert werden, wie die Probleme der Landwirtschaft gelöst werden können, und hier würde man sehr schnell draufkommen, daß die Gentechnologie für diesen problemorientierten Ansatz keinerlei Lösungen bisher vorgelegt hat, sondern ganz im Gegenteil die Fehlentwicklung massivst fördert (EK-B/Bd.2, 99).

Ähnlich prinzipiell gegen die Gentechnik in der Landwirtschaft argumentierte Wosihnoj vom Gen-ethischen Netzwerk, der in jeglicher Freisetzung ein Umweltproblem sah und außerdem die Konzentrationstendenzen in der Saatgutbranche und die Lebensmittelproduktion thematisierte (EK-B/Bd.2, 101-102).

Erneut zu den zentralen Diskussionsthemen in der Enquete-Kommission zählte die Freisetzung im Rahmen des nächsten thematischen Schwerpunkts, nämlich Risikoforschung und Sicherheit, der in der fünften Sitzung (2. Juni 1992) behandelt wurde. Der aus der BRD kommende Experte Langenohl hatte in seinem Gutachten (1992) ausführlich einerseits Gefahren und Risiken in der Gentechnik, andererseits entsprechende Sicherheitskonzepte - additives und synergistisches Modell - dargestellt und die wesentlichsten Inhalte seiner Expertise auch im Referat präsentiert. Als Kernaussage seines Vortrages läßt sich die Präferenz für das traditionelle Konzept in der Sicherheitsforschung und damit für das additive Modell herausschälen, die er unter anderem mit dem Argument begründete, bisher hätte es keine gravierenden Unfälle gegeben (EK-B/Bd.2, 111-112). Werner Lubitz vom Institut für Mikrobiologie und Genetik in Wien ging in seinem Beitrag (1992) im wesentlichen von der These aus, daß Risikoabschätzungen vorläufig primär Meinungen widerspiegeln würden, da aufgrund eines weitgehenden Fehlens von umfassender Risikoforschung auch zu wenig Datenmaterial vorhanden sei (EK-B/Bd.2, 113). Aufgrund dessen sprach er sich für eine begleitende Sicherheitsforschung speziell im Bereich von Freisetzungen aus. Was die Laborarbeit anbelangte, beklagte er vor allem, daß häufig auf das biologische *containment* zu wenig Wert gelegt würde (EK-B/Bd.2, 116-117). Beatrix Tappeser war als prononcierte Gentechnikkritikerin aus der BRD eingeladen worden, die sich schon seit langem mit diesem Thema befaßte. Sie repräsentierte die Haltung des Öko-Instituts Freiburg, das grundsätzlich in seiner Arbeit davon ausgeht, daß es sich bei der Gentechnik um eine qualitativ neue Art des Eingriffs handelt (Tappeser 1992). An die Annahme eines spezifischen Eingriffs geknüpft ist die weiterführende These von spezifischen und unvorhersehbaren Risiken. Auf dieser Basis erklärte Tappeser die international üblichen Sicherheitsmaßnahmen und die diesbezüglichen Bestimmungen des deutschen GenTG für unzureichend (EK-B/Bd.2, 119). Nochmals stellte sie die beiden unterschiedlichen Konzepte des additiven und des synergistischen Modells vor. Das additive geht davon aus,

> ... daß die Kenntnis der Eigenschaften des Empfängerorganismus, also quasi des unveränderten Organismus, und die Kenntnis der Funktion des neuen Gens, das in diesen neuen Organismus eingebracht werden soll, ausreichend ist für eine vollständige Beschreibung des genetisch veränderten Organismus, des GVO. Eine wichtige Konsequenz aus einer solchen Betrachtungsweise ist die Tatsache, daß man davon ausgeht, daß eine Prognose möglich ist in dem Moment, wo sämtliche Eigenschaften eines Organismus bekannt sind - obwohl das ja in den seltensten Fällen so ist - und wo die Funktion des neuen Gens, die sich aus der Gensequenz ergibt, aus dem Protein, das über diese Gensequenz gemacht wird, bekannt ist. In diesem Fall wäre eine Prognose möglich, und damit wäre auch eine Gefahrenabschätzung, eine Einteilung in Risikoklassen möglich.
>
> Das synergistische Modell stellt diesem Ansatz ein etwas anderes Verständnis gegenüber, dieses Verständnis sagt eben, daß die Kenntnis der Eigenschaften des Empfängerorganismus und der Funktion des neuen Gens notwendig ist, aber nicht ausreichend, um zu einer Einschätzung des Verhaltenspotentials des GVOs zu kommen, sondern die Eigenschaftsausprägungen des genetisch veränderten Organismus sind abhängig von der Lokalisation des neuen Gens auf der DNS, also dem Ort des Einbaus unter anderem, und den Umgebungsbedingungen. Erst in dieser Zusammenschau, in diesem Zusammenspiel wird sich das vollständige Eigenschaftspotential eines solchen Organismus deutlich machen.
>
> Das heißt eben auch, daß eine vollständige Prognose im vorhinein nicht möglich ist ... (EK-B/Bd.2, 117-118).

In der anschließenden Diskussion zeigten sich die Abgeordneten - wie Müller und Graenitz von der SPÖ - vor allem entsetzt über den geringen Stellenwert von Risikoforschung und Technikfolgenbewertung, den die Vortragenden unisono attestiert hatten, unabhängig von ihren Einschätzungen des Risikopotentials bzw. der unterschiedlichen Sicherheitskonzepte (EK-B/Bd.2, 128-129). Daraus ergab sich auch die Frage nach der Sinnhaftigkeit von Moratorien, die diesmal der ÖVP-Mandatar Steinbauer aufwarf. Interessant dabei die Formulierung der Frage, wohlgemerkt die eines Politikers an Wissenschafter:

> Muß man jetzt politische Konsequenzen in einem Moratorium oder in einem zumindest teilweisen Moratorium, für Teilbereiche eben, suchen? (EK-B/Bd.2, 134).

Während die Grünen als einzige Parlamentsfraktion diese Konsequenz bereits gezogen, für einen entsprechenden Antrag im Nationalrat allerdings keine Mehrheit gefunden hatten, und im von einer ÖVP-Ministerin geführten Umweltressort zumindestens mehrmals über diese Option laut nachgedacht worden war, wurde bei dieser Sitzung klar, daß im großen und ganzen die hier anwesenden Vertreter der Volkspartei letztlich doch nicht für derartig restriktive Maßnahmen einstanden. Brünner etwa argumentierte aus (seiner) Sicht des Gesetzgebers, man dürfe sich nicht nur an *worst case scenarios* orientieren, da auch diese nur auf Vermutungen basieren, mit Verboten und Moratorien jedoch der wissenschaftliche Fortschritt behindert würde (EK-B/Bd.2, 132-133). Dem schloß sich sein Parteikollege Molterer an - der Gesetzgeber dürfe sich nicht in der Rolle wiederfinden, „Erkenntnisverhinderung" zu betreiben und damit auch der Industrie zu schaden.

> Daher geht es aus meiner Sicht ... letztendlich um die Minimierung von Risiko bei Nutzung der möglichen Chancen, die auch in der Technologie liegen (EK-B/Bd.2, 140).

Dem hielt allerdings Hoppichler in seiner Eigenschaft als Experte der Bundesanstalt für Bergbauernfragen entgegen, seiner Meinung nach seien gerade *worst case scenarios* für politische Entscheidungen äußerst wichtig (EK-B/Bd.2, 141). In weiterer Folge der Diskussion befürwortete Voggenhuber ein Moratorium und führte in seiner Begründung so gut wie alle fundamentalen Argumente der Gentechnikkritik an, indem er den neuzeitlichen Erkenntnis- und Wissenschaftsbegriff ebenso wie das Naturanalogiepostulat[10] kritisierte und für Langsamkeit und Reversibilität als Prinzipien im Umgang mit der Gentechnik eintrat (EK-B/Bd.2, 141-143).

Ungeachtet der in den vorangegangenen Absätzen beschriebenen Auffassungsunterschiede war die Diskussion sehr sachlich verlaufen - die Sachverständigen und Abgeordneten hatten ihre verschiedenen Meinungen dargelegt, argumentativ begründet und die einzelnen Aspekte gegeneinander abgewogen. Eine etwas andere Tonart ließ allerdings Kreil von

---

[10] Also das Argument der Gentechnikbetreiber bzw. -befürworter, lediglich mit technisch ausgereifteren Mitteln die Natur nachzuahmen.

der ÖAW anklingen, dessen Wortmeldung für sich spricht und wohl keines Kommentars bedarf:

> Es ist interessant, daß jedesmal, wenn solche Tagungen sind, ausführlich über Freisetzungen diskutiert wird. Da tauchen dann meistens Experten aus der Bundesrepublik - sogenannte Experten - auf, um uns das alles zu erzählen ...
>
> Der erste Punkt: Bitte schön, holen wir uns einmal Leute, die wirklich von Freisetzungsexperimenten etwas verstehen! Wir in Österreich haben sie nicht, und in der Bundesrepublik Deutschland gibt es diese Leute auch nicht ...
>
> Ich meine, wenn ich das Referat von Frau Tappeser höre, Sie haben schon die Bücher gelesen, das sieht man, aber Sie haben sich genau das herausgeholt, was für Ihre Argumente taugt. Das ist das Problem dabei. Und da sollte jemand dort stehen, der sofort widerspricht. Da müßten eben zwei Leute miteinander diskutieren, und dann könnte vielleicht etwas herauskommen, was eine gewisse Klärung bei den Damen und Herren Abgeordneten herbeiführen könnte (EK-B/Bd.2, 144-145).

Die so fürsorglich in Schutz genommenen Parlamentarier und Parlamentarierinnen ließen es dabei bewenden - immerhin hatten sie die Einladungen ausgesprochen - und überließen es Tappeser, sich gegen eine derartige Polemik zu verwehren und wieder auf die Ebene sachlicher Argumente zurückzukehren.

Noch am selben Sitzungstag wurden auch die Themen Forschung-Entwicklung-Industrie abgehandelt. Entgegen der ursprünglich medienwirksam geäußerten Befürchtungen, die Vertreter der heimischen Industrie könnten gänzlich ignoriert werden, waren diese bei den Einladungen zur Enquete-Kommission durchaus berücksichtigt worden. Als Gutachter standen der ehemalige Wissenschaftsminister Tuppy sowie Nikolaus Zacherl, Jurist am IMP, zur Verfügung, als Diskutanten weiters Johann Eibl von der Immuno AG sowie Robert Kastner von der Raiffeisen Bioforschung in Tulln. Tuppy setzte zentral beim wissenschaftlichen Erkenntnisgewinn an und definierte in diesem Sinne auch die Aufgaben von TA auf eher unübliche Weise:

> Meine These ist, daß bei einer Folgenabschätzung der Gentechnologie nicht nur die Folgen von Anwendungen zu besprechen sind, nicht nur mögliche Folgen der Anwendung einer Methode, sondern auch

> die Folgen für menschliches Wissen, für menschliche Erkenntnis (EK-B/Bd.2, 148).

Zwar könne auch die Gentechnik die „alte Frage nach dem Leben" schlechthin nicht endgültig lösen, erlaube aber wesentliche Einsichten, die auf anderen Wegen nicht gewonnen werden könnten. Durch einen Verzicht auf gentechnische Forschung und Entwicklung würde Österreich sich seiner Ansicht nach ins Abseits stellen:

> Eine weitere wissenschaftliche Aufklärung grundlegender Lebensprozesse wird ohne gentechnisches Instrumentarium in manchen Fällen aussichtslos sein, in anderen Fällen bliebe eine solche Wissenschaft hinter der zeitgenössischen Wissenschaft hoffnungslos zurück (EK-B/Bd.2, 150).

Insbesondere die Berufung auf fiktive Risiken hielt er für problematisch, wenn diese zu einem Hemmnis für die Forschung würden, das Verlangen nach absoluter Sicherheit verunmögliche jegliche Wissenschaft - „dann gibt es keine Wissenschaft, aber ... auch kein Leben - nicht nur keine Erkenntnis des Lebens, auch kein Leben!" (EK-B/Bd.2, 151). Die Behinderung erkenntnisorientierter Forschung hätte letztlich auch zur Konsequenz, daß kein Wissensfortschritt bezüglich Sicherheit und Risiken erzielt werden könne. Tuppys Vortrag endete mit einem Plädoyer für die Verteidigung des Grundrechts auf Wissenschaftsfreiheit - weder sollten vorgefaßte Meinungen die Öffentlichkeit beherrschen, noch dürften einzelne Machtträger nach Gutdünken bestimmte Zweige der Forschung unterbinden (EK-B/Bd.2, 151).

Zacherl hatte in seinem Gutachten (1992) den industriellen Einsatz der Gentechnik beschrieben und speziell die Situation in Österreich dargestellt. Sein Referat vor der Enquete-Kommission leitete er mit einer Ablehnung der strikten Trennung zwischen angewandter und Grundlagenforschung ein, die in dieser Form nicht der Realität entspreche. Außerdem legte er großen Wert auf die Feststellung, daß die Wissenschaftsfreiheit auch für die Entwicklungsarbeit betreibende Industrie zu gelten habe. Insgesamt enthielt sein Vortrag alle rhetorischen Elemente des Bildes von der Gentechnik als Schlüsseltechnologie, das das Potential in diversesten Anwendungsgebieten von der Umweltsanierung bis zur Medizin beinhaltet und darüber hinaus enorme finanzielle Gewinne verspricht. Die Attraktivität Österreichs als Wirtschaftsstandort sei wesentlich abhängig von der gesetzlichen Regulierung, weswegen er vor dem deutschen Beispiel dringend warnte. Sollte die Gentechnik in Österreich ähnlich massiv behindert werden, stellte er die Rute der Firmenabwanderung ins Fenster (EK-B/Bd.2, 151-158). Daher richtete er an die anwesenden Abgeordneten die Aufforderung,

> ... daß die Entscheidungsträger in diesem Land nicht werden umhinkommen können, ihre - sofern vorhandene - positive Einstellung zur Gentechnik auch öffentlich vernehmbar darzulegen (EK-B/Bd.2, 158).

Andernfalls würde sich an dem der Gentechnik gegenüber skeptischen gesellschaftlichen Klima nichts ändern.

Kastner knüpfte in seinem Statement (EK-B/Bd.2, 158-159) ebenfalls an der öffentlichen Meinung an und vertrat die Ansicht, daß Vertrauen dadurch geschaffen werden müsse, indem der Nutzen der Produkte und Verfahren deutlich gemacht würde. Ansonsten konzentrierte er sich auf den internationalen Charakter der Gentechnologie und betonte, daß auch Österreich sich in diesem Netzwerk bewege. Eine ausgesprochene *hardliner*-Position nahm schließlich Eibl von der Immuno AG ein, der meinte, man sollte lieber die Gesetzesfolgen als die Technikfolgen abschätzen. Denn seiner Ansicht nach brauchte Österreich ein Gentechnik-*Förderungs*gesetz.[11] (Darin stimmte er übrigens vollinhaltlich mit Zacherl überein, der diese Frage am Schluß der Sitzung als Grundsatzentscheidung nochmals aufwarf, vgl. EK-B/Bd.2, 176). Mit der Gentechnik werde eine Risikominimierung erreicht (z.B. durch in der Produktion sichere AIDS-Diagnostika und Wachstumshormone auf gentechnischer Basis ohne Infektionsgefahr), daher bestehe die ethische Verpflichtung, Wissenschaft und Forschung nicht einzuschränken. Genetische Untersuchungen an Arbeitnehmern und –nehmerinnen seien in deren eigenem Interesse dringend erforderlich, die Vertraulichkeit der Ergebnisse könne ohne weiteres gesichert werden. All dies hätte ein zukünftiges Gesetz zu berücksichtigen, und Eibl schloß mit folgender Bemerkung:

> Ich darf Ihnen aber auch noch weiter meine Meinung sagen, daß dieses Gesetz ins Leere gehen wird. Wenn es nicht der Zustimmung der akademischen Kreise und der Industrie unterliegt, dann werden Sie

---

[11] Die Frage, ob ein zu schaffendes Gentechnikgesetz neben einem Schutzzweck einen Förderzweck beinhalten sollte, war auch in der deutschen Diskussion heftig umstritten. Für Österreich sprachen sich die Autoren in der UBA-Studie (1991, 400-401) eindeutig für einen reinen Schutzzweck aus; die schriftlichen Stellungnahmen aus der Industrie für die Enquete-Kommission hatten ebenfalls einen Förderzweck verlangt. Der seit März vorliegende Gesetzesentwurf definierte als Zielbestimmung den Schutz der menschlichen Gesundheit und der Umwelt.

dieses Gesetz umsonst gemacht haben. Sie werden kein Substrat mehr finden, denn so stark ist die Gentechnologie in Österreich nicht vertreten, und nicht nur das, sondern sie wird dann abwandern ... (EK-B/Bd.2, 160).

Im Vordergrund dieser Sitzung stand also die Ablehnung weitgehender gesetzlicher Regelungen, wie sie bereits im Vorfeld der Diskussionen um ein eventuell zu schaffendes GTG sowohl von der Industrie als auch von der Wissenschaft mit aller Deutlichkeit und Schärfe artikuliert worden war. Etliche Passagen in der Debatte kreisten daher um den Regelungsbedarf insgesamt sowie um einzelne Fragen wie die Patentierung oder den Datenschutz. Als weiteres Detail wurde die - nach dem bereits vorliegenden Gesetzesentwurf weit gefaßte - Öffentlichkeitsbeteiligung angesprochen, die Zacherl (EK-B/Bd.2, 166) massiv kritisierte. Diese Frage wurde in engem Zusammenhang mit dem Problem mangelnder Akzeptanz in der Öffentlichkeit behandelt, wobei Zacherl, wie bereits erwähnt, die Politik in die Pflicht nehmen wollte, um für ein besseres Klima zu sorgen, und Kastner das Faktum thematisierte, daß in verschiedenen Ländern die Gentechnikdiskussion durchaus unterschiedlich ablief, wobei er das Beispiel Dänemark tendenziell positiv bewertete (EK-B/Bd.2, 167-168).

Ganz so wie Zacherl wollten die Abgeordneten ihre Rolle in der Gentechnikdebatte allerdings nicht verstanden wissen. Auch sie knüpften an der mangelnden öffentlichen Akzeptanz an, zogen daraus allerdings andere Schlußfolgerungen. Bezugnehmend etwa auf die bereits angeführte Gallup-Umfrage,[12] wonach 67% der Befragten eine gesetzliche Regelung befürworteten, betonten beispielsweise die sozialdemokratischen Abgeordneten Müller und Graenitz ihre politische Verantwortung, diesen Wählerwillen ernst zu nehmen und vor allem auch umzusetzen (EK-B/Bd.2, 162-163). Ähnlich argumentierte Molterer von der Volkspartei: Wiewohl er den Forderungen der Industrie und der Wissenschaft, sich die amerikanischen Richtlinien zum Vorbild zu nehmen, im Gegensatz zu den SPÖ-Abgeordneten in der Kommission grundsätzlich weniger ablehnend gegenüberstand, sah auch er klar einen politischen Auftrag, den es zu erfüllen gelte (EK-B/Bd.2, 168-169).

Eine weitere essentielle Frage stellte die Wissenschaftsfreiheit dar. Zeigte sich der Abgeordnete Brünner in einem ausführlichen Statement einigermaßen angetan von Tuppys Eintreten für dieses Grundrecht („weil Herr Professor Tuppy in einer für mich sehr berührenden Weise die ganze Lei-

[12] Die originellerweise von der Immuno in Auftrag gegeben worden war.

denschaft eines Wissenschafters - Erkenntnis um der Erkenntnis willen - zum Ausdruck gebracht" hat, EK-B/Bd.2, 169), provozierten diese Ausführungen den Mandatar der Grünen zu einer heftigen Replik. Immerhin hatte Tuppy unter anderem die alte Gleichung von wissenschaftlicher Erkenntnis und Fortschritt verwendet (EK-B/Bd.2, 164), und Voggenhuber stellte angesichts moderner Forschungsrealität (Drittmittelfinanzierung, enge Verzahnung mit der Industrie usw.) die Frage, „ob der Wissenschaftsbegriff des 18. Jahrhunderts heute noch so für uns verbindlich sein kann" (EK-B/Bd.2, 171). Dieser Relativierung schloß sich Hoppichler mit einer prinzipiellen Kritik am mechanistischen cartesianischen Weltbild der neuzeitlichen Naturwissenschaft an (EK-B/Bd.2. 171-172). Der folgende Angriff des konservativen Abgeordneten Steinbauer zeigte, daß die auf Informationsgewinn zielende Frage-Antwort-Situation, die üblicherweise die Atmosphäre in den Sitzungen der Enquete-Kommission prägte, weltanschauliche Unterschiede zwischen den einzelnen Teilnehmern und Teilnehmerinnen nur verdeckte. Denn bei den hier angesprochenen „*Miß*verständnissen" ging es nicht um solche, sondern vielmehr um grundlegende Verständnis*unterschiede*, um aus verschiedenen Welt- und Technikbildern resultierende Ansprüche an eine Diskussion um Technikfolgen und -bewertung:

> Die Wortmeldung vom Kollegen Voggenhuber bewegt mich ganz einfach, damit Mißverständnisse nicht im Raum bleiben, mein Verständnis von der Kommission nur anzudeuten. Ich glaube, wir sollten hier nicht bekenntnishafte Kleinreden halten ..., sondern wir sollten gemeinsam in einem sehr rationalen Dialog versuchen, den Regelungsbedarf, der möglicherweise notwendig ist, aus der gentechnologischen Entwicklung festzuschreiben. Wir sollten weniger die Grundfragen ständig aufwerfen, noch dazu emotionell (EK-B/Bd.2, 173).

In der sechsten, den Themenkreisen Grundrechte und Demokratie gewidmeten Sitzung (10. Juni 1992), wurden die bereits beim vergangenen Termin aufgeworfenen Fragen nochmals intensiviert. Gerlich sprach in seinem dem schriftlichen Gutachten (1992) folgenden Referat die Grundfrage an, wie sich der gesellschaftspolitische Umgang mit Fragen der Gentechnologie gestalten sollte. Die Demokratie erfordere eine pluralistische, auch in der Öffentlichkeit geführte Auseinandersetzung um potentiellen Nutzen und zu minimierende Gefahren. Dabei unterschied er drei Regelungsbereiche: In der sog. Zone A ist die Wissenschaftsfreiheit weitgehend unumstritten, eine Meldepflicht für Gentechnikvorhaben müßte daher ausreichen, sofern ausreichend Information für die Öffentlichkeit bereitgestellt würde. In der Zone B sollte eine Genehmigungspflicht vorgesehen werden, da bereits erhebliche Risiken befürchtet werden. Eine Beweislastumkehr sollte die Verpflichtung der Betreiber gewährleisten, den Beweis dafür anzutreten, daß die Risiken geringer als angenommen sind. Die Zone C betraf nach diesem Schema Anwendungsgebiete, die ethische Werte gefährden könnten, hier wären Verbote gerechtfertigt. Etwaige Kommissionen sollten sich nicht nur aus Fachleuten im engeren Sinne zusammensetzen, sondern auch aus Vertretern und Vertreterinnen von kritischen Positionen. In diesen Gremien sollten nach einer offenen Auseinandersetzung Genehmigungen erteilt, Anmeldungen entgegengenommen oder Verbote ausgesprochen werden. Darüber hinaus trat Gerlich explizit für die Einrichtung einer parlamentarischen Technikfolgenabschätzungsstelle ein. Auch für die österreichische Technologiepolitik hielt der Referent Vorschläge parat: Angesichts der Tatsache, daß ein Kleinstaat ohnehin sinnvollerweise nur in einzelnen Nischenbereichen reüssieren könne, würde sich z.B. im Rahmen der Gentechnik die Wirkungsforschung geradezu anbieten. Zum Abschluß formulierte der Politikwissenschafter fünf Prinzipien für den politischen Umgang mit der Gentechnologie: Öffentlichkeit, Offenheit, Verantwortlichkeit, Rechtssicherheit und Vorausorientierung (EK-B/Bd.2, 179-182). Die Zweitreferentin Bolognese-Leuchtenmüller thematisierte in ihrer Expertise (1992a) bzw. in ihrem Referat hauptsächlich die Grundrechtsfrage, wobei sie sehr prononcierte Positionen einnahm, denen der als Diskutant eingeladene Jurist Öhlinger nicht immer folgen wollte.[13] Die anschließende Debatte brachte kaum nennenswerte Konflikte, sondern war charakterisiert durch einen sehr differenzierten Meinungsaustausch zwischen den Experten/Expertinnen und den Politikern/Politikerinnen über einzelne Aspekte wie die Grundrechtsreform und die Verankerung der Menschenwürde bzw. eines Rechts auf informationelle Selbstbestimmung, die Beweislastumkehr und die Patentierung. Schließlich wurde auch den Gestaltungsmöglichkeiten eines pluralistischen öffentlichen Diskurses große Aufmerksamkeit geschenkt. In einzelnen Fragen nahm man in der Debatte auch Bezug auf den bereits vorhandenen Gesetzesentwurf, so etwa Gerlich, der das Ministerialpapier als „ein sehr interessantes Dokument“ bezeichnete, mit dem er sich „weitgehend identifizieren“ könne (EK-B/Bd.2, 206). Einmal mehr exponierte sich dagegen Kreil mit seinen Auffassungen zu einem Gentechnikgesetz, als er dringend dazu riet, damit noch zwei bis drei Jahre zuzuwarten und Erfahrungen aus anderen Ländern mit rechtlichen Regulierungen abzuwarten (EK-B/Bd.2, 197). Dieses immer wiederkehrende Argument wurde von Leskien entkräftet. Denn seiner Ansicht nach setzte dieser Vorschlag

---

[13] Die Grundrechtsdiskussion wurde bereits ausführlich in einem vorangegangenem Kapitel behandelt und wird daher an dieser Stelle nicht mehr wiederholt.

> ... auf Wettbewerbsvorteile, die sich aus dem dreijährigen Regelungsvakuum ergeben sollen. Da wird auf Sachzwänge geradezu gebaut; denn in einem Gentechnik-"Mekka" Österreich wäre der technologie- und technikrechtliche Gestaltungsspielraum sicherlich nicht größer, als er heute ist. Die Forderung abzuwarten, steht daher diametral zu der Forderung nach einem gestaltenden Recht (EK-B/Bd.2, 302).

An die Behandlung dieser Themenkreise schloß sich noch am selben Tag die Behandlung des Schwerpunktes Gesundheit. Hierzu waren vier Experten eingeladen worden, die, nachdem die drei vorliegenden Gutachten allesamt die Fragestellung gleich umfassend und teilweise identisch behandelt hatten (Stacher/Karlic 1992; Rosenkranz 1992; Rhomberg 1992), sich dazu entschlossen, im Rahmen der Enquete-Kommission jeweils einzelne Bereiche herauszugreifen. Stacher von der Akademie für Ganzheitsmedizin konzentrierte sich auf die Aspekte gentechnisch hergestellte Medikamente, Gendiagnostik und in diesem Kontext auch auf den Datenschutz und faßte zusammen, die Gefahren der Gentechnik seien im klinischen Bereich nicht größer als bei allen anderen Medikamenten. Allerdings gestand er ein: „Für die Gesamtsituation der Herstellung werden sicherlich Rahmenbedingungen notwendig sein ..." (EK-B/Bd.2, 211). Rosenkranz vom Institut für Biologie und Humangenetik schränkte seinen Vortrag auf die Genanalyse beim Menschen ein und versuchte die Methodik sowie ihre Implikationen verständlich zu machen (EK-B/Bd.2, 211-213). Als Vertreter der Industrie stellte Swetly von Bender die Frage in den Vordergrund, welche Auswirkungen gesetzliche Regelungen eventuell auf die Produktion von Medikamenten haben könnten. In diesem Zusammenhang versuchte er den Abgeordneten seine Auffassung zu vermitteln, daß allzu strenge Auflagen (etwa in dem Sinne, daß für jeden größeren Arbeitsschritt ein Antrag gestellt werden müßte) die Entwicklung unverhältnismäßig behindern würden (EK-B/Bd.2, 213-216). Der Sozialmediziner Rhomberg wandte sich schließlich vor allem den mit der Gentechnik verbundenen Ängsten in der Bevölkerung zu, wobei er allerdings nicht den Vorwurf der Irrationalität erhob, sondern diese mangelnde Akzeptanz auf Stellungnahmen der EG-Kommission und der Gentechnikindustrie selbst zurückführte, die in die Richtung einer Anpassung des Menschen an Umweltbedingungen gingen und seiner Ansicht nach nicht unberechtigt die Meinung in der Bevölkerung erzeugten, hier würden beängstigende und inakzeptable Zielvorstellungen propagiert.[14] Bei allem Risikobewußtsein

[14] Als Beispiel führte er das folgende Zitat aus einem Arbeitspapier der EG-Kommission zum Thema Gentechnik und prädiktive Medizin an: „Da es höchst unwahrscheinlich ist, daß wir in der Lage sein werden, die umweltbedingten Risikofaktoren vollständig

vertrat er aber dennoch die Auffassung, ein rigoroses Nein zur Anwendung der Gentechnik in der Medizin dürfe unter keinen Umständen ausgesprochen werden (EK-B/Bd.2, 216-217).

In der Diskussion zum Thema Gesundheitswesen fanden im wesentlichen alle der schon skizzierten Probleme der Humangenetik Beachtung. Weitgehende Einigkeit bestand hinsichtlich eines Verbots der Keimbahntherapie. Ebenso diskutiert wurden Fragen wie die nach der Grenzziehung zwischen Gesundheit und Krankheit und in weiterer Folge nach dem Umgang mit Behinderungen, nach dem Einfluß von Umweltfaktoren auf die menschliche Gesundheit sowie Aspekte der Vorsorgemedizin und des Datenschutzes (EK-B/Bd.3, 17-19). Ethische Fragen wurden den allgemeinen „Dilemmata des medizintechnischen Fortschritts" (Beck-Gernsheim 1995) zugerechnet, aber nicht als spezifische Probleme der gentechnischen Anwendungen definiert. Insgesamt war auch diese Diskussion von einer regen Frage-Antwort-Situation zwischen Abgeordneten und Fachleuten charakterisiert. Dennoch ließen die Wortmeldungen einzelner Politiker und Politikerinnen signifikante Wertungsunterschiede bzw. zumindest die Neigung dazu erkennen. Recht eindeutig positionierte sich Leiner von der ÖVP, selbst Mediziner und deren Gesundheitssprecher. Ihm schien die Bewertung der medizinischen Anwendung der Gentechnik als „Segen" nicht in Zweifel zu stehen, und konsequenterweise trat er auch vorerst uneingeschränkt für die Durchführung von genetischen Beratungen ein (EK-B/Bd.2, 218). Im weiteren Verlauf der Gespräche allerdings relativierte er diesen Optimismus bezüglich der Genanalysen (EK-B/Bd.2, 227-228). Ausnehmend kritische Fragen stellten im Kontext der medizinischen Anwendungen die Abgeordneten der FPÖ. Klara Motter (EK-B/Bd.2, 226) machte unmißverständlich ihre Ablehnung verbrauchender Embryonenforschung klar und problematisierte ein mögliches Verschwimmen der Grenzen zwischen Gesundheit und Krankheit. Schließlich schien ihr auch die Gefahr des Datenmißbrauchs keineswegs leicht aus der Welt zu schaffen, worin ihr auch ihr Parteikollege Barmüller beipflichtete, der darüber hinaus das Verhältnis der Kosten der Vorsorgemedizin zum unmittelbar erkennbaren krankheitsvermeidenden Nutzen thematisierte (EK-B/Bd.2, 227). Überaus mißtrauisch gegenüber manchen Anwendungsfeldern erwies sich auch die Sozialdemokratin Reitsamer, die

---

auszuschalten, ist es wichtig, daß wir so viel wie möglich über Faktoren der genetischen Prädisposition identifizieren können. Vorgeschlagen wird eine neue Art von Medizin, die darauf abzielt, Personen vor Krankheiten zu schützen, für die sie von der genetischen Struktur her äußerst anfällig sind, und gegebenenfalls die Weitergabe der genetischen Disponiertheit an die folgende Generation zu verhindern" (EK-B/Bd.2, 216).

insbesondere die pränatale Diagnostik sowie die Lebensmittelerzeugung ansprach und apodiktisch meinte: „In weiten Bereichen brauchen wir die Gentechnik nicht" (EK-B/Bd.2, 236). Im Falle der Anwendung gentechnischer Methoden sprach sie sich für möglichst strenge Kontrollmechanismen aus. Der Grüne Voggenhuber wiederum thematisierte speziell im Zusammenhang mit befürchteten eugenischen Tendenzen einen weiteren Aspekt, nämlich die ihm überraschend erscheinende Tatsache, daß die Referenten aus dem Gesundheitsbereich keinerlei Wünsche an den Gesetzgeber hinsichtlich des Schutzes vor Mißbräuchen formuliert hatten und erhob daher den Vorwurf der Ignoranz diesen Gefahren gegenüber (EK-B/Bd.2, 228-229). In seiner Replik verteidigte Stacher sich und seine Kollegen mit dem Argument, derartige Fragen seien allgemein medizinisch-ethischer Natur und deswegen in diesem Zusammenhang zu diskutieren, nicht jedoch als gentechnik-spezifisch (EK-B/Bd.2, 229-230).

Bereits das Kapitel Gesundheitswesen hatte also viele ethische Fragen aufgeworfen, denen die folgende siebte Sitzung der Enquete-Kommission (11. Juni 1992) exklusiv gewidmet war. Das Gutachten war vom katholischen Moraltheologen Günter Virt (1992) erstellt worden und hatte sich mit der Grundfrage auseinandergesetzt, ob es angesichts der Herausforderungen durch die Gentechnologie einer neuen Ethik bedürfe. Damit war auch der Begriff der „Bioethik" angesprochen, der nicht zuletzt in der Diskussion auf europäischer Ebene eine wichtige Rolle spielt. Virt allerdings verneinte diese Frage, nötig sei hingegen eine „kluge Anwendung und vor allem weitere Differenzierung der großen ethischen Traditionen" (EK-B/Bd.2, 243). Damit erteilte er auch der sog. Bioethik eine klare Absage. Eine ausführliche Darstellung der christlich-theologischen Ethik, die Virt im Rahmen der Enquete-Kommission präsentierte und mit den Abgeordneten diskutierte, würde im Kontext der Beschreibung des Meinungsbildungsprozesses zu weit führen. Hingewiesen sei allerdings auf die Tatsache, daß sich die Auseinandersetzung mit den von Virt aufgeworfenen Fragen und über die Beziehung zwischen Recht und Ethik zum Teil auf durchaus hohem philosophisch-theologischem Niveau bewegte und sich kaum einmal in die Niederungen der Politik verirrte, so daß auf dieser Ebene auch keine Konflikte entstehen konnten. Hinsichtlich politischer Gestaltungsmöglichkeiten unter Berücksichtigung ethischer Werte wurde allerdings darauf hingewiesen, daß es weder die eine Ethik gebe noch für jede Fragestellung klare Antworten nach ethischen Normen erkennbar seien (EK-B/Bd.2, 262). In diesem Sinne bezweifelte auch Molterer (EK-B/Bd.2, 271) die Idee, in pluralistischen Gesellschaften zu Ende des 20. Jahrhunderts sei gesellschaftlicher Konsens nach allgemein gültigen ethischen Kriterien herzustellen. Eines der praxisrelevantesten Ergebnisse dieser Ethik-

Diskussion war der neuerliche Vorschlag, die Grundrechtsreform zu forcieren, der diesmal von Brünner gemacht wurde (EK-B/Bd.2, 261). Wie schwierig das Thema Ethik und Gentechnik jedoch zu fassen war und wie sehr die intensive Auseinandersetzung damit geeignet war, Unsicherheiten anstatt Sicherheit hervorzurufen, bewies seine Frage, weswegen ausgerechnet die Keimbahntherapie ethisch verwerflich sein solle. Grundsätzlich hatte zuvor in den Sitzungen in dieser Frage immer breitester Konsens zwischen den Abgeordneten und praktisch allen Referenten und Referentinnen geherrscht (EK-B/Bd.2, 262).

Der letzten Schwerpunktsitzung (am 8. Juli 1992) waren schließlich mehrere Themen zugeordnet. Dan Leskien hielt nachträglich seinen Vortrag über Grundrechte und Demokratie (EK-B/Bd.2, 299-305), der jedoch nicht mehr diskutiert wurde, da man sich mit diesen Fragestellungen bereits ausführlich beschäftigt hatte. Ein Vertreter des österreichischen Berufsfeuerwehrverbandes machte nochmals auf einige Sicherheits- bzw. Risikoaspekte aufmerksam, die seine Organisation in ihrer Arbeit bei etwaigen Unfällen betrafen (EK-B/Bd.2, 305-309). Das Hauptthema an diesem Tag waren allerdings Fragen der Patentierung, wozu sowohl ein Vertreter des Österreichischen Patentamtes (EK-B/Bd.2, 277-282) als auch ein Sprecher des Europäischen Patentamtes (EK-B/Bd.2, 284-287) zu Wort kamen, letzterer hatte auch ein schriftliches Gutachten verfaßt (Teschemacher 1992). Die entsprechende Diskussion in der parlamentarischen Enquete-Kommission war stark von Verweisen auf die internationalen Bemühungen und Regelungsmodelle geprägt.

Charakteristika der Diskussionen

Die politischen bzw. parteipolitischen Konflikte um die Gentechnologie spielten sich außerhalb der parlamentarischen Enquete-Kommission wesentlich deutlicher als innerhalb dieses Plenums ab. Dessen Arbeit war geprägt von einem über weite Strecken konstruktiven Gesprächs- und Diskussionsklima, wenngleich selbstverständlich konkurrierende Positionen immer wieder klar zum Ausdruck kamen. Insbesondere die jeweiligen Wortführer ihrer Fraktionen, Müller und Brünner sowie Voggenhuber als einziger Vertreter seiner Partei, ließen wiederholte Male Unterschiede in ihren Gewichtungen erkennen. Lothar Müller als einer der Vorreiter innerhalb der SPÖ für ein GTG und Mitverfasser des ersten Entwurfs war an einer möglichst umfassenden Regelung interessiert und mit profundem Vorwissen über die wichtigsten Argumentationsstränge in der Gentechnikdebatte in die Kommission gekommen. Brünner von der Volkspartei dagegen verfocht leidenschaftlich das Anliegen Technikfolgenabschätzung und damit verbunden den Gedanken einer Aufwertung des Parlaments. In einzelnen Regelungsfragen vertrat er eine weichere Linie, wobei er häufig seine juristischen Kenntnisse ins Treffen führte. Seine allgemeinen Positionen galt es allerdings durchaus gegen einzelne Parteikollegen wie den ehemaligen Wissenschaftsminister Tuppy zu verteidigen, der im Rahmen der Enquete-Kommission jedoch nicht als Repräsentant der Politik, sondern als wissenschaftlicher Experte fungierte. Voggenhuber vertrat in etlichen Fragen eine fundamental ausgerichtete Haltung, getragen von gravierenden ökologischen Bedenken und einer prinzipiellen Kritik an eindimensionaler Fortschrittsgläubigkeit. Bei allen drei Abgeordneten ließ sich allerdings eine besonders intensive Auseinandersetzung mit der Thematik erkennen, was jedoch die Konstruktivität der Fragen und Wortmeldungen aller anderen Mandatare und Mandatarinnen nicht minderte. Innerhalb des Kreises der Freiheitlichen, die ihre Fraktion in der Enquete-Kommission vertraten, ließ sich im Gegensatz zu den SPÖ- und ÖVP-Abgeordneten kein/e eindeutige/r Hauptsprecher/in ausmachen. Sowohl Klara Motter als auch Herbert Haupt und Thomas Barmüller beteiligten sich intensiv und in einer Art an den Diskussionen, die das Bemühen um eine differenzierte Betrachtungsweise widerspiegelte.

Die Enquete-Kommission war also nur in seltenen Fällen ein Forum für direkte politische Kontroversen zwischen den Abgeordneten. Ein ausgesprochenes Konkurrenzverhältnis bestand allerdings offensichtlich zwischen Brünner und Voggenhuber, die wiederholte Male auf Wortmeldungen des jeweils anderen direkt eingingen und ihre Differenzen offen austrugen (EK-B/Bd.2, 54, 170, 194).

Die Trennungslinien verliefen in der Enquete-Kommission zumeist weniger zwischen den Fraktionen als zwischen den Abgeordneten und den Fachleuten, entsprechend waren die Diskussionen strukturiert, die im wesentlichen aus den Vorträgen und sich daran anschließenden Fragen und deren Beantwortung bestanden. Oftmals kam es eher in diesem Zusammenhang zu Unstimmigkeiten, wenn sich einzelne Mandatare und Mandatarinnen über das dargebotene Fachwissen unzufrieden zeigten. Immerhin befand man sich ja auf der Suche nach „wissenschaftlicher Wahrheit“ - und dieses Bestreben schweißte die Abgeordneten über Parteigrenzen hinweg zusammen, wie beispielsweise die fünfte Sitzung über Sicherheit und Risikoforschung bewies. Damals formulierte Brünner sein Dilemma, das sich aus der Uneinigkeit der Sachverständigen in durchaus grundlegenden Fragen ergab, folgendermaßen:

> Ich habe viel Verständnis dafür, daß sich Wissenschafter widersprechen in ihren Aussagen - auch ich lebe in meinem Metier täglich damit -, und dennoch denke ich mir - aus der Sicht eines armen Parlamentariers -: Was soll ich hier, wenn die einen Naturwissenschafter sagen, Gentechnologie ist eine neue Qualität, und die anderen sagen, Gentechnologie ist keine neue Qualität. Da kann ich an meinen Knöpfen jetzt bei der Entscheidungsfindung abzählen, wer recht hat. Es reduziert sich diese Sache auf eine Glaubensfrage: Glaube ich dem einen, oder glaube ich dem anderen? (EK-B/Bd.2, 133).

Damit rannte er unübersehbar offene Türen bei seinen Kollegen und Kolleginnen ein, denn der freiheitliche Abgeordnete Barmüller schloß sich dem bereits Gesagten unmittelbar an:

> Ich würde mich auch sehr wohl fühlen, wenn bei solchen widersprechenden Aussagen dann auch wirklich argumentiert und nicht nur gesagt wird, das ist etwas Neues, oder es ist nichts Neues, denn so, wie es jetzt gegangen ist, das ist mir persönlich zuwenig ... dann habe ich schon den starken Eindruck, daß hier weniger informiert denn manipuliert wird (EK-B/Bd.2, 134).

Nachdem auch noch die sozialdemokratische Nationalrätin Reitsamer ihr Unbehagen artikuliert und Barmüller beigepflichtet hatte, konnte Steinbauer von der ÖVP angesichts dieser großen Übereinstimmungen seine folgenden kritischen Fragen nur noch mit der Bemerkung einleiten: „Der Schulterschluß der Abgeordneten wird fortgesetzt" (EK-B/Bd.2, 134). Dieser rote Faden, der die Enquete-Kommission durchzog, also das Ringen um möglichst widerspruchsfreie wissenschaftliche Erkenntnisse, die als Basis politische Entscheidungen erleichtern sollen, ist gleichzeitig das Kardinalproblem jeder klassischen Technikfolgenabschätzung. Mehr als zusätzliche Information und die Darstellung des auch in Fachkreisen vorhandenen Meinungspluralismus können derartige Modelle nicht liefern, und letzten Endes sind politische Wertungen und Richtungsentscheidungen in dem Wissen zu treffen, daß es keine absolut gültige wissenschaftliche Erkenntnis gibt.

Eine ausgesprochen konstruktive Rolle in der Klärung von Sachfragen nahm übrigens der Biochemiker Ruis ein, der oftmals in die Diskussion eingriff, Sachverhalte zusammenfaßte und vereinfachend darstellte und

Positionen verdeutlichte (z.B. EK-B/Bd.2, 127, 173).[15] In dieser ausgleichenden Rolle unterschied er sich besonders deutlich von Kreil, der wie Ruis die ÖAW im ständigen Expertenkreis vertrat und sich im Gegensatz zu diesem mit überaus polarisierenden Wortmeldungen hervortat. Unter anderem bekundete er unzählige Male seine Ablehnung eines österreichischen Gentechnikgesetzes zum damaligen Zeitpunkt und argumentierte dabei stets mit den angeblich katastrophalen Auswirkungen der deutschen Regelungen.[16]

Zweifellos die heftigsten Konflikte rief allerdings der Auftritt Hermann Katingers vor der Enquete-Kommission hervor, der kaum anders denn als Brüskierung der politischen Mandatare und Mandatarinnen zu verstehen war. Katinger hatte weder ein Gutachten verfaßt noch ein Referat vorbereitet, eine Tatsache, die allerdings wesentlich weniger schwer wog als sein Diskussionsverhalten. Denn zu Katingers großem Ärgernis stellte der Abgeordnete Müller die Frage, ob man bei den Marillenbaum-Versuchen vom additiven oder synergistischen Modell ausging und zitierte im Zusammenhang mit möglichen Gefahren von Freisetzungen bzw. Alternativen zu dieser Vorgangsweise aus der Literatur, was Katinger mit folgender Antwort quittierte:

> Das waren jetzt eine Menge Fragen, die ich sicher nicht alle genau beantworten kann, denn zum Teile lese ich solche Sachen nicht, die Sie da zitieren, weil ich einfach keine Zeit dazu habe, und wenn ich Zeit habe, habe ich etwas besseres zu tun (EK-B/Bd.2, 62-63).

Das Insistieren Müllers auf seinen offenbar als unbotmäßig empfundenen Fragen kommentierte Katinger mit der Bemerkung, es ginge ihm „schön langsam ... natürlich auch am Wecker, wenn ich immer wieder dieselbe Frage gestellt bekomme“ (EK-B/Bd.2, 63). In der Folge glätteten sich die Wogen der Diskussion kaum, und schließlich thematisierten die Abgeordneten Brünner und Voggenhuber beide den aufgebrochenen Konflikt, der durchaus ein prinzipielles Problem darstellte:

> ... Sie gestatten, Herr Professor Katinger, wenn ich einen kleinen Exkurs einschalte zu Ihren Aussagen. Es mag schon sein, daß Ihnen manche unserer Fragen auf den Wecker gehen, und es mag schon

[15] Eigens zu diesem Zweck verfaßte er auch schriftliche Unterlagen für die Kommission, vgl. Ruis 1992a, 1992b.

[16] Angesichts der Tatsache, daß er es war, der maßgeblich an der Adaption der NIH-Richtlinien gearbeitet hatte, die ursprünglich ein Gesetz unnötig machen sollten, scheint dies allerdings nicht weiter verwunderlich zu sein.

> sein, daß es schade um Ihre Zeit ist, die Sie hier sitzen, aber Sie werden zur Kenntnis nehmen müssen, daß es keinen Sinn hat, wenn sich die Wissenschaft auf das hohe Roß setzt, und sagt: Diejenigen, die das nicht verstehen, sind halt zu dumm!, sondern wir müssen uns auf das schwierige Gebiet der Technikfolgenabschätzung begeben, und wir müssen eine gemeinsame Sprache finden, sodaß wir die Probleme gemeinsam lösen. Und wenn die Wissenschaft nicht von ihrem hohen Roß heruntersteigt, dann ist sie mitverantwortlich, wenn wir nicht entsprechende Regulierungen produzieren können, die die Vorteile und Nachteile moderner Technologien in den Griff kriegen (Brünner; EK-B/Bd.2, 68).

> Ich habe ... gehört, daß sich hier ein Universitätsprofessor, bezahlt mit öffentlichen Geldern, vor dem Parlament aufbaut und uns erklärt, daß unsere Fragen ihm auf die Nerven gehen. Ich halte das für eine Ungeheuerlichkeit vor dem österreichischen Parlament. Ich halte seine Beantwortung der Fragen vom Abgeordneten Müller ... wirklich beinahe für einen Affront oder eigentlich für einen direkten Affront dieses Ausschusses (Voggenhuber; EK-B/Bd.2, 68-69).

Abschließend sei jedoch betont, daß es sich bei diesem Vorfall um ein singuläres Ereignis in der Enquete-Kommission handelte, die wohl wesentlich mit der Person des eingeladenen Experten zusammenhängen dürfte.[17] Grundsätzlich war das Diskussionsklima, soweit sich der „Auszugsweisen Darstellung der Beratungen" entnehmen läßt, sehr positiv. Offensichtlich wußten auch die an den Sitzungen teilnehmenden Fachleute das Bemühen der Abgeordneten zu schätzen, sich mit der TA am Beispiel der Gentechnologie umfassend und differenziert auseinanderzusetzen, auch wenn deren politischer Wille offenkundig in Richtung einer Gesetzgebung tendierte, deren Ausmaß vielen der anwesenden Vertreter aus Industrie und Wissenschaft viel zu weitgehend erschien.

---

[17] Aus der Zeit der Diskussion um den Regelungsbedarf im Bereich der Gentechnik gibt es weitere Belege, die dafür sprechen, daß Katinger zu drastischen Aussagen und heftigen Reaktionen neigte: So setzte er sich laut *profil* (23/92) „(m)it einer ihm einleuchtenden Begründung" bei einer öffentlichen Diskussionsveranstaltung massiv für die Patentierung von Lebewesen ein - „Wenn wir das nicht tun, bleiben letztlich die Kanaken übrig." Und die damalige Nationalratskandidatin der Grünen, Puntscher Riekmann, beschrieb sein Diskussionsverhalten (*FORVM* 444/90, 68): „Ich hab auf der Hochschule für Bodenkultur im Rahmen einer ähnlichen Diskussion mit Katinger ein Moratorium verlangt, solange es kein Gesetz gibt. Ich hab gedacht, er lyncht mich, er lyncht mich dort und in aller Öffentlichkeit. Also ich hab soviel Aggression überhaupt noch nie in einer Diskussion erlebt."

11.3. Der Bericht der parlamentarischen Enquete-Kommission

Nach dem Ende der inhaltlichen Diskussionen im Rahmen von Sitzungen, die Schwerpunktthemen gewidmet waren, zogen sich die Mitglieder der Enquete-Kommission in die Sommerpause zurück. In der ersten Herbstsitzung am 17. September - insgesamt der neunten und damit vorletzten - einigte man sich im wesentlichen darauf, den Bericht in drei Teile zu gliedern, nämlich den Ausschußbericht, die Empfehlungen der Enquete-Kommission und schließlich eine Dokumentation, die zum einen die auszugsweisen Darstellungen der Sitzungen, zum anderen die eingelangten Gutachten und Stellungnahmen beinhalten sollte (EK-B/Bd.2, 313).[18] Außerdem wurde bei dieser Sitzung das Redaktionskomitee zur Formulierung des Endberichts eingesetzt, das aus je einem Parteienvertreter[19] und einem Fraktionsexperten bestand (EK-B/Bd.2, 314). Dessen Arbeit wurde folgendermaßen definiert:

> Gerade in diesem Komitee wurden die Mühen eines rationalen und fairen Diskurses mit dem Ziel der nichtdelegierbaren politischen Bewertung und Maßstabsetzung offenbar. Es war dabei deutlich zum Ausdruck gebrachte Philosophie des Redaktionskomitees, Konsense so weit wie möglich zu finden, ohne differente Standpunkte zu verwischen (EK-B/Bd.1, 6).

Der Entwurf für den Endbericht, d.h. für die Empfehlungen der Enquete-Kommission wurde vom Redaktionskomitee in der zehnten Sitzung am 27. Oktober zur abschließenden Diskussion vorgelegt, wobei Stippel folgende Vorgangsweise anregte:

> Diese heutige Sitzung soll in erster Linie denjenigen Abgeordneten Gelegenheit bieten, das Wort zu ergreifen, die nicht im Redaktionskomitee waren, was nicht heißt, daß nicht auch die Experten eingeladen werden, ihre Meinung zu äußern. Ich würde aber sehr bitten, da es jetzt um die politische Wertung geht, die Tätigkeit der Abgeordneten in den Vordergrund zu stellen. Es soll keine Grundsatzdiskussion mehr geben ... (EK-B/Bd.2, 314).

---

[18] Schlußendlich gliederten sich die Bände wie folgt: Bd. 1 = Bericht, Bd. 2 = Auszugsweise Darstellung der Beratungen, Bd. 3 = Gutachten und Stellungnahmen.

[19] Lothar Müller für die SPÖ, Christian Brünner für die ÖVP, Thomas Barmüller für die FPÖ, Johannes Voggenhuber für die Grünen.

Wie aus dem Entwurfstext hervorgeht, war es dem Redaktionskomitee bereits gelungen, in weiten Teilen ein Konsenspapier zu produzieren, dessen Gliederung folgendermaßen gestaltet war: An allgemeine Empfehlungen hinsichtlich der Etablierung parlamentarischer Technikfolgenabschätzung und hinsichtlich einer dringend anstehenden Grundrechtsreform schlossen sich die Aussagen zur Gentechnik, geordnet nach sieben Hauptgebieten, an. Diese Schwerpunkte waren, in weitgehender Übereinstimmung mit dem inhaltlichen Aufbau der Kommissionssitzungen, 1. Sicherheit, 2. Ethik/Bioethik, 3. Gesellschaft, Demokratie und Grundrechte, 4. Forschung, Entwicklung und Industrie, 5. Gesundheit, 6. Landwirtschaft und Umwelt sowie 7. Patentierung. Etliche Zusatzbemerkungen und Verbesserungsvorschläge gab es im Rahmen des Kapitels Sicherheit (EK-B/Bd.2, 320-324). Das Thema Haftung war in diesem Zusammenhang noch gänzlich offen geblieben. Bezüglich der Empfehlungen zu Ethik bzw. Bioethik hatte man sich bereits im Entwurf geeinigt, hier stand der Text also in großen Zügen schon fest (EK-B/Bd.2, 327). Einzig hinsichtlich der Würde des Tieres und der Genanalyse beim Menschen bestanden Vorbehalte.[20] Unter dem Titel Gesellschaft, Demokratie und Grundrechte bestand insbesondere in Fragen der Öffentlichkeitsbeteiligung und der Kennzeichnung nach wie vor Dissens (EK-B/Bd.2, 332-336). Die Empfehlungen zu den Themen Forschung, Entwicklung und Industrie waren weitestgehend konsensual formuliert worden, abgesehen davon, daß die ÖVP in diesem Rahmen die Förderung der Grundlagenforschung, die Grünen hingegen die Betonung der Sicherheitsforschung festgelegt wissen wollten (EK-B/Bd.2, 337). Bei den Kapiteln Gesundheit sowie Landwirtschaft und Umwelt bestanden lediglich minimale Abweichungen, die für die Diskussion des Textes keine großen Konflikte erwarten ließen. Lediglich beim letzten Punkt der Empfehlungen, der Patentierung, fanden sich im Entwurf noch etliche Vermerke, die darauf schließen ließen, daß in dieser Frage eine Einigung nicht leicht zu erzielen war.

Anhand des vorliegenden Entwurfs ging man nun im Plenum der Enquete-Kommission die einzelnen Punkte durch, holte weitere Meinungen dazu ein und versuchte, zu einer Endfassung des Textes zu gelangen. Vorweggenommen sei die Bemerkung, daß sich - entgegen dem Vorschlag des Obmannes, vor allem die nicht an der Verfassung beteiligten Abgeordneten zu Wort kommen zu lassen - letztlich doch wieder die Mitglieder des Redaktionskomitees intensiv an der Diskussion beteiligten. Angesichts der Tatsache, daß diese mit dem Text vertraut waren, während er für ihre

[20] Vorbehalte und Zusatzbemerkungen wurden im übrigen so gehandhabt, daß sie den Fraktionen, nicht aber einzelnen Personen zugeordnet wurden.

Kollegen und Kolleginnen weitgehend neu war, erscheint dies allerdings nicht allzu verwunderlich. Die politische Konsensfindung sollte nun zwar im Vordergrund stehen, und die ständigen Experten waren gebeten worden, in der Diskussion Zurückhaltung zu üben, nicht alle beherzigten diese Bitte aber gleichermaßen. Insbesondere Zacherl versuchte nochmals, seiner Ansicht nach Forschung und industrielle Produktion allzu sehr einschränkende Empfehlungen zu verhindern und Abschwächungen der entsprechenden Passagen zu erreichen. Der Entwurf hatte die Vermutung nahegelegt, daß eine Einigung in der Haftungsfrage sehr schwer zu erzielen sein würde, überraschend fand man hier allerdings schnell zu einer Kompromißformel, indem man die Frage, ob die Haftung in einem eigenen GTG oder über ein Umwelthaftpflichtgesetz zu regeln sein sollte, aus dem Text herausnahm (EK-B/Bd.2, 249-250). Generell wurde bei dieser Endredaktion häufig nur noch an Formulierungen gefeilt, wurden Textpassagen, über deren wesentliche Inhalte Konsens bestand, präzisiert. Eine erstaunlich intensive Diskussion entstand allerdings in dieser zehnten Sitzung um die Aussage „Tiere haben Würde“, die ausführlich und kontroversiell erörtert wurde (EK-B/Bd.2, 351-356), wie auch die Debatte um die Empfehlungen bezüglich der Kennzeichnung nochmals unterschiedliche Auffassungen erkennen ließ (EK-B/Bd.2, 362-366). Entsprechend dem Konsens, der bereits bei der Formulierung des Entwurfs erzielt worden war, wurden bei den Kapiteln Gesundheit sowie Landwirtschaft und Umwelt wieder im großen und ganzen nicht mehr als redaktionelle Änderungen am Text vorgenommen. Wie zu erwarten war, bot dagegen die Patentierung nochmals Anlaß für ausschweifende Diskussionen. Ein offensichtliches Problem in dieser Frage bestand darin, international gültige Vereinbarungen (wie z.B. die Vereinbarung über die Artenvielfalt) mit ethischen Ansprüchen einzelner Abgeordneter zu verbinden. Angesichts der Komplexität und Unübersichtlichkeit der Materie erklärten einige der Redner, sich eigentlich in dieser Frage völlig überfordert zu fühlen (z.B. Brünner, EK-B/Bd.2, 376; Kreil, EK-B/Bd.2, 379). Letztlich war klar, daß es ungeachtet aller Unsicherheiten nur um ein Ziel gehen konnte, wie der Vertreter der Volkspartei Steinbauer zusammenfaßte: „Wir sollten da einen politischen Willen, selbst wenn er unscharf ist, zum Ausdruck bringen ...“ (EK-B/Bd.2, 380). Noch deutlicher formulierte Voggenhuber, was seiner Meinung nach im Kontext der Patentierung nötig war:

> Da gibt es gesellschaftspolitische Entscheidungen und originärpolitische Entscheidungen, die nicht getroffen werden, weil die Politik damit noch nicht zu Rande gekommen ist. Die Patentämter entscheiden aber bereits unter Präjudizierung der gesellschaftspolitischen Entwicklungen. Das ist ein Notstand, in dem gehandelt werden muß. Ich

> denke daher, daß es unabdingbar ist, da auch mit Verboten zu reagieren und nicht nur zu sagen, irgend etwas wollen wir nicht (EK-B/Bd.2, 382).

Daher sprach er sich für ein Verbot der Patentierung von Verfahren zur genetischen Veränderung von Lebewesen sowie von Lebewesen und deren Bestandteilen aus.

Als letzter umstrittener Punkt stellte sich schließlich die parlamentarische Institutionalisierung von TA heraus, da die SPÖ einer Vorwegnahme künftiger Infrastrukturen nicht zustimmen wollte. Brünner allerdings sprach in seiner Replik die Gründe an, die aus der Erfahrung mit dieser ersten parlamentarischen Enquete-Kommission dafür sprachen, eine Etablierung von TA vehement zu betreiben:

> Ich möchte schon festhalten, daß wir uns etwas dabei gedacht haben, daß hier das Wort 'Institutionalisierung' steht. Bei aller Wertschätzung gegenüber allen Beteiligten bei dieser Technikfolgenabschätzung - unter Beteiligten meine ich die Mitglieder der Kommission, die Parlamentsdirektion, unsere Klubmitarbeiter - und bei der Wertschätzung, die ich meiner eigenen Person in dieser Causa entgegenbringe, möchte ich festhalten, daß für mich ein klarer Schluß zu ziehen ist für die Technikfolgenabschätzung beim Parlament, daß es ein zweites Mal so nicht gehen kann. Ich verstehe schon, daß man immer wieder sagt, das bedeutet neue Stellen, und das kostet wieder Geld ... Es muß aber im Parlament eine Infrastruktur auf eine andere Weise da sein, als wir sie bisher gehabt haben (EK-B/Bd.2, 383).

Brünner hatte damit ein Résumé über die Arbeit der Kommission vorweggenommen. Im Anschluß an diese Wortmeldung trat das Redaktionskomitee nochmals zusammen, um die eben besprochenen Änderungen in den Berichtsentwurf einzuarbeiten. Die neue Version wurde - vorbehaltlich redaktioneller Änderungen - beschlossen, und die erste parlamentarische Enquete-Kommission in Österreich hatte damit formell ihre Tätigkeit beendet.

Der endültige Bericht enthielt folgende wesentliche Punkte: Als Ausgangspunkt der Arbeiten in der Enquete-Kommission wurde festgehalten, daß man von politischer Warte aus nicht gewillt sei, „Sachzwänge und Entwicklungsautomatismen quasi schicksalhaft hinzunehmen" (EK-B/Bd.1, 6). Nicht zuletzt deswegen wurde daher die Forderung erhoben, weitere Schritte zu einer Etablierung der parlamentarischen TA zu setzen, insbesondere durch budgetäre Maßnahmen. Eine Einschränkung erfuhr dieser Passus durch einen Zusatz der SPÖ, wonach nicht unbedingt eine Institutionalisierung angestrebt würde, sondern gegebenenfalls nach sparsamen und effizienten Modellen gesucht werden sollte. Außerdem trat die Enquete-Kommission im Rahmen ihrer allgemeinen Empfehlungen für eine Grundrechtsreform ein, die aus der Aufnahme eines umfassenden Persönlichkeitsschutzrechts, des Schutzes der Menschenwürde sowie eines Grundrechts auf den Schutz der „genetischen Privatsphäre" des Menschen in die Bundesverfassung bestehen sollte (EK-B/Bd.1, 8). Was die Sicherheit anbelangte, sprach sich die Kommission unmißverständlich für die Berücksichtigung synergistischer Effekte aus. Sicherheitsmaßnahmen sollten nach Risikostufen klassifiziert und in Übereinstimmung mit den EG-Bestimmungen gestaltet werden. Außerdem sollten Arbeiten mit gleichem Risiko in der Forschung, in der Entwicklung und in der Produktion gleich behandelt werden. Ebenfalls gefordert wurde eine Genehmigungspflicht für gentechnische Anlagen und Arbeiten, wobei die Bewilligungen befristet sein sollten, sowie eine begleitende Risikoforschung. In diesen Punkten war Einigkeit erzielt worden, allerdings verwiesen etliche Zusätze aller Fraktionen auf leichte Dissense in der Akzentuierung. Insbesondere die Forderungen der ÖVP, bei der Risikoeinschätzung und bei der Genehmigung von Anlagen möglichst zu differenzieren und sich stark an internationalen Standards zu orientieren, verwiesen auf ihre Verpflichtung der Industrie gegenüber (EK-B/Bd.1, 8-9). Die Forderung nach öffentlicher Unterstützung der Sicherheitsforschung war konsensual und wurde durch Vorbehalte der Grünen und der FPÖ noch erweitert. Die FPÖ trat im Rahmen der Forschung für einen sehr eingeschränkten Gebrauch der Methoden des Gentransfers bei Menschen und Säugetieren ein; die Grünen wollten einen Verzicht auf staatliche Förderung für anwendungsorientierte Forschungsprojekte (EK-B/Bd.1, 9-10). Übereinstimmend forderten alle in der Enquete-Kommission vertretenen Fraktionen eine auf die Gentechnik zugeschnittene Gefährdungshaftung und die Schaffung eines Entschädigungsfonds. In Zusätzen bzw. Vorbehalten traten SPÖ, FPÖ und Grüne zusätzlich für eine Deckungsvorsorge ein, SPÖ und Grüne auch für eine Beweislastumkehr. Die Grünen forderten darüber hinausgehend die Aufnahme dieser Regelungen in das GTG selbst (EK-B/Bd.1, 11). Die konsensual abgegebenen Empfehlungen im Bereich der Ethik enthielten unter anderem ein Verbot von Keimbahneingriffen sowie die Maxime für die Politik, „ökologisch und sozial verträglichen Lösungen den Vorzug vor risikoreichen und symptomorientierten technischen Entwicklungen zu geben" (EK-B/Bd.1, 12). Die Würde von Tieren galt allen vier Parteien als beachtenswerter Grundsatz, allerdings spiegelten die Zusätze der einzelnen Fraktionen unterschiedliche Gewichtungen wider. Während SPÖ und ÖVP die Wichtigkeit der Forschung an Tieren für die medizinische Entwicklungsarbeit betonten und daher für eine Güterabwägung im Zweifelsfall plädierten, fanden sich in dieser Frage Grüne und Freiheitliche in einer Bereichsopposition zusammen und lehnten bei Wirbeltieren Eingriffe in die Keimbahn sowie die Chimärenbildung grundsätzlich ab (EK-B/Bd.1, 13). Auch in Fragen der Genanalyse bestand breiter Konsens, allerdings behielt die ÖVP sich einen Einwand vor, der die Empfehlung betraf, die Anwendungen genanalytischer Methoden seien in einem GTG zu regeln, und argumentierte, eine solche Empfehlung entspreche nicht dem Arbeitsauftrag der Enquete-Kommission. Angesichts der Komplexität von Fragen der pränatalen Diagnostik sah die Kommission sich laut Schlußbericht außerstande, eine generelle Empfehlung zu formulieren (EK-B/Bd.1, 14). Erneut auf Umwelt- und Sozialverträglichkeit nahmen die Stellungnahmen im Rahmen des Kapitels Gesellschaft, Grundrechte und Demokratie Bezug, die ÖVP trat lediglich einschränkend erneut für ein differenziertes Vorgehen je nach Anwendungsart ein. Eine breite Öffentlichkeitsbeteiligung und Parteistellung war der Kommission ebenfalls ein ausdrückliches Anliegen, zusätzlich sollte ein ständiges Beratungsgremium dem Ministerium beigestellt werden, „welches die gentechnologischen Anwendungen auf Gesundheits- und Umweltverträglichkeit, soziale Zuträglichkeit sowie ethische Verantwortbarkeit zu überprüfen hat" (EK-B/Bd.1, 15). In Fragen einer „klar ersichtlichen" und „verständlichen" Kennzeichnung empfahl die Enquete-Kommission sehr weitgehende Regelungen:

> Die Kennzeichnungspflicht ist für gentechnisch erzeugte oder veränderte Produkte, Produkte, die aus gentechnisch veränderten Organismen stammen, Produkte (Lebensmittel, Arzneimittel, Kosmetika usw.), die gentechnisch hergestellte Bestandteile enthalten, sowie Produkte die mit Hilfe von gentechnisch erzeugten Organismen erzeugt werden, im Gentechnikgesetz oder in den entsprechenden Materiengesetzen vorzusehen (EK-B/Bd.1, 16).

Der Vorbehalt der ÖVP, dies dürfe nicht zu einer Diskriminierung gentechnischer Produktionsweisen bzw. Produkte führen, war eindeutig ein Zugeständnis an die gewerbliche Klientel. Die Offenlegungspflicht[21] und die Förderung einer öffentlichen Diskussion und der Aufklärung über Gentechnik war wiederum ein die Parteigrenzen übergreifendes Anliegen (EK-B/Bd.1, 16). Bezüglich der Empfehlungen für Forschung, Entwicklung und Industrie schränkte erneut lediglich die ÖVP den Konsens dahingehend

21 „Es ist ... jedes Jahr eine detallierte Gesamtdarstellung über alle Bereiche der Gentechnologie (jährlicher Gentechnologie-Bericht, Gentechnik-Register) in Österreich dem Nationalrat vorzulegen" (EK-B/Bd.1, 16).

ein, daß auch die Grundlagenforschung gefördert werden müsse und die österreichische Konkurrenzfähigkeit auf den Sektoren Wissenschaft und Industrie durch Restriktionen nicht geschädigt werden dürfte. Völlig einig waren sich die Abgeordneten der vier Parlamentsfraktionen in ihrer Einschätzung der gesundheitlichen Aspekte der Gentechnik, wobei der „Rückfall von einem sich entwickelnden gesamtheitlichen Medizinverständnis zu einem mechanistischen, genetisch determinierten Menschenbild vermieden werden" sollte (EK-B/Bd.1, 17). Im Rahmen des Kapitels Landwirtschaft und Umwelt waren auch die Empfehlungen für Freisetzungen untergebracht worden. Erneut wurde in diesem Kontext die Präferenz der Kommission für das synergistische Sicherheitsmodell deutlich ausgesprochen, darüber hinaus sollte bei der Bewertung entsprechender Vorhaben dem Kriterium der Sozialverträglichkeit Rechnung getragen werden (EK-B/Bd.1, 18). Auch die Patentierung hatte an dieser Stelle - in Zusammenhang mit der „Dritte-Welt-Problematik" - Platz gefunden. Über ein Patentierungsverbot für Gene hinaus sprach man sich für eine Akkordierung internationaler Anstrengungen aus, im Sinne des Übereinkommens über den Schutz der biologischen Vielfalt (Rio 1992) weitere Regelungen zu erarbeiten. Die jeweiligen Zusätze jeder einzelnen Fraktion spiegelten die bereits in den Abschlußberatungen angeklungenen Schwierigkeiten mit diesem Thema wieder.

Eine Zusammenschau der Empfehlungen macht folgende Punkte deutlich: Die ÖVP hatte versucht, den nicht eben einfachen Spagat zwischen zwei verschiedenen Flügeln zu schaffen. Während sie für die Bereiche Industrie und Wissenschaft teilweise etwas weichere Regelungen als die anderen Fraktionen anstrebte, hatte sich in Fragen der Freisetzung eine ökologische Linie durchgesetzt. Die SPÖ hatte weitestgehend ihre bereits in den Vorarbeiten im Verlauf der Regulierungsdiskussion eingenommenen Positionen beibehalten und teilweise erfolgreich durchgesetzt. Die Grünen hatten in einigen Fragen die restriktivsten Auffassungen vertreten, zumeist aber doch einen Konsens mit den anderen Parteien erzielt. Teilweise hatten sie zusammen mit den Freiheitlichen Bereichsoppositionen gebildet, wie etwa in der Haftungsfrage und in der Frage der gentechnischen Forschung an Tieren.

Die einzelnen Fraktionen schlossen ihrem gemeinsam und weitestgehend konsensual formulierten Schlußbericht noch jeweils Analyseteile an. Während die SPÖ (EK-B/Bd.1, 21-29), die ÖVP (EK-B/Bd1., 30-50) sowie für den Grünen Klub Johannes Voggenhuber (EK-B/Bd.1, 52-70) damit nochmals einen ausführlichen Problemaufriß und eindeutige Positionierungen verbanden, verfaßte die FPÖ-Fraktion in der Enquete-Kommission lediglich eine äußerst knapp gehaltene Schlußbemerkung zur Arbeit der Kommission (EK-B/Bd.1, 51).

Der Abschlußbericht der Enquete-Kommission sollte am 12. November 1992 im Parlament und zuvor in einer Pressekonferenz dem Nationalrat bzw. der breiten Öffentlichkeit präsentiert werden.

12. LETZTE SCHRITTE ZUM GENTECHNIKGESETZ

12.1. Zurück in traditionelle Bahnen

Während die parlamentarische Enquete-Kommission sich intensiv und produktiv mit den weitgefaßten Fragestellungen der Gentechnologie auseinandersetzte, fuhr man im Gesundheitsministerium mit den Arbeiten am mittlerweile bereits seit einem Jahr vorliegenden Gesetzesentwurf fort, und die Mitte 1991 bzw. Anfang 1992 eingesetzten interministeriellen Arbeitsgruppen entfalteten ihre Tätigkeit. Im Mai 1992 kündigte Sektionschef Bobek an, den überarbeiteten Entwurf noch vor der Sommerpause zur allgemeinen Begutachtung auszusenden. Bis Ende des Jahres sollten die Reaktionen aus dem Begutachtungsverfahren ebenso wie die Anregungen der Enquete-Kommission in den Vorschlag einfließen und dieser schließlich als Regierungsvorlage eingebracht werden. Damit könnte „(o)ptimistisch gesehen ... der Beschluß Mitte des Jahres 1993 gefaßt werden, spätestens 1994" sollte es nach Ansicht des Ministerialbeamten „auf jeden Fall soweit sein" (Kurier 9.5.92).[1]

Forschung und Industrie zeigten sich im Frühjahr 1992 ebenfalls hochaktiv, um ihre Vorstellungen hinsichtlich des Regelungsbedarfs der Gentechnik öffentlichkeitswirksam zu untermauern. So fand beispielsweise am 8. Mai im Technischen Museum in Wien ein Symposium mit dem Titel „Gen & Recht. Schutz und/oder Behinderung - USA versus Europa" statt, das von der Immuno AG gesponsert wurde und neben Vortragenden aus dem Ausland auch etlichen österreichischen Stimmen ein Podium für ihre Meinungen bot. Die *Edition Zeitthema*, die sich Anfang der neunziger Jahre mehrfach zu diesem Thema hervortat, widmete der ausführlichen Darstellung der Veranstaltung in Heft 2/92 breiten Raum:[2] Sowohl der Molekularbiologe Kreil (1992b) wie auch der Jurist Selb (1992b) wiederholten einmal mehr die Argumente, die ihrer Ansicht nach gegen die verfrühte

[1] Was die Einbeziehung verschiedener Interessengruppen in die Ausarbeitung des Entwurfs anbelangte, äußerte Bobek sich an dieser Stelle ausnehmend positiv. Hinsichtlich möglicher restriktiver Bestimmungen sprach er sich deutlich für einen Mittelweg aus.

[2] Abgerundet durch zusätzliche Beiträge wie u.a. einem Interview mit Mitgliedern der parlamentarischen Enquete-Kommission (Interview 1992) und kritischen Beiträgen von Bolognese-Leuchtenmüller (1992b) und Huber (1992).

Verabschiedung eines österreichischen GTG im speziellen und gegen die „Überregulierung“ dieser Materie im allgemeinen sprachen. Anläßlich der abschließenden Podiumsdiskussion (1992) fanden allerdings auch Vertreter einer gentechnikkritischen Linie, wie Gaugitsch vom UBA und Hoppichler von der Bundesanstalt für Bergbauernfragen[3] Gelegenheit, ihre Positionen darzulegen.

In der Zwischenzeit - am 3. April 1992 - war der bisherige Gesundheitsminister Ettl von seinem sozialdemokratischen Parteikollegen Michael Ausserwinkler als Ressortchef abgelöst worden.[4] Anläßlich einer Expertendiskussion des Arbeitskreises „Biologie“ der SPÖ-Zukunftswerkstätte legte dieser seine Position zur Gentechnik dar: Als Arzt setze er wie viele andere große Erwartungen in die daraus entstehenden Behandlungsmöglichkeiten, allerdings gelte es, ethische Normen zu definieren und einen Rahmen für die Nutzung vorzugeben. Besonders der Patentierung schenkte der neue Gesundheitsminister in seinem Referat große Aufmerksamkeit (Wiener Zeitung 27.5.92). Ausserwinkler hatte das Ressort übernommen, als die Überarbeitung des Gesetzesentwurfes bereits weit gediehen und die Enquete-Kommission schon eingesetzt worden war. Bald sah er sich in dieser Situation mit einem Konflikt konfrontiert: Schon vor dem Sommer hatte Brünner via Presse die Sorge geäußert, die beiden Stränge der Auseinandersetzung mit Regelungsfragen der Gentechnik würden parallel zueinander verlaufen, ohne miteinander verknüpft zu werden. Diese Bedenken hatte er auch in der Enquete-Kommission deutlich ausgesprochen:

> Ich habe keinerlei Ahnung vom Stand der Diskussion im Gesundheitsministerium betreffend ein Gentechnikgesetz. Meine Bitte wäre, ob es hier möglich wäre, beide Dinge miteinander zu verknüpfen, weil ich den Eindruck habe, daß dort etwas diskutiert wird, was an uns vorbeigetragen wird. Ich meine, das wäre nicht sehr sinnvoll ... Ich wäre jedenfalls interessiert, wie der Stand der Gentechnikgesetzentwicklung oder -produktion ist (EK-B/Bd.2, 110).

Der ebenfalls im ständigen Expertenkreis anwesende Ministerialbeamte Haselberger versprach daraufhin, anläßlich eines in Kürze stattfindenden

---

3 Dessen äußerst kritische Haltung wurde auch in einem Buch ausführlich dargelegt (1991). Diese Publikation rief einen Konflikt mit dem BMLuF hervor, dem die Bundesanstalt für Bergbauernfragen nachgeordnet ist, weil das Ministerium der Veröffentlichung der darin enthaltenen Positionen nicht zustimmen wollte (Standard 19.8.92, 23; vgl. auch Vorwort).

4 Ausserwinkler amtierte zwischen 3.4.92 und 17.3.94.

Diskussionsnachmittags über den Gesetzesentwurf würden diese Informationen gegeben werden. SPÖ-Abgeordneter und Enquete-Obmann Stippel wiegelte allerdings allzu hohe Ansprüche umgehend ab:

> Zu Ihrer Anregung, Herr Kollege Brünner. Wir haben von Haus aus klargestellt, daß wir einen deutlichen Auftrag seitens des Parlaments haben, unabhängig von der Erstellung des Gentechnikgesetzes im Gesundheitsministerium die Technikfolgenabschätzung im Bereich der Gentechnik zu untersuchen ... Nach meinem Wissen wird die erste Vorlage dieses Gentechnikgesetzes erst nach Abschluß unserer Arbeit erfolgen können. Ich denke aber, daß es so sein wird, daß man unsere Ergebnisse sehr wohl bei der Erstellung des Gentechnikgesetzes mit berücksichtigen wird (EK-B/Bd.2, 110).

Mitte August versicherte Ausserwinkler in Beantwortung einer diesbezüglichen parlamentarischen Anfrage, die Ergebnisse der Beratungen in der Enquete-Kommission würden selbstverständlich in den Entwurf eingearbeitet werden. Dies sei umso leichter möglich, als mit dem Gesetzesentwurf befaßte Ministerialbeamte auch bei den Kommissionssitzungen anwesend seien und auch bisher schon Anregungen aus diesen Beratungen in die ministeriellen Vorarbeiten einfließen hätten lassen (Presse 11.8.92). Allerdings sollten sich die Dinge etwas anders entwickeln, als man nach diesen Zusicherungen hätte annehmen können. Denn einen Tag, bevor die Enquete-Kommission ihren Bericht öffentlich präsentieren wollte, stellte Gesundheitsminister Ausserwinkler effektvoll in den TV-Spätnachrichten einen neuen Ministerialentwurf für ein Gentechnikgesetz vor, den er als „guten Kompromiß“ mit sinnvollen Rahmenbedingungen bezeichnete (Wiener Zeitung 11.11.92).

12.2. Brüskierung des Parlaments

Allerdings fielen die Reaktionen sowohl auf die Inhalte des Entwurfs als auch auf die Vorgangsweise des Ministers nicht eben freundlich aus. Insbesondere Vertreter der Wissenschaft und der Industrie äußerten umgehend ihre Besorgnis über zu restriktive Bestimmungen (Presse 11.11.92). Ebenso wie der Ministerialentwurf waren auch die Empfehlungen der Enquete-Kommission auf heftigste Widerstände dieser Seite gestoßen, unterstützt noch durch die ablehnende Haltung des Wissenschaftsministeriums (Torgersen/Mikl 1995, 11). Im Vordergrund stand aber nun die Empörung der Abgeordneten, die sich über Monate hinweg intensiv mit der Materie beschäftigt hatten und nun erkennen mußten, daß das Ministerium offensichtlich nicht bereit gewesen war, die Ergebnisse dieser Beratungen abzuwarten. Die Freiheitliche Klara Motter bezeichnete diese Vorgangsweise als *faux-pas*, für Christian Brünner hinterließ sie „einen schalen Geschmack", und der grüne Parlamentarier sprach von einem „unerhörten Vorgang" (Wiener Zeitung 11.11.92).

Diese Verärgerung bestimmte daher auch den Grundtenor der Debatten im Nationalrat, wo die Empfehlungen der parlamentarischen Enquete-Kommission am 12. November 1992 präsentiert wurden. Betont wurde in großer Übereinstimmung das konstruktive Klima der Sitzungen, weiters wurden die wichtigsten Punkte, auf die die Abgeordneten sich geeinigt hatten, angeführt und zum Teil ausführlich vor dem Hintergrund der allgemeinen Gentechnikdebatte dargestellt. Im Vordergrund der Wortmeldungen aus allen Parteien stand die Düpierung der Kommission durch das Gesundheitsressort, wobei allerdings der SPÖ-Abgeordnete Stippel, der als Obmann der Enquete-Kommission die parlamentarische Präsentation einleitete, sich merklich unwohl fühlte und Zuflucht zu Beschwörungsformeln nahm:

> Ich möchte das noch einmal betonen: Wir sind überzeugt davon, daß im Begutachtungsverfahren unsere Ergebnisse nicht beiseite gelegt werden; Kommentare in den heutigen Ausgaben verschiedener Medien bestätigen mir dies ohnehin, Herr Bundesminister (Sten. Prot./87, 9700).[5]

Brünner dagegen formulierte die Kritik an Ausserwinkler schon heftiger:

> Es gibt neben den formellen Regeln, Herr Minister, auch informelle Regeln eines Fair Play, die zwischen der Regierung auf der einen und dem Parlament auf der anderen Seite eingehalten werden müssen.
>
> Es ist ein Faktum, daß in der Enquete-Kommission Beamte ihres Ministeriums gewesen sind, und es mag schon sein, daß Beamte, die dort anwesend gewesen sind, Ihnen Informationen darüber gegeben

[5] Stippel bezog sich dabei offenbar abgesehen von Ausserwinklers Zusicherungen auch auf die Aussagen des Ministerialbeamten Haselberger (Presse 12.11.92), der als ständiger Experte auch in der Enquete-Kommission anwesend gewesen war (im übrigen war er auch Leiter des Arbeitskreises Biologie in der SPÖ-Zukunftswerkstätte; Presse 15.9.92) und in diesem gesamten Prozeß eine offensichtlich zentrale Rolle einnahm.

> haben, was wir diskutiert haben. Das ist aber eine Einwegsituation gewesen.
>
> Erstens: Auf offiziellem Wege sind von Ihnen zu uns keine Informationen gekommen. Das möchte ich auch in aller Klarheit festhalten.
>
> Zweitens ...: Ich wünsche mir im Sinne einer adäquaten politischen Kultur, daß die Kommunikation zwischen einem Minister, einer Regierung einerseits und einer Enquete-Kommission oder Parlamentariern andererseits auf andere Weise erfolgt, als daß Beamte so quasi hin- und herpendeln (Sten. Prot./87, 9703).

Für die FPÖ stieß Klara Motter in das selbe Horn:

> Es tut mir leid, Herr Minister, daß ich meine Ausführungen mit einer Kritik an Ihnen beginne, aber mir geht es genauso wie meinem Kollegen Dr. Brünner: Auch ich würde gerne den Inhalt Ihres Gesetzes kennen, auch ich möchte die sogenannten Gemeinsamkeiten, die ich nur in der Presse lese, gerne selber überprüfen können.
>
> Herr Minister, ich bin von Ihnen enttäuscht! (Sten. Prot./87, 9707).

Auch die Abgeordneten Voggenhuber und Müller verhehlten ihre Kritik am Minister nicht, stellten aber in ihren Reden die konstruktive Arbeit in der Enquete-Kommission in den Vordergrund und betonten den Wert der ersten Erfahrungen mit diesem Instrument für den österreichischen Parlamentarismus. Steinbauer von der ÖVP schließlich griff Ausserwinkler besonders scharf an und zieh ihn der Mißachtung der Würde des Parlaments (Sten. Prot./87, 9718). Der Gesundheitsminister betonte in seiner Rede nochmals, daß die Ergebnisse der Arbeit der Enquete-Kommission selbstverständlich in den Entwurf einfließen würden und bereits eingeflossen seien und verlieh seiner Anerkennung für die in diesem Gremium tätigen Abgeordneten Ausdruck. Der Antrag auf Kenntnisnahme des Berichts wurde am Ende einstimmig beschlossen (Sten. Prot/87, 9736).

12.3. Der Ministerialentwurf wird weiter bearbeitet

Der nun vorliegende Ministerialentwurf, der schon abgesehen von seinem Inhalt großes Aufsehen erregt hatte, setzte sich aus folgenden Hauptpunkten zusammen: Für die Arbeit im Labor sollten in vier Stufen gegliederte Sicherheitsbestimmungen gelten, wobei die ersten beiden Stufen nur einer Melde- und Aufzeichnungspflicht unterlagen, ab der dritten Stufe jedoch auch eine behördliche Genehmigungspflicht nötig war. Die Industrie unterlag generell strengeren Bestimmungen als die Forschung. Über Freisetzungen sollte je nach Einzelfall bzw. nach dem Stufenprinzip entschieden werden. Dazu war die Installierung einer Gentechnik-Kommission vorgesehen, der Vertreter und Vertreterinnen aus der Wissenschaft, von kritischen Gruppierungen, aus der Ethik sowie aus der Sozialpartnerschaft angehören sollten. Die Keimbahntherapie war laut Entwurf verboten, die somatische Gentherapie hingegen erlaubt. Genanalysen sollten ausschließlich zu medizinischen Zwecken, nicht jedoch im Rahmen von Versicherungs- oder Arbeitsverhältnissen durchgeführt werden dürfen. Die Würde von Tieren war ebenfalls festgelegt, weswegen auch die Überschreitung von Artgrenzen einem Verbot unterlag. Vorgesehen war schließlich auch eine umfassende Produktkennzeichnung (Wirtschaftswoche 46/92).

Eine Verzögerung der Aussendung des Ministerialentwurfs ergab sich aus der Intervention von Wissenschaftsminister Busek, der verlangte, vor dem Beginn der Begutachtungsphase müßten nochmals Verhandlungen auf Ministerebene stattfinden. Als Ziel kündigte Busek die Revision von Regelungen an, die aufgrund ihrer Restriktivität die Abwanderung von Forschung und Industrie aus Österreich verursachen könnten (Kurier 13.11.92). Die folgenden Wochen waren geprägt von massiven Vorstößen der Wissenschaft und der Industrie, die unter Hinweis auf die in der BRD laufende Deregulierungsdebatte eine Abschwächung der im Gesetzesentwurf vorgesehenen Bestimmungen forderten (SN 19.11.92, 1; Standard 11.12.92). Nach den angekündigten Verhandlungen zwischen dem Gesundheits- und dem Wissenschaftsressort ging schließlich ein abgeänderter Entwurf für ein GTG in die offizielle Begutachtung, der tatsächlich gegenüber dem ursprünglichen Papier entschärfte Regelungen beinhaltete. So war etwa das Verbot der Erzeugung transgener Tiere gefallen, bestimmte Produktionsbereiche (z.B. Arzneimittel) fielen nunmehr unter die erleichterten Kriterien für Wissenschaft und Forschung.[6] Geändert hatte sich auch die Zusammensetzung der geplanten Gentechnik-Kommission insofern, als die Vertretung der sog. kritischen Öffentlichkeit massiv reduziert, der Kreis der engsten Fachleute (aus Biochemie, Genetik, Molekularbiologie usw.) dagegen aufgestockt worden war (Wiener Zeitung 28.1.93). Dieser überarbeitete Entwurf wurde vom Gesundheitsministerium mit 22. 12. 1992 zur Begutachtung ausgesandt. In einem *FORVM*-Artikel gab der Verfassungs- und Verwaltungsrechtler Manfred

[6] Die Drohung der Pharmaindustrie mit einem Exodus aus Österreich (Presse 19.11.92) hatte sich also durchaus als erfolgreiche Strategie erwiesen.

Stelzer eine juristische Stellungnahme dazu ab, die einigermaßen ambivalent ausfiel. Zwar gestand Stelzer diesem Entwurf zu, „wesentlich ausgewogener und gründlicher gearbeitet" zu sein als der erste, dennoch drängte sich ihm der Eindruck auf, „daß eine wirkliche Grundsatzentscheidung immer noch fehlt" (Stelzer 1993, 61). Damit sprach er ein seiner Ansicht nach überdeutliches Lavieren zwischen zwei Polen an, nämlich einerseits der Förderung von der Gentechnologie innewohnenden Chancen sowie andererseits die Verhinderung von unerwünschten Risiken. Einzelne Kritikpunkte betrafen schließlich Regelungsmaterien, die sich im GTG, das ausdrücklich Sicherheitsfragen der Gentechnik regeln will, an falscher Stelle befänden: Dazu zählte das Verbot der Keimbahntherapie, das eine Sache des Embryonenschutzes sei (damit meinte der Autor wohl das FMedG), medizinische Anwendungen, die in das Ärzte- und Krankenanstaltenrecht gehörten, sowie die Regelungen über die Herstellung transgener Tiere, die ebenfalls in den entsprechenden Gesetzen untergebracht werden sollten. Die Bestimmungen hinsichtlich einer Umweltverträglichkeitsprüfung bei Freisetzungen hielt er in der vorliegenden Form für verfassungswidrig, weil kompetenzrechtliche Fragen der Zuständigkeiten von Land und Bund in keinster Weise geregelt waren, die vorgesehene Prüfung der Sozialverträglichkeit von Produkten sowie deren Kennzeichnung bewertete er hingegen als sinnvoll (Stelzer 1993, 57-58). Die vorgesehene Öffentlichkeitsbeteiligung war seiner Meinung zufolge zumindestens problematisch, unter anderem wegen der zu erwartenden Verfahrensdauer. Damit ist auch der letzte Punkt seiner Kritik angesprochen, denn alles in allem argumentierte Stelzer, das größte Problem des vorliegenden Ministerialentwurfs sei die vorhersehbare „Produktion von unverhältnismäßigem Verwaltungsaufwand und (ein) damit vorprogrammierte(s) Vollzugsdefizit" (Stelzer 1993, 61).

Der formelle Begutachtungsprozeß, während dessen Dutzende Stellungnahmen[7] beim Gesundheitsministerium einlangten, endete im März 1993.

[7] BMWuF; BMUJuF; Finanzministerium; BKA; Wirtschaftsministerium; Justizministerium; BM für Arbeit und Soziales; BMLuF; Innenministerium; Amt der Tiroler Landesreg.; Amt der Kärtner Landesreg.; Amt der Salzburger Landesreg.; Amt der Niederöst. Landesreg.; Datenschutzrat; Rechnungshof; ÖAW/Inst. für Molekularbiologie; Abt. für Molekularbiologie-Inst. für Allg. und Experimentelle Pathologie/Medizin. Fakultät der Univ. Innsbruck; Inst. für Angewandte Mikrobiologie/BOKU; Inst. für Biochemie ud Molekulare Zellbiologie/Univ. Wien (2 Versionen von versch. Personen); Inst. für Biochemie/Medizin. Fakultät der Univ. Wien; Fachgruppe Lebensmittel- und Biotechnologie/BOKU; Prof. Heberle-Bors; Inst. für Gerichtliche Medizin der Univ. Graz; Inst. für Medizinische Biologie und Humangenetik der Univ. Graz; Inst. für Molekularbiologie der Univ. Wien; Zentrum für Angewandte Genetik/BOKU; Inst. für Gerichtliche Medizin der Univ. Wien; Medizinische Fakultät der Univ. Wien; Medizinische Fakultät der Univ.

Während Sozial- und Umweltorganisationen (von denen nun auch endlich Positionen zur Gentechnik formuliert wurden), kirchliche Organisationen und Tierschutzvereine tendenziell für eine Verschärfung des Entwurfs eintraten, sprach sich ein großer Teil der anderen Stellungnahmen für eine Entschärfung aus. Neben der Industrie und einzelnen Forschungseinrichtungen sprachen sich auch das Wissenschafts- und das Wirtschaftsministerium für eine weitgehende Deregulierung aus, dem standen das Umweltministerium und das Bundeskanzleramt mit ihren Auffassungen diametral gegenüber.

Nach dem Ende der Begutachtungsfrist wurden neuerliche Verhandlungen über den Gesetzesentwurf aufgenommen, wobei allerdings nun die Teilnahme auf Vertreter und Vertreterinnen der Ministerien sowie auf einen Repräsentanten der Industrie eingeschränkt wurde, gentechnikkritische Organisationen fanden in dieser letzten Überarbeitungsphase kein Gehör mehr (Torgersen/Mikl 1995, 12). Während dieser Monate äußerten sich die Gegner und Gegnerinnen des Entwurfs erneut unzählige Male in der Öffentlichkeit und verlangten, je nach Standpunkt, eine Verschärfung oder Lockerung des Gesetzes. Für letztere machte sich nicht zuletzt immer wieder Wissenschaftsminister Busek stark (SN 9.3.93, 2), womit er sich in bester Gesellschaft der Akademie der Wissenschaften (Presse 8.4.93, 6), der Österreichischen Ärztekammer (Öst. Ärztezeitung 8/93), der Rektorenkonferenz (Standard 2.6.93) und natürlich einzelner Industrievertreter

---

Graz; Inst. für Medizinische Biochemie der Univ. Graz; Inst. für Hygiene der Univ. Innsbruck; Naturwiss. Fakultät der Univ. Salzburg; Formal- und Naturwiss. Fakultät der Univ. Wien; Zoolog. Inst. der Univ. Salzburg; Univ.Klinik für Innere Medizin/Neues AKH; Inst. für Zoologie der Univ. Wien; Inst. für Nutztierzucht/BOKU; Inst. für Tierzucht und Genetik/Veterinärmedizin. Univ. Wien; Öst. Rektorenkonferenz; Bundesanstalt für Lebensmitteluntersuchung und -forschung; FWF; Österr. Ges. für Genetik und Gentechnik; Sandoz Forschungsinstitut; Bender; Forschungszentrum Seibersdorf; Immuno AG; Children's Cancer Research Institute/St. Anna Kinderspital, Wien; Max-Planck-Inst. für Biochemie/München; Austrotransplant; Öst. Rotes Kreuz; BWK; Bundesarbeitskammer; Kammer für Arbeiter und Angestellte für OÖ; AK Vorarlberg; Präsidentenkonferenz der Landwirtschaftskammern Österreichs; Gewerkschaft der Chemiearbeiter; GPA; Vereinigung Öst. Industrieller; Verband der Versicherungsunternehmen Österreichs; Österr. Ärztekammer; Öst. Apothekerkammer; Öst. Rechtsanwaltskammertag; Pastoralamt der Diözese Linz, Arbeitsstelle für Umweltfragen; Kathol. Sozialakademie Österreichs; Kathol. Männerbewegung; Öst. Bundesfeuerwehrverband; Öst. Bischofskonferenz; Evangel. Oberkirchenrat; AG Katholischer Jugend; Kathol. Frauenbewegung/Wien; Öst. Städtebund; Öst. Gemeindebund; Bundesverband der MTA Österreichs; Ökologie-Institut; Umweltforum; AG Entwicklungszusammenarbeit; ARGE DATEN; Friends of the Earth Österreich; Lebenshilfe; Wiener Tierschutzverein; Zentralverband der Tierschutzvereine Österreichs; Bundeszentrale der Tierversuchsgegner Österreichs.

(Presse 11.5.93) bzw. der Wirtschaftskammer (SN 12.5.93, 6) befand. Demgegenüber warnten die Grünen, kirchliche Organisationen und Umweltschutzgruppen vor einer weiteren Verwässerung des Gesetzes. Johanna Dohnal forderte (Wiener Zeitung 19.3.93) ebenso wie die Arbeiterkammer ein rasches Inkrafttreten (Wiener Zeitung 13.5.96), und der Moraltheologe Virt befürchtete, weder Haftungs- noch Patentierungsfragen würden in dem zukünftigen Gesetzestext ausreichend berücksichtigt (SN 6.5.93, 6).

12.4. Der Gesetzgebungsprozeß geht in die Endphase

Im Herbst 1993 lag schließlich die endgültige Version des österreichischen GTG vor. Tatsächlich waren im Vergleich zum ursprünglichen Entwurf nochmals kräftige Retuschen vorgenommen worden. Auf Druck der Industrie und der Wissenschaft war somit in einigen Fragen bereits „dereguliert" worden, bevor die Regulierung überhaupt in Kraft getreten war. In mühevollen Detailverhandlungen war es den Gentechnikbetreibern gelungen, kürzere Zulassungszeiten und eine deutliche Lockerung der nach ihrem Dafürhalten bis dahin überzogenen Sicherheitsbestimmungen zu erreichen. In den niedrigen Arbeitsstufen war das Ministerium nun bereit, auf Eigenverantwortung und Selbstkontrolle zu vertrauen. Ebenfalls war in den Verhandlungen bei der Zulassungsgenehmigung für gentechnisches Arbeiten die Parteistellung der Bevölkerung gefallen. Verpflichtend vorgesehen waren nun nur noch Anhörung und Information (Presse 10.8.93). Im Dezember 1993, also ein Jahr nach der Aussendung zur Begutachtung, wurde schließlich stolz bekanntgegeben, nachdem nun zahlreiche Einwände berücksichtigt worden seien, werde das Gesetz noch einmal mit den Ressortverantwortlichen Dohnal (Frauen), Rauch-Kallat (Umwelt), Busek (Wissenschaft) und Schüssel (Wirtschaft) akkordiert, um danach den Ministerrat zu passieren (Presse 1.12.93). Die Präsentation dieser neuen Version zog allerdings scharfe Proteste der ehemaligen Mitglieder der Enquete-Kommission nach sich. Voggenhuber etwa meinte, die Bestimmungen hinsichtlich Freisetzungen seien „dramatisch liberalisiert" worden,[8] Müller und Brünner vermißten vor allem ausreichende Haftungsbestimmungen. Den Wegfall der Parteienstellung zugunsten eines bloßen Anhörungsrechts hingegen fand der Jurist Brünner zum damaligen Zeit-

[8] U.a. waren die Strafrahmen empfindlich gesenkt worden, nämlich von ursprünglich 500.000 öS auf nur mehr 50.000 öS (Torgersen/Mikl 1995, 12).

punkt akzeptabel. Alles in allem zogen die drei Abgeordneten das Fazit, die revidierte Fassung des Entwurfes für ein GTG sei „riskant, sozial unverträglich und ethisch bedenklich" (Standard 2.12.93). Dagegen konnte sich Ex-Wissenschaftsminister Tuppy, trotz des Eingeständnisses, der neue Text sei gegenüber dem ursprünglichen Entwurf verbessert worden, nach wie vor des Eindrucks der „Bürokratisierung" nicht erwehren (Standard 11.1.94, 5).

Erst im dritten Anlauf wurde der Entwurf schließlich im Ministerrat abgesegnet. Widerstand hatte bis zuletzt Umweltministerin Rauch-Kallat (ÖVP) geleistet, die die Genehmigung für Freisetzungen von GVOs in ihr Ressort ziehen wollte, damit allerdings erfolglos blieb (Standard 11.1.94, 5). Am Ende gelang es ihr immerhin, eine Informationspflicht für ihr Ministerium in umweltrelevanten Bereichen durchzusetzen (Standard 12.1.94, 5). Ausserwinkler betonte die intensiven Vorarbeiten, die nun zur Vorlage eines ausgewogenen Gesetzes geführt hätten und erklärte überdies, die von der parlamentarischen Enquete-Kommission erarbeiteten Grundsätze seien „völlig berücksichtigt und zum Teil weiterentwickelt worden" (SN 12.1.94, 6). In unmittelbaren Reaktionen auf diese Einigung im Ministerrat sprachen Tageszeitungen von einem „realistischen Gesetz für die gentechnische Wirklichkeit" (SN 12.1.94, 3), und selbst die Industrie, die kurz zuvor noch um ihre Existenz gebangt hatte, sah nun - erstaunlich beweglich in ihren Einschätzungen - neue Chancen für den Industriestandort Österreich eröffnet (Furche 2/94). Brünner schließlich als ehemaliges Mitglied der Enquete-Kommission widersprach Ausserwinkler heftig und betonte einmal mehr, daß aus dem Katalog der Empfehlungen weder die verschuldensunabhängige Haftung bei Unfällen, noch die Öffentlichkeitsbeteiligung bei Genehmigungsverfahren noch das ethische Prinzip[9] in ausreichendem Ausmaß in den Entwurf Eingang gefunden hätten. Diese Punkte[10] sollten seiner Ansicht nach in einem Unterausschuß thematisiert werden (Presse 19.1.94).

Ministerrat und Unterausschuß

Anläßlich dieses Unterausschusses wurden nun auch die Nicht-Regierungs-Organisationen, die bisher (mit einigen wenigen Ausnahmen) teilweise geradezu ignorant mit dem Thema umgegangen waren, aktiv

---

[9] Dieser Kritik an zu geringen ethischen Standards schloß sich auch der Moraltheologe Virt an (SN 2.2.94, 2; Furche 3.2.94).

[10] Für eine Übersicht der Unterschiede zwischen den Empfehlungen der Enquete-Kommission und dem Gesetzesentwurf vgl. Feil 1994, 24.

und legten einen „Forderungskatalog zum Gentechnikgesetz" vor, in dem sie strengere Sicherheitsbestimmungen und Haftungsregelungen sowie mehr Bürgerbeteiligung einmahnten (SN 10.3.94, 2). Angesichts der Tatsache, daß man damit der Entwicklung des Gesetzes gleichsam um einige Entwürfe hinterherhinkte, kann es nicht weiter verwundern, daß diesem Forderungskatalog wenig Aufmerksamkeit geschenkt wurde. Wirklichen Konfliktstoff bot hingegen die Zusammensetzung des Unterausschusses, wo man auf die in der Enquete-Kommission führenden Experten der einzelnen Fraktionen verzichten zu können glaubte. War Lothar Müller von der SPÖ ursprünglich zumindestens als Ausschußmitglied vorgesehen gewesen, hatte es die ÖVP verabsäumt, Christian Brünner überhaupt zu nominieren. Nach heftigen Auseinandersetzungen im VP-Klub setzte Brünner seine Nominierung durch, im Gegenzug wurde allerdings der Sozialdemokrat Müller wieder von der Teilnehmerliste gestrichen.[11] Selbst der ehemalige Kommissionsobmann Stippel befand sich nicht im Ausschuß. So zurückhaltend die Regierungsparteien mit ihren Kommentaren zu dieser Vorgangsweise waren, so direkt kommentierte es die Opposition. Voggenhuber, der seine Fraktion im Unterausschuß vertrat:

> Die Regierung will den umstrittenen Gentechnikentwurf einfach durchdrücken. Deshalb hat man alle kompetenten Abgeordneten, die sich mit der Materie wirklich auskennen, einfach ignoriert (Presse 19.3.94).

Nochmals wurden daher Proteste von verschiedensten Seiten laut: Die SPÖ-Frauen erstellten nochmals einen Forderungskatalog (Österr. Ärztezeitung, 7/94), und die Grünen kritisierten den Entwurf und die Zusammensetzung des Unterausschusses heftig, wobei sie von kirchlichen und Umweltschutzorganisationen unterstützt wurden. An die neue Gesundheitsministerin Krammer erging der Appell, für eine ausführliche und ausgewogene Behandlung des Gesetzesvorhabens im Parlament zu sorgen (SN 24.3.94, 2). Trotz der heftigen Debatten im Unterausschuß, und obwohl es der grünen und freiheitlichen Opposition gelungen war, zusätzliche kritische Experten hineinzureklamieren, war man nicht mehr bereit, auf zahlreiche Abänderungsanträge einzugehen. Insbesondere der SPÖ-Abgeordnete Nowotny sowie Stummvoll für die ÖVP erwiesen sich als glühende Verfechter des vorliegenden Entwurfs. Die Grünen argumentierten zu diesem Zeitpunkt neben der üblichen Kritik an zu laxen Bestim-

---

[11] Die Nominierung Brünners in den Unterausschuß führte offensichtlich v.a. zu einem heftigen Konflikt mit seinem Parteikollegen und Vors. des Gesundheitsausschusses, Schwimmer. In der Presse war diesbezüglich von Schreiduellen die Rede (SN 23.3.94, 2).

mungen im Gesetz damit, der vorliegende Text sei nicht europakonform, wobei sie sich auf ein Gutachten der *EFTA Surveillance Authority* beriefen. Letztlich wurden allerdings die angekündigten Klagen beim EU-Gerichtshof (Wiener Zeitung 21.4.94) nicht eingebracht (Torgersen/Mikl 1995, 13). Nach all diesen Turbulenzen und insgesamt drei Sitzungen segnete schließlich am 27. April 1994 der Unterausschuß des parlamentarischen Gesundheitsausschusses den umstrittenen Gentechnikgesetzentwurf ab. Einige kleine Abänderungen sollten zwischen den Parteien abschließend Mitte Mai im Gesundheitsausschuß akkordiert werden (Presse 29.4.94). Während Brünner, Müller und Virt ihre Bedenken wiederholten (SN 18.5.94, 3) und die grüne Klubchefin Petrovic das Gesetz als „legistischen Unfall" bezeichnete (Presse 24.5.94), war in der *Wirtschaftswoche* vom einem „Sieg der Industrielobby" die Rede (Wirtschaftswoche 21/94, 52).

Beschlußfassung im Nationalrat

In der Nationalratssitzung am 26. Mai 1994 wurde schließlich die Regierungsvorlage über ein „Bundesgesetz, mit dem Arbeiten mit gentechnisch veränderten Organismen, das Freisetzen und Inverkehrbringen von gentechnisch veränderten Organismen und die Anwendung von Genanalyse und Gentherapie am Menschen geregelt werden (Gentechnikgesetz - GTG)" beraten.[12] Der Freiheitliche Haupt, eines der FPÖ-Mitglieder der Enquete-Kommission,[13] äußerte gleich zu Beginn der Sitzung seine Ablehnung dem Gesetz gegenüber. Der Berichterstatter aus dem Gesundheitsausschuß (1657 Beilagen), Schwimmer, verteidigte den vorliegenden Gesetzesentwurf und verstrickte sich in heftige Kontroversen mit Voggenhuber und Petrovic von den Grünen (Sten. Prot./166, 19382-19385). Es folgte eine Parlamentsdebatte, die im wesentlichen den bereits bekannten Argumentationslinien folgte. In der Abstimmung wurde das GTG mit den Stimmen der Regierungsparteien angenommen, wobei Lothar Müller aus der SPÖ sowie Christian Brünner aus der ÖVP jeweils den Regierungskonsens durchbrachen und der Regierungsvorlage ihre Zustimmung verweigerten. Bei der anschließenden Einzelabstimmung über die rund 100 Zusatzanträge der Opposition bzw. der beiden „Dissidenten" unterlief schließlich ein formaler Fehler, weswegen eine Präsidiale einberufen wer-

[12] Damit hatte sich auch der Titel des GTG verändert, das noch als „Bundesgesetz über Maßnahmen zum Schutz der Gesundheit des Menschen einschließlich seiner Nachkommenschaft und der Umwelt vor Schäden durch gentechnische Eingriffe" zur Begutachtung versandt worden war.

[13] Barmüller und Motter gehörten mittlerweile dem Liberalen Forum an.

den mußte, um über die weitere Vorgangsweise zu beraten (Sten. Prot./166, 19443). Schließlich mußte das GTG, diesmal auf Basis eines Antrags der Abgeordneten Reitsamer, Schwimmer und Kollegen (Antrag 732/A) sowie die im Bericht des Gesundheitsausschusses (1657 Beilagen) dokumentierten Abänderungsanträge in der 168. Sitzung des Nationalrates am 15. Juni nochmals behandelt werden. Sowohl die kontroversielle Debatte als auch das Abstimmungsergebnis der 166. Sitzung wiederholten sich, und damit war das österreichische GTG (BGBl 158/1994) nach langjähriger Entstehungsphase endgültig beschlossen.

12.5. Das österreichische Gentechnikgesetz (GTG)

Das GTG regelt - anders als andere Regelungswerke - über die Sicherheitsfragen hinaus auch die humangenetische Anwendung. Die allgemeinen Bestimmungen im I. Abschnitt enthalten sowohl einen Schutz- wie auch einen Förderungszweck:

> § 1. Ziel dieses Bundesgesetzes ist es,
>
> 1. die Gesundheit des Menschen einschließlich seiner Nachkommenschaft vor Schäden zu schützen, die
>
> a) unmittelbar durch Eingriffe am menschlichen Genom, durch Genanalysen am Menschen oder durch Auswirkungen gentechnisch veränderter Organismen auf den Menschen oder
> b) mittelbar durch Auswirkungen gentechnisch veränderter Organismen auf die Umwelt entstehen können, sowie
> die Umwelt (insbesondere die Ökosysteme) vor schädlichen Auswirkungen durch gentechnisch veränderte Organismen zu schützen und dadurch ein hohes Maß an Sicherheit für den Menschen und die Umwelt zu gewährleisten und
>
> 2. die Anwendungen der Gentechnik zum Wohle des Menschen durch Festlegung eines rechtlichen Rahmens für deren Erforschung, Entwicklung und Nutzung zu fördern (BGBl 158/1994, 4113).

Der Geltungsbereich umfaßt gentechnische Anlagen, Arbeiten mit GVOs, Freisetzungen von GVOs, das Inverkehrbringen von Erzeugnissen, die aus GVOs bestehen oder solche enthalten sowie die Kennzeichnung von Erzeugnissen, die aus GVOs oder deren Teilen bestehen, solche enthalten oder aus solchen gewonnen wurden, ausgenommen solche Erzeugnisse, die aus GVOs, deren Teilen oder deren Kulturüberständen isoliert wurden sowie schließlich die Genanalyse und die Gentherapie am Menschen (§ 2).

Laut § 3 sind folgende Grundsätze zu beachten:

1. Arbeiten mit GVO und Freisetzungen von GVO sind nur zulässig, wenn dadurch nach dem Stand von Wissenschaft und Technik keine nachteiligen Folgen für die Sicherheit (§ 1 Z 1) zu erwarten sind (Vorsorgeprinzip).
2. Der Forschung auf dem Gebiet der Gentechnik und der Umsetzung ihrer Ergebnisse sind unter Beachtung der Sicherheit (§ 1 Z 1) keine unangemessenen Beschränkungen aufzuerlegen (Zukunftsprinzip).
3. Die Freisetzung von GVO darf nur stufenweise erfolgen, indem die Einschließung der GVO stufenweise gelockert und deren Freisetzung nur ausgeweitet werden darf, wenn die Bewertung der vorhergegangenen Stufe ergibt, daß die nachfolgende Stufe mit dem Vorsorgeprinzip vereinbar erscheint (Stufenprinzip).
4. Die Öffentlichkeit ist nach Maßgabe dieses Bundesgesetzes in die Vollziehung einzubinden, um deren Information und Mitwirkung sicherzustellen (demokratisches Prinzip).
5. Bei Genanalysen und Gentherapien am Menschen ist auf die Wahrung der Menschenwürde Bedacht zu nehmen; der Verantwortung des Menschen für Tier, Pflanze und Ökosystem ist Rechnung zu tragen (ethisches Prinzip) (BGBl 158/1994, 4113-414).

Im II. Abschnitt wird das Arbeiten mit gentechnisch veränderten Organismen im geschlossenen System geregelt. Die vier Sicherheitsstufen sind nach dem Vorbild der *NIH-guidelines* sowie des deutschen GenTG geregelt und nach Gefährdungspotentialen differenziert (Feil 1994, 41).[14] Für alle Arbeiten besteht eine Aufzeichnungspflicht. Abschnitt III regelt (in Übereinstimmung mit den Richtlinien der EU) das Freisetzen von gentechnisch veränderten Organismen und das Inverkehrbringen von Erzeugnissen, wobei § 63 die soziale Unverträglichkeit regelt, worauf später noch einzugehen sein wird. Der Abschnitt IV regelt die Humangenetik und enthält ein Verbot von Keimbahneingriffen und Detailbestimmungen bezüglich der Durchführung und Verwendung von Genanalysen wie u.a. den Datenschutz. Abschnitt V regelt die Zusammensetzung einer Gentechnik-

[14] Zur Gewährleistung der Sicherheit schreibt § 8 das Einvernehmen mit dem BM für Arbeit und Soziales, dem BM für Umwelt, Jugend und Familie, dem BM für wirtschaftliche Angelegenheiten und dem BM für Wissenschaft und Forschung vor (BGBl 158/1994, 4116-4117).

kommission sowie deren Aufgaben, weiters die Einrichtung ständiger wissenschaftlicher Ausschüsse (einen für Arbeiten im geschlossenen System, einen für Freisetzung und Inverkehrbringung und einen für Genanalyse und Gentherapie). Darüber hinaus

> (obliegt) dem Bundesminister für Gesundheit, Sport und Konsumentenschutz die Herausgabe (eines) Gentechnikbuches. Im Gentechnikbuch dokumentiert die Kommission den Stand von Wissenschaft und Technik für Arbeiten mit GVO, für Freisetzungen von GVO und für das Inverkehrbringen von Erzeugnissen, sowie für Genanalysen und somatische Gentherapie am Menschen (BGBl 158/1994, 4139).

Außerdem soll die Kommission in dreijährigen Abständen Berichte über diese drei Bereiche in Übereinstimmung mit dem Gesundheits- und dem Wissenschaftsministerium an den Nationalrat übermitteln. Als grundsätzlich zuständige Behörde wird das Gesundheitsministerium festgelegt, sofern Hochschulen oder ähnliche Einrichtungen in dessen Zuständigkeitsbereich betroffen sind, das Wissenschaftsministerium (BGBl 158/1994, 4139).

Abschnitt VII legt ausdrücklich die Förderung von Sicherheits- und Risikoforschung fest; Abschnitt VIII und IX behandeln vorläufige Zwangsmaßnahmen bzw. das Erlöschen von Berechtigungen. In Abschnitt X wird die Vertraulichkeit von Daten im Auflegungsverfahren festgelegt (BGBl 158/1994, 4140-4141). Im XI. Abschnitt wird der internationale Informationsaustausch geregelt (insbesondere in bezug auf die EFTA), Abschnitt XII schließlich enthält Übergangs-, Straf- und Schlußbestimmungen (BGBl 158/1994, 4141-4145).

Das so formulierte GTG trat schließlich mit 1. Jänner 1995 in Kraft, fand aber keineswegs breite Zustimmung. Insbesondere das Fehlen spezieller Haftungsbestimmungen, deren Miteinbeziehung stets mit dem Verweis auf das zu schaffende Umwelthaftungsgesetz abgeblockt worden war, bot Anlaß für heftige Kritik. Die Grünen blieben bei ihrer grundsätzlich negativen Einschätzung, beim GTG handle es sich um einen legistischen Unfall, die sich nach einer Bewertung des Regierungsübereinkommens von 1996, das u.a. auch die weitere Vorgangsweise bezüglich gentechnisch veränderten Lebensmittel festlegte, sogar noch weiter nach unten revidierte (Langthaler 1996, 3). Das ÖKOBÜRO hatte bereits im August 1994 eine Novellierung des Gesetzes verlangt, die die bisher nicht berücksichtigten Empfehlungen der parlamentarischen Enquete-Kommission aufgreifen sollte (Ökobüro 1994, 34).

Zahlreiche Stellungnahmen wurden verfaßt. Der Obmann der ARGE DATEN bewertete die datenschutzrechtlichen Bestimmungen des GTG im Kontext von genanalytischen Untersuchungen als völlig unzureichend (Zeger 1995, 29-30). Stelzer wiederholte seine Kritik an einzelnen Punkten, die er schon anläßlich des Entwurfs formuliert hatte. Die zur Debatte stehenden kompetenzrechtlichen Probleme ebenso wie einzelne Schwierigkeiten bei der Umsetzung der Öffentlichkeitsbeteiligung waren seiner Ansicht nach nicht zur Gänze ausgeräumt worden (Stelzer 1995b; 1996). Die im Vorfeld der Diskussionen um das Gesetz so massiv aufgeworfene Frage, ob ein solches Gesetz mit der Wissenschaftsfreiheit in Einklang zu bringen sei, wurde von Katharina Walter in einer Studie für das Boltzmann-Institut allerdings uneingeschränkt bejaht (Walter 1995, 102).

Die politische Kritik am GTG und an den damit verbundenen Ereignissen blieb jedoch bestehen. Lothar Müller äußerte sich abschließend in Kommentaren sehr skeptisch und sprach vom „Luxus des Verzichts auf ganzheitliche Betrachtung“ (Soziale Technik 2/94, 21). Der Konflikt Brünners mit der Volkspartei, der sich nicht zuletzt am Umgang mit der Enquete-Kommission und der Zustimmung zum GTG entzündet hatte, endete schließlich mit dessem Austritt aus der VP (SN 16.12.94, 2) und seiner späteren Kandidatur für das Liberale Forum.

Fragen der Gentechnik waren nunmehr durch ein Gesetz geregelt. Wie die weitere Zukunft zeigen sollte, bedeutete dies jedoch keineswegs, daß damit auch das Konfliktpotential um diese Technologie entschärft worden war.

13. FREISETZUNGEN IN ÖSTERREICH- DIE PLÖTZLICHE THEMATISIERUNG DER GENTECHNIK IN DER ÖFFENTLICHKEIT

Im Gegensatz zur bis dahin wenig intensiven Thematisierung der Gentechnik in der österreichischen Öffentlichkeit war dieses Thema im Frühjahr 1996 an prominenterer Stelle als zuvor üblich zu finden. Ursache dafür waren die Vorgänge rund um die ersten beim österreichischen Gesundheitsministerium eingebrachten Freisetzungsanträge. Nach dem Gentechnikgesetz muß binnen einer Frist von 90 Tagen ab Eingang des Antrags darüber entschieden werden (§ 40). Als Grundlage für diese Entscheidung ist nach § 39 (3) ein Gutachten durch den zuständigen wissenschaftlichen Ausschuß der Gentechnikkommission einzuholen und eine öffentliche Anhörung anzuberaumen. Dazu schreibt das Gentechnikgesetz folgendes vor:

> § 43 (1) Die Behörde hat im Amtsblatt zur Wiener Zeitung und in zwei örtlichen Tageszeitungen auf Kosten des Betreibers kundzumachen, daß ein Antrag auf Freisetzung eines GVO gestellt wurde, diesbezügliche Unterlagen bei der Behörde während eines Zeitraumes von drei Wochen zur öffentlichen Einsichtnahme aufliegen und daß es jedermann freisteht, der Behörde innerhalb der Auflegungsfrist begründete Einwendungen[1] schriftlich zu übermitteln.
>
> (2) Die Behörde hat im Rahmen des Ermittlungsverfahrens eine Anhörung anzuberaumen; diese Anhörung hat innerhalb von drei Wochen ab Ende der Auflegungsfrist stattzufinden. Die Behörde hat dazu jeden, der fristgerecht begründete Einwendungen schriftlich übermittelt hat, sowie die Mitglieder des zuständigen wissenschaftlichen Ausschusses und den Betreiber zu laden. Die Anhörung dient der Erörterung der fristgerecht übermittelten Einwendungen; den Einwendern ist Gelegenheit zur näheren Erläuterung ihrer Einwendungen zu geben.

Darüber hinaus ist das BMfUJF über den Eingang eines Freisetzungsantrags und die entsprechende Entscheidung zu informieren sowie zum Anhörungsverfahren zu laden (§ 39 (5)). Unter der - ansonsten nicht näher definierten - Voraussetzung, daß „mit der Freisetzung bestimmter GVO

[1] Was darunter genau zu verstehen ist, wird allerdings nicht weiter definiert.

genügend Erfahrungen gesammelt worden sind", woraus eine gewisse Kalkulierbarkeit der zu erwartenden Risiken abgeleitet wird, kann das Gesundheitsministerium laut § 42 über den Verordnungsweg nähere Bestimmungen für die Durchführung sogenannter „vereinfachter behördlicher Verfahren" für die Freisetzung solcher gentechnisch veränderter Organismen festlegen. Dies hat allerdings unter Bedachtnahme auf die Richtlinie 90/220/EWG und nach Anhörung des zuständigen wissenschaftlichen Ausschusses der Gentechnikkommission sowie im Einvernehmen mit dem Landwirtschafts-, dem Umwelt-, dem Wirtschafts- und dem Wissenschaftsministerium zu geschehen.

13.1. Erste Anträge und erste Proteste

Der erste auf dieser gesetzlichen Grundlage Ende 1995 eingebrachte Freisetzungsantrag stammte vom niederösterreichischen Forschungszentrum Seibersdorf und betraf Kartoffeln, die gegen die Knollen schädigende Fäulnisbakterien immun sein sollten.[2] Das Projekt war ausdrücklich als Beitrag zur Sicherheitsforschung tituliert. Angesichts dieser Premiere wurde in den Medien eine gewisse Verunsicherung vor allem seitens der Wissenschaft bzw. der Betreiber(firmen) registriert. Erstens schienen die zu erwartenden kritischen Reaktionen schwer prognostizierbar zu sein, der Blick auf die wiederholten vehementen Proteste gegen Freisetzungen im benachbarten Deutschland ließ allerdings etliche Befürchtungen aufkeimen. Zweitens waren noch keine genauen gesetzlichen Bestimmungen für das Genehmigungsverfahren erlassen worden (SN 11.1.96, 1, 20). Doch auch das Ministerium selbst wollte anläßlich des ersten Freisetzungsantrags allzu große öffentliche Konflikte vermeiden und hatte entsprechend agiert: Da ein Antrag zur Freisetzung von herbizidresistentem Mais erwartet wurde, von dem man - wie sich herausstellen sollte, mit einiger Berechtigung - annahm, er könnte potentiell größeres Aufsehen erregen, bestand großes Interesse daran, daß zuvor der Seibersdorfer Antrag eingebracht würde. Allerdings sollte sich an der Tatsache, daß das Gesundheitsministerium (zusammen mit dem Wissenschaftsministerium) als Auftraggeber für diesen Freisetzungsversuch fungiert hatte,[3] in der Folge heftige Kritik entzünden. Madeleine Petrovic, grüne Klubchefin und Gentech-

2 Zu diesem Zweck sollte den Kartoffeln ein Gen einer Seidenmotte eingebaut werden.

3 Der Auftrag zur Erforschung der *„Sicherheitsaspekte zur Freisetzung transgener Kartoffelpflanzen"* wurde im Dezember 1995 erteilt; die beiden Ministerien sollten gemeinsam für die Finanzierung in Höhe von mehr als drei Mio. ÖS aufkommen.

niksprecherin, sprach von einer „Farce“ und erklärte, es sei absurd, wenn eine Behörde ein zu beurteilendes Projekt gleichzeitig vorantreibe (Standard 8.2.96, 6). Darüber hinaus kritisierten die Grünen, daß der Aspekt der Sicherheitsforschung im Antrag kaum Niederschlag fände, und argwöhnten, tatsächlich sollte das Vorhaben nur der Akzeptanzbeschaffung für Gentechnik in der Pflanzenzüchtung dienen (SN 16.2.96, 14).[4]

Prompt nach Bekanntwerden des Vorliegens dieses ersten Antrags waren Proteste von verschiedensten Stellen lautgeworden, formuliert etwa durch den Umweltdachverband ÖGNU, das Ökologie-Institut, den Naturschutzbund und die Arbeiterkammer. Auch das Landwirtschaftsministerium zeigte sich eher skeptisch (SN 9.2.96, 15; 16.2.96, 14). Gerade von Seiten der Landwirtschaft wird der Einsatz gentechnischer Methoden teilweise massiv kritisiert, wobei vor allem mit der Stärke des biologischen Landbaus hierzulande argumentiert wird - mit rund 23.000 Biobauern verfügt Österreich diesbezüglich über ein wesentlich stärkeres Potential als alle übrigen EU-Länder zusammen. Alarmiert durch den ersten Freisetzungsantrag forderte daher auch die ARGE Biolandbau (sie vertritt rund 12.000 der österreichischen Biolandwirte), Österreich sollte prinzipiell zur „gentechnikfreien Zone“ erklärt werden (SN 20.2.96, 17; Standard 20.2.96, 14). Insbesondere Global 2000 verfolgte die Strategie, das Thema Freisetzungen massiv zu besetzen. Diesem Ziel entsprechend machte sich die Umweltorganisation umgehend daran, Tausende vorformulierte Einwendungen zu versenden, die ans Gesundheitsministerium zurückgeschickt werden sollten. Außerdem ließ Global 2000 im Jänner/Februar durch das Gallup-Institut eine repräsentative Meinungsumfrage über die Akzeptanz von gentechnisch hergestellten Lebensmitteln[5] in Österreich durchführen. Deren Ergebnis, dem auch in der Tagespresse große Aufmerksamkeit gewidmet wurde, war durchaus als Argumentationshilfe geeignet, wurde doch eine tiefe Skepsis erhoben: 74% der Befragten sprachen sich für die verpflichtende Kennzeichnung gentechnisch hergestellter Lebensmittel aus, 63% gaben an, keine solchen Nahrungsmittel kaufen zu wollen (Gallup/Global 2000 1996). Neben diesen grundsätzlichen, die Ablehnung von Gentechnik in der Landwirtschaft bzw. im Lebensmittelsektor betreffenden

---

4 Genährt wurde dieser Verdacht - abgesehen von politischen Erwägungen - auch durch den Umstand, daß die betroffenen Bakterien eher in tropischen Ländern ein Problem darstellen als hierzulande. Die Grünen konnten sich in ihrer Kritik u.a. auf die Argumentation des Ökologie-Instituts stützen, das aus den oben genannten Gründen Einspruch gegen den Seibersdorfer Antrag einbrachte (Öl-Kurzinformation, März 1996, 3; Notizen 2/96, 10).

5 Anlaß für die Umfrage bot nicht nur die bevorstehende Anhörung zum Seibersdorfer Antrag, sondern auch die Diskussion um die *novel-food*-Verordnung auf EU-Ebene.

Argumentationslinien[6] existierte eine weitere Kritikschiene, die überwiegend von der grünen Opposition vorgebracht wurde und die an der Vorgangsweise des Gesundheitsministeriums ansetzte. Dabei ging es in erster Linie um die bereits erwähnte Involvierung in die Auftragsvergabe für den Versuch, der zweite Kritikpunkt betraf die Rahmenbedingungen der gesetzlich vorgeschriebenen Einsichtnahme: Da die Unterlagen nur im Gesundheitsministerium in Wien, nicht aber bei Landes- oder Bezirksbehörden auflagen und auch nicht verschickt wurden, gab es für Interessierte aus den Bundesländern keine ernstzunehmende Möglichkeit, ihr Informationsdefizit abzubauen. Die knapp bemessene Zeit pro Tag für die Einsichtnahme (drei Stunden am Vormittag) stellte allerdings selbst für Interessenten und Interessentinnen aus der Bundeshauptstadt eine Hürde dar. Schließlich brachte auch die Tatsache, daß die Unterlagen nur ausnahmsweise von Interessengruppen, nicht jedoch von Privatpersonen kopiert werden durften, dem Ministerium den pauschalen Vorwurf der „Geheimniskrämerei" ein (SN 7.2.96, 17). Tatsächlich schien es unwahrscheinlich, daß von Privatpersonen, die die wissenschaftlichen Daten lediglich vor Ort studieren und danach mangels schriftlicher Unterlagen kaum fachliche Zusatzinformationen einholen konnten, allzu viele „begründete Einwendungen" - immerhin die Voraussetzung für eine Ladung zur Anhörung - erhoben werden könnten. Nichtsdestotrotz langten beim Gesundheitsministerium gegen den Seibersdorfer Antrag rund 7000 schriftliche Proteste ein. Doch auch der Antrag selbst wurde als mangelhaft und unübersichtlich kritisiert: Manche Unterlagen mußten durch den Antragsteller nachgereicht werden (SN 2.3.96, 5); die Umweltberatung Österreich monierte in ihrer Zeitschrift (1996/1, 10) vor allem das fehlende Eingehen auf potentielle Risiken im Antrag. Als am 1. März die Anhörung - somit die erste Anhörung über einen österreichischen Freisetzungsantrag - stattfand, verließ ein Großteil der rund 400 Anwesenden unter der Führung Petrovics medienwirksam aus Protest gegen die bisherige Abwicklung des Verfahrens durch das Ministerium den Saal. Dieser Argumentation schlossen sich auch zahlreiche Umweltverbände an. Während die

[6] Dazu gehört auch die Kritik an Allergierisiken, die bei gentechnisch veränderten Produkten kaum mehr identifizierbar sind. Zwar wurde lange Zeit die Übertragbarkeit von Allergenen auf beliebig neue Organismen bezweifelt, eine im März 1996 publizierte neue Studie erhärtete allerdings diesen Verdacht: Wer auf Paranüsse allergisch reagiert, reagiert ebenso auf Soja, dessen Eiweißgehalt mit einem Paranußgen erhöht wurde. Durch den Gentransfer wurde somit auch das Allergen von einer auf die andere Pflanze übertragen (profil 21/96, 30). Um die Identifikation und Behandlung so hervorgerufener Allergien wenigstens einigermaßen gewährleisten zu können, forderten amerikanische Mediziner neben einer obligaten Kennzeichnungspflicht auch eine Überprüfung von gentechnisch veränderten Lebensmitteln vergleichbar jener von Medikamenten (SN 10.8.96, VI).

Grünen ankündigten, notfalls mit Hilfe des VwGH die Einsicht in die vollständigen Unterlagen zu erzwingen, verteidigte der zuständige Sektionschef im Ministerium das Verfahren: Zweck der Anhörung sei nur, Einwände vorzutragen, und nicht, Antworten zu geben[7] (Standard 2./3.3.96, 5).

Rücknahme eines Freisetzungsantrags

Der zweite Freisetzungsantrag wurde von der dem Raiffeisenverband zugehörigen Zuckerforschung Tulln GesmbH, einer 50prozentigen Tochter des Zucker- und Stärkeerzeugers Agrana, eingebracht. Er betraf gentechnisch veränderte Industriekartoffeln, deren Stärke beispielsweise im Wandverputz nutzbar ist, und die nicht für den Verzehr gedacht sind. Dieser Versuch wurde im allgemeinen selbst von kritischen Stimmen als aus ökologischer Perspektive eher unbedenklich eingestuft (so etwa UBA-Vertreter Gaugitsch lt. Standard 6.3.96, 4), weswegen ihm anfangs auch vergleichsweise wenig Aufmerksamkeit gezollt wurde. Am meisten Staub wirbelte dagegen von Beginn an der dritte, durch die T.B. Agrartechnik[8] gestellte Freisetzungsantrag vom 2. Februar 1996 auf. Dieser betraf Mais mit einer Resistenz gegen das Herbizid BASTA, der auf je 900m^2 großen Versuchsflächen in drei verschiedenen österreichischen Gemeinden für die Dauer von zehn Jahren ausgepflanzt werden sollte. Von Beginn an formierte sich eine breite Front der Ablehnung: Global 2000 sowie die Grünen[9] formulierten umgehend ihre Einwände; besonders stark war neuerlich der Widerstand aus landwirtschaftlichen Kreisen. Prinzipiell wurde - unter dem Stichwort „ökologische Gefahr im Doppelpack" - die Sinnhaftigkeit einer agrarindustriellen Entwicklung in Frage gestellt, die einerseits die Verwendung von Herbiziden, andererseits die Freisetzung herbizidresistenter Nutzpflanzen fördert (Standard 11.4.96, 4; SN 12.4.96, 17). Auch seitens des Umwelt- und des Landwirtschaftsministeriums wurden massive Zweifel an dem Projekt geäußert. Das BMLuF kündigte an, seine Einwendungen im laufenden Verfahren - der Antrag sollte bis zum 29. April im Gesundheitsministerium zur Einsicht aufliegen - deponieren zu wollen und kritisierte unter anderem die Geheimhaltung der Lage der Versuchsfelder in den betroffenen Gemeinden (Standard 12.4.96, 5). Gerade diese Gemeinden waren es, die den Chor der kritischen Stimmen komplettierten;

---

7 Was durchaus dem Wortlaut des entsprechenden Passus im § 43 (2) des GTG entspricht.

8 Diese in Bad Vöslau ansässige Firma vertritt in Österreich die Interessen der AgrEvo, einem Gemeinschaftsunternehmen der beiden Konzerne Hoechst und Schering (Raiffeisen Zeitung 2.5.96, 1).

9 Diesmal organisierten sie die Versendung von rund 40.000 Einspruchskarten.

besonders im steirischen Markt Hartmannsdorf regte sich vehementer Widerstand. Die Gemeinde, der 1990 der Umweltschutzpreis des Landes verliehen worden war, hatte die Gründung eines Bio-Hofladens geplant, wo die Bauern ihre „ehrlichen Produkte“ verkaufen sollten. Der Bürgermeister, der nun um die Reputation der Gemeinde in Sachen ökologischer Landbau fürchtete, bezeichnete die geplante Freisetzung als „bösen Scherz“ und kündigte an, alle legalen Möglichkeiten dagegen ausschöpfen zu wollen. Unter anderem wurde erwogen, den Pachtvertrag für das Versuchsfeld aufzulösen. Auch auf Landesebene schloß man sich den Protesten an und erklärte den „Gen-Mais“ für „höchst entbehrlich“ (SN 12.4.96, 17; Standard 12.4.96, 5, 32). Damit hatte schlußendlich auch in Österreich eine politische Kontroverse um die Freisetzungsthematik eingesetzt - zu einem Zeitpunkt, als in der EU alleine im vorangegangenen Jahr 215 Freisetzungsanträge (davon mehr als die Hälfte auf Herbizidresistenzen) bewilligt worden waren (SN 12.4.96, 17).

Die zuständige Gesundheitsministerin Christa Krammer (SPÖ) hielt sich bedeckt und erklärte, sie hätte sich zwar eine eigene Meinung gebildet, wolle aber das Gutachten des zuständigen Ausschusses der Gentechnikkommission abwarten. Dabei bot ihr der Gesundheitssprecher ihrer Partei, Guggenberger, mit dem Argument Schützenhilfe, die Ministerin dürfe sich nicht in ein laufendes Verfahren einmischen, an dessen Ende ihre eigene Behörde einen Bescheid zu erlassen habe. Die grüne Opposition konterte mit herber Kritik und stellte eine Dringliche Parlamentarische Anfrage in Aussicht. Darüber hinaus fand sie lobende Worte für jene beiden ÖVP-Regierungskollegen Krammers, die sich ebenfalls gegen den Freisetzungsversuch gewandt hatten, nämlich Umweltminister Martin Bartenstein sowie Landwirtschaftsminister Wilhelm Molterer. Das Hauptargument gegen Krammers Haltung lautete, es handle sich in dieser Frage nicht um eine wissenschaftliche Entscheidung, daher könne die Ministerin sich auch nicht unter Verweis auf die Gentechnikkommission verschweigen, vielmehr stehe eine politische Weichenstellung für die österreichische Landwirtschaft an. Außerdem sei sie als Ressortverantwortliche dazu verpflichtet, ihre Position zu wichtigen gesundheitspolitischen Fragen öffentlich darzulegen (Standard 15.4.96, 7; 20./21.5.96, 6). Das politische Tauziehen um die Mais-Freisetzung fand allerdings von unerwarteter Seite ein Ende, als die T.B. Agrartechnik mit 26. April ihren Antrag zurückzog. Zwar lautete die offizielle Begründung des Unternehmens, es sei wegen der langen Verfahrensdauer zu spät, um noch heuer die erwünschten wissenschaftlichen Ergebnisse zu erzielen, tatsächlich sollte aber einem negativen Bescheid durch das BMG zuvorgekommen werden, mit dem man nicht alleine wegen der massiven Skepsis innerhalb Österreichs rechnete.

Denn am Tag der Rücknahme des österreichischen Antrags hatte die EU vorläufig einen ähnlichen Antrag des Basler Chemiekonzerns Ciba-Geigy abgelehnt (SN 30.4.96, 24; Raiffeisen Zeitung 2.5.96, 1). Ciba-Geigy wollte ebenfalls gentechnisch veränderten Mais[10] auf über zwei Mio. Hektar europäischer Felder anpflanzen. Im ersten Schritt des EU-Verfahrens wurde der Mais in einem Mitgliedsland zugelassen und dann - zweiter Schritt - bei der EU-Kommission zur Genehmigung eingebracht. Nachdem die im dritten Schritt befragten Mitgliedsländer überwiegend eine negative Position signalisiert hatten, wurde die Freisetzung am 26. April vorläufig bis Ende Juni untersagt. Da allerdings die Ablehnung in Brüssel nicht breit genug für ein allgemeines Verbot war, sollte die endgültige Entscheidung über eine etwaige Produktgenehmigung den Umweg über den Ministerrat nehmen (Standard 15./16.5.96, 5; SN 17.5.96, 17).

Der „Kartoffel-Skandal"

Unerwarteterweise trug ausgerechnet der zweite beim Gesundheitsministerium eingebrachte Antrag zu einer weiteren Verschärfung der österreichischen Debatte rund um die Freisetzungsthematik bei. Obwohl ein Restrisiko nicht völlig ausgeschlossen werden konnte,[11] war diesem Versuch im Vorfeld auch von kritischen Stimmen ein hohes Maß an ökologischer Unbedenklichkeit beschieden worden. Abgesehen von der prinzipiellen Reserviertheit gegenüber Freisetzungen schienen dem Projekt der Zuk-

---

[10] Der ebenfalls basta-resistente Ciba-Mais enthält darüber hinaus ein Protein, das dem im Boden weit verbreiteten Bakterium *Bazillus thuringiensis* (Bt) ähnelt und den sogenannten Maiszünsler bekämpfen soll. Bt-Präparate werden schon lange als Insektizide eingesetzt. Kritische Stimmen befürchten allerdings, daß der Maiszünsler nach Ausbringen des gentechnisch veränderten Maises bald gegen solche Präparate resistent sein wird (taz 24.5.96, 17) und sich ein ähnlicher Flop wie mit der sog. Bt-Baumwolle von Monsanto abzeichnet (taz 12.8.96, 12). Ein zweiter Kritikpunkt betrifft eine durch die gentechnische Veränderung hervorgerufene Antibiotikaresistenz (vgl. dazu auch die folgende Fußnote).

[11] Für die industrielle Verwertung der Kartoffeln ist *Amylose* als Teil der Stärke hinderlich. Damit die Pflanzen nur noch amylosefreie Stärke produzieren, muß das zugehörige Gen (*gbss*) mit einem kartoffeleigenen Gen blockiert werden. Daneben muß (zur Überprüfung des Gentransfers) ein Marker-Gen aus Kolibakterien eingebaut werden, das allerdings resistent gegen das Antibiotikum *Kanamycin* macht. Befürchtet wurde, daß die veränderten Gene der Kartoffelstärke (und damit auch die Antibiotikumresistenz) doch über benachbarte Äcker in Speisekartoffeln und damit in die Nahrungskette und den menschlichen Organismus gelangen könnten. Die Agrana schloß diese Möglichkeit in offiziellen Stellungnahmen aus; der Antrag hielt zur Beruhigung folgendes Argument parat: „Bei auftretenden Problemen können die transgenen Kartoffellinien jederzeit durch Herbizide vernichtet werden" (Standard 6.3.96, 4).

kerforschung Tulln alles in allem keine allzu großen Widerstände entgegenzuschlagen. Allerdings untergrub die Firma selbst diese Akzeptanz durch ihre Vorgangsweise. Laut Pressemeldungen verfügte die Zuckerforschung Tulln über den Abschlußbericht des wissenschaftlichen Fachbeirates sowie über ein Gutachten der Gentechnikkommission, deren Schlußfolgerungen eindeutig schienen:

> ... bei der beantragten Freisetzung ... sind nachteilige Folgen für die Sicherheit nicht zu erwarten.
> ... der Freisetzungsversuch ... ist unter Berücksichtigung der folgenden zusätzlichen Bedingungen und Auflagen als sicher anzusehen (zit.n. SN 25.5.96, 3).

In sicherer Erwartung eines positiven Bescheids brachte das Unternehmen die Kartoffelpflanzen noch vor Erhalt der offiziellen Genehmigung auf einem Feld bei Absdorf (NÖ) aus. Das BMG wurde am 10. Mai durch einen anonymen Hinweis auf diese illegale Freisetzung aufmerksam gemacht und reagierte mit einer Strafanzeige gegen die Tullner Agrana-Tochter,[12] die wiederum ihren Geschäftsführer suspendierte. Außerdem wurden einem Bescheid des Gesundheitsressorts gemäß bereits zwei Tage nach Bekanntwerden der Freisetzung sämtliche 8000 Knollen wieder ausgegraben. Der Bürgermeister von Absdorf, der über die voreilige Auspflanzung nicht informiert worden war, zeigte sich empört und stimmte in die Proteste einiger Bauern aus seiner Gemeinde ein. Global 2000 wiederum sicherte das Gelände ab und kündigte an, „die Bauern über die Gefährlichkeit solcher Versuche" informieren zu wollen (Standard 13.5.96, 7). Nicht ganz zu Unrecht stellte das Nachrichtenmagazin *profil* (21/96, 28) fest, daß nunmehr gelungen sei, „was Umweltschützer und kritische Wissenschafter seit Jahren vergeblich versucht hatten" - nämlich die Gentechnik zu einem medialen Top-Thema zu machen. Am Höhepunkt der allgemeinen Aufregung schließlich verkündete Gesundheitsministerin Krammer am 13. Mai ein vorläufiges Freisetzungsmoratorium, dessen geplante Zeitdauer sie ursprünglich nicht konkretisieren wollte (Standard 14.5.96, 1). Als mögliche Frist deutete sie jedoch laut Pressemeldungen zwei Jahre an (Standard 15./16.5.96, 1). Weder rechtlich noch politisch haltbar, stellte diese Ankündigung allerdings nur ein Glied in einer Kette glücklosen politischen Verhaltens dar, wozu auch die Ablehnung des von ihrem eigenen Ministerium mitfinanzierten Seibersdorfer Projekts zählte.

---

[12] Auch Global 2000 erstattete Strafanzeige gegen das Unternehmen (Standard 14.5.96, 8).

13.2. Skandalisierung-Polarisierung-Politisierung

Die illegale Freisetzung durch die Zuckerforschung Tulln wurde sowohl von Umweltorganisationen wie Global 2000 als auch von der Opposition und den Medien aufgegriffen, um den Einsatz der Gentechnik allgemein, vor allem jedoch in der Landwirtschaft und in der Nahrungsmittelproduktion intensiv zu thematisieren. In dieser Phase zeichneten sich verschiedene Konfliktlinien deutlich ab: Wenig überraschend zwischen Regierung und (insbesondere grüner) Opposition, ebenso aber auch zwischen Ressortverantwortlichen verschiedener Couleurs. Darüber hinaus kristallisierten sich jene Widerstände heraus, auf die bundesländerspezifische sowie nationalstaatliche Interessen innerhalb der EU notgedrungen stoßen würden - sowohl bezüglich der von Brüssel verfolgten politischen Linie in Fragen der Gentechnologie wie auch hinsichtlich der formalen Voraussetzungen bzw. Hemmnisse für nationale Alleingänge. Neben dem Bemühen, das Für und Wider der Entwicklungen zu diskutieren und sachpolitische Positionen zu beziehen, existierte allerdings auch - zumindestens kurzfristig - eine Tendenz zur weiteren Skandalisierung.

So widmete etwa die *Neue Kronen Zeitung* (NKZ), zuvor weder durch eine ausführliche noch gar durch eine differenzierte Berichterstattung zum Thema Gentechnologie aufgefallen, unmittelbar nach den Ereignissen in Absdorf diesem „erste(n) Gen-Skandal in Österreich" höchste Aufmerksamkeit: In groß aufgemachten Artikeln wurde ein enormes Bedrohungspotential durch von Freisetzungen verursachte „unkontrollierbare Kettenreaktionen" und „unkontrolliert überspringende Erbinformationen" (NKZ 12.5.96, 8-9) evoziert. Das von Global 2000 geplante Volksbegehren gegen gentechnisch veränderte Lebensmittel, das zusammen mit anderen gentechnik-kritischen Gruppierungen durchgeführt werden sollte, fand ausdrückliche Unterstützung, galt es doch, die österreichische Bevölkerung vor dem „Frankenstein-Gemüse" (NKZ 14.5.96, 9) zu bewahren. Gesundheitsministerin Krammer wurde zwar der Untätigkeit und Uninformiertheit gescholten, ihre überhastete Ausrufung eines Moratoriums stieß in der *Neuen Kronen Zeitung* aber auf Zustimmung und wurde als endlich gesprochenes „Machtwort" (NKZ 14.5.96, 8) gewürdigt. In einer bemerkenswerten Auslegung der Fakten wurde die Rücknahme des Mais-Freisetzungsantrags in einen Erfolg von Krammer, Global und der *Steirer-Krone* uminterpretiert, die angeblich durch ihren Schulterschluß die Freisetzung der Maispflanzen verhindert hatten (NKZ 12.5.96, 9). Sobald sich das aus der illegalen Freisetzung resultierende Skandalisierungs- und Emotionalisierungspotential erschöpft hatte, reduzierte die *Neue Kronen*

Zeitung vorübergehend ihre Gentechnologie-Artikel wieder, behielt allerdings die dezidierte Unterstützung für die Linie der Umweltschutzorganisationen bei. Auch die Berichterstattung über Forderungen aus den Bundesländern wie die nach einem „gentechnikfreien Salzburg" war eindeutig positiv gefärbt.

Die Rolle des Bundes, personelle Überschneidungen sowie eventuelle Informationsflüsse zwischen dem Gesundheitsressort und Antragstellern bzw. Umweltgruppierungen wurden von verschiedenen Seiten thematisiert. Sowohl Global 2000 wie die Grünen hielten für aufklärungsbedürftig, wie es zu Vorabinformationen aus dem Ministerium gekommen war, die die Zuckerforschung Tulln so sicher mit einem positiven Bescheid rechnen ließen, und unterstellten eine „Verhaberung" von Beamten des BMG mit Betreiberfirmen (NKZ 12.5.96, 9; Standard 15./16.5.96, 5).[13] Demgegenüber vermutete wiederum Peter Ruckenbauer, Vorstand des Instituts für Pflanzenbau an der Universität für Bodenkultur, undichte Stellen im Ressort, die Global vertrauliche Antragsunterlagen zugespielt haben könnten (SN 25.5.96, 3). Die Querverbindungen, in deren Zentrum Ruckenbauer stand, erregten schließlich weitere Skepsis: Besondere Kritik, vor allem seitens des Liberalen Forums, entzündete sich daran, daß Ruckenbauer auch als Chef des Interuniversitären Forschungsinstituts für Agrarbiologie (IFA) fungierte und als wissenschaftlicher Betreuer der Zuckerforschung Tulln den Antrag auf Freisetzung verfaßte. Das IFA war neben dem letztverantwortlichen Unternehmen an der illegalen Auspflanzung beteiligt; die Tatsache, daß es neben dem Land Niederösterreich und einigen Universitätsprofessoren auch vom Bund getragen wird, erweckte prinzipielle Bedenken (Standard 21.5.96, 6). Auch im Zusammenhang mit anderen Projekten waren personelle Verflechtungen dazu angetan, dem Eindruck potentieller Unvereinbarkeiten Vorschub zu leisten: Erwin Heberle-Bors etwa, Leiter des Instituts für Mikrobiologie und Genetik an der Universität Wien, war am Seibersdorfer Projekt beteiligt (SN 11.1.96, 20), gleichzeitig jedoch Mitglied des wissenschaftlichen Ausschusses der österreichischen Gentechnikkommission, der mit der Begutachtung von Freisetzungsanträgen betraut ist. Darüber hinaus trat der Professor gerade in den Monaten der intensiven öffentlichen Freisetzungsdiskussion häufig in den Medien als dezidierter Befürworter solcher Versuche auf.

---

[13] Allerdings hatte die Agrana-Sprecherin in ihren Aussagen der Presse gegenüber (vgl. trend 6/96, 26-27) auch nie ein Hehl daraus gemacht, daß die Firma aufgrund ihrer Kenntnis des positiven Gutachtens der Gentechnikkommission die Zustimmung des BMG erwartet hatte.

Das Fehlen von entsprechenden Verordnungen ein Jahr nach Inkrafttreten des Gentechnikgesetzes, die diversen Begleitumstände der ersten Freisetzungsanträge und nicht zuletzt das wenig souveräne Agieren der ressortzuständigen Ministerin Krammer führten zum Befund eines politischen Debakels - die heimische Politik habe die „Gentechnik-Diskussion völlig verschlafen", reagiere „hilflos und verschreckt", alles in allem herrsche totale „politische Orientierungslosigkeit" (SN 25.5.96, 3). In gewisser Weise sei das Ministerium für die illegale Freisetzung sogar mitverantwortlich, da Krammer aufgrund innerparteilichen Drucks und unter dem Eindruck von Umfrageergebnissen, die eine massive Ablehnung der Gentechnologie in der österreichischen Bevölkerung signalisierten, ihre Zustimmung zum Antrag der Zuckerforschung Tulln hinausgezögert habe. Ihre Moratoriumsankündigung stieß nicht nur in der Presse als „Überreaktion" (SN 25.5.96, 3) auf Kritik,[14] sondern wurde bereits einen Tag später vom Bundeskanzler korrigiert (Standard 15./16.5.96, 1). Auch der Landwirtschafts- und der Umweltminister relativierten die ablehnende Haltung der Regierung. Der Tenor all dieser Stellungnahmen lautete, die Gentechnik dürfe nicht vorschnell völlig aus Österreich verbannt werden. Besonders umstritten war von Anfang an der negative Bescheid, den Krammer mit ihrer Ankündigung automatisch auch dem Seibersdorfer Projekt erteilte, stellte sie sich damit doch gegen ihr eigenes Ressort als dessen Auftraggeber.

Abgesehen davon wurde die rechtliche Unhaltbarkeit der Krammerschen Entscheidungen moniert: Zum einen hieß es, Österreich verfüge über ein Gentechnikgesetz, das klare Anforderungen für Freisetzungen formuliert. Solange diese erfüllt würden, sei daher eine Ablehnung aus politischen Motiven nicht akzeptabel. Zum anderen würde ein nationales Moratorium dann auf rechtliche Probleme stoßen, wenn es Pflanzen beträfe, die innerhalb der EU bereits die Produktgenehmigung erhalten haben. Ist diese ohne Einschränkungen gewährt, darf die Pflanze in jedem Mitgliedsland als Lebensmittel wie auch als Nutzpflanze in Verkehr gebracht werden. Als Ministerin Krammer ein mehrjähriges Moratorium erwog, galt eine EU-Produktgenehmigung bereits für drei Pflanzen, nämlich für herbizidresistenten Tabak, für eine Sojabohne, die für den Import aus den USA zugelassen war, sowie für ertragsgesteigerten Raps (Standard 15./16.5.96,

[14] Fast wortgleich äußerte sich auch ein Sprecher der Industriellenvereinigung (Standard 15./16.5.96, 5); Genforscher wie Hermann Katinger reagierten mit der Drohung einer Abwanderung ins Ausland und kommentierten, die Politik reagiere auf „Dummheit" und „Fanatismus" der Gentechnikgegner und -gegnerinnen „feige und mit panischen Entscheidungen" (profil 21/96, 29).

5).[15] Diese Fakten rückten ins öffentliche Interesse, als unmittelbar nach der illegalen Freisetzung in Absdorf bekannt wurde, daß die belgische Firma Plant Genetic Systems vorgehabt hatte, ihren Hybridraps noch 1996 auch in Österreich anzupflanzen.[16] Im Gefolge der aktuellen hitzigen Debatte nahm das Unternehmen allerdings Abstand von diesem Vorhaben (SN 25.5.96, 3). Im Zusammenhang mit Produktgenehmigungen wurde die Frage der EU-Zulassung des herbizid- und insektizidresistenten Mais von Ciba-Geigy noch wesentlich ausführlicher thematisiert. Dessen vorläufige Ablehnung hatte ja die Firma T.B. Agrartechnik - neben der breiten Skepsis innerhalb Österreichs - im April zum Rückzug ihres Freisetzungsantrags bewogen. Damals war auf Ausschußebene der Ciba-Antrag von jeweils einem Drittel der Mitglieder abgelehnt bzw. befürwortet worden, das übrige Drittel hatte sich nicht entscheiden können (Presse 11.6.96, 11). Als am 25./26. Juni eine Neuauflage der Entscheidung in Brüssel anstand, spiegelte die ausführliche österreichische Berichterstattung darüber deutlich wider, wieviel das Thema Gentechnik in den vergangenen Wochen und Monaten an Prominenz gewonnen hatte. Außerdem bot diese Sitzung des EU-Umweltministerrats auch innerhalb Österreichs Anlaß für zahlreiche politische Willensbekundungen. So forderten vor allem die Grünen und diverse Umweltschutzorganisationen einen „Kraftakt" von Umweltminister Bartenstein, der allerdings seinerseits ohnehin seine eindeutig ablehnende Haltung betonte und nach Bündnispartnern unter seinen Ministerkollegen suchte, von denen sich bereits einige gegen den Antrag[17] ausgesprochen hatten (Standard 11.6.96, 6). Allgemein wurde al-

---

[15] Als nächstes sollte ein Genehmigungsantrag des niederländischen Saatgutunternehmens Bejo Zadem für gentechnisch manipuliertes Radicchio-Saatgut zu Zuchtzwekken folgen (taz 13.5.96, 7).

[16] Dies war allerdings nicht das erste Mal, daß das gentechnisch veränderte Rapssaatgut auch innerhalb Österreichs thematisiert wurde: Bereits 1994 hatte Madeleine Petrovic der österreichischen Bundesregierung vorgeworfen, ihre Ankündigungen, in der EU-Umweltpolitik eine Vorreiterrolle einnehmen zu wollen, seien nichts als leere Versprechungen. Als Indiz führte sie damals an, daß Österreich (damals noch EWR-Mitglied) im Zuge des Genehmigungsverfahrens für den Raps trotz klar negativer Stellungnahmen des UBA keinen formellen Einwand erhoben hatte (SN 30.8.94, 2). Das UBA wiederholte seine Bedenken gegen die Zulassung übrigens im folgenden Jahr (SN 17.2.95, 6), Österreich als nunmehriges EU-Mitglied enthielt sich in der damaligen Abstimmung der Stimme (Mikl/Torgersen 1996, 198). Am Ende der langwierigen EU-Prozedur stand schließlich zu Beginn des Jahres 1996, diesmal gegen die Stimme Österreichs, die Vermarktungsgenehmigung durch die Kommission. Das Rapssaatgut darf damit ohne spezielle Kennzeichnung an Züchter abgegeben werden (profil 21/96, 30; taz 13.5.96, 7).

[17] Dies v.a. deswegen, weil der Mais laut Antrag „zur uneingeschränkten Verwendung, einschließlich als Lebens- und Tierfuttermittel" (zit.n. Presse 11.6.96, 11) in Verkehr

lerdings - und wie sich herausstellen sollte richtigerweise - in den Wochen vor dem Ministerrat spekuliert, das für eine Ablehnung erforderliche einstimmige Veto sei alleine deswegen nicht zu erwarten, da Frankreich als Antragsteller wohl kaum dagegen stimmen würde. Darüber hinaus war auch von anderen Ländern (z.B. BRD) ungewiß, wie sie sich in der Abstimmung verhalten würden. Die endgültige Entscheidung fiel allerdings nach langwierigem Prozedere erst im Jänner 1997 durch die Kommission, und Anfang Februar erteilte die zuständige Behörde in Frankreich die nach der Freisetzungsrichtlinie erforderliche Genehmigung (Töller 1997).

Der Frühsommer 1996 war geprägt von Lippenbekenntnissen österreichischer Politiker und Politikerinnen zum Thema Gentechnik. Nicht nur Gesundheitsministerin Krammer, auch Regierungskollegen wie Bartenstein und Molterer versuchten immer wieder, mit vollmundigen Stellungnahmen in dieser Sache zu punkten. Neuere Umfrageergebnisse sowie anhaltende Proteste gegen verschiedene Anwendungsgebiete der Gentechnologie sprachen dafür, daß diese Demonstrationen politischer Entschlossenheit Anklang finden würden: Nachdem bereits die Gallup/Global 2000-Umfrage zu Anfang des Jahres ein erhebliches Mißtrauen gegen den Einsatz gentechnischer Methoden in der Landwirtschaft bzw. in der Lebensmittelproduktion gezeigt hatte, erhob Ökonsult nach der Freisetzungsaffäre einen weiteren massiven Anstieg dieser Ablehnung.[18] So identifizierten sich mittlerweile 97% der Befragten mit der Forderung nach einer „unübersehbare(n) und unmißverständliche(n) Kennzeichnung genmanipulierter Lebensmittel" (Ökonsult 1996), eine deutliche Steigerung gegenüber jenen 74%, die sich drei Monate zuvor für eine verpflichtende Kennzeichnung ausgesprochen hatten (Gallup/Global 2000 1996). Insgesamt 83% gaben im Mai an, Lebensmittel gerne in einem Supermarkt einkaufen zu wollen, der dafür garantiere, grundsätzlich keine gentechnisch veränderten Lebensmittel zu führen.[19] 71% betrachteten eine „gentechnikfreie Zone Österreich" zumindestens als ernsthafte Option, 45,5% unterstützten diesen Gedanken sogar mit allergrößtem Nachdruck. Folgerichtig fand auch

---

gebracht werden sollte, wobei jedoch eine Kennzeichnung nur für das Saatgut, nicht aber für die Produkte vorgesehen war.

18 In einer bundesweiten repräsentativen Umfrage waren zwischen 14. und 20. Mai 1996 1593 Österreichern und Österreicherinnen im Alter von 16 bis 78 Jahren mithilfe semistrukturierter Fragebögen bzw. in Straßeninterviews zu ihrer Meinung über Einsatzmöglichkeiten der Gentechnik befragt worden (Ökonsult 1996).

19 Zwei große Handelsketten hatten, als die Wogen der Empörung über den Einsatz der Gentechnik in der Nahrungsmittelproduktion besonders hochgingen, eine solche GENein-Garantie angekündigt.

der von Ministerin Krammer angekündigte Genehmigungsstop für Freisetzungen bei 81% der Befragten Rückhalt (Ökonsult 1996).

14. NACHSPIEL: DIE NATUR DER SACHE - GENTECHNIKPOLITIK BLEIBT IN BEWEGUNG

Ein Konflikt um die Gentechnik bzw. ihre Anwendungsmöglichkeiten, wie ihn andere Länder in unterschiedlichen Ausprägungen bereits seit Jahren kannten, wurde in Österreich erst ausgetragen, nachdem bereits seit einem Jahr ein rechtlicher Regulierungsrahmen bestand, und obwohl man während dessen Entstehungszeit vor allem seitens der parlamentarischen Enquete-Kommission versucht hatte, eine intensive Debatte über die Vor- und Nachteile dieser Technologie zu initiieren. Diese war jedoch bis zur Verabschiedung des Gesetzes kaum über die bereits mehrfach erwähnten informierten kritischen Zirkel hinaus gegangen, und selbst Umweltschutzorganisationen, die im Verlauf des Jahres 1996 enormen Aktionismus zu entwickeln begannen, hatten sich bis in die allerletzte Phase der Entstehung des österreichischen Gentechnikgesetzes geradezu ignorant verhalten, sieht man von einzelnen Gruppierungen wie dem Umweltforum bzw. dem österreichischen Gen-ethischen Netzwerk ab.

14.1. Die österreichische Gentechnikdebatte im Licht des Volksbegehrens

1996 wurde die Gentechnik im Gefolge der ersten Freisetzungsanträge zu einem die öffentliche Meinung und die Innenpolitik beherrschenden Thema, wobei nicht zuletzt die Kennzeichnung von gentechnisch veränderten Produkten bzw. Lebensmitteln im Zentrum der Diskussion stand. Die heiße Phase der Gentechnikdiskussion setzte mit dem offiziellen Beginn eines Volksbegehrens im August 1996 ein, das von der „Arbeitsgruppe Schöpfungsverantwortung", der „Österreichischen Bergbauernvereinigung", der Tierschutzorganisation „Vier Pfoten" und dem „Ökobüro"[1] getragen wurde und folgende Forderungen erhob: Das gesetzlich verankerte Verbot der Produktion, des Imports und des Verkaufs von gentechnisch veränderten Nahrungsmitteln und agrarischen Produkten, das generelle Verbot von Freisetzungen gentechnisch veränderter Organismen (Tiere, Pflanzen und Mikroorganismen) sowie das Verbot der Patentierung jegli-

[1] Das Ökobüro ist eine Koordinationsstelle österreichischer Umweltorganisationen.

cher Lebewesen. Darüber hinaus beherrschten den Herbst 1996 Debatten über eventuelle Etikettierungen oder Importverbote für gentechnisch verändertes Soja (Round-up Ready Soja der Firma Monsanto), dessen Einfuhr aus den USA das entsprechende EU-Prozedere mittlerweile ermöglichte, und gentechnisch veränderten Mais, dessen Genehmigung unmittelbar bevorstand. Nicht nur in Österreich, sondern auch in anderen Mitgliedsländern war diese Einfuhr umstritten und von massiven Protesten begleitet. Innerhalb Österreichs dauerte es eine Weile, bis sich als Reaktion auf die EU-Zulassung der Bt-Maissorte von Novartis[2] eine konsistente politische Linie herauskristallisierte und im Februar 1997 - gemeinsam mit Italien und Luxemburg - tatsächlich ein solches Verbot für den gentechnisch veränderten Mais (eigentlich ein Verbot des Inverkehrbringens, das einem Importverbot gleichkommt) verhängt wurde.[3] Ursprünglich war davon auszugehen, daß dieses Importverbot von der EU höchstwahrscheinlich wieder aufgehoben werden würde, da die wissenschaftlichen Erkenntnisse, auf die sich das Ministerium argumentativ stützte (vgl. UBA 1996), in Brüssel als wenig überzeugend erachtet wurden. Das Risiko eines Verfahrens gegen Österreich vor dem Europäischen Gerichtshof wurde von der mittlerweile zuständigen Ministerin Prammer jedoch demonstrativ und medienwirksam eingegangen.

Der Aktionismus in Fragen gentechnisch veränderter Lebensmittel reichte soweit, daß die größten Handelsketten Österreichs ankündigten, in ihren Regalen ausschließlich garantiert gentechnikfreie Lebensmittel führen zu wollen bzw. von Lieferanten forderten, ebenfalls derartige Zusicherungen zu leisten, wiewohl klar sein mußte, daß es sich dabei um einigermaßen problematische - wenn nicht unmögliche - Vorhaben handelte. Denn zumindestens im Rahmen der gegenwärtigen Markt- und Produktionsverhältnisse sind derartige Pauschalforderungen kaum realisierbar bzw. ist die Einhaltung entsprechender Garantien schwer nachvollziehbar. Als einzig mögliche Variante zur Verwirklichung eines solchen Anspruchs ist eine „Positiv-Kennzeichnung“ denkbar, die darauf abzielt, all jene Produkte gesondert auszuweisen, die nachweislich ohne den Einsatz gentechnischer Methoden hergestellt wurden.

---

[2] Den Antrag auf Zulassung dieser Maissorte hatte noch Ciba-Geigy gestellt, aus dem Zusammenschluß von Ciba-Geigy mit Sandoz ging später der Novartis-Konzern hervor.

[3] Dieses Verbot wurde von der neuen Frauenministerin Barbara Prammer (SPÖ) verhängt, in deren Ressort die Bereiche Gentechnik und Konsumentenschutz im Zuge der Regierungsumbildung Anfang 1997 gewandert waren.

Das Gentechnikvolksbegehren konnte schließlich zwischen 7. und 14. April 1997 1.226.551 Unterschriften gewinnen (21,3% der Wahlberechtigten) und war damit das zweiterfolgreichste Volksbegehren, das jemals in Österreich stattgefunden hatte.[4] Angesichts der schwer erfüllbaren Forderungen nach generellen Verboten stellte sich allerdings umgehend die Frage, wie sich der weitere politische Umgang mit dem dadurch ausgedrückten Willen eines erheblichen Teils der Bevölkerung gestalten sollte.

Dem Volksbegehren war eine beispiellose Kampagne vorangegangen, die vor allem durch einen teilweisen Schulterschluß einiger Proponenten des Volksbegehrens, insbesondere der Umweltschutzgruppen Global 2000 und Greenpeace, mit der *Kronen Zeitung* gekennzeichnet war.[5] Aber auch das Konkurrenzblatt *täglich alles* war auf diesen Zug aufgesprungen, womit das Volksbegehren sich der Unterstützung der wichtigsten Massenblätter gewiß sein konnte. Hatten die Betreiber und Betreiberinnen anfänglich durchaus noch auf Information der Öffentlichkeit hingearbeitet, waren die Berichte in der Boulevardpresse nach und nach immer sensationsheischender und fanden ihren Höhepunkt in der von der *Krone* in einer Schlagzeile gestellten Frage „Wird Krebs durch Gen ansteckend?" (NKZ 2.4.97). Im Verlauf des zweiten Halbjahres 1996 bis zum Frühling 1997 war „Gen" zunehmend zu einem Synonym für „Gift" geworden, das „heutzutage ja schon überall drin ist." Zu Ende der Kampagne problematisier-

---

[4] Gleichzeitig mit dem Gentechnikvolksbegehren wurde auch das „Frauenvolksbegehren" durchgeführt, das einen Forderungskatalog für eine Verbesserung der Position der Frauen in Österreich zum Inhalt hatte. Dieses zweite Volksbegehren wurde von 644.977 Österreichern und Österreicherinnen unterzeichnet (Presse 16.4.97, 2). Um die 43% aller Unterzeichner und Unterzeichnerinnen sprachen sich für beide Volksbegehren aus, wobei sich diese Gruppe in ihrer Mehrheit aus Anhängern und Anhängerinnen der Grünen bzw. des Liberalen Forums zusammensetzte. Die Wählerschichten der SPÖ waren in diesen Fragen gespalten, wohingegen sich jene, die der ÖVP und der FPÖ zuneigten, eher für das Gentechnik- als für das Frauenvolksbegehren erwärmen konnten (Hofinger/Ogris 1997).

[5] Was die Unterstützer des Volksbegehrens anbelangte, zeichnete sich die *Kronen Zeitung* durch eine ausgesprochen selektive Wahrnehmung aus, die ihrer üblichen Blattlinie bzw. parteipolitischen Präferenzlage entsprach. Von Beginn an hatten die Grünen das Volksbegehren ebenfalls massiv unterstützt, wenn auch die Partei nicht zu den Trägerorganisationen zählte. Anders als in den übrigen österreichischen Medien wurde diese Tatsache in der *Kronen Zeitung* jedoch weitestgehend ignoriert. Der Grund hierfür dürfte vor allem in den substantiellen Meinungsunterschieden liegen, die die Partei der Grünen und die auflagenstärkste österreichische Tageszeitung in vielen anderen Politikfeldern wie Fremden- und Medienpolitik trennen. Was das Aufgreifen von „grünen" Themen anbelangt, konnte die *Kronen Zeitung* übrigens an ihre Rolle im Konflikt um das damals geplante Donaukraftwerk Hainburg in den 80er Jahren anknüpfen.

ten allerdings auch Stimmen aus den Reihen der Umweltgruppen den Charakter, den diese mit der Zeit angenommen hatte, und traten für eine Abgrenzung von populistischen und verfälschenden bzw. schlichtweg falschen Darstellungen ein (SN 14.4.97).

Selbstverständlich wäre es viel zu eindimensional, den Erfolg des Gentechnikvolksbegehrens auf die Massenwirksamkeit von Boulevardmedien zurückzuführen. In Wirklichkeit ist von einer komplexen Wechselwirkung zwischen der Berichterstattung und der öffentlichen Meinung auszugehen. Bestehende Meinungen und Einstellungen werden aufgegriffen, überspitzt artikuliert und wirken sich wiederum auf die Rezeption von Themen in der Öffentlichkeit aus. Eine Medienanalyse zeigte zwar, daß eine geringfügige Verbindung zwischen dem Konsum bestimmter Zeitungen (sowohl Massen- als auch Qualitätsblätter) und der Haltung der österreichischen Bevölkerung zur Gentechnik bestand, diese beschränkte sich aber weitestgehend auf die Variablen Technikpessimismus und faktisches Wissen über die Gentechnik (Wagner et al. 1998, 21). Auf die Unterstützung bzw. die Unterschrift des Volksbegehrens dürfte die Kampagne der *Kronen Zeitung* kaum signifikante Auswirkungen gehabt haben. Rund die Hälfte der Zustimmung zum Volksbegehren speiste sich aus einem konservativ-moralischen Widerstand gegen die Gentechnik, die andere Hälfte aus ökologisch orientierten Bedenken (Hofinger/Ogris 1997; Wagner et al. 1998, 20). Erstere Gruppe entsprach im großen und ganzen der Wählerschaft von ÖVP und FPÖ, zweitere eher jener der Grünen und der Liberalen. Gerade Grüne und Liberale befinden sich jedoch im allgemeinen in direktem Gegensatz zu den Blattlinien der beiden großen Boulevardzeitungen. Insgesamt dürfte also eine Verknüpfung zwischen den Parteipräferenzen der Unterzeichner und Unterzeichnerinnen des Volksbegehrens, den Leserschaften der einzelnen Tageszeitungen sowie des von diesen Medien repräsentierten Meinungsspektrums wenig Aussagekraft für die Mobilisierung für das Volksbegehren haben. Die Massenzeitungen, ausgestattet mit einem außerordentlich guten Sensorium für bestehende Tendenzen in der öffentlichen Meinung, haben diese wohl in erster Linie aufgegriffen und verstärkt, ohne sie ursprünglich zu formieren. Angesichts der enormen Verbreitung speziell der *Kronen Zeitung* konnte dies den NGOs als Trägerorganisationen des Volksbegehrens nur dienlich sein.

Die ungeheure Bedeutung, die der Nahrungsmittelbereich in der Gentechnikdebatte ab 1996 erlangte, läßt sich durchaus als neuer Schwerpunkt im Vergleich mit vorangegangenen internationalen Diskussionen deuten und muß in einen breiteren Zusammenhang gestellt werden. Österreich fügte zweifellos den Hauptthemen früherer Debatten in anderen Ländern, wie Laborsicherheit und Freisetzung, eine neue Facette hinzu. Zwar ging auch die Aufregung hierzulande ursprünglich von der Freisetzungsthematik aus, gentechnisch veränderte Lebensmittel errangen in der öffentlichen Wahrnehmung jedoch in unmittelbarem Zusammenhang damit höchsten Stellenwert. Denn im Kontext von Freisetzungen wurden in Österreich nicht mögliche ökologische Gefahren thematisiert, sondern in erster Linie die Sinnhaftigkeit gentechnischer Eingriffe in die Herstellung von Nahrungsmitteln hinterfragt. Diese Diskussion war vor dem Hintergrund allgemeiner Entwicklungen und Ereignisse auf EU-Ebene zu sehen. Dazu zählten einerseits die bereits angesprochenen europaweiten Debatten um die Markteinführung von Round-up Ready Soja und Bt-Mais, andererseits führte der BSE-Skandal, der fast zeitgleich mit der Gentechnik die Zeitungsspalten füllte, zu einem generellen Mißtrauen in die Strukturen, Praktiken und Kontrollinstanzen der Lebensmittelproduktion in der Europäischen Union.[6] Damit verknüpft waren aber auch Fragen, die die Optionen der österreichischen Landwirtschaft in diesem Gefüge betrafen und die bereits unter den dominanten Themen in der Diskussion rund um den Beitritt Österreichs zur EU rangierten. War damals argumentiert worden, die heimischen Landwirte könnten sich als Hersteller biologischer Agrarprodukte in einer Marktnische profilieren, ließ nunmehr die Diskussion um den Einsatz der Gentechnik in der Landwirtschaft, um die Konzentration in der Saatgutbranche usw. die nationalen Handlungsspielräume wesentlich enger erscheinen. Hinzu kam schließlich als eine die Gentechnikdiskussion beeinflussende Variable die deutlich spürbare Ernüchterung, die in Österreich nach der ersten Euphorie rund um den EU-Beitritt um sich gegriffen hatte. Angesichts dieser allgemeinen, aus vielen Quellen gespeisten Stimmungslage war letzten Endes auch der große Erfolg des Volksbegehrens nicht unerklärlich. Damit stellte sich allerdings die Frage, inwieweit dessen Ergebnis als Auftrag für die österreichische Politik auf der Gemeinschaftsebene verstanden und umgesetzt würde bzw. wie groß die Erfolgschancen in diesem Zusammenhang wären.

Die Frage des Einsatzes der Gentechnologie in der Landwirtschaft bzw. Lebensmittelproduktion geriet in der österreichischen Debatte ebenso wie in der Diskussion auf EU-Ebene nicht zuletzt vor dem Hintergrund des BSE-Skandals auch zu einer Frage des Schutzes und der Wahlfreiheit von Konsumenten und Konsumentinnen. Nicht umsonst wurde daher Möglichkeiten der Etikettierung besondere Aufmerksamkeit geschenkt. Damit war tatsächlich eingetreten, was bereits im Rahmen der Enquete-Kommission 1992 von Christine von Weizsäcker vorhergesagt worden

---

[6] Vgl. zum Thema BSE Baggott 1998.

war, daß nämlich die Frage der Kennzeichnung mit hoher Wahrscheinlichkeit „ein Zerbrechen des politischen Burgfriedens um das Thema Gentechnik für viele“ (EK-B/Bd.2, 30) zur Folge haben würde. Auf Unionsebene verliefen die Diskussionen um die *novel-food*-Verordnung entsprechend konfliktreich, die Frage der Etikettierung hatte bis zur zweiten Lesung im Europäischen Parlament im Frühjahr 1996 eine wichtige Rolle gespielt. In Österreich erlebte der Versuch, ein Gütesiegel für garantiert gentechnikfreie Produkte zu etablieren, beträchtliche Anlaufschwierigkeiten (SN 18.12.97). Um diese sog. „Positiv-Kennzeichnung“ einzuführen, hatten sich Handelsketten, Nahrungsmittelerzeuger, Umweltorganisationen und ein Biobauernverband zusammengeschlossen. Zwar wurde in der Folge eine Handvoll Produkte mit dem „Garantiert frei von Gentechnik“-Etikett versehen, angesichts deren im Gegensatz zur schier unüberschaubaren Produktpalette ohne Kennzeichnung vernachlässigbarer Anzahl ist jedoch die Bedeutung des *labels* marginal. Die Idee, gleichsam eine dritte Schiene - neben konventionellen und biologischen Waren - in Form gentechnikfreier Lebensmittel zu etablieren, erwies sich bis 1998 zunehmend als unter den gegebenen Bedingungen undurchführbar. Entsprechend versandete auch das ehemals - nicht zuletzt in Anzeigen - lauthals bekundete Engagement des Handels in dieser Frage.

Die Querelen um dieses Gütesiegel waren allerdings nicht die einzigen und bei weitem nicht die größten Turbulenzen, in die die österreichische Gentechnikpolitik nach der Durchführung des Volksbegehrens geriet. Die Betreibergruppen konnten sich ab April 1997 auf ein deutliches Votum berufen, um gegenüber der Bundesregierung ihre Forderungen geltend zu machen. Diese argumentierte wiederum mit der Einschränkung des nationalen Handlungsspielraums durch einschlägige EU-Bestimmungen.[7] Insbesondere ein Verbot jeglicher Freisetzungen würde der Freisetzungsrichtlinie klar zuwiderlaufen. Diese Restriktionen wurden in den Verhandlungen mit den Betreibern und Betreiberinnen, die unmittelbar nach dem Volksbegehren anläßlich eines sog. „Gen-Gipfels“ aufgenommen wurden, betont, wobei jedoch auch der gute Wille, den Forderungen soweit als möglich entgegenzukommen, unterstrichen wurde. Zur Untermauerung ihrer Argumentation bezüglich des geringen Manövrierraums aufgrund

---

7 Nicht zuletzt die unmittelbar zuständige Ministerin Prammer (als Querschnittsmaterie betrifft die Gentechnologie außer ihr Ressort auch noch etliche andere) verwies wiederholt auf den mangelnden Handlungsspielraum, wiewohl sie prinzipiell vor allem in den ersten Wochen nach dem Volksbegehren immer wieder dessen Anliegen befürwortete und versprach, nicht nur die Möglichkeit zu nationalen Alleingängen weitestgehend zu nutzen, sondern es notfalls auch auf einen Konflikt mit der EU ankommen zu lassen (SN 10.6.97, 3).

geltender Rechtslage gab die Regierung allerdings ein eigenes Gutachen in Auftrag (Loibl/Stelzer 1997). Damit stand sowohl für die NGOs als auch für einen großen Teil der Medien schon binnen kürzester Zeit fest, die Position der Bundesregierung spiegle eine enttäuschende Mißachtung des Willens vieler Wähler und Wählerinnen wider und sei nicht anders denn als Verschanzen hinter EU-Bestimmungen zu interpretieren (Standard 29.4.97, 6, 32).

Dieser Eindruck wurde weiter genährt, als sich die geplante Installierung von gemeinsamen Arbeitsgruppen zwischen den Umweltorganisationen und Regierungsmitgliedern verzögerte. Ziel dieser Arbeitsgruppen sollte die Prüfung von zumindest partiellen Umsetzungsmöglichkeiten für die Forderungen des Volksbegehrens sein (SN 4.6.97). Schließlich wurde im Herbst 1997 im Parlament ein „Besonderer Ausschuß zur Vorberatung des Gentechnik-Volksbegehrens" eingesetzt (APA 29.9.97). An den Ausschußverhandlungen waren neben den ständig anwesenden acht SPÖ-, sechs ÖVP-, fünf FPÖ- und je einem/r Abgeordneten der Grünen bzw. der Liberalen auch fallweise die zuständigen Ressortverantwortlichen beteiligt. Hinzu kam als Bevollmächtigter des Gentechnikvolksbegehrens dessen Sprecher, Peter Weish, vom Forum österreichischer Wissenschaftler für den Umweltschutz. Außerdem wurden Sachverständige und Auskunftspersonen gehört, darunter fünf weitere Vertreter und Vertreterinnen der Trägerorganisationen des Volksbegehrens, die damit ebenfalls kontinuierlich an den Verhandlungen teilnehmen konnten. Zusätzlich nominierten die Parteien eigene Experten und Expertinnen, wobei sich dieser Kreis von Fachleuten teilweise mit jenem in der parlamentarischen Enquete-Kommission 1992 deckte (1111 Beilagen). Die Verhandlungen zwischen den Fachleuten, den Vertretern und Vertreterinnen der Trägergruppen des Volksbegehrens, der Regierung und der Oppositionsparteien verliefen äußerst konfliktreich; vorübergehend verließen die Opposition und die Gentechnikkritiker sogar den Ausschuß (SN 9.12.97). Den Ausschlag hierfür hatte neben einer allgemeinen Unzufriedenheit mit dem Verlauf der Gespräche nicht zuletzt die Verlautbarung Ministerin Prammers gegeben, eine Novelle zum Gentechnikgesetz versandt zu haben. Gleichsam in einer Reprise der Vorgänge rund um die Entstehung des Gentechnikgesetzes hatte die Ministerialbürokratie erneut an (erweiterten) parlamentarischen Aushandlungsprozessen vorbei vollendete Tatsachen geschaffen.

Alles in allem befand sich die Bundesregierung nach dem Erfolg des Volksbegehrens in einer schwierigen Situation. Denn eine Umsetzung der Forderungen nach dem generellen Verbot einiger Anwendungen der Gentechnik widersprach tatsächlich nicht nur der Rechtslage, sondern auch der in einem Positionspapier Anfang 1997 erneut festgeschriebenen, grundsätzlich innovationsfreundlichen Haltung der Regierung zur „Schlüsseltechnologie Gentechnik“ als Standortfaktor (Presse 2.4.97). Die Unterstützergruppen des Volksbegehrens warfen der Regierung vor, nicht im geringsten zur Umsetzung eines deutlichen Votums der Bevölkerung bereit zu sein, wohingegen Stimmen aus Industrie und Forschung eine zu große Nachgiebigkeit dem weitverbreiteten „Technikpessimismus“ gegenüber monierten. Das Lavieren zwischen den Polen in der Diskussion sowie einige politisch ungeschickte Manöver[8] seit Beginn der hitzigen österreichischen Gentechnik-Debatte 1996 führten schließlich innenpolitisch in eine Sackgasse, während innerhalb der Europäischen Union neue Bewegung in die Gentechnikpolitik kam, die Österreichs Position in einigen Fragen wie *novel food* und Freisetzungen auf dieser Ebene zu bestätigen schien. Aus dieser Dynamik resultierte eine widersprüchliche Optik: Innenpolitisch befand sich die Bundesregierung in einer Pattsituation, gefangen zwischen den einander diametral gegenüberstehenden Forderungen seitens der Industrie und Forschung bzw. seitens der Gentechnikopposition, die sich jeweils hinter sattsam bekannten Argumenten und Vorwürfen verschanzt hatten und wenig Kompromißbereitschaft signalisierten. Der Versuch, zumindest den Anschein einer Äquidistanz zwischen diesen beiden Polen zu bewahren und keine allzu prononcierte Politik zu betreiben, führte nicht zur erwünschten Beruhigung der Situation, sondern zu deren Erstarrung. Europapolitisch hingegen schien die österreichische Position - so eine solche überhaupt klar auszumachen war - durchaus zu einer Änderung des Kurses in der Gentechnikpolitik zu führen und von Erfolg gekrönt zu sein (Grabner/Torgersen 1998).

[8] Hierzu zählte nicht nur die Ankündigung der Gentechnikgesetznovelle durch Ministerin Prammer, sondern bereits die voreilige Verlautbarung eines Moratoriums ihrer Vorgängerin Krammer. Ausschlaggebend hierfür war die Ausbringung gentechnisch veränderter Kartoffel ohne schriftliche Genehmigung durch die Zuckerforschung Tulln gewesen, die zu weiteren kurzfristig getroffenen Maßnahmen führte. Krammer hatte auf die Freisetzung mit einem Bescheid reagiert, der die Firma zwang, die Kartoffeln wieder auszugraben und sicher zu verwahren bzw. den Versuch überhaupt verbot. Krammers Vorgangsweise war bereits unmittelbar nach ihren Ankündigungen als rechtlich unhaltbar oder zumindest diskutabel heftig kritisiert worden. Im Februar 1997 wurde schließlich bekannt, daß der Verwaltungsgerichtshof diesen Bescheid als rechtswidrig aufgehoben hatte (Presse 21.2.97, 1).

14.2. *Two-level games: Die EU-Gentechnikpolitik erhält neue Dynamik ...*

Bereits bezüglich der innerhalb der Union heiß umfehdeten *novel-food*-Verordnung war der schlußendlich zu Jahresende 1996 verabschiedete Text der Haltung gentechnikkritischerer Länder, zu denen auch Österreich gezählt wurde, entgegengekommen (VO 258/97). Dies betraf vor allem die Frage der Kennzeichnungspflicht, die umfassender als ursprünglich geplant ausfiel. Geregelt wurde mit dieser Verordnung unter anderem die Etikettierung von Lebensmitteln und Lebensmittelzutaten, die GVOs enthalten oder aus solchen bestehen (z.B. transgene Tomaten, Joghurt mit transgenen Lebendkulturen) oder die aus GVOs hergestellt wurden, solche jedoch nicht enthalten (z.B. Püree aus transgenen Tomaten, aus transgenem Raps gewonnenes Öl). Als Voraussetzung für die Kennzeichnung wurde festgelegt, daß mit derzeitigen Analysemethoden ein Unterschied zu herkömmlichen Produkten nachgewiesen werden kann. Die Verordnung trat mit 15. Mai 1997 in Kraft, der Konflikt um die Kennzeichnung gentechnisch veränderter Produkte wogte allerdings weiter, vor allem deswegen, weil die bereits vor der Verabschiedung der *novel-food*-Verordnung für die Inverkehrbringung zugelassenen Streitobjekte Mais und Soja davon ausgenommen waren. Nach dem unter anderem von Österreich verhängten Importverbot hatte die Union mit einer Übergangsregelung reagiert (VO 1813/97), die durch die neuen Bestimmungen zur Etikettierung abgelöst werden sollte. Setzten sich das Europäische Parlament und die Kommissarinnen für Umwelt (Bjerregaard) und Konsumentenschutz (Bonino) für weitreichende Kennzeichnungen ein, so stemmten sich Handelskommissar Brittan und vor allem Industriekommissar Bangemann vehement dagegen (taz 20.5.98, 8). Buchstäblich in letzter Minute - nämlich am letzten Tag, bevor die Entscheidungsgewalt gemäß den Verfahrensregeln der Union wieder an die Kommission zurückgefallen wäre - fand der Ministerrat zu einer Einigung (VO 1139/98). Entsprechend dieser Verordnung vom 26. Mai 1998 galt nun die Etikettierungspflicht auch für aus gentechnisch verändertem Mais oder Soja hergestellte Lebensmittel bzw. Lebensmittelzutaten. Analog zur *novel-food*-Verordnung muß sich auch diese Etikettierung auf eine wissenschaftliche Beurteilung stützen.

Entgegen allen Erwartungen gelang es der EU vorerst nicht, das österreichische Importverbot für gentechnisch veränderten Mais aufzuheben, später ließ man sogar durch Gemeinschaftsregeln vorgesehene Gelegenheiten dazu verstreichen. Ein Versuch zur Aufhebung mißlang der Kommission etwa im November 1997, als sich Österreich im zuständigen Länderausschuß die Unterstützung von Dänemark und Schweden zu sichern und eine Vertagung zu erreichen vermochte. Die Regierung versuchte, mit diesem Verhandlungserfolg innenpolitisch zu punkten (SN 6.11.97), konnte allerdings die kritischen Stimmen nicht nachhaltig beschwichtigen. Im April 1998 schlug ein neuerlicher Anlauf der Kommission fehl, die Importverbote in Österreich und Luxemburg (Italien hatte das Verbot bereits früher wieder zurückgenommen[9]) aufzuheben: Entgegen der Empfehlung der Kommission lehnte dies Griechenland im Regelungsausschuß gemeinsam mit Österreich und Luxemburg ab, Frankreich, Belgien, Irland und Dänemark unterstützten diese Position durch Stimmenthaltung (SN 16.4.98, 21). Damit war offiziell der Ministerrat am Zug. Allerdings hielt die Uneinigkeit zwischen den Mitgliedsstaaten ebenso wie zwischen den Kommissaren und Kommissarinnen an, und die österreichische Ratspräsidentschaft in der zweiten Jahreshälfte führte unter dem Verweis, die Bundesregierung nicht desavouieren zu wollen, zu einem weiteren Hinauszögern der Entscheidung. Als letzte Frist galt der 11. September - sollte bis zu diesem Stichtag die notwendige Mehrheit für rechtliche Schritte gegen Österreich und Luxemburg immer noch nicht zustandegekommen sein, würde der Ball wieder an die Kommission zurückgespielt werden (Presse 6.8.98, 6). Entsprechend den allgemeinen Erwartungen verstrich auch diese Frist, die Kommission äußerte sich jedoch vorerst nicht über ihre weiteren Absichten (Presse 15.9.98, 6). Zum Jahreswechsel 1998/99 war das Importverbot nach wie vor gültig.

Auch die Entwicklung der Diskussion um eine Novellierung der Freisetzungsrichtlinie spiegelt eine gewisse Trendumkehr auf europäischer Ebene wider und steht in unmittelbarem Zusammenhang mit den Vorgängen rund um das Importverbot. Die von der Kommission ins Auge gefaßten Änderungen beinhalteten ein weitgehendes Kennzeichnungsgebot gentechnisch veränderter Organismen von der Anpflanzung an, eine Befristung der Marktzulassung auf sieben Jahre sowie eine kontinuierliche Überwachung (taz 27.11.97, 4). Als Einflußfaktoren können auch in diesem Fall zum einen der Versuch der Kommission gelten, nach dem BSE-Skandal die Glaubwürdigkeit im Bereich der Nahrungsmittelproduktion wiederherzustellen, zum anderen aber ebenso die Bemühungen Öster-

[9] Anlaß für diese Rücknahme war die Zusage der Betreiberfirma, zusammen mit Fachleuten ein Monitoring-Programm zur Resistenzbildung durchzuführen. Für eine solche begleitende Maßnahme hatte sich bereits in früheren Verhandlungen der österreichische UBA-Vertreter ausgesprochen, was zum damaligen Zeitpunkt jedoch mit dem Argument abgewiesen worden war, im Fall einer Markteinführung seien alle Risikoaspekte bereits geklärt (Grabner/Torgersen 1998, 19).

reichs und anderer Mitgliedsländer (vor allem aus Skandinavien), eine Änderung der Gentechnikpolitik der Union herbeizuführen.[10] Dafür sprach nicht zuletzt die Begründung für die Novellierung, die sich ausdrücklich auf „Befürchtungen in der Öffentlichkeit" sowie auf „ebensolche Befürchtungen, die routinemäßig von einigen Mitgliedsländern" während des Begutachtungsverfahrens für Marktzulassungen geäußert werden, bezieht (Kommission 2.4.97, 2). Zu den Schlüsselpunkten der Novelle sollten auch eine erweiterte Information der Öffentlichkeit sowie mehr Bürgerbeteiligung bei Produkt- und Freisetzungsanträgen gehören[11] - diesen Verbesserungen aus gentechnikkritischer Perspektive standen allerdings vereinfachte Schnellverfahren bei der nunmehr befristeten Marktzulassung gegenüber, was wiederum Kritik seitens der Umweltorganisationen provozierte, die das Vorsorgeprinzip und ethische Bedenken nach wie vor zu wenig berücksichtigt sahen (Presse 24.9.98, 6).

Ursprünglich hatte sich nach dem Volksbegehren die Lage so dargestellt, als könnte Österreich am ehesten in der Patentierungsfrage die Wünsche weiter Teile der Bevölkerung auch auf europäischer Ebene geltend machen, da im Gegensatz zur Freisetzung und zu *novel food* die entsprechende Richtlinie erst zur Abstimmung stand. Das Argument des geringen Handlungsspielraums hatte diesbezüglich also vergleichsweise am wenigsten Geltung. Ausgerechnet bei diesem Thema schloß sich die Bundesregierung jedoch der Mehrheitsmeinung an. Abweichend von der Empfehlung der Kommission und von etlichen Debattenbeiträgen österreichischer Abgeordneter im Europäischen Parlament (SN 16.7.97) stimmte Wirtschaftsminister Farnleitner Ende November 1997 im Ministerrat der Patentrichtlinie zu (SN 28.11.97, 29). Die Niederlande dagegen hatten die Richtlinie abgelehnt, Belgien und Italien enthielten sich der Stimme; Bündnispartner für eine restriktive Position Österreichs wären also durchaus vorhanden gewesen. Offensichtlich hatten sich in dieser Frage in Farnleitners Partei, der ÖVP, die Industrie- und Forschungsinteressen gegenüber dem „grünen" Flügel durchzusetzen vermocht. Doch nicht nur die Volkspartei hatte bei diesem Thema sichtbare Schwierigkeiten, sich auf eine Linie zu einigen, dasselbe galt für die SPÖ (profil 47/97, 98-100). Insgesamt trug dies erheblich zu dem Eindruck bei, die Koalition hätte größte Probleme, eine klare Position in der Gentechnikpolitik zu beziehen. Innenpolitisch brachte ihr dies harsche Kritik ein.

---

[10] So vor allem die Perzeption von gentechnikkritischen NGOs (SN 24.9.98, 19).

[11] Zu den bisherigen Beteiligungsrechten nach der Freisetzungsrichtlinie bzw. deren nationaler Ausgestaltung vgl. Jülich 1998.

Abgesehen von der Patentrichtlinie sprachen die oben beschriebenen Entwicklungen innerhalb der Europäischen Union dennoch für den Eindruck, Österreich hätte die vorhandenen Gestaltungsspielräume genutzt und in den Verhandlungen Gelegenheiten ergriffen, sich andere, ebenfalls gentechnikkritische Mitgliedsländer zu Bündnispartnern zu machen. Allerdings muß, wollte man eine Zwischenbewertung der Ereignisse der Jahre 1996 bis 1998 unternehmen, einschränkend angemerkt werden, daß diese zumindestens gleichermaßen Ergebnis einer österreichischen Linie wie Resultat innenpolitischer Entwicklungen in anderen Mitgliedsländern waren. Die Auswirkungen im weiteren Kontext der BSE-Krise auf die Dynamik der europäischen Gentechnikpolitik wurden bereits erwähnt, entscheidend waren insbesondere aber auch Trendumschwünge in den nationalen Gentechnikpolitiken anderer Mitgliedsländer. Hierzu zählte nicht zuletzt der Machtwechsel in der BRD und die Regierungsübernahme einer rot-grünen Koalition, wovon allgemein eine Änderung der Gentechnikpolitik der vergangenen Jahre erwartet wurde (Zeit 15.10.98, 50). Entscheidend waren aber vor allem dramatische Wendungen in der Position ehemals als besonders gentechnikfreundlich geltender Länder wie Großbritannien und Frankreich. In Großbritannien entbrannte eine öffentliche Diskussion um gentechnisch veränderte Nahrungsmittel, und die *Royal Society* empfahl in einem Bericht eine bessere Koordination der nationalen Regulierungsbehörden, ohne allerdings auch ein ebenfalls zur Debatte stehendes Moratorium zu befürworten, wie es von Umwelt- und Konsumentenschutzorganisationen gefordert wurde (Nature 3.9.98). Nur wenig später zog jedoch auch die britische Regierung die Verhängung eines dreijährigen Moratoriums für GVOs in Erwägung (Independent 10.10.98). Die Turbulenzen rund um die Gentechnik sollten sich Anfang 1999 fortsetzen, die Diskussion blieb lebhaft. Auch der Regierungswechsel in Frankreich hatte gravierende Folgen: Im August 1998 wurde der Anbau und Import von gentechnisch verändertem Raps verboten - noch zwei Jahre zuvor hatte Frankreich den Raps als völlig unbedenklich eingestuft (Presse 13.8.98; SN 27.8.98). Kaum ein Monat danach setzte der französische Staatsrat völlig unerwartet[12] per einstweiliger Verfügung die Genehmigung für drei gentechnisch veränderte Maissorten vorübergehend aus[13] (FT 26./27.9.98). Kurz darauf wurde der Handel mit diesem Mais durch die französische Regierung verboten, worauf die EU-Kommission mit der Ankündigung einer Klage reagierte (taz 9.10.98). Der Besorgnis

[12] Noch kurz zuvor war der entsprechende Antrag seitens Greenpeace von einem Regierungskommissar heftig zurückgewiesen worden.

[13] Für das EU-Zulassungsverfahren 1996/97 hatte, wie bereits beschrieben, die Marktgenehmigung für gentechnisch veränderten Mais durch den damaligen Vorreiter Frankreich noch eine entscheidende Rolle gespielt; vgl. dazu auch Töller 1998.

der Bevölkerung war darüber hinaus durch die Abhaltung einer Bürgerkonferenz schon im Juni Rechnung getragen worden (FT 23.6.98, 2).

Auch der zuständige Ausschuß für Umwelt, Gesundheit und Konsumentenschutz im Europäischen Parlament trat für ein Moratorium für GVOs sowie für die provisorische Anerkennung des österreichischen und luxemburgischen Importverbots ein. Angesichts des immer deutlicheren Meinungsumschwungs und des wachsenden Drucks in Richtung eines Moratoriums sowohl seitens des Parlaments wie auch seitens einer immer größeren Gruppe von Mitgliedsländern sah sich auch die Kommission zunehmend unter Druck, ihre Gentechnikpolitik zu überdenken. Allerdings wurde argumentiert, die Kommission könne kein Moratorium verhängen, würde sie damit doch - wie die Mitgliedsländer auch[14] - gegen bereits bestehendes EU-Recht sowie gegen ihre Pflicht, dieses zu wahren, verstoßen (European Voice 15.10.98). Das Fehlen einer rechtlichen Grundlage für die Verhängung eines Moratoriums wurde Ende 1998 auch seitens des Umweltministerrats bestätigt (taz 23.12.98, 8). Abgesehen von juristischen Komplikationen ist der Aktionsradius allerdings durch zwei andere Faktoren wesentlich eingeschränkt: Zum einen würde die Biotechnologieindustrie wohl kaum widerstandslos ein Moratorium akzeptieren und eine solche Entscheidung unter Verweis auf das bereits bestehende Regelwerk beim Europäischen Gerichtshof anfechten. Zum anderen steht immer stärker die Drohung eines transatlantischen Handelskrieges im Raum: Vor allem die USA beschuldigen die EU, den freien Welthandel durch protektionistische Maßnahmen zu behindern und sich damit gegen WTO-Vereinbarungen zu stellen. Strittig sind neben der Frage eines möglichen Moratoriums für gentechnisch veränderte Produkte auch das Verbot hormonbehandelten Rindfleischs durch die EU sowie der Streit um die Bananenmarktordnung (SN 12.11.98).[15]

Die bemerkenswerten Wendungen in der europäischen Gentechnikpolitik sind jedoch nicht nur veränderten politischen Haltungen geschuldet. Eine wesentliche Ursache für diese Umbrüche wurzelt in ihrem institutionellen Gefüge. Wie von Töller (1998) gezeigt, waren die komplizierten Verhandlungen rund um die schließlich Anfang 1997 erfolgte Zulassung der gentechnisch veränderten Maissorte von Novartis, gegen die Österreich, Lu-

---

[14] Auch Dänemark und Griechenland hatten mittlerweile Moratorien verhängt (taz 23.12.98, 8).

[15] Als Reaktion auf die EU-Bananenmarktordnung, die ihrer Auffassung nach die Produzenten in den französischen Überseegebieten sowie in Afrika, in Karibik- und Pazifik-Ländern vor der Konkurrenz der „Dollarbananen" aus Mittel- und Südamerika schützt, drohten die USA Strafzölle von bis zu 100% für Produkte aus dem EU-Raum an.

xemburg und ursprünglich auch Italien ihr Importverbot verhängten, nicht zuletzt Resultat der EU-Komitologie und bieten ein treffendes Beispiel für die eklatanten Schwächen dieses Systems. Denn die Tatsache, daß selbst eine qualifizierte Mehrheit im Rat nicht ausreicht, um eine Zulassung durch die Kommission zu blockieren (hierfür ist Einstimmigkeit im Rat erforderlich), führte letztlich dazu, daß die endgültige Entscheidung dem vorgesehenen Prozedere gemäß bei der Kommission lag. In der Konsequenz bedeutet dies für das hier zur Anwendung gekommene sog. „Filet-Verfahren" als eine Variante des EU-Regelungsausschußverfahrens eine extrem ungleiche Gewichtung des institutionellen Machtgefüges und das Fehlen einer erhöhten Legitimität, da der Rat in der letzten Runde nicht mehr an der Entscheidungsfindung beteiligt ist. In Fortführung dieses Arguments wäre daher auch vor diesem institutionellen Hintergrund das zögerliche Verhalten in der Frage der Aufhebung des Importverbots zu interpretieren. In engem Zusammenhang mit diesen Verfahrensfragen bzw. mit dieser Verfahrenslogik steht auch die Diskussion rund um die Novellierung der Freisetzungsrichtlinie. Denn der immer wieder auftauchende Dissens zwischen den zuständigen Behörden der Mitgliedsstaaten und der Kommission über Risikoeinschätzungen bei Zulassungsverfahren liegt darin begründet, daß die Freisetzungsrichtlinie zwar Kriterien für Verfahren und Informationsbereitstellung beinhaltet, nicht jedoch materielle Festlegungen. Die Definition dessen, was konkret unter Risiken zu verstehen ist, und damit die Ausgestaltung der vorgegebenen Kriterienkataloge, obliegt den nationalen Behörden und deren Konzepten der Risikoabschätzung, weswegen beträchtliche Unterschiede in der Umsetzung der Freisetzungsrichtlinie zwischen den einzelnen Mitgliedsländern zu beobachten sind (Levidow et al. 1995; Torgersen 1996, 77). Diese Differenzen spielen wiederum in den entsprechenden EU-Gremien eine Rolle, wenn sie in Fragen der Zulassung auf die Gemeinschaftsebene gehoben werden, und manchen Ländern die Risikoanalyse nach den Regeln eines anderen Mitgliedslandes als nicht ausreichend erscheint. Die Dissonanzen in der europäischen Gentechnikpolitik sind daher auch auf die mangelnde Harmonisierung in diesem Bereich zurückzuführen.

Zweifellos ist die europäische Gentechnikpolitik zuletzt - aus verschiedenen Gründen - in Bewegung geraten. Die österreichischen Ereignisse haben dazu wohl einen Beitrag geleistet, allerdings sollte dieser Anteil nicht überschätzt oder in ein simples Ursache-Wirkung-Schema gepreßt werden. Selten war es eine konsistente Linie der Bundesregierung, die zum Erfolg führte, häufiger lag es wohl am Verhandlungsgeschick einzelner Vertreter Österreichs, die nun für Positionen, die sie teilweise seit langem vertreten hatten, aufgrund der Neuorientierung in anderen Mitgliedsländern auch Bündnispartner in deren Vertretern finden konnten. Die erzielten Erfolge konnten jedoch innenpolitisch kaum kommuniziert und genutzt werden,[16] das Mißtrauen der gentechnikkritischen Stimmen gegenüber der offiziellen Gentechnikpolitik blieb bestehen. Die Ursache hierfür dürfte wesentlich im Verdacht liegen, ursprünglich hätte die Regierung eine Verlagerungsstrategie betrieben: Willensbekundungen zur weitestmöglichen Umsetzung der Forderungen des Volksbegehrens wurden vor dem Hintergrund des beständigen Verweises auf den geringen nationalen Handlungsspielraum als bloße Lippenbekenntnisse interpretiert. Eine anfänglich durchaus zu erwartende rasche Aufhebung des Importverbots etwa hätte diese Maßnahme in den Bereich der symbolischen Politik verwiesen, die Schuldzuweisung sollte jedoch - so die Schlußfolgerung - Brüssel treffen. Demgegenüber setzte sich die Regierung allerdings durch die Positionierung als gentechnikkritisches Land innerhalb der Union (zumindest bei den Themen *novel food* und Freisetzung) durchaus dem Vorwurf der gentechnikbefürwortenden Industrie und Forschung aus, eine modernisierungsfeindliche Politik zu betreiben, und geriet damit letztlich zwischen alle Stühle (Grabner/Torgersen 1998, 21).

14.2. ... während die österreichische Gentechnikpolitik nicht von der Stelle kommt

Zurückgekehrt auf die nationale Ebene läßt sich damit als erstes Résumé über die Entwicklung seit der „illegalen Freisetzung" und dem damit in engstem Zusammenhang stehenden Gentechnikvolksbegehren ziehen, daß die Positionen in der österreichischen Gentechnikpolitik seitdem in relativer Erstarrung verharren und es nicht gelungen ist, in direkter Reaktion auf diese Ereignisse zu einer neugestalteten Politikformulierung zu gelangen. Nach wie vor herrscht eine Art *de-facto*-Moratorium, denn bisherige neuerliche Versuche, die Freisetzung von GVOs zu beantragen, scheiterten bereits im Ansatz. Damit konnten aber weder gentechnikkritische noch gentechnikbefürwortende Akteursgruppen zufriedengestellt werden. Denn die ersteren kritisierten den inoffiziellen Charakter dieses *de-facto*-Moratoriums - zwar hatte ja im Mai 1996 die damalige Ministerin Krammer ein vorläufiges Freisetzungsmoratorium ausgerufen, dieses war

---

[16] Wenn auch Ministerin Prammer die französischen Ereignisse mit der Aussage kommentierte, man könne daraus die „vermehrte Unterstützung in Europa für die sorgfältige und differenzierte Haltung Österreichs" ablesen (SN 27.8.98).

aber umgehend vom Bundeskanzler wieder zurückgenommen worden. Krammers Nachfolgerin Prammer hatte jedoch im Frühjahr 1997 die betreffenden Firmen schriftlich gebeten, auf Freisetzungsexperimente zu verzichten, solange die öffentliche Diskussion nicht abgeschlossen sei - eine Maßnahme, die den gentechnikkritischen Stimmen als zu unverbindlich galt (SN 20.6.97). Umgekehrt bemängelten Industrie und Forschung, daß die Ministerin etwaigen Versuchen nicht unvoreingenommen gegenüberstünde und deren weitere Verhinderung betreibe.

So war bereits ein im November 1996 von der Zuckerforschung Tulln gestellter neuerlich Antrag zur Freisetzung einer gentechnisch veränderten Kartoffel für das Frühjahr 1997 nach heftigen Protesten wieder zurückgezogen worden (Ruckenbauer 1998, 595). Ähnliches wiederholte sich im Juni 1997, nachdem die Firma AgrEvo angekündigt hatte, ab 1998 sog. *„Liberty Link"*-Mais in Österreich anbauen zu wollen[17] (Presse 21.6.97). Neuerliche beträchtliche Unruhe provozierte schließlich im Dezember 1997 ein Antrag auf Freisetzung von - wiederum - gentechnisch verändertem Mais durch die Firma Pioneer. Die Ministerin bedauerte diesen Schritt und kündigte an, den Antrag sehr streng prüfen zu wollen. Aber auch die Vorsitzende des parlamentarischen Sonderausschusses im Parlament, Rauch-Kallat (ÖVP), sowie Greenpeace und Global 2000 verurteilten das Verhalten von Pioneer aufs schärfste (SN 20.12.97, 4). Damit war der Auftakt für die Wiederaufnahme einer bereits zwei Jahre zuvor erfolgreichen Vorstellung erfolgt, auch die Rollenverteilung sollte sich als so gut wie unverändert erweisen: Landes- und Kommunalpolitiker aus den betroffenen zehn Gemeinden protestierten; und als im Jänner 1998 die Begutachtungsfrist begann, hatten die Grünen und NGOs bereits ihre Gegenkampagne gestartet. Erneut versuchten Greenpeace und Global 2000, die Bevölkerung mit vorgedruckten Einwendungen zu mobilisieren (SN 7.1.98, 17), und wie 1996 wurden sie dabei tatkräftig durch die *Neue Kronen Zeitung* unterstützt, die von der allgemeinen Stimmung in der Öffentlichkeit profitieren wollte und das Thema Gentechnik wieder äußerst prominent behandelte. Sprecher der Firma Pioneer äußerten angesichts der zahlreichen Protestaktionen ihr Unverständnis über die herrschende Aufregung; und die Regierung, insbesondere Ministerin Prammer, wurde von beiden Seiten der Untätigkeit und Inkompetenz geziehen (SN 8.1.98, 17). Vor allem ihre Ankündigung, daß sie dem Freisetzungsantrag wahrscheinlich nicht zustimmen werde, führte zu Angriffen von beiden Seiten: Pio-

[17] Voraussetzung dafür war allerdings die Registrierung nach der Freisetzungsrichtlinie, danach habe man freie Hand zur Anpflanzung und benötige keine Zustimmung der österreichischen Regierung. In diesem Sinne betonte AgrEvo, es handle sich bei dieser Ankündigung nicht um einen richtigen Freisetzungsantrag.

neer kritisierte dieses ministerielle Vorpreschen bzw. die Präjudizierung des Resultats als inkorrekt und als Mangel an Fairneß, während von Gentechnikkritikern und -kritikerinnen das Fehlen eines Moratoriums als Grundlage einer solchen Entscheidung moniert wurde. So kommentierte beispielsweise die niederösterreichische Grünpolitikerin Weinzinger: „Es gibt jedes Jahr das Gewurschtel, weil das von uns verlangte fünfjährige Freisetzungsmoratorium nicht umgesetzt wird" (Standard 9.1.98, 5). Die Prognose einer abschlägigen Bewertung noch vor dem Ende des gesetzlich vorgeschriebenen Prozederes wurde sowohl von Gentechnikkritikern wie auch -befürwortern sowie in der Presse, aber auch seitens Prammers Ministerkollegen Molterer als unzulässige Vorgangsweise und Mißachtung rechtsstaatlicher Prinzipien in Frage gestellt (Presse 9.1.98, 11; SN 12.1.98, 17; SN 17.1.98, 13). Zum schließlichen Scheitern des Antrags trug allerdings nicht zuletzt die Tatsache bei, daß dieser formal äußerst mangelhaft war; so fehlten beispielsweise etliche die Testreihe betreffende Daten und Beschreibungen, wie das UBA verlauten ließ (SN 9.1.98, 19). Nachdem die öffentlichkeitswirksame Gegenkampagne in einer Besetzung der Pioneer-Zentrale durch Gentechnik-Aktivisten und -Aktivistinnen kulminierte, deren Ziel die Verhinderung der Auslieferung von Maissaatgut war, zog letzten Endes auch Pioneer den Freisetzungsantrag zurück (Ruckenbauer 1998, 596; SN 19.1.98, 8) - jedoch nicht, ohne nochmals das Ministerium heftig zu kritisieren und sogleich neuerliche Anträge anzukündigen (Presse 20.1.98, 14), die jedoch im Verlauf des Jahres auf sich warten ließen.

Ebenfalls nach altbewährten Mustern verlief die Debatte um die bereits angesprochene Novelle zum Gentechnikgesetz. Bereits im Dezember war deren Aussendung durch Ministerin Prammer als erneuter ministerieller Alleingang am Parlament bzw. Gentechniksonderausschuß vorbei mit heftiger Kritik quittiert worden. Immerhin war der Ausschuß zur Beratung von Umsetzungsmöglichkeiten der Volksbegehrensforderungen eingesetzt worden und sah sich nun mit einem fertigen Entwurf konfrontiert.[18] Die grundsätzlichen Argumentationslinien hatten sich seit der Entstehung des Gentechnikgesetzes kaum verändert: Industrie und Forschung warnten vor unzumutbaren Restriktionen, die verheerende Auswirkungen haben könnten, während Opposition und Umweltschutzgruppen Umsicht und den Gefahren der Gentechnik angemessene Bestimmungen einmahnten. In diesem Zusammenhang kreisten die inhaltlichen Diskussionen speziell um die Haftungsfrage und um die Freisetzungsproblematik. Nicht zuletzt

[18] Der Entwurf bezüglich einer Gentechnikhaftung war vom Justizministerium ausgearbeitet worden.

im Kontext der neuerlichen Freisetzungsanträge rund um die Jahreswende boykottierten die Vertreter von Global 2000 und Greenpeace sowie die grünen und freiheitlichen Abgeordneten zum wiederholten Male eine Sitzung des parlamentarischen Gentechniksonderausschusses, um auf ihre Forderungen nach einem raschen gesetzlichen Verbot von Freisetzungen bzw. nach einem fünfjährigen Moratorium hinzuweisen (Standard 13.1.98). Da dieses Anliegen auf wenig Gehör stieß, warfen Gentechnikkritiker und -kritikerinnen der Regierung erneut vor, die Anliegen des Volksbegehrens zu konterkarieren (Presse 22.1.98, 11). Demgegenüber befürchtete die Akademie der Wissenschaften, die Verabschiedung der Novelle in der geplanten Form würde in direktem Widerspruch zum im Gentechnikgesetz verankerten Zukunftsprinzip stehen und der heimischen F&E-Landschaft schweren Schaden zufügen (SN 3.2.98, 17). Im Februar nahmen Opposition und Umweltgruppen wieder an den Verhandlungen des Sonderausschusses teil (Presse 18.2.98, 6), das Ringen um Positionen setzte sich allerdings auch noch im März fort, ohne daß die Verhandlungen über Details der nun vorliegenden Gesetzesnovelle zu einem Abschluß gekommen wären (Standard 13.3.98). Den letztendlich im Ausschuß von SPÖ und ÖVP vorgeschlagenen und beschlossenen Entwurf lehnten die Volksbegehrensproponenten sowie die Oppositionsparteien als zu wenig weitreichend ab; die Opposition verweigerte ihm ihre Zustimmung und verließ zusammen mit den Volksbegehrensproponenten erneut aus Protest die Sitzung (SN 2.4.98, 21). Auch bei der Abstimmung im Nationalrat am 16. 4. 1998 stimmten schließlich nur die Abgeordneten der Koalition für den Abänderungsantrag für das Gentechnikgesetz aus dem Sonderausschuß (1112 Beilagen), der von der Opposition geschlossen abgelehnt wurde (Sten.Prot./116).

Als Hauptpunkte des novellierten Gentechnikgesetzes sind die folgenden zu nennen: Bei Freisetzungen wurde das Parteistellungs- und Anhörungsverfahren erweitert, nach neuem Recht dürfen die Bürgermeister der betroffenen Gemeinden, die Eigentümer des Versuchsfeldes, die Anrainergemeinden und das betroffene Bundesland Stellung beziehen (§ 39 a). Der Vorschlag, ein frei zugängliches Parteistellungsverfahren für jedermann einzurichten, war bereits im Gentechniksonderausschuß von den Vertretern und Vertreterinnen der Regierungsparteien abgelehnt worden. Die Höchststrafe für illegale Freisetzungsversuche sieht nunmehr 300.000 anstatt der bisherigen 50.000 Schilling vor (§ 109). In dieser Frage waren die Verfechter strengerer Regelungen mit dem Vorschlag gescheitert, die Strafe an dem jeweiligen Umsatz des beschuldigten Unternehmens zu orientieren. Bisher hatte es keine spezifischen Haftungsregeln für den Bereich der Gentechnik gegeben. Mit der Novelle wurde im Gentechnikgesetz eine verschuldensunabhängige Gefährdungshaftung für Arbeiten mit und die Freisetzung von gentechnisch veränderten Organismen festgelegt. Die Haftung gilt dabei unabhängig davon, ob der Schaden durch einen Unfall verursacht wurde oder im „Normalbetrieb" passierte. Stellt ein Schaden auch eine „Beeinträchtigung der Umwelt" dar - allerdings nur, wenn diese mit der „Beschädigung einer Sache" verbunden ist -, umfaßt die Haftung die Kosten der Schadensbehebung auch dann, wenn diese über den Wert der Sache hinausgehen (§ 79 a, b). Zur Beweiserleichterung gibt es eine Verursachungsvermutung: Wenn der betreffende GVO zur Herbeiführung des Schadens generell und konkret geeignet ist, wird vermutet, daß er ihn tatsächlich verursacht hat. Allerdings muß auch der mutmaßliche Schädiger nicht beweisen, daß dies nicht der Fall ist, sondern lediglich als „wahrscheinlich dartun" (§ 79 d). Bei Arbeiten mit und Freisetzung von GVOs besteht weiters die Verpflichtung zur Haftpflichtversicherung. Ab Sicherheitsstrufe drei (mäßiges Risiko) muß die Versicherungssumme 9,8 Millionen Schilling betragen, bei Stufe vier (hohes Risiko) 56 Millionen Schilling (§ 79 j). Die neuen Haftungsregeln betreffen allerdings nur geschlossene Systeme und Freisetzungen - die Haftung für zugelassene Produkte wurde unter Verweis auf baldige Änderung des Produkthaftungsgesetzes ausgeklammert. Ebenfalls bis zuletzt uneinig waren die Mitglieder des Gentechniksonderausschusses in der Frage der Zusammensetzung der wissenschaftlichen Ausschüsse zur Prüfung von Freisetzungsanträgen geblieben. Die gentechnikkritischen Stimmen hatten für ein Besetzungs- bzw. Nominierungsrecht für die Hälfte der Ausschußplätze durch das Forum österreichischer Wissenschafter für den Umweltschutz plädiert, waren mit dieser Forderung jedoch gescheitert. Statt dessen wurde beschlossen, die Besetzung der Gremien öffentlich auszuschreiben; die Auswahl der Mitglieder obliegt der Akademie der Wissenschaften, die diese Wahl auch öffentlich argumentieren muß (§ 89) (1112 Beilagen; Presse 14.4.98, 6; SN 16.4.98, 21).

Die großkoalitionäre Einigung im Gentechniksonderausschuß und die Gesetzesänderung waren allerdings von Anfang an auf den Unmut nicht nur der Proponenten und Proponentinnen des Volksbegehrens und der Opposition gestoßen,[19] auch die gentechnikbefürwortenden Stimmen hatten sich umgehend mit ihrer Kritik zu Wort gemeldet. Die Industriellenvereini-

[19] Unter anderem wurde von dieser Seite der Vorwurf erhoben, die Novelle sei inhaltlich stark von einem der im Ausschuß anwesenden ÖVP-Experten aus dem IMP, Zacherl, der bereits in der Enquete-Kommission bzw. bei der Formulierung des ursprünglichen Gentechnikgesetzes eine entscheidende Rolle gespielt hatte, geprägt worden und würde damit die Industrie- und Forschungsinteressen übertrieben stark berücksichtigen (1111 Beilagen 14, 21; Presse 30.5.98, 24).

gung etwa erneuerte ihren Vorwurf der „Überregulierung“ (Standard 2.4.98).

Mit der Verabschiedung der oben beschriebenen Änderungen des österreichischen Gentechnikgesetzes war ein vorläufiger Schlußpunkt unter die rechtliche, nicht jedoch unter die politische Debatte gezogen worden. Trotz der Aufnahme einer verschuldensunabhängigen Gefährdungshaftung in die Novelle des Gentechnikgesetzes, die seit Jahren eine der zentralen Forderungen gentechnikkritischer Akteursgruppen gewesen war, war es der Regierung nicht gelungen, diese Gruppen von einer profunden Änderung ihrer Linie zu überzeugen und als Bündnispartner für ihre Gentechnikpolitik zu gewinnen. Sowohl die Opposition als auch die NGOs beharrten weiterhin auf Maximalforderungen und argumentierten, den Forderungen des Volksbegehrens sei nicht Rechnung getragen worden, die Haftungsregelungen seien zu wenig streng,[20] die Parteistellung in Freisetzungsverfahren nicht weitreichend genug und das Nominierungsrecht für die wissenschaftlichen Ausschüsse nicht in ihrem Sinne geregelt (1111 Beilagen, 18-24). Wie die Reaktionen und Kommentare der Konfliktparteien bewiesen, saß die Bundesregierung immer noch zwischen allen Stühlen, und vor diesem Hintergrund schien die Aussage eines liberalen Abgeordneten, sie habe nicht mehr als einen Pyrrhussieg errungen, durchaus gerechtfertigt. Seitens der Grünen war bereits vor der Verabschiedung der Novellierung für diesen Fall eine Prolongierung des Konflikts verkündet worden (profil 15/98, 89).

Zum Zeitpunkt der Fertigstellung dieser Studie (Ende 1998) gibt es nach wie vor keine Freisetzungsversuche auf österreichischem Boden; trotz ursprünglicher Ankündigungen noch für das Jahr 1998 wurden keine weiteren Anträge gestellt. Damit ist also das seit 1996 bestehende *de-facto*-Moratorium weiterhin in Kraft, allerdings ist ein Ausscheren der Industrie jederzeit möglich und wohl auch in absehbarer Zeit zu erwarten. Will Österreich nicht - dem Exempel des Mais-Importverbots folgend - systematisch gegen Gemeinschaftsrecht verstoßen und derartige Verbote zur tragenden Säule der nationalen Gentechnikpolitik machen, besteht wenig Möglichkeit, das Inverkehrbringen jener mit Stand März 1998 14 Produkte, die GVOs enthalten oder aus solchen bestehen und die in der EU genehmigt sind,[21] langfristig zu verhindern. Einzig die tatsächliche Verhängung eines Moratoriums durch die EU könnte das Problem von außen lösen.

[20] U.a. deswegen, weil eine Haftung für Umweltbeeinträchtigungen nur bei einem Schaden an einer Sache verbunden ist.
[21] So das UBA in einem Überblick (SN 23.4.98, 21).

Für die Durchführung der ersten Freisetzungen wird allgemein mit massiven Protesten gerechnet, über deren eventuelles Ausmaß nur spekuliert werden kann; ebenso, wie auch die Intensität einer neuerlichen öffentlichen Debatte nur schwer prognostizierbar ist. Sowohl Umfrageergebnisse als auch die verhärteten Positionen der einzelnen Akteursgruppen legen allerdings die Vermutung nahe, daß es schwierig werden könnte, die nationale Gentechnikpolitik aus der jetzigen Sackgasse hinauszuführen. Dennoch ist wohl davon auszugehen, daß die Durchführung von Freisetzungsversuchen ein neues dynamisches Element in die österreichische Gentechnikdiskussion bringen würde - sei es nur deswegen, weil damit das herrschende *de-facto*-Moratorium beendet und damit auch wieder neue Spielräume auf innenpolitischer Ebene eröffnet würden. Die Industrie könnte der Regierung nicht mehr vorwerfen, jedwedes Freisetzungsexperiment bereits im Vorfeld zu vereiteln, die gentechnikkritischen Gruppierungen die Probe aufs Exempel machen, wie streng die gesetzlichen Vorgaben gehandhabt werden. Daraus könnten eventuell Verschiebungen in den Akteurskonstellationen resultieren.

Das Feld für weitere Entwicklungen ist schon lange abgesteckt: Eckpfosten stellen die heimische Technologiepolitik und die Struktur der heimischen gentechnischen Forschung und Industrie ebenso dar wie die Entstehungsgeschichte des Gentechnikgesetzes und das spät erwachte Interesse der Öffentlichkeit, die ihre - wenigstens bis dahin - europaweit stärkste Ablehnung der Gentechnik in einem Volksbegehren manifestierte. Über die Beschreibung der österreichischen Spezifika hinaus bietet diese Fallstudie zur österreichischen Gentechnikpolitik jedoch auch Einsichten über Technikkonflikte, die sich in Beziehung zu den verschiedenen eingangs dargestellten Theorieansätzen über Technik, Politik und Gesellschaft bzw. Technik und Recht setzen lassen.

15. DIE NATUR DER SACHE AUS THEORETISCHER PERSPEKTIVE - DAS INHÄRENTE DILEMMA DER (GEN)TECHNIKPOLITIK

Österreich weist trotz der intensiven öffentlichen Thematisierung der Gentechnik in der jüngsten Vergangenheit nach wie vor, dies belegen neuere Umfragen, das alte Muster in den Einstellungen der Bevölkerung auf, das bereits frühere Befragungen gezeigt hatten. Die massive Ablehnung der Gentechnik, die Österreich in der *Eurobarometer*-Umfrage im Herbst 1996 diesbezüglich an die Spitze aller europäischen Länder setzte, steht im Zusammenhang mit einer relativ weitverbreiteten Skepsis gegenüber technischen und wissenschaftlichen Innovationen und geht überdies mit verhältnismäßig geringem faktischen Wissen einher. Die Herstellung einer breiten informierten Öffentlichkeit, was ein weiter bestehendes Kritikpotential nicht ausschließen muß (vgl. das Beispiel Dänemark), gelang weder während des gesamten Entstehungsprozesses des Gentechnikgesetzes noch in der Zeit, als die Gentechnik zu einem der am meisten diskutierten und kommentierten Themen der österreichischen Innenpolitik geworden war. Die Arbeit der Enquete-Kommission, die mit ihrem Vorhaben, einen breiten parlamentarischen Diskurs über die TA am Beispiel der Gentechnologie zu initiieren, die Hoffnung auf ähnliche Effekte in der Bevölkerung verbunden hatte, war nur von äußerst geringem öffentlichen Interesse begleitet. Sämtliche Podiumsdiskussionen und andere Informationsveranstaltungen zwischen Mitte der achtziger und Anfang der neunziger Jahre blieben einem relativ kleinen exklusiven Kreis von Interessierten vorbehalten bzw. wurden von einer breiteren Öffentlichkeit nicht wahrgenommen. Erst mit den Ereignissen rund um die ersten Freisetzungsanträge 1996 rückte das Thema - im Vergleich zu zahllosen anderen Ländern mit außerordentlich großer Verspätung - in das Zentrum des öffentlichen und politischen Interesses. Von Anfang an jedoch war diese Politisierung von starker Polarisierung begleitet: Die hohe Aufmerksamkeit, die der Gentechnik nicht zuletzt aufgrund der Mobilisierungskraft zuteil wurde, die die Kampagnen von gentechnikkritischen Organisationen und eines auflagenstarken Massenblattes entwickelten, erreichte mit dem Paukenschlag der „illegalen Freisetzung“ einen Höhepunkt und prägte die nachfolgende Debatte auch im Sinne von rasch ausgebildeten und sehr prononcierten Haltungen *pro* und *contra* Gentechnik (vor allem in Landwirtschaft und Lebensmittelproduktion). Die intensiven Debatten seit dieser Zeit trugen nicht bzw. nur marginal zu einem erhöhten Wissensstand bei, sondern verstärkten und verzerrten tendenziell bereits bestehende Bilder.

15.1. Parlamentarische Technikfolgenabschätzung

Die Arbeit der parlamentarischen Enquete-Kommission kann - abgesehen davon, daß damit in Österreich ein in anderen Ländern schon lange institutionalisiertes Instrument erstmals erprobt wurde - als Versuch einer parlamentarischen Technikfolgenabschätzung nicht hoch genug bewertet werden: In diesem Rahmen gelang es, wie der Verlauf der Sitzungen ebenso wie zahlreiche Stellungnahmen illustrierten, kommunikative Lernprozesse zwischen den Abgeordneten einerseits und zwischen Abgeordneten und Fachleuten andererseits in Gang zu setzen. Für die Mehrzahl der involvierten Nationalratsmandatare und -mandatarinnen war die Mitarbeit in diesem Gremium tatsächlich eine wertvolle Erfahrung, nicht zuletzt deswegen, weil diese im allgemeinen durch ein konstruktives Gesprächsklima jenseits parteipolitischen Hickhacks geprägt war. Diese Tatsache und das Bemühen um eine differenzierte Betrachtungsweise wußten wiederum - mit wenigen Ausnahmen - auch die anwesenden Experten und Expertinnen zu schätzen, obwohl sie generell davon ausgehen mußten, daß die Abgeordneten zu wesentlich weitreichenderen gesetzlichen Regelungen tendierten, als ihrer Meinung nach nötig waren.

Abgesehen von diesen kommunikativen Lernprozessen ist die Enquete-Kommission allerdings in wesentlichen Punkten gescheitert. Es ist nicht gelungen, ihre Empfehlung der Institutionalisierung von Technikfolgenabschätzung im Parlament - in welcher Form auch immer - zu realisieren. Die Diskussionen der vergangenen Jahre um die Ausrichtung der österreichischen Technologiepolitik, die gescheiterten Versuche, diese strukturell zu verbessern und finanziell aufzuwerten (Stichworte „Technologieoffensive“ und „Technologiemilliarden“) sowie die Tatsache, daß in diesem Kontext die Option der Schaffung einer solchen Institution nicht einmal ansatzweise im Raum stand, lassen dies auch für die nächste Zeit nicht erwarten. Es wird somit weiterhin bei einer schwachen Position des österreichischen Parlaments in technologiepolitischen Fragen bleiben. Einschränkend ist allerdings zu bemerken, daß manche Wortmeldungen hinsichtlich der nötigen Institutionalisierung von TA beim Nationalrat jene zu hochgesteckten Erwartungen widerspiegeln, die im Kapitel über Technikfolgenabschätzung thematisiert wurden. Der Lobgesang des Nationalrats Brünner

(1992, 33) auf die TA „im Dienste des gesellschaftlich-politischen Steuerungs- und Innovationspotentials" beispielsweise verweist exakt auf jene Hoffnungen in die „Wiederherstellung des Primats der Politik gegenüber der Technik" (Mai 1991, 18), die in aller Regel aus den verschiedensten Gründen scheitern - nicht zuletzt, weil die Politik schlußendlich dem Primat ökonomischer Überlegungen folgt, die wiederum in direktem Zusammenhang mit den in bestimmte Technologien gesetzten Erwartungen stehen.[1] Darüber hinaus wurde als eine der konzeptionellen Schwächen der Idee von TA die Ausklammerung der (als ihrer Eigendynamik folgend gedachten) Technikentwicklung ausgemacht, womit die Grenzen des Gestaltungsanspruchs deutlich sichtbar werden.

Ebenso ist die Enquete-Kommission zunächst mit ihren Vorschlägen bezüglich der Regulierung der Gentechnik gescheitert, die seitens des Gesetzgebers kaum befolgt wurden. In erster Linie ist es nicht gelungen, die geforderte Grundrechtsreform zu realisieren, die aus der Aufnahme eines umfassenden Persönlichkeitsschutzrechts, des Schutzes der Menschenwürde sowie eines Grundrechts auf den Schutz der „genetischen Privatsphäre" des Menschen in die Bundesverfassung bestehen sollte. Weiters fanden weder die vorgeschlagene Gefährdungshaftung mit Beweislastumkehr noch die weitgefaßte Bürgerbeteiligung bzw. Parteistellung in Genehmigungsverfahren Eingang in den Gesetzestext. Auf das wesentlichste Zugeständnis, die Inkludierung einer Sozialunverträglichkeitsformel, wird weiter unten noch einzugehen sein. Insgesamt jedenfalls blieb eine der explizit mit der Etablierung von Enquete-Kommissionen durch die Geschäftsordnungsreform des Nationalrats 1988 verbundenen Hoffnungen, nämlich größerer Einfluß des Parlaments auf die Gesetzgebung (Frischenschlager 1990, 295), im Rahmen dieses ersten Versuchs unerfüllt. Erst nach dem Volksbegehren und in erster Linie unter dem Druck der öffentlichen Meinung näherte sich der Gesetzgeber mit der Novelle zum Gentechnikgesetz den von der Enquete-Kommission erhobenen Forderungen an. Die Mißachtung der Ergebnisse ihrer konstruktiven und intensiven Arbeit ließ letztlich auch das generelle Anliegen der Aufwertung des österreichischen Parlamentarismus in diesem Kontext als gescheitert erscheinen.

[1] Es wurde im Theoriekapitel bereits darauf hingewiesen, daß sich innerhalb der vielzitierten Sachzwanglogik das Gewicht deutlich weg von einer technikimmanenten Sachrationalität hin zu ökonomischen Überlegungen verlagert hat, auf deren Basis technologiepolitische Entscheidungen gefällt werden (Dubiel 1986; Saage 1986; Saretzki 1994).

Die mit der parlamentarischen Enquete-Kommission gemachten Erfahrungen deuten jedoch auf ein prinzipielles Problem hin, nämlich auf die Tatsache, daß politische Akteure und Akteurinnen in Fragen der Technikfolgenabschätzung und -regulierung mit äußerst komplexen Materien konfrontiert sind und sich letzten Endes in der Situation befinden, aufgrund divergierender Expertenmeinungen zu einer politischen Entscheidung kommen zu müssen. Daß dies mitunter zum Gefühl einer gewissen Überforderung beitragen kann, bewies unter anderem die direkt an die Experten gerichtete Frage eines Mandatars, ob angesichts unterschiedlicher Risikokonzepte „politische Konsequenzen in einem Moratorium ... (zu) suchen" seien (EK-B/Bd.2, 134). Die Etablierung kritischer Gegenexpertise kann an diesem Entscheidungsdruck nichts ändern, sondern macht die Situation vielfach unübersichtlicher, wozu nicht zuletzt das Wissen um mannigfaltige Interessenlagen beiträgt, die die Argumentationslinien der Fachleute prägen. Angesichts heftiger Auseinandersetzungen zwischen den Experten und Expertinnen, die höchst divergierende Auffassungen vertraten, befanden sich die Parlamentarier und Parlamentarierinnen in der Enquete-Kommission wiederholte Male in dem Dilemma, kaum noch zwischen Information und Manipulation unterscheiden zu können und ihren Entscheidungsspielraum auf Glaubensfragen reduziert zu sehen (vgl. EK-B/Bd.2, 111-145). Eine weitere Komplexitätssteigerung erfahren derartige Entscheidungssituationen, wenn im Sinne einer möglichst pluralistischen Betrachtungsweise neben naturwissenschaftlichen Perspektiven bzw. Risikodefinitionen auch entsprechende geistes- und sozialwissenschaftliche Konzepte Grundlage einer umfassenden Technikbewertung sind oder sein sollen. Es wurde im Theorieteil bereits auf die Tücken der Interdisziplinarität, die in der Literatur häufig als Königsweg der gesamtgesellschaftlichen Techniksteuerung gepriesen wird, hingewiesen - nicht zuletzt unter dem Stichwort der „zwei Kulturen" (Snow). In der Enquete-Kommission traten die Schwierigkeiten der verschiedenen Vermittlungsleistungen, die an dieser Stelle ebenfalls beschrieben wurden, deutlich zutage: Alle Ebenen waren hier in gebündelter Form zu beobachten, beginnend mit der eben angerissenen Offenlegung fachinterner Differenzen und über die Präsentation verschiedener Konzepte von Technik und technischen Risiken aus naturwissenschaftlich-technischer ebenso wie aus sozial- und geisteswissenschaftlicher Perspektive bis hin zur Vermittlung dieser Diskussion an die Politik, um schließlich als Basis für Entscheidungen dienen zu können.

Wie derartige Entscheidungen letztendlich ausfallen, wird - ausgehend von der These, daß hinter Technikkonflikten stets grundsätzliche Konflikte über Sichtweisen von Natur, Technik und Gesellschaft bzw. gesellschaftlicher Entwicklung stehen - immer unter anderem von den Welt- und Technikbildern der einzelnen Abgeordneten abhängen. Wenn von manchem Mandatar in der Enquete-Kommission die Sprache auf diese zugrundeliegenden Basiskonflikte gebracht wurde, so traf er damit den Kern des Problems, während jene, die das als „bekenntnishafte Kleinreden" abtaten und forderten, „weniger die Grundfragen ständig auf(zu)werfen, noch dazu emotionell", sondern statt dessen in einen „sehr rationalen Diskurs" einzutreten (EK-B/Bd.2 173), die Natur dieser Basiskonflikte mißverstanden. Die hier geäußerte Forderung nach Rationalität ist aufs engste mit einer Überbetonung faktischen Wissens verknüpft. Daß ein Austausch über naturwissenschaftliche und technische Fakten und selbst die Annäherung in der Frage darüber, wie groß Risikopotentiale einzuschätzen sind, am prinzipiellen Konflikt über den Einsatz gentechnisch veränderter Nutzpflanzen nichts verändern, erwies sich am Beispiel der Modells partizipativer TA des Wissenschaftszentrums Berlin, das im Exkurs über praktische Erfahrungen präsentiert wurde. Der Versuch, normative Elemente aus einem solchen Diskurs auszuklammern, kann wahrscheinlich nur teilweise gelingen, weil schon die Entscheidung darüber, eher eine technik- oder eine probleminduzierte Perspektive einzunehmen, eine wertende Komponente beinhaltet. Anhand des Beispiels von *consensus conferences* wiederum läßt sich belegen, daß - wie bereits die schwedischen und österreichischen Informationskampagnen zur Atomenergie in den siebziger Jahren bewiesen - die Hoffnung in die „Rationalisierung" von öffentlichen Technikdebatten dann fehlgeht, wenn unter Rationalisierung gleichzeitig die Erzeugung steigender Akzeptanz von und Zustimmung zu der betreffenden Technologie verstanden wird. In Dänemark etwa, dem Mutter- und Musterland von *consensus conferences*, zeigt sich, daß ein höherer Informationsstand nicht automatisch mit stärkerer Befürwortung, sondern vielmehr mit klareren Haltungen einhergeht. Wissen kann somit also durchaus Polarisierung bedeuten, wie auch die *Eurobarometer*-Umfragen belegten. Die Ergebnisse des *Eurobarometers* 1996, die zeigten, daß in ganz Europa moralische Bewertungen stärker die Akzeptanz verschiedener Anwendungen der Gentechnik beeinflussen als Risikoeinschätzungen, ist ein weiterer Beleg für den prinzipiellen Charakter von Technikkontroversen (Gaskell et al. 1998b).

Im Spannungsfeld von Technikfolgenbewertung zwischen Regierung und Parlament hat sich in der Entstehung des österreichischen Gentechnikgesetzes die traditionelle Dominanz der Exekutive durchgesetzt. Elemente des Diskussionsprozesses innerhalb der Enquete-Kommission wurden seitens des Gesundheitsministeriums nur soweit erwünscht integriert, ansonsten jedoch ignoriert. In der Konsequenz konnte der Eindruck entstehen, das Ministerium hätte die Beratungen weniger mit der Motivation beobachtet, auf inhaltliche Vorstellungen eingehen zu können, als vielmehr um zu gewährleisten, notfalls gegensteuern zu können. Das Gesundheitsressort selbst hat zwar in der Anfangsphase der Arbeit am Gentechnikgesetz auch kritische Gruppierungen miteinbezogen, in der entscheidenden Phase der endgültigen Formulierung jedoch darauf verzichtet. Damit reduzierten sich die hauptsächlich berücksichtigten Positionen wieder auf jene, die sich entlang der Linien klassischer Verteilungslogik organisieren lassen. Während ganz am Anfang der Regulierungsdiskussion wichtige Impulse aus der Arbeiterkammer gekommen waren, spielten an ihrem Ende vor allem Industrieinteressen eine bedeutende Rolle. Allerdings sind die Interessen in der Gentechnikdiskussion nur zum Teil mit dem Arbeitgeber/Arbeitnehmerschema in Einklang zu bringen. Wo die vielen anderen Konfliktlinien rund um die Gentechnologie zu verorten sind, zeigt ein Blick auf die Gutachten und Stellungnahmen zur parlamentarischen Enquete-Kommission (EK-B/Bd.3) sowie auf die involvierten Akteursgruppen und deren Positionen während jener Phase, als das Ministerium eine Öffnung der Debatte initiierte und nach kaum formalisierten Kriterien drei interministerielle Arbeitsgruppen einrichtete. Ziel war die Einbeziehung verschiedenster Interessen und die Berücksichtigung möglichst aller relevanter Problemkreise, womit das österreichische Muster sozialpartnerschaftlicher Verhandlungen durchbrochen wurde. Derartige Versuche der Pluralisierung bringen jedoch immer mit sich, daß Entscheidungen nicht einfacher werden. Um sicherzugehen, daß die Formulierung des Gesetzes keine unerwünschte Richtung einschlagen würde, antwortete das Ministerium daher auf die Komplexitätssteigerung der Debatte, indem sie diese wieder schloß und mit einem in Verhandlungen hinter verschlossenen Türen erarbeiteten Gesetzestext an die Öffentlichkeit ging. Eine Vorgangsweise, die sich im übrigen bei der Novellierung des Gentechnikgesetzes auf frappante Weise wiederholte.

Die Erfahrungen aus der Entstehung des Gentechnikgesetzes bestätigen keinesfalls Mutmaßungen, der (Neo)Korporatismus sei ein geeigneter Hebel, an dem die Techniksteuerungsfähigkeit des Staates ansetzen und zu innovativen technologiepolitischen Entscheidungen führen könne (Mai 1991, 23). Vielmehr zeigte sich im Fall der Enquete-Kommission, daß dieses Instrument nicht problemlos mit den traditionellen Aushandlungsmustern der österreichischen Politik zu vereinbaren ist, und daß diese darüber hinaus im Zweifelsfall über die besseren Durchsetzungschancen verfügen. Auch das Experiment der Einbeziehung anderer Interessen bzw. Interessenvertretungen über die Grenzen der Sozialpartnerschaft hinaus, das vom Gesundheitsministerium kurzfristig unternommen wurde, hatte letztlich kaum Auswirkungen auf den Gesetzgebungsprozeß. Damit sind die Grenzen jener Konzepte sozialverträglicher Technikgestaltung gezogen, die große Hoffnungen in die möglichst breite Einbeziehung von Verbänden setzen. Korporatistische Modelle sind zumindestens insoweit Einschränkungen unterworfen, als sie weitestgehend nach Arbeitgeber- und Arbeitnehmerinteressen gegliedert sind. Selbst in Ländern, in denen der Korporatismus weniger stark ausgeprägt ist als in Österreich, wo die Sozialpartnerschaft einen wesentlichen politikbestimmenden Faktor darstellt, könnte das Problem der Techniksteuerung kaum durch die Integration von Verbänden in technikgestaltende Prozesse zufriedenstellend aufgelöst werden, da die beteiligten Interessengruppen zu große Unterschiede in bezug auf ihre Durchsetzungsfähigkeit aufweisen. Die Entstehungsgeschichte des österreichischen Gentechnikgesetzes zeigt deutlich die Schwierigkeiten auf, die entstehen, wenn der Staat auch nur ansatzweise in Richtung des Modells der „assoziativen Demokratie" bzw. eines partizipativen Steuerungsmodells geht und vor allem für die Rahmenbedingungen eines möglichst breiten Diskurses sorgt. Angesichts der Tatsache, daß diese Vorgangsweise nicht mehr als einen Versuch darstellte, aber keineswegs aus einem Paradigmenwechsel in bezug auf technikgestaltende Politik resultierte, wurde der mögliche Verlust bisheriger Dominanz staatlicher Akteure sofort mit einem Rückzieher beantwortet.

15.2. Die rechtliche Bewältigung technischer Risiken

Was den Inhalt des Gentechnikgesetzes betrifft, ist festzuhalten, daß der Versuch unternommen wurde, möglichst alle kontroversiellen Punkte rund um diese Technologie zu integrieren und zu regulieren, ohne dabei allzu strenge Regelungen festzulegen. Die damit möglicherweise verbundene Absicht einer Kanalisierung und Antizipation vorhandenen Konfliktpotentials, die in erster Linie mit dem Sozialunverträglichkeitspassus intendiert wurde, ist jedoch, dies zeigten die Ereignisse nach den ersten gescheiterten Freisetzungen und alle folgenden Entwicklungen, mißlungen. Grundsätzlich stellt sich jedoch die Frage, ob ein solches Vorhaben überhaupt zu realisieren ist. Viele gesellschaftliche Konflikte können nicht vorwegnehmend geregelt werden, insbesondere dann nicht, wenn mißachtet wird, daß sie auf divergierenden Welt- bzw. Technikbildern basieren. Für das Aufbrechen der Kontroversen um einzelne Anwendungen der Gentechnik brauchte es jedenfalls „greifbare" Anlässe, wie eben einen Acker, auf dem Kartoffeln gepflanzt werden sollen, über deren Gefahrenpotential man sich nicht im klaren ist und deren Nutzen massiv in Frage gestellt wird. Bezugnehmend auf die theoretischen Vorschläge für Technikrecht könnte eine weitergehende Steuerung in Hinblick auf gesellschaftliches Konfliktpotential wohl nur in an Prinzipien wie Reversibilität bzw. Fehlerfreundlichkeit und Selbstbegrenzung orientiertem technikgestaltenden Recht - wie von Winter (1986) angedacht - seinen Niederschlag finden. Überzeugende Beispiele für solches technikgestaltendes Recht fehlen allerdings bis dato. Nicht zuletzt aufgrund der Tatsache, daß man sich bei der Formulierung des österreichischen Gentechnikgesetzes weitgehend an bereits bestehende Referenzsysteme hielt bzw. im Fall der EU auch halten mußte, die alle dem durch die NIH-Richtlinien vorgegebenen Muster folgen, weist das Gentechnikgesetz daher nur die typische Doppelstruktur traditionellen Technikrechts auf, nämlich eine technikfreisetzende und eine technikbegrenzende Komponente.

Innerhalb dieses Rahmens traditionellen Technikrechts wurden Elemente wie das Vorsorgeprinzip im Gentechnikgesetz verankert, das allerdings ausdrücklich jenen Bezug zum „Stand von Wissenschaft und Technik" aufweist, mit dem eine Programmierung auf Fortschritt und die Illusion technischer Perfektion verbunden ist, die für viele kritische Autoren und Autorinnen (z.B. Wolf 1986, 1987, 1988) mit der Kapitulation der Politik und des Rechts vor den disziplineigenen Sicherheitskonzepten und Risikodefinitionen aus Technik und Naturwissenschaft gleichzusetzen ist. Als Gesetzestext an sich wies das Gentechnikgesetz keinerlei innovativen Wert in die Richtung größerer Steuerungsfähigkeit auf, wobei allerdings einzuräumen ist, daß dies auch nicht das vordringlichste Anliegen bei seiner Formulierung war. Zwar spielten viele der Argumente aus der Diskussion um Technikrecht auch in der österreichischen Regulierungsdiskussion (vgl. UBA 1991) und speziell in der Enquete-Kommission eine gravierende Rolle (vgl. Leskien 1992), fanden aber keinen allzu großen Niederschlag. Alles in allem befand man sich in der für das Spannungsverhältnis zwischen Technik und Recht typischen komplexen Entscheidungssituation, gleichermaßen Veränderlichkeit und Ungewißheit prozedural einbinden zu müssen (Luf/Potz 1991, 390-391), also einerseits die Entwicklung der Gentechnologie in Österreich zu fördern und andererseits im Fall möglicher negativer Auswirkungen begrenzend einzugreifen, woraus sich die eben erwähnte rechtliche Doppelstruktur ergibt. Elemente wie Gefährdungshaftung und Prozeduralisierung (verstärkte Einbindung von Gegenexpertise und Ausdehnung der Bürgerbeteiligung), wie sie in der dargestellten theoretischen Literatur häufig als Verbesserungen für das bestehende Technikrecht genannt werden (Wolf 1987; Barta 1994), standen während der gesamten Entstehungszeit des Gentechnikgesetzes zur Diskussion. Bis zu seiner Verabschiedung allerdings waren ursprüngliche Entwürfe sowie die Vorschläge der Enquete-Kommission drastisch entschärft worden, und erst in der Novelle fanden diese Aspekte breiteren Raum.

Sowohl der erste Entwurf aus der Arbeiterkammer als auch das unmittelbar daran anknüpfende SPÖ-Grundsatzpapier hatten eine breite Öffentlichkeitsbeteiligung sowie eine verschuldensunabhängige Gefährdungshaftung beinhaltet. Der erste Ministerialentwurf 1991 baute auf diesen Vorschlägen auf, wobei nach dessen Präsentation vor allem die Parteistellung „für jedermann" heftigst kritisiert wurde. In weiterer Folge fand die Diskussion um ein zu schaffendes Gentechnikgesetz auf zwei Ebenen statt: Auf der parlamentarischen Ebene empfahl die Enquete-Kommission, wie bereits erwähnt, in ihren Schlußfolgerungen die Inkludierung der verschuldensunabhängigen Gefährdungshaftung sowie einer weitgefaßten Bürgerbeteiligung bzw. Parteistellung. Parallel dazu fuhr man auch im Gesundheitsministerium an den Arbeiten am bereits vorliegenden Gesetzesentwurf fort. Entgegen ursprünglicher Versicherungen, die Positionen der parlamentarischen Enquete-Kommission in der neuen Version zu berücksichtigen, stellte die Ankündigung dieses neuen Entwurfs durch den Gesundheitsminister einen Tag vor der Präsentation des parlamentarischen Schlußberichts schon alleine durch die gewählte Vorgangsweise einen Affront gegen die Nationalratsabgeordneten dar. Auch der Entwurf selbst stieß in der Folge auf massive Kritik, wobei jedoch in dieser Phase zwischen 1992 und 1993 insbesondere den Befürchtungen aus Industrie und Forschung Rechnung getragen wurden. Schlußendlich wurden in dieser Zeit endgültig die Parteistellung der Bevölkerung in Genehmigungsverfahren sowie spezielle Haftungsbestimmungen aus dem Gesetz entfernt. Ebenso fiel die Vertretung der sog. kritischen Öffentlichkeit in den geplanten wissenschaftlichen Ausschüssen diesen Retuschen zum Opfer: Ihre geplante Anzahl wurde massiv reduziert, dagegen der Kreis der Fachleute im engeren Sinn erweitert.

Es kann kaum überraschen, daß das 1994 beschlossene und 1995 in Kraft getretene Gentechnikgesetz von Anfang an heftig kritisiert wurde. Damit war genau der gegenteilige Effekt zu den ursprünglich in die Verabschiedung des Gesetzes gesetzten Erwartungen eingetreten: Nicht vorwegnehmende Erstickung einer möglichen Diskussion in ihrem Keim, sondern eine Zündschnur, die lediglich das Streichholz eines konkreten Anlasses benötigte. Den Auslöser für die Explosion der öffentlichen Diskussion boten schließlich die ersten Freisetzungsanträge bzw. die „illegale Freisetzung". Zuvor waren die Mängel des Gesetzes schon auf politischer

Ebene thematisiert worden. Vor allem das Fehlen von Haftungsbestimmungen stellte in der Diskussion bis Ende 1997 ein zentrales Thema dar, wobei sich in dieser Frage neben den Grünen besonders auch das Liberale Forum als vehementer Fürsprecher einer Gesetzesänderung erwies. Die Kritik an den defizitären Bestimmungen zur Bürgerbeteiligung setzte im Kontext der ersten Anhörungen wiederum nicht mehr nur an der Theorie, sondern an der Praxis an. Mit der Novelle zum Gentechnikgesetz wurde also inhaltlich an Forderungen angeknüpft, die schon aus der Entstehungsphase bekannt sind. Die größte Novität besteht sicherlich in der Inkludierung einer verschuldensunabhängigen Gefährdungshaftung. Bezüglich der Bürgerbeteiligung gibt es zwar nach wie vor keine allgemeine Parteistellung, aber immerhin wurde ein Parteistellungsverfahren für einige betroffene Parteien in Fragen von Freisetzungsversuchen eingeführt und damit das bisher bestehende Anhörungsverfahren doch deutlich erweitert. Schließlich kam der Gesetzgeber auch mit den Veränderungen bezüglich der Zusammensetzung der wissenschaftlichen Ausschüsse bereits längst bestehenden Forderungen entgegen.

Nach einigen - und mitunter durchaus recht spektakulären - Umwegen ist damit das österreichische Gentechnikgesetz ein paar Schritte weiter in die Richtung einiger allgemeiner Vorschläge für ein verbessertes Technikrecht gegangen. Es wurde allerdings im theoretischen Teil dieser Studie darauf hingewiesen, daß etliche der Konzepte zur Stärkung des Technikrechts bisher teilweise mangelhaft und wenig konkret erscheinen. Insbesondere die Erwartungen in die Herstellung von mehr Verfahrensgerechtigkeit (oft unter dem Schlagwort Prozeduralisierung) erscheinen gelegentlich zu hochgesteckt. Empirische Studien zeigen nicht zuletzt die weiterhin bestehende

> ... Begrenztheit rechtlicher Verfahren: sie können weder politische, noch moralische noch wissenschaftliche Konflikte lösen. Die Funktion rechtlicher Verfahren liegt also nicht darin, daß sie einen gesellschaftlichen Konsens darüber herstellen können, was vernünftig, erwünscht, wahr und gut sei, sondern darin, daß sie einen Konflikt über die Frage Recht oder Unrecht lösen ... (Epp 1998, 93).

15.3. Stichwort Sozialverträglichkeit

In besonderem Maße traf die Unmöglichkeit der Antizipation von Konfliktstoff wohl auf die Sozialunverträglichkeitsklausel im Gentechnikgesetz zu (§ 63). Das Konzept der sozialverträglichen Technikgestaltung durchlief in seiner Entwicklung bereits mehrere Stadien. Seine Entstehung datiert in den späten siebziger Jahren, als im Zusammenhang mit den Auseinandersetzungen um die Zukunft der Energieversorgung vor allem die Akzeptabilität der Kernenergie zur Debatte stand (Martinsen 1997b, 209). Weitere Schritte der Konzeptualisierung erfolgten im Zusammenhang mit der Informations- und Kommunikationstechnologie. Das Land Nordrhein-Westfalen setzte 1984 eine „Initiative Zukunftstechnologien", in diesem Rahmen wurde ein Programm „Mensch und Technik - sozialverträgliche Technikgestaltung" (SoTech) installiert. Damit verbunden war eine wesentliche Erweiterung des Begriffs, die zunehmend die Partizipation in den Vordergrund rückte (Martinsen/Melchior 1994, 23-25). In den achtziger und neunziger Jahren wurde der Begriff der Sozialverträglichkeit fast inflationär verwendet, ohne allerdings dabei an Präzision zu gewinnen. Dieses Problem spiegelte letzten Endes auch der entsprechende § 63 GTG (BGBl 158, 4131) wider, der da lautet:

> Soziale Unverträglichkeit von Erzeugnissen gemäß ... liegt vor, wenn auf Grund sachlicher Grundlagen anzunehmen ist, daß solche Erzeugnisse zu einer nicht ausgleichbaren Belastung der Gesellschaft oder gesellschaftlicher Gruppen führen könnten, und wenn diese Belastung für die Gesellschaft aus volkswirtschaftlichen, sozialen oder sittlichen Gründen nicht annehmbar erscheint.
>
> Die Bundesregierung hat auf Vorschlag des Bundesministers für Gesundheit, Sport und Konsumentenschutz das gewerbsmäßige Inverkehrbringen solcher Erzeugnisse ... durch Verordnung zu untersagen, deren Inverkehrbringung eine soziale Unverträglichkeit erwarten läßt.

Dieser Passus warf jedoch sowohl in europarechtlicher Hinsicht (Nentwich 1993) als auch bezüglich seiner Vereinbarkeit mit der österreichischen Verfassung einige Fragen auf (Waldhäusl 1995). Der angeführte Bezug auf volkswirtschaftliche oder soziale Gründe gegen das Inverkehrbringen solcher Erzeugnisse galt im Hinblick auf die Freisetzungsrichtlinie als nicht haltbar, der Bezug auf sittliche Gründe als zumindest problematisch und schwer argumentierbar. Darüber hinaus blieb jedoch auch die Operationalisierung des Sozialunverträglichkeitspassus aus zumindest zwei Gründen gänzlich unklar (Martinsen 1997b): Zum einen gibt es in der durch Pluralismus charakterisierten modernen Gesellschaft keine gesamtgesellschaftlich verfügbaren Wertesysteme oder verbindliche Moralkodices, auf die von einer gleichsam übergeordneten Warte aus rekurriert werden könnte. Zum anderen stellt sich aus sozialwissenschaftlicher Perspektive die Frage des Zeitpunkts eines Eingriffs, ist doch - wie auch in dieser Studie im Theoriekapitel beschrieben wurde - innerhalb der Technikforschung immer mehr die Technikgenese (und in diesem Sinne eben Technikgestaltung) in das Zentrum des Interesses gerückt. Zurecht resümierte daher Martinsen (1997b, 217):

> In der Technikgeneseforschung wird der relevante Zeitpunkt für Steuerungseingriffe im Entwicklungsverlauf einer Technologie vorverlagert. Anzusetzen ist demnach nicht erst bei der existenten Technik, sondern vielmehr bereits bei Prozessen der Erzeugung und Durchsetzung technischer Innovationen ... Stellt man diese Überlegungen in Rechnung, dann erscheint der Zeitpunkt der Sozialverträglichkeitsprüfung, auf den im österreichischen Gentechnikgesetz insbesondere abgehoben wird, nämlich das Inverkehrbringen von GVOs, als (zu) spät angesetzt.

Weiterführend untersuchte die Autorin, inwieweit flankierende Maßnahmen institutionalisiert wurden, und konzentrierte sich dabei auf die Aspekte Partizipation und Öffentlichkeit als konstitutive Randbedingungen einer sozialverträglichen Technikgestaltung. Zwar sind die diesbezüglichen Ausführungen zur Parteistellung und Öffentlichkeitsbeteiligung im Gentechnikgesetz mittlerweile bereits durch die Verabschiedung der Novelle überholt und die Probleme mit den Konzepten der Prozeduralisierung wurden im Rahmen der Fragestellung Technik und Recht bereits abgehandelt, darüber hinausgehend bleibt jedoch die Kritik am Konzept der Sozialverträglichkeit generell gültig. Denn, so wird argumentiert, abgesehen von der aus normativen und funktionalen Gründen wünschenswert bzw. nachvollziehbar erscheinenden Forderung nach sozialverträglicher Technikgestaltung[2] stellt sich dennoch die Frage nach ihrer Durchführbarkeit im gegebenen gesellschaftlichen Rahmen. Dabei wiegen Einwände aus demokratietheoretischer, steuerungstheoretischer, rechtlicher und modernisierungstheoretischer Perspektive schwer. Als grundsätzliches Problem der Konzeption von Sozialverträglichkeit zur Technikgestaltung wird - neben der offenen Frage der Institutionalisierung - der zugrundelie-

[2] Dies entspricht zweifellos auch dem Trend der öffentlichen Meinung. So widerspricht z.B. ein großer Teil der europäischen Bevölkerung der Aussage „Modern biotechnology is so complex that public consultation about it is a waste of time" (Appendix 2, 262).

gende Basiskonflikt zwischen modernitätsorientierten und modernitätskritischen Diskursen ausgemacht (Martinsen 1997b, 227-229), also der bereits angesprochene Konflikt zwischen konkurrierenden Sichtweisen über Natur, Umwelt, Technik und gesellschaftliche Entwicklung.

Damit ist auch das Grundproblem aller theoretischen Ansätze über das Verhältnis von Technik, Politik und Gesellschaft angesprochen, die vom Primat der Politik über die Technik ausgehen und dieses unter dem Schlagwort gesamtgesellschaftliche Technikgestaltung wiedergewinnen wollen. Insofern ist der Evaluation Teuschs (1993) von techno- gegenüber soziozentrischen Ansätzen zuzustimmen.[3] Technokratische Modelle gehen zwar fehl, wenn sie schlußfolgern, es gäbe einen technischen *„one best way"*, dessen Berücksichtigung automatisch den Spielraum politischer Entscheidungen einschränken müsse, wie in Schelskys Werken beschrieben. Komplexere Konzeptionen wie jene Elluls hingegen, die den internationalen Wettbewerb und das Ziel der Wohlstandsvermehrung als ebenso konstitutive Elemente der vielzitierten Sachzwanglogik definieren wie wissenschaftlich-technische Innovationen selbst, sind zur Erklärung von technologiepolitischen Konflikten im weitesten Sinne durchaus geeignet. Nicht zuletzt auch die Tatsache, daß die Pluralisierung von Entscheidungsprozessen eine weitere Komplexitätssteigerung mit sich bringt, auf die bisher nur mit unzureichenden Mitteln und Instrumentarien bzw. Institutionen reagiert wurde, läßt die Politik als Entscheidungsinstanz stärker denn je gefordert erscheinen. Ihr Entscheidungsspielraum bleibt jedoch - vor allem auf nationaler Ebene - beschränkt (vgl. Esser 1994). Die österreichische Gentechnikpolitik reflektiert dies in bezug auf die rechtlichen Voraussetzungen durch die Einbindung in die EU und das bereits bestehende Regelwerk in Form von Richtlinien ebenso wie in bezug auf das Standorts- bzw. Wettbewerbsargument. Wie in der vorliegenden Fallstudie gezeigt, wurde seitens Industrie und Forschung immer wieder mit dem Verweis auf ökonomische Potentiale und zu erwartende Wettbewerbsnachteile operiert, wenn es um technikbegrenzende Inhalte des zu formulierenden Gentechnikgesetzes ging. Zuletzt waren neuere Untersuchungen, wonach Österreich im Gefolge der hitzigen Debatten um die Gen-

---

[3] Ulrich Teusch vergleicht in seiner Studie eine Vielzahl von theoretischen Ansätzen aus der Technikforschung (aus Disziplinen wie Geschichte, Philosophie, Soziologie und Politikwissenschaft) anhand der Frage, ob in diesen Ansätzen eine prägende Kraft der Technik auf die gesellschaftliche Entwicklung angenommen wird (technozentrische Perspektive) oder ob die „Technik als sozialer Prozeß" gedacht, also die Dominanz der Gesellschaft vorausgesetzt wird (soziozentrische Perspektive) und kommt zu dem Schluß, technozentrische Ansätze seien von größerer Komplexität und Erklärungskraft.

technik unter den EU-Ländern die geringste Attraktivität als Biotechnologiestandort aufweist, Wasser auf die Mühlen dieser Gruppe (profil 40/97, 94-96; Standard 19.8.98, 20).

15.4. Österreich als erste Geige im Konzert der europäischen Gentechnikpolitik?

Die Kontroverse um die österreichische Gentechnikpolitik kann durchaus in die Richtung einer Kontroverse um verschiedene Modernisierungskonzepte gedeutet werden (Grabner/Torgersen 1998). Auf abstrakter Ebene ist damit einerseits jenes traditionelle Verständnis gemeint, wonach Modernisierung als linearer Prozeß sozialen Wandels gedacht wird, der unter anderem die wirtschaftliche, politische, soziale und kulturelle Entwicklung umfaßt und für den wissenschaftlich-technischer Fortschritt und daraus resultierender ökonomischer Nutzen zentral sind. Dem steht andererseits das Konzept der reflexiven Modernisierung gegenüber, wenn in der Risikogesellschaft genau diese Prämissen der Moderne bzw. der Industriegesellschaft in Frage gestellt werden (Beck 1986). Die Ausführungen über die heimische Technologiepolitik im allgemeinen und Biotechnologiepolitik im speziellen haben gezeigt, daß Österreich lange Zeit eher dem Konzept nachholender Modernisierung (im traditionellen Sinn) verpflichtet war. Was die öffentliche Meinung anbelangt, existiert ein seit Jahren vorhandenes Mißtrauen in wissenschaftlich-technische Innovationen bzw. deren uneingeschränkte Anwendung, das jedoch nicht einfach als Irrationalität abgetan werden sollte, die durch Information im Sinne von „Überzeugungsarbeit" buchstäblich aus dem Weg geräumt werden kann. Nicht zu unterschätzen ist in diesem Zusammenhang eine Art kollektiver Erfahrungsschatz, der sich insbesondere aus der frühzeitigen Ablehnung der friedlichen Nutzung der Kernenergie ergibt. Auch damals wurde in der hitzigen Diskussion um die Zwentendorf-Volksabstimmung der Vorwurf der Modernisierungsfeindlichkeit an die Kernkraftgegner und -gegnerinnen gerichtet. Im Nachhinein konnten diese sich nicht zuletzt durch den Reaktorunfall in Tschernobyl bestätigt sehen, während sich die österreichische politische Elite nunmehr gerne mit der Attitüde eines internationalen Vorreiterlandes in Sachen Antikernenergiepolitik schmückt. Sowohl bezüglich der Kernenergiepolitik als auch bezüglich der Umweltpolitik trifft die Beschreibung Österreichs als „latecomer which became a pioneer" im internationalen Vergleich zu - in beiden Fällen gilt jedoch auch, daß die ursprünglichen Intentionen der politischen Eliten durchwegs in die Richtung traditioneller

Modernisierung wiesen. Erst nach intensiven Auseinandersetzungen und unter starkem öffentlichem Druck kam es zu einer anfänglich oftmals widerwilligen Neuformulierung der politischen Linie und zu einem veränderten Selbstverständnis (Lauber 1997).

Parallelen zur Gentechnikpolitik lassen sich wohl ziehen. Die offizielle Regierungslinie ist nach wie vor am Leitbild der „Schlüsseltechnologie Gentechnik" als wichtigem Standortfaktor orientiert, wohingegen die jüngsten Umbrüche auf dem Parkett der europäischen Gentechnikpolitik manche österreichische Aktion - wie etwa das Mais-Importverbot - als Positionierung im Sinne eines gentechnikkritischen Vorreiterlandes erscheinen lassen. So resümierte etwa die *European Voice* (17.12.98 – 6.1.99) in einem Rückblick auf die Ereignisse in der europäischen Biotechnologiepolitik des Jahres 1998:

> Indeed, far from chastising the two ‚renegade' member states, recent developments in several EU countries suggest that more Union governments are beginning to share the wary attitudes of Austrians and Luxembourgers.

Es sei nochmals darauf hingewiesen, daß die Verhängung dieses Importverbots - ähnlich wie auch die Inkludierung einer Sozialunverträglichkeitsklausel im Gentechnikgesetz - ursprünglich nicht über symbolische Politik hinausging und wohl auch nicht anders intendiert war. Substantielle Beiträge zu einer Akzentverschiebung innerhalb der europäischen Gentechnikpolitik sind weniger einer klaren Linie der Bundesregierung als einzelnen Verhandlern innerhalb der diversen Gremien und Ausschüsse zu verdanken, die ihre Positionen bereits früher vertreten haben und damit auch innerhalb Österreichs nicht immer wohlgelitten waren. Die offizielle Regierungslinie war, wie das Beispiel der Patentrichtlinie zeigte, nicht in allen Fragen eine besonders gentechnikkritische. Die radikalen Veränderungen auf der EU-Ebene 1998 zeigen jedoch auch, daß der folgende Kommentar wohl nicht mehr zutrifft, der einem sehr traditionellen Glauben an die Segnungen des Fortschritts folgt und in seiner Schlichtheit an die Drohungen während der Zwentendorf-Debatte gemahnt, ohne dieses Kernkraftwerk drohe in Österreich die „Rückkehr auf die Bäume" und ein baldiges „Verlöschen aller Lichter":

> (I)m europäischen Konzert ist unser Anti-Gen-Piepser nicht mehr als ein kleiner, skurriler Mißton; nichts anderes wird damit erreicht, als die EU-Partner wieder einmal in ihrer Ansicht zu bestätigen, daß sich

auf der Aussichtsterrasse der Ost-Alpen jodelnde Steinzeitmenschen tummeln (Presse 20.1.98, 2).

Das Beispiel der österreichischen Gentechnikpolitik zeigte deutlich die tatsächlich bestehenden Grenzen nationaler Handlungsspielräume, auf die in der Diskussion um eventuell zu treffende Maßnahmen zurecht verwiesen wurde - wenn auch mitunter in der Hoffnung, damit Schuldzuweisungen auf die EU ablenken zu können. Die Akzentverschiebungen auf der gesamteuropäischen Ebene beweisen jedoch auch die Veränderlichkeit dieser Spielräume, die es für die Zukunft im Sinne einer Integration unterschiedlichster gesellschaftlicher Interessen geschickt zu nutzen als auch mitzugestalten gilt. Insofern ist für die Gentechnikpolitik keineswegs ein „Ende der Politik“ auszurufen - weder innenpolitisch noch auf der Gemeinschaftsebene.

Wie in den letzten Abschnitten dieser Fallstudie beschrieben, konnte die Bundesregierung auf der nationalen Ebene bisher keine klare Linie ihrer Gentechnikpolitik formulieren bzw. Neupositionierungen glaubhaft machen. Nicht zuletzt war dies eine Frage des politischen Stils des exekutiven Systems. Darüber hinaus wird man sich jedoch auch von der Illusion verabschieden müssen, es allen Akteursgruppen und den von ihnen an die politischen Entscheidungsträger und -trägerinnen herangetragenen (Maximal)Forderungen gleichermaßen rechtmachen oder prinzipielle gesellschaftliche Modernisierungs- und Technikkonflikte lösen zu können. Solange es das Rational von (Gen)Technikpolitik ist, wissenschaftlich-technische Innovationen sowohl zu fördern als auch Vorsorge hinsichtlich ihrer möglichen negativen Folgen zu betreiben (was durchaus auch der öffentlichen Meinung entsprechen würde, die differenzierter ist, als manchmal dargestellt wird), muß es das Ziel sein, eine ausgleichende Linie glaubhaft zu vertreten und zu vermitteln und in diesem Sinne eine moderierende Funktion auszufüllen. In diesem Spannungsfeld zwischen Technikförderung und Schutz vor Technikfolgen ist durchaus eine klare inhaltliche Positionierung gefordert, die jedoch nie mehr als einen Kompromiß zwischen konfligierenden Einstellungen über Technikentwicklung und Modernisierungsprozesse darstellen kann. Die wesentliche Funktion des politischen Systems besteht über diese Politikformulierung hinaus allerdings darin, dies unter Einbeziehung eines möglichst pluralistischen Meinungsspektrums zu tun - ungeachtet der Tatsache, daß mit dieser Komplexitätssteigerung Entscheidungen schwieriger werden. Mit der Verfolgung einer solchen Linie käme die Bundesregierung den Anliegen weiter Teile der Bevölkerung, die in der breiten Unterstützung des Volksbegehrens ihren Ausdruck fanden, sowie den Forderungen etlicher Akteursgruppen ebenso entgegen, wie sie (mit einiger Verspätung) den Empfehlungen der parlamentarischen Enquete-Kommission Rechnung tragen würde. Ansatzpunkte für diese Linie bestanden in einigen Versuchen zur Etablierung eines breiten Diskurses über die Gestaltung der Gentechnikpolitik, die in den vergangenen Jahren ansatzweise unternommen wurden. Nach Rückschlägen in der Formulierungsphase des Gentechnikgesetzes deuten nun die Inhalte der Gentechnikgesetznovelle wiederum stärker in diese Richtung und können auch als Versuch gedeutet werden, die diversen gesellschaftlichen Anforderungen an eine techniksteuernde Funktion des politischen Systems deutlicher zum Ausgleich zu bringen, als es der Bundesregierung zuvor gelungen ist.

Die Mitgestaltung von Kursänderungen und das Erscheinungsbild eines gentechnikkritischen Vorreiterlandes auf der EU-Ebene scheinen im vergangenen Jahr eher eine ursprünglich unintendierte Konsequenz des schlingernden Kurses der Bundesregierung und ein unerwarteter strategischer Erfolg gewesen zu sein. Entschlossenere Schritte in diese Richtung würden im Nachhinein das Bild eines europäischen Vorreiters bestätigen und vielleicht auch auf nationalstaatlicher Ebene zu mehr Glaubwürdigkeit verhelfen. Sollte dies im Einklang mit der Entwicklung auf EU-Ebene geschehen - was die Zukunft weisen wird -, wäre einiger Druck von der Bundesregierung genommen und würden anfängliche Irritationen im Nachhinein, ähnlich wie bei den Beispielen Kernenergiepolitik und Umweltpolitik, als Turbulenzen auf dem Weg zu einer Neuformulierung des Regierungskurses erscheinen, die innerhalb der Gemeinschaft nicht ihre Wirkung verfehlten.

GLOSSAR

Aminosäuren
= Grundbausteine der ➲ Proteine. In der Natur kommen 20 verschiedene Aminosäuren vor. Jedes Aminosäure-Molekül trägt zwei chemische „Kupplungen", über die es sich mit anderen Aminosäuren verbinden kann. Daher sind Aminosäuren in der Lage, sich in praktisch unendlich vielen Kombinationen kettenförmig zu verbinden und so ein Protein zu bilden; diese Eigenschaft ist die Grundlage für ➲ Stoffwechsel und Struktur aller lebenden Organismen. Die Reihenfolge (➲ Sequenz) der Aminosäuren ist für jedes einzelne Protein in dem zugehörigen ➲ Gen codiert.

Amniocentese
Gewinnung fötaler Zellen aus Fruchtwasser, das durch die Bauchdecke entnommen wird. Untersucht wird die Anordnung der Chromosomen. Die Amniocentese erfolgt meist in der 16. Schwangerschaftswoche; das Untersuchungsergebnis liegt erst 2-3 Wochen später vor. Das Hauptrisiko besteht in der Auslösung einer Fehlgeburt (0,4-1%). Das Verletzungsrisiko für den Embryo beträgt 0,1-0,25%.

Bakterien
= ➲ Mikroorganismen, die nur aus einer einzigen ➲ Zelle bestehen und keinen ➲ Zellkern besitzen. Sie werden auch als ➲ Prokaryonten bezeichnet, im Gegensatz zu den höheren Zellen oder ➲ Eukaryonten, deren charakteristisches Merkmal der Zellkern ist. Manche Bakterien sind Krankheitserreger und lösen z.B. Lungenentzündung, Tuberkulose oder Cholera aus; die meisten Bakterien sind jedoch harmlos oder sogar nützlich. Für die ➲ Gentechnik sind sie sowohl Forschungsobjekt als auch wichtiges Hilfsmittel. In den fünfziger und sechziger Jahren wurden an dem Darmbakterium *Escherichia coli* (Abk. *E. coli*) die wichtigsten molekularbiologischen Prozesse aufgeklärt. Heute verwendet man Bakterien in der Gentechnik vielfach als ➲ Wirtszellen, in die man fremdes Erbmaterial einbringt, um es dort zu vermehren oder das entsprechende ➲ Protein zu erzeugen. Die meisten Medikamente, die man heute mit gentechnischen Methoden herstellt (z.B. Insulin), werden auf diese Weise in Bakterien erzeugt.

Bakteriophagen
Oft auch kurz als Phagen bezeichnet. ➲ Viren, die sich in ➲ Bakterien vermehren. Ein Bakteriophage ist noch 100- bis 1000-mal kleiner als eine Bakterienzelle: Er besteht nur aus ➲ Erbmaterial, das in eine Hülle aus ➲ Protein verpackt ist. Der Bakteriophage heftet sich an eine Bakterienzelle an und schleust sein Erbmaterial (meist ➲ DNA, bei manchen Bakteriophagen auch ➲ RNA) in sie ein. Dort vermehrt es sich mit Hilfe des Stoffwechsels der Bakterienzelle.

Basen
Als Basen werden in der Molekularbiologie jene Molekülteile bezeichnet, durch die sich die ➲ Nukleotide der ➲ Nukleinsäuren voneinander unterscheiden. Insgesamt kommen fünf verschiedene Basen vor, die, genau wie die zugehörigen Nukleotide, mit ihren Anfangsbuchstaben abgekürzt werden: *Adenin* (A), *Cytosin* (C), *Guanin* (G), *Thymin* (T) und *Uracil* (U). In der ➲ DNA kommen A, C, G und T vor. In der ➲ RNA, dem Informationsüberträgermolekül, fehlt das T, statt dessen ist hier das U vorhanden. Die Basen können paarweise chemische Bindungen eingehen: A paart sich mit T oder U, C paart sich mit G. Man spricht daher auch von „komplementären Basen“, die sich gegenseitig ergänzen. Auf der Paarung komplementärer Basen beruhen sowohl die ➲ Doppelstrangstruktur und die Vermehrung der ➲ DNA als auch die Informationsübertragung von der DNA auf die RNA und von dieser auf die ➲ Proteine.

Basenpaar
= ein Paar komplementärer ➲ Basen in der ➲ DNA. Besteht entweder aus Adenin und Thymin (AT-Paar) oder aus Guanin und Cytosin (GC-Paar).

Bacillus thuringiensis
➲ Bakterium, das Insekten infiziert und tötet. Wirksame Substanz ist ein von Bacillus thuringiensis produziertes ➲ Protein, das Bacillus thuringiensis-Toxin, das den Darm der Insekten zerstört.

Biochemie
Jene Wissenschaft, die sich mit der Aufklärung der chemischen Prozesse in und zwischen lebenden Zellen befaßt.

Biotechnologie

Umfaßt die Gesamtheit aller technischen Verfahren, die sich die besonderen Eigenschaften lebender Organismen oder ihrer Bestandteile zunutze machen. Manche dieser Verfahren sind schon seit dem Altertum in Gebrauch: Seit mehr als 8000 Jahren macht sich der Mensch die Stoffwechselleistungen von ➲ Mikroorganismen zunutze, um Nahrungsmittel wie Bier, Essig, Joghurt und Käse herzustellen. Allerdings erkannte man erst im 19. Jahrhundert die Rolle der an diesen Prozessen beteiligten Mikroorganismen. Die Entwicklung der ➲ Gentechnik revolutionierte die Biotechnologie, da man nun nicht mehr nur auf die Eigenschaften natürlich vorkommender Mikroorganismen angewiesen ist, sondern gezielte Eingriffe in ihre Erbeigenschaften vornehmen kann. Die ➲ DNA-Rekombinationstechnik ist aber nicht auf Mikroorganismen beschränkt, auch tierische und pflanzliche Zellen lassen sich auf diese Weise verändern (daraus ergeben sich v.a. Anwendungsmöglichkeiten im Bereich der Landwirtschaft).

Chorea Huntington

(= erblicher Veitstanz); eine ➲ Erbkrankheit. Die Symptome (geistiger Verfall, Bewegungsstörungen, schließlich ein qualvoller Tod) treten erst zwischen dem 35. und dem 50. Lebensjahr auf.

Chorionbiopsie

Vaginale Entnahme von fötalem Gewebe aus der Plazenta mittels eines speziellen Katheters. Kann zwischen der 7. und 12. Schwangerschaftswoche durchgeführt werden und erfolgt zumeist in der 10. Woche. Die Dauer der Chromosomenanalyse beträgt 1-7 Tage. Das Fehlgeburtsrisiko liegt bei ca. 3%.

Chromosom

Kleines Gebilde im ➲ Zellkern, das während der Zellteilung im Mikroskop sichtbar wird. Die Chromosomen enthalten die ➲ DNA, also das ➲ Erbmaterial der ➲ Zelle, das mit ➲ Proteinen zusammengelagert ist. Jede Tier- und Pflanzenart hat eine charakteristische Anzahl von Chromosomen, die in allen Zellen des betreffenden Organismus (mit Ausnahme der ➲ Keimzellen) identisch ist. Der Mensch besitzt in jeder Körperzelle 46 Chromosomen. Davon sind zwei die *Geschlechtschromosomen*, die übrigen werden als *Autosomen* bezeichnet. Bei der Entstehung der Keimzellen (Ei- und Samenzellen) wird die Chromosomenzahl halbiert; Ei- und Samenzellen enthalten beim Menschen also jeweils 23 Chromosomen.

Durch die Vereinigung der Geschlechtszellen bei der Befruchtung entsteht dann wieder eine Zelle mit voller Chromosomenzahl, wobei die Chromosomen zur Hälfte von der Mutter und zur Hälfte vom Vater stammen.

Containment

= Begrenzung der Vermehrungsfähigkeit und des ➲ pathogenen Potentials von ➲ Viren durch verschiedene Maßnahmen.
biologische Sicherheitsmaßnahmen: Sie beinhalten, daß rekombinierte ➲ Nukleinsäuren nur in solche ➲ Bakterien bzw. Organismen übertragen werden sollen, die außerhalb künstlicher bzw. Laborbedingungen nicht überlebensfähig sind.
physikalische Sicherheitsmaßnahmen: Bauliche und apparative Vorkehrungen um zu verhindern, daß das Personal mit den gentechnisch veränderten Organismen in Kontakt kommt oder diese aus dem Labor bzw. der Arbeitsstätte entweichen.

DNA

= Desoxyribonukleinsäure (dt. Abk. DNS). Die Verbindung, die das ➲ Erbmaterial aller Organismen (mit Ausnahme einiger ➲ Viren) darstellt. Die Abkürzung DNA stammt von der englischen Bezeichnung *desoxyribonucleic acid* und hat sich inzwischen international durchgesetzt.

Doppelhelix

= Form des DNA-Moleküls: Die beiden Stränge des ➲ Moleküls, zwei lange Ketten aus ➲ Nukleotiden, sind schraubenförmig umeinander gewunden; das Molekül sieht aus wie eine verdrehte Strickleiter. Dabei stehen sich die ➲ Basen im Inneren des Moleküls gegenüber (➲ Basenpaarung). Die Doppelhelix wurde 1953 erstmals von Watson und Crick beschrieben.

Doppelstrangstruktur

= die Molekülstruktur der ➲ DNA: Zwei Molekülketten aus abwechselnd angeordneten Zucker- und Phosphatgruppen sind umeinander gewunden (➲ Doppelhelix). Diese Stränge sind durch die komplementären ➲ Basen verbunden, die von den Zuckergruppen abstehen.

Embryotransfer

Einpflanzung eines Embryos, der durch Reagenzglasbefruchtung (IVF) entstanden ist („Retortenbaby"), in die Gebärmutter. Der Frau wird zunächst eine Einzelle entnommen, die künstlich befruchtet wird. Wenn aus der befruchteten Eizelle durch Zellteilung 16 bis 32 Zellen geworden sind, bringt man den Embryo wieder in die Gebärmutter.

Enzym

= ein biologischer Katalysator (veralteter Ausdruck: *Ferment*). Fast alle Enzyme sind ➲ Proteine. Nur in einigen wenigen Fällen erfüllen auch RNA-Moleküle eine Enzymfunktion. Ein Enzymmolekül hat eine Raumstruktur, die das ➲ Molekül oder die Moleküle, die miteinander reagieren sollen, durch geeignete chemische Bindungen so anordnet, daß die Reaktion leicht möglich ist. Für jede Reaktion im ➲ Stoffwechsel gibt es ein eigenes Enzym, und nur durch diese biologischen Reaktionsvermittler ist die komplexe Vielfalt der chemischen Reaktionen in lebenden ➲ Zellen überhaupt möglich. Oft sind mehrere Enzyme hintereinander geschaltet, so daß eine Reaktionskette entsteht, durch die z.B. ein Nährstoff abgebaut und Energie gewonnen wird. Solche Reaktionsketten, in denen mehrere Enzyme koordiniert arbeiten, werden auch als *Stoffwechselwege* bezeichnet. Die Gesamtausstattung einer Zelle mit Enzymen bestimmt also, welche Lebensvorgänge in ihr ablaufen. Die Information für den Aufbau der Enzyme liegt im ➲ Erbmaterial, und dort entscheidet sich auch, welche Teile dieser Information abgelesen werden (d.h. daß die entsprechenden Enzyme gebildet werden). In diese Vorgänge greift die ➲ Gentechnik ein. Enzyme sind allen vom Menschen hergestellten Katalysatoren bei weitem überlegen; vor allem setzen Enzyme ganz spezifisch nur bestimmte Moleküle um. Diese Eigenschaft macht man sich auch in der Industrie zunutze mit dem Ziel, die ➲ Erbinformation (d.h. die ➲ Gene) für bestimmte Enzyme so zu verändern, daß sie an die jeweiligen Produktionsprozesse optimal angepaßt sind.

Erbinformation

Die Information zur Ausbildung aller Merkmale und Eigenschaften, die ein Organismus an seine Nachkommen weitergibt. Die Erbinformation ist in jeder einzelnen ➲ Zelle eines Organismus enthalten, und zwar in Form des ➲ Erbmaterials (➲ DNA, bei manchen Viren auch ➲ RNA). Die Methoden der ➲ Gentechnik ermöglichen es, gezielt in die Erbinformation einzugreifen und so die Eigenschaften eines Organismus zu manipulieren.

Erbkrankheit

Eine Krankheit, die von dem Erkrankten an seine Nachkommen weitergegeben wird und daher in einer Familie mehrfach auftritt. Ursache für eine solche Krankheit ist ein Defekt im ➲ Erbmaterial.

Erbmaterial

Die chemische Substanz, in der die ➲ Erbinformation gespeichert ist. Bei allen Organismen handelt es sich dabei um ➲ DNA - mit Ausnahme einiger ➲ Viren, bei denen die ➲ RNA diese Aufgabe erfüllt. Das Erbmaterial liegt bei den ➲ Prokaryonten, die keinen ➲ Zellkern besitzen, frei in der Zelle, bei den ➲ Eukaryonten ist es im Zellkern eingeschlossen.

Eukaryonten

➲ Zellen und Organismen, die einen ➲ Zellkern besitzen. Von den kernlosen ➲ Prokaryonten unterscheiden sich die Eukaryonten nicht nur durch den Besitz eines Zellkerns, sondern auch durch viele andere Strukturen im Zellinneren und durch Unterschiede in ihren biochemischen und molekularbiologischen Prozessen.

Fetoskopie

Verfahren zur intrauterinen Betrachtung des Fötus mit einem Fetoskop (Spezialendoskop) bzw. zur Gewinnung von fötalem Blut, fötaler Haut oder fötaler Leberzellen. Erfolgt meist in der 16. Schwangerschaftswoche; das Fehlgeburtsrisiko beträgt rund 5%.

Gen

= die Grundeinheit der ➲ Erbinformation. Jedes Gen ist ein Abschnitt der ➲ DNA, der in der Abfolge der ➲ Nukleotide die Information für ein bestimmtes Produkt (meist ein ➲ Protein) enthält. Diese Produkte bestimmen als Strukturbestandteile die Form und als ➲ Enzyme die chemischen Vorgänge in den ➲ Zellen und Organismen. Die Gene enthalten also alle Informationen, die für den Aufbau und das Funktionieren eines Lebewesens nötig sind. Die Zahl der Gene ist je nach der Komplexität der einzelnen Organismen sehr verschieden. Die einfachsten biologischen Objekte, die Viren, besitzen manchmal nur drei oder vier solcher Erbeinheiten. Beim Menschen dürfte es etwa 100 000 verschiedene Gene geben, die alle im ➲ Zellkern jeder einzelnen Körperzelle vorhanden sind.

Gendefekt

Ein Fehler in einem ➲ Gen, der zur Entstehung eines anomalen ➲ Proteins und damit zu Krankheitserscheinungen führt. Gendefekte sind die Ursache von ➲ Erbkrankheiten. Der Fehler im Gen kann entweder darin bestehen, daß ein einzelner Baustein der ➲ DNA (ein ➲ Nukleotid) ausgetauscht ist, oder in dem Gen können ganze Abschnitte fehlen bzw. hinzugekommen sein.

Genetik

Die Wissenschaft von der Vererbung; begründet von dem Mönch Gregor Mendel (1822-1884), der die Vererbung bestimmter Merkmale bei Erbsen beobachtete und daraus allgemeine Regeln ableitete. Diese Regeln sind heute als „Mendelsche Gesetze“ bekannt. Lange Zeit war die Genetik v.a. eine abstrakte Wissenschaft: Man schloß aus Beobachtungen auf die zugrundeliegenden Gesetzmäßigkeiten und entwickelte so auch den Begriff des ➲ Gens, ohne allerdings zu wissen, was die stoffliche Grundlage der Vererbung ist. Erst nachdem Avery in den vierziger Jahren der Nachweis gelungen war, daß die ➲ DNA die ➲ Erbinformation enthält, und nachdem Watson und Crick 1953 die ➲ Doppelhelix-Struktur dieser ➲ Moleküle aufgeklärt hatten, wurde die Genetik als „molekulare Genetik“ zu einer exakten Naturwissenschaft. Aus ihren Erkenntnissen entwickelte sich in den siebziger Jahren die ➲ Gentechnik.

Genom

Das Genom umfaßt die gesamte ➲ Erbinformation eines Organismus. Die Größe des Genoms ist bei den einzelnen Tier- und Pflanzenarten sehr unterschiedlich; beim Menschen umfaßt es ca. 3 Milliarden ➲ Basenpaare (das Basenpaar ist die kleinste Einheit der ➲ DNA). Bei manchen Viren hingegen beinhaltet das Genom nur einige tausend Basenpaare.

Genomanalyse

Die Untersuchung und Entschlüsselung der gesamten in einem ➲ Genom gespeicherten Information. Dazu muß die ➲ Nukleotidsequenz, d.h. die Abfolge aller Einzelbausteine in der ➲ DNA eines Genoms, bestimmt werden. Die Kenntnis der gesamten Nukleotidsequenz bedeutet aber nicht, daß man damit auch über alle Eigenschaften des betreffenden Organismus Bescheid weiß. Häufig wird diese Situation mit einem Text verglichen, den man zwar entziffern kann, dessen Bedeutung aber unverständlich bleibt. In vielen Fällen wird man DNA-Abschnitte finden, von denen man nicht weiß, für welche Eigenschaften sie verantwortlich sind. Durch die Entschlüsselung auch dieser Rätsel soll allerdings die Genomanalyse zur Grundlage für die Diagnose bestimmter Erbanlagen werden.

Man unterscheidet vier Analyseebenen:

1. ➲ Phänotyp-Analyse
2. Chromosomen-Analyse
3. protein-chemische Genomanalyse
4. DNA-Analyse

Genotyp

Die Gesamtheit der in den ➲ Genen gespeicherten Information eines Organismus. (s. auch ➲ Phänotyp)

Gentechnik

Die Gesamtheit aller Verfahren zur Charakterisierung, Isolierung und Neukombination (also der künstlichen Veränderung) von ➲ Erbinformation sowie zur Vermehrung des rekombinierten Materials und seine Übertragung auch auf andere Organismen. Gentechnische Methoden machen sich den Umstand zunutze, daß die Erbsubstanz aller Organismen - vom Kleinstlebewesen über Pflanzen und Tiere bis zum Menschen - aus den gleichen chemischen Bauteilen zusammengesetzt ist. Träger der Erbmerkmale ist die ➲ DNA. Den Abschnitt der DNA, der die Information zur Bildung eines Eiweißmoleküls (➲ Protein) enthält, bezeichnet man als ➲ Gen. Den Begriff Gentechnik (engl.: *genetic engineering*) gibt es seit Anfang der siebziger Jahre. Damals wurden die ➲ Restriktionsenzyme entdeckt und die ➲ Klonierungsvektoren entwickelt. Diese Hilfsmittel waren entscheidend dafür, daß sich aus den Forschungsgebieten der ➲ Genetik, ➲ Molekularbiologie und ➲ Biochemie die Gentechnik entwickeln konnte.
Häufig wird in Zusammenhang mit der Gentechnik auch der Begriff „Genmanipulation“ verwendet.

Gentechnologie

Unter Gentechnologie ist der gesamte Produktionsprozeß bei der Anwendung gentechnischer Verfahren zu verstehen, d.h. er umfaßt auch die Aspekte der wirtschaftlichen Verwertung, der Arbeitsorganisation, der Sozialverträglichkeit und Umweltsicherheit bei der Anwendung gentechnischer Verfahren. In der Literatur wird überwiegend der Begriff „Gentechnologie“ verwendet. (Demgegenüber verwenden die entsprechenden Gesetze in Österreich und in der BRD den Begriff „Gentechnik“.) Durch die

Wahl eines der beiden Begriffe wird im allgemeinen deutlich, ob man sich mit der wissenschaftlich-technischen Seite, also der ➲ Gentechnik, oder auch in umfassender Sicht mit Gentechnologie befaßt.

Gentherapie

Unter Gentherapie versteht man gentechnische Eingriffe in das menschliche Erbgut mit dem Ziel der Heilung von ➲ Erbkrankheiten (➲ Gendefekten). Das defekte ➲ Gen soll gegen sein intaktes Gegenstück ausgetauscht werden. Für die Bewertung der Gentherapie ist die Unterscheidung zwischen zwei Therapieansätzen von grundsätzlicher Bedeutung. Bei der *Gentherapie an Körperzellen* (*somatische Gentherapie*) bleiben die Auswirkungen des Eingriffs auf den Behandelten beschränkt; sie ist insofern mit anderen Heilversuchen vergleichbar. Dagegen verändern *Eingriffe in das Erbgut menschlicher ➲ Keimbahnzellen* die Erbanlagen für Nachkommen.

Humangenetik

Die Wissenschaft von der Vererbung beim Menschen. Die Humangenetik bedient sich in erster Linie molekularbiologischer und gentechnischer Methoden, um ➲ Erbkrankheiten des Menschen zu erforschen und nach Therapiemöglichkeiten zu suchen. Die Humangenetik umfaßt also die ➲ Genomanalyse und die ➲ Gentherapie. Wichtige Anwendungsgebiete sind die *genetische Familienberatung* und die Suche nach Umweltgefahren, die sich schädlich auf die ➲ Erbinformation auswirken können.

Insemination

= Befruchtung einer Frau auf anderem Wege als durch Geschlechtsverkehr („Reagenzglas-Befruchtung"). Man unterscheidet die *homologe Insemination* (künstliche Befruchtung mit dem Samen des Ehemannes) und die *heterologe Insemination* (künstliche Befruchtung mit dem Samen eines fremden Spenders).

in vitro

(lat.: im Glas), Bezeichnung für biologische Verfahren, die nicht im lebenden Organismus (bzw. in der lebenden Zelle), sondern im Reagenzglas durchgeführt werden.

in vitro-Fertilisation

= Befruchtung einer Eizelle außerhalb des Körpers (Abk. IVF). Das Verfahren gelang beim Menschen erstmals 1977/78 und führte zur Geburt des ersten sogenannten „Retortenbabys". Aus einem Eierstock wird der Frau eine Eizelle entnommen und im Labor befruchtet; anschließend wird die befruchtete Eizelle wieder in die Gebärmutter eingepflanzt, wo sich das Kind normal entwickelt. Die IVF ist als solche kein Verfahren der ➲ Gentechnik, denn die ➲ Keimzellen (Ei- und Samenzelle), die im Reagenzglas vereinigt werden, enthalten die normale, unveränderte Erbinformation des Vaters und der Mutter. Allerdings wird die befruchtete Eizelle Manipulationen zugänglich, durch die neue ➲ Gene eingeführt werden können, die zur Veränderung der Eigenschaften des entstehenden Organismus führen. Im Kreuzfeuer der Kritik steht v.a. die Möglichkeit, die befruchtete Eizelle einer anderen Frau, einer sogenannten *Leihmutter*, einzupflanzen, die das Kind (u.U. gegen Bezahlung) anstelle der genetischen Mutter (von der die Eizelle stammt) austrägt.

Keimzelle

(Geschlechtszelle, Gamet). Ei- und Samenzelle, deren Vereinigung bei der sexuellen Fortpflanzung zur Entstehung eines neuen Lebewesens nötig ist. Im Gegensatz zu allen anderen Körperzellen enthalten die Keimzellen nur einen einfachen Chromosomensatz und damit auch jedes ➲ Gen nur in einem Exemplar, d.h. sie sind *haploid* im Gegensatz zu den *diploiden* Zellen, die von jedem Gen zwei Exemplare besitzen.

Klon

Eine Gruppe von ➲ DNA-Molekülen, ➲ Zellen oder Organismen, die alle von einem einzigen Vorfahren abstammen und daher die gleiche ➲ Erbinformation besitzen. Ein Klon entsteht z.B., wenn eine einzelne Bakterienzelle ein gentechnisch zusammengebautes DNA-Molekül aufnimmt und sich dann durch viele Zellteilungen vermehrt. Die dabei entstehenden Zellen enthalten nun alle das vervielfältigte neue DNA-Molekül.

klonen

= Herstellung mehrerer gleichartiger Lebewesen durch Manipulationen am frühen Embryo. Die ➲ Zellen, die durch die ersten Teilungen aus der befruchteten Eizelle hervorgehen, sind *totipotent*, d.h. jede von ihnen kann sich zu einem vollständigen Lebewesen entwickeln. Trennt man diese Zellen künstlich, erhält man einen ➲ Klon von gleichartigen Nachkommen.

Geschieht beim Menschen eine solche Trennung der ersten beiden Zellen von selbst, entstehen eineiige Zwillinge.

klonieren

= Herstellung identischer ➲ DNA-Moleküle durch Vermehrung in Bakterien und Gewebekulturen. Ein beliebiger DNA-Abschnitt, der mit Methoden der ➲ Gentechnik (z.B. Schneiden mit ➲ Restriktionsenzymen) in einen ➲ Klonierungsvektor eingebaut und in ➲ Zellen eingeschleust wurde, kann sich mit diesem vermehren, so daß viele gleichartige Kopien (ein ➲ Klon) des ursprünglichen DNA-Moleküls entstehen. Diese Moleküle kann man entweder weiter untersuchen, etwa um ihre ➲ Sequenz, d.h. ihren Informationsgehalt, zu analysieren, oder man kann durch Einbau weiterer geeigneter DNA-Abschnitte dafür sorgen, daß die Information abgelesen und in ➲ Protein umgesetzt wird.

Klonierungsvektor

Ein ➲ DNA-Molekül, das sich in Bakterien oder Gewebekulturen selbständig vermehren kann und zum Einbau von Fremd-DNA geeignet ist.

Mikroorganismen

Sammelbezeichnung für alle Lebewesen, die so klein sind, daß man sie nur im Mikroskop erkennen kann. Gentechnische Experimente bedienen sich in den allermeisten Fällen der Mikroorganismen, weil diese im Labor oft sehr einfach zu züchten und zu handhaben sind. Die meisten Mikroorganismen sind Einzeller. Zu ihnen gehören die ➲ Bakterien (➲ Prokaryonten) und die einzelligen ➲ Eukaryonten (z.B. Hefe).

Molekularbiologie

Jenes Teilgebiet der Biologie, das sich mit den molekularen Vorgängen in den ➲ Zellen beschäftigt und die Vermehrung und Ausprägung der ➲ Gene untersucht. Die Molekularbiologie überschneidet sich stark mit anderen Wissenschaftsgebieten wie der ➲ Biochemie oder der Zellbiologie. Als eigenständiges Forschungsgebiet gibt es die Molekularbiologie seit den vierziger Jahren, als Avery nachwies, daß ➲ DNA das ➲ Erbmaterial ist. Die Kenntnisse, die man durch die Molekularbiologie über Aufbau und Umwandlung der *Biomoleküle* gewonnen hatte, waren die wichtigste Voraussetzung für die Entwicklung der ➲ Gentechnik seit Beginn der siebziger Jahre.

Molekül
= kleinstes Teilchen einer chemischen Verbindung. Ein Molekül besteht aus mindestens zwei - oft aber auch sehr viel mehr - Atomen, die über chemische Bindungen verknüpft sind. Die größten bekannten Moleküle sind die Biomoleküle, mit denen sich die ➲ Molekularbiologie beschäftigt.

Mukoviszidose (= zystische Fibrose)
= eine ➲ Erbkrankheit; Stoffwechseldefekt, der Magen-, Darm- und Lungenerkrankungen bewirkt. Bei der Mukoviszidose handelt es sich um eine noch unbehandelbare tödliche Krankheit, die Lebenserwartung der Erkrankten beträgt höchstens 20 Jahre. Gehört zu jenen Erbschäden, zu deren Diagnose in der BRD Neugeborenen-Screenings durchgeführt werden.

Nukleinsäuren
= Sammelbezeichnung für ➲ DNA und ➲ RNA. Die DNA speichert die ➲ Erbinformation und gibt sie an folgende Generationen weiter, die RNA ist an der Übertragung dieser Information und ihrer Umsetzung in ➲ Proteine beteiligt. Den Nukleinsäuren ist ihre grundlegende Molekülstruktur gemeinsam: Sie sind aus Einzelbausteinen aufgebaut, den ➲ Nukleotiden, die zu langen Ketten zusammengefügt sind. Jede Kette besteht aus einem Zucker-Phosphat-Rückgrat, von dem die ➲ Basen seitlich abstehen. Bei der DNA sind zwei solche Ketten zur ➲ Doppelhelix umeinander gewunden, die RNA liegt dagegen normalerweise als einzelne Kette vor. Die ➲ Gentechnik beschäftigt sich vorwiegend damit, Nukleinsäuren (v.a. DNA) zu manipulieren und so die Eigenschaften lebender Organismen zu verändern.

Nukleotide
= die Bausteine der ➲ Nukleinsäuren. Jedes Nukleotid besteht aus drei chemischen Gruppen: einer Phosphorsäure, einem Zucker und einer Base. Die Phosphorsäure ist bei allen Nukleotiden gleich; der Zucker ist bei den Nukleotiden der RNA Ribose, bei der DNA Desoxyribose. Den wichtigsten Unterschied zwischen den Nukleotiden machen die ➲ Basen aus. Durch die Reihenfolge (➲ Sequenz), in der die verschiedenen Nukleotide in der DNA angeordnet sind, wird die ➲ Erbinformation festgelegt. Bei Menschen umfaßt die gesamte Erbinformation, die im Kern jeder einzelnen Körperzelle enthalten ist, ungefähr drei Milliarden Nukleotide (eigentlich Nukleotidpaare, da die Sequenz in Form der ➲ Doppelhelix vorliegt).

Onkogen

= Gene, die normalerweise an der Regulation der Zellteilung oder der Steuerung von Zellteilungsprozessen beteiligt sind. Durch molekulare Veränderungen oder indem sie aus dem Zusammenhang des ➲ Chromosoms herausgerissen werden, entfalten sie ihr onkogenes, d.h. tumorauslösendes Potential.

pathogen

= krankheitsauslösend. Eigenschaft vieler (aber längst nicht aller) ➲ Bakterien und ➲ Viren. In der Gentechnik werden häufig nichtpathogene Arten wie das Darmbakterium *Escherichia coli* verwendet. Die manchmal erforderliche Arbeit mit pathogenen ➲ Mikroorganismen und Viren erfordert im Labor besondere Sicherheitsmaßnahmen (➲ Containment).

Phänotyp

Die Gesamtheit aller äußeren, leicht beobachtbaren Merkmale eines Organismus. Der Phänotyp wird einerseits durch den ➲ Genotyp bestimmt, andererseits durch Umwelteinwirkungen.

Prokaryonten

Organismen, die keinen ➲ Zellkern besitzen. Im wesentlichen handelt es sich bei Prokaryonten immer um Bakterien. Das ➲ Erbmaterial liegt bei ihnen frei im *Cytoplasma*. Auch in vielen anderen Merkmalen ihrer Feinstruktur unterscheiden sich die Prokaryonten von den höher entwickelten ➲ Eukaryonten.

Protein

= Eiweißstoff. Die Proteine sind Träger aller Struktur- und Funktionsmerkmale lebender Zellen. Als Strukturproteine geben sie den ➲ Zellen Halt und Form, und als ➲ Enzyme sorgen sie für die komplexen biochemischen Prozesse des ➲ Stoffwechsels. Art und Struktur der Proteine bedingen also alle Eigenschaften eines Organismus. Indem die ➲ Gentechnik neue Erbinformation in Zellen und Organismen einführt, verändert sie den Produktionsplan für die Proteine und verleiht dem betreffenden Organismus auf diese Weise neue Eigenschaften. Jedes Protein ist aus ➲ Aminosäuren aufgebaut, die kettenartig miteinander verknüpft sind. Die Reihenfolge (➲ Sequenz), in der die insgesamt 20 verschiedenen Aminosäuren auftauchen, ist für jedes Protein anders und bestimmt seine Eigenschaften.

Rekombination

(Neukombination). Die neue Verknüpfung von ➲ DNA-Molekülen, die vorher anders kombiniert waren. In der Natur kommt Rekombination z.B. bei Bakterien häufig, beim Menschen nur gelegentlich vor. Solche Rekombinationsvorgänge sind zufallsabhängig und lassen sich nicht beeinflussen. Sie sind aber ein wichtiger Faktor der Evolution, weil sie die ➲ Gene immer wieder neu anordnen. Mit Hilfe der ➲ Gentechnik läßt sich hingegen gezielte Rekombination im Reagenzglas durchführen: DNA-Moleküle werden an genau vorherbestimmten Stellen geschnitten (meist durch ➲ Restriktionsenzyme) und in neuer Kombination zusammengefügt. Daher bezeichnet man die Gentechnik auch als „DNA-Rekombinationstechnik", und gentechnisch zusammengefügte DNA-Moleküle werden „rekombinierte DNA" genannt.

Reproduktionstechnik

(Reproduktionsmedizin); Sammelbegriff für medizinische Methoden, mit denen künstlich in die Vorgänge von Befruchtung und Schwangerschaft eingegriffen wird (➲ künstliche Befruchtung, IVF = in vitro-Fertilisation). Im umfassenderen Zusammenhang wird auch häufig von Reproduktionstechnologie gesprochen (vgl. Gentechnik/Gentechnologie).

Restriktionsenzym

➲ Enzym, das in der ➲ DNA eine ganz spezielle Abfolge von vier oder sechs ➲ Nukleotiden erkennt und die ➲ DNA-Doppelhelix an dieser Stelle schneidet. Man kennt heute mehrere hundert verschiedene Restriktionsenzyme, die unterschiedliche Nukleotid-Vierer- oder Sechsergruppen erkennen. Die Restriktionsenzyme gehören zu den wichtigsten Hilfsmitteln der ➲ Gentechnik. Erst nach ihrer Entdeckung Anfang der siebziger Jahre konnte man darangehen, ➲ Gene aus unterschiedlichen Organismen gezielt neu zu kombinieren. Vorher gab es keine Möglichkeit, die langen DNA-Moleküle z.B. aus menschlichen Zellen, in denen Tausende von Zellen hintereinanderliegen, an exakt ausgewählten Stellen auseinanderzuschneiden.

Retrovirus

➲ Virus, dessen ➲ Erbmaterial aus ➲ RNA besteht, die in der ➲ Wirtszelle von dem ➲ Enzym ➲ Reverse Transcriptase in ➲ DNA umgeschrieben wird. Retroviren sind in vielerlei Hinsicht für die ➲ Gentechnik interessant: Sie codieren die Reverse Transcriptase - dieses Enzym wird im Labor häufig verwendet. Außerdem verändern manche von ihnen die ➲ Erbinformation, indem sie sich als Provirus in die DNA der Zellen einbauen und so Krebs erzeugen. Schließlich gehört auch das AIDS-Virus HIV in diese Gruppe.

Reverse Transcriptase

➲ Enzym, das an einer ➲ RNA-Matrize einen ➲ DNA-Strang mit komplementärer ➲ Nukleotidabfolge aufbaut. Die Reverse Transcriptase bewirkt also den umgekehrten Vorgang im Vergleich zur ➲ Transcription, bei der die DNA abgelesen und ein komplementärer RNA-Strang gebildet wird. Reverse Transcriptase kommt natürlicherweise bei den ➲ Retroviren vor, die ihr Erbmaterial, das aus RNA besteht, in DNA umschreiben müssen, bevor sie es als Provirus in die DNA ihrer Wirtszelle einbauen können.

RNA

= Ribonukleinsäure (dt. Abk. RNS). Neben der ➲ DNA die zweite wichtige Substanz für die Umsetzung der ➲ Erbinformation. Die RNA besteht ebenfalls aus verketteten ➲ Nukleotiden, die sich chemisch etwas von denen der DNA unterscheiden: Der Zuckeranteil ist in der RNA die Ribose, in der DNA die Desoxyribose; von den ➲ Basen in der RNA sind drei (A, C und G) die gleichen wie in der DNA, nur statt des T in der DNA kommt in der RNA das U (Uracil) vor. Der wichtigste Unterschied zwischen DNA und RNA besteht darin, daß die RNA normalerweise nicht als ➲ Doppelhelix, sondern in einzelsträngiger Form vorkommt. Nur in dieser Form kann sie ihre verschiedenen Aufgaben in der ➲ Zelle erfüllen. Nach diesen Typen unterscheidet man verschiedene Typen von RNA.

Sequenz

Die Reihenfolge der Einzelbausteine in der Molekülkette eines ➲ Proteins, einer ➲ DNA oder einer ➲ RNA. Im Protein sind die ➲ Aminosäuren die Bausteine, in DNA und RNA sind es die ➲ Nukleotide. Die Sequenz der DNA bildet die ➲ Erbinformation, die der Proteine legt die Eigenschaften der ➲ Zellen und Organismen fest. Die Sequenz der RNA schließlich überträgt die Information von der DNA auf die Proteine.

Stoffwechsel

= die Gesamtheit aller chemischen Reaktionen in einer Zelle oder einem Organismus. Der Stoffwechsel besteht aus vielen einzelnen Stoffwechselwegen (= Abfolgen chemischer Reaktionen), die dem Auf-, Ab- und Umbau von ➲ Molekülen dienen und letztlich alle Lebensvorgänge (wie Bewegung, Vermehrung usw.) bewirken. Jede Einzelreaktion wird von einem dafür zuständigen ➲ Enzym in Gang gesetzt, und die Information für den Aufbau der Enzyme liegt in der ➲ DNA. Damit ist die Erbinformation auch die Information über den Ablauf des gesamten Stoffwechsels. Die ➲ Gentechnik greift in diese Information ein und verändert häufig den Stoffwechsel - und damit die Eigenschaften der ➲ Zelle oder des Organismus - an ganz bestimmten Stellen.

Transcription

Das Umschreiben der ➲ Erbinformation von der ➲ DNA, in der sie als Abfolge (➲ Sequenz) von ➲ Nukleotiden gespeichert ist, in ➲ RNA. Bei der Transcription werden in einem Teilabschnitt der DNA die beiden Stränge des ➲ Moleküls (➲ Doppelhelix) getrennt. An einem der beiden Stränge (der Matrize) wird durch ➲ Basenpaarung ein RNA-Strang aufgebaut, dessen Sequenz komplementär zum DNA-Strang ist. Diese RNA kann entweder als ribosomale RNA oder Transfer-RNA selbst Aufgaben in der Zelle übernehmen, oder sie enthält als Boten-RNA die Information, die zum Aufbau eines ➲ Proteins benötigt wird. An der Transcription sind verschiedene ➲ Enzyme beteiligt.

Virus

Biologisches Gebilde an der Grenze zwischen Leben und unbelebter Materie. Einige, aber längst nicht alle Viren sind Krankheitserreger. Ein Virus besitzt keinen eigenen ➲ Stoffwechsel, sondern es besteht nur aus einer ➲ Nukleinsäure (➲ DNA oder ➲ RNA), die seine ➲ Erbinformation trägt und in eine Hülle aus ➲ Protein verpackt ist. Vermehren kann sich ein Virus nur, wenn es in eine ➲ Zelle eindringt und deren Stoffwechselapparat für seine Zwecke umfunktioniert; dann kommt es zur Bildung von Virusnachkommen, die die Zelle schließlich töten und freigesetzt werden, um weitere Zellen zu infizieren. Dieser Lebenszyklus verläuft bei den einzelnen Virustypen sehr unterschiedlich. Handelt es sich etwa um ein Virus, dessen Erbmaterial RNA ist (➲ Retroviren), dann wird diese RNA in der infizierten Zelle oft von dem ➲ Enzym ➲ Reverse Transcriptase in DNA umgeschrieben. Jedes Virus ist auf eine ganz bestimmte Art von ➲ Wirtszellen spezialisiert (Wirtsbereich). Viren, die ➲ Bakterienzellen infizieren, bezeichnet man auch als ➲ Bakteriophagen. Manche Viren werden in der Gentechnik als ➲ Klonierungsvektoren verwendet: Man baut in ihr Erbmaterial fremde Gene ein, die dann mit dem Virus vermehrt werden.

Wirtszelle
➲ Zelle, die von einem Virus infiziert wurde; das Virus funktioniert den ➲ Enzym-Apparat der Wirtszelle so um, daß Virusnachkommen gebildet werden. In vielen Fällen stirbt die Wirtszelle am Ende dieses Prozesses ab. Auch eine Zelle, in die man mit gentechnischen Methoden Fremd-DNA eingeschleust hat, wird gelegentlich als Wirtszelle dieser DNA bezeichnet.

Zelle
= die kleinste Einheit des Lebendigen. Alle Lebewesen sind aus Zellen aufgebaut, manche nur aus einer einzigen (Einzeller), manche aus vielen Milliarden. Jede Zelle enthält die ➲ Erbinformation des gesamten Organismus in Form der ➲ DNA; diese liegt bei vielen Zellen in einem abgegrenzten Bereich, dem ➲ Zellkern. In manchen Fällen aber (v.a. bei ➲ Bakterien) gibt es keinen Zellkern, sondern die DNA liegt frei im Cytoplasma der Zelle, d.h. in jener Grundsubstanz, die in der Zelle (meist) den größten Teil der Masse ausmacht.

Zellkern
In den höher entwickelten ➲ Zellen, die man als ➲ Eukaryontenzellen bezeichnet, ist das ➲ Erbmaterial (die ➲ DNA) in einen Zellkern eingeschlossen. Während der Zellteilung löst sich der Zellkern auf. Die verdoppelte DNA in den ➲ Chromosomen wird auf die entstehenden Tochterzellen verteilt, und anschließend bilden sich dort die Zellkerne neu.

LITERATURVERZEICHNIS

Primärliteratur und Quellen

Antrag der Abgeordneten Reitsamer, Schwimmer und Koll. betr. ein „Bundesgesetz, mit dem Arbeiten mit gentechnisch veränderten Organismen, das Freisetzen und Inverkehrbringen von gentechnisch veränderten Organismen und die Anwendung von Genanalyse und Gentherapie am Menschen geregelt werden (Gentechnikgesetz - GTG) und das Produkthaftungsgesetz geändert wird“, Antrag 732/A vom 26. Mai 1994 (= II-138804 der Beilagen zu den Stenographischen Protokollen des Nationalrates XVIII.GP)

Arbeitsübereinkommen zwischen der Sozialistischen Partei Österreichs und der Österreichischen Volkspartei über die Bildung einer gemeinsamen Bundesregierung für die Dauer der XVIII. Gesetzgebungsperiode des Nationalrats, 17. Dezember 1990, Volksblatt Dokumentation, zit. als *Regierungsübereinkommen 1990*

Bericht des BMWuF an den Nationalrat: Zu grundsätzlichen Aspekten der Gentechnologie und der humanen Reproduktionsbiologie (1986) (= III-150 der Beilagen zu den Stenographischen Protokollen des Nationalrates XVI.GP), zit. als *Bericht BMWuF 1986*

Bericht der parlamentarischen Enquete-Kommission betreffend „Technikfolgenabschätzung am Beispiel der Gentechnologie“ (1992) (= 740 der Beilagen zu den Stenographischen Protokollen des Nationalrates XVIII.GP), Bd. 1, zit. als *EK-B/Bd.1*

Anlage zum Bericht der parlamentarischen Enquete-Kommission betreffend „Technikfolgenabschätzung am Beispiel der Gentechnologie“ (1992) (= Zu 740 der Beilagen zu den Stenographischen Protokollen des Nationalrates XVIII.GP), Bd. 2: *Auszugsweise Darstellung der Beratungen*, zit. als *EK-B/Bd.2*

Anlage zum Bericht der parlamentarischen Enquete-Kommission betreffend „Technikfolgenabschätzung am Beispiel der Gentechnologie“ (1992) (= Zu 740 der Beilagen zu den Stenographischen Protokollen des Nationalrates XVIII.GP), Bd. 3: *Gutachten und Stellungnahmen*, zit. als *EK-B/Bd.3*

Bericht des Besonderen Ausschusses zur Vorberatung des Gentechnikvolksbegehrens über das Gentechnik-Volksbegehren (715 der Beilagen) (= 1111 der Beilagen zu den Stenographischen Protokollen des Nationalrates XX.GP)

Bericht und Antrag des Besonderen Ausschusses zur Vorberatung des Gentechnikvolksbegehrens betreffend den Entwurf eines Bundesgesetzes, mit dem das Bundesgesetz, mit dem Arbeiten mit gentechnisch veränderten Organismen, das Freisetzen und Inverkehrbringen von gentechnisch veränderten Organismen und die Anwendung von Genanalyse und Gentherapie am Menschen geregelt werden (Gentechnikgesetz - GTG), BGBl. Nr. 510/1994, geändert wird (= 1112 der Beilagen zu den Stenographischen Protokollen des Nationalrates XX.GP)

Bericht des Gesundheitsausschusses über die Regierungsvorlage (1465 der Beilagen) sowie über den Antrag 284/A(E) der Abgeordneten Voggenhuber und Genossen betreffend Moratorium für Freisetzung genmanipulierter Organismen und die Bürgerinitiative Nr. 63 betreffend Gentechnik im Einkaufskorb (= 1657 der Beilagen zu den Stenographischen Protokollen des Nationalrates XVIII.GP)

Bericht des Gesundheitsausschusses über den Antrag (732/A) der Abgeordneten Reitsamer, Schwimmer und Genossen betr. ein „Bundesgesetz, mit dem Arbeiten mit gentechnisch veränderten Organismen, das Freisetzen und Inverkehrbringen von gentechnisch veränderten Organismen und die Anwendung von Genanalyse und Gentherapie am Menschen geregelt werden (Gentechnikgesetz - GTG) und das Produkthaftungsgesetz geändert wird (= 1730 der Beilagen zu den Stenographischen Protokollen des Nationalrates XVIII.GP)

Bundesministerium für Wissenschaft und Verkehr (1998): *Forschungsbericht 1998.* Internet, BMWV Homepage, zit. als *BMWV 1998*

Entschließungsantrag der Abg. Voggenhuber, Freunde und Freundinnen betr. ein „Moratorium für Freisetzung genmanipulierter Organismen", Antrag 284 A(E) vom 29. 1. 1992, (= II-4622 der Beilagen zu den Stenographischen Protokollen des Nationalrates XVIII.GP)

Entwurf der Arbeiterkammer für ein Gentechnologiegesetz, Mai 1990, zit. als *Entwurf AK 1990*

Entwurf Bericht zur Überprüfung der Richtlinie 90/220/EWG im Rahmen der Mitteilung der Kommission über die Biotechnologie und das Weißbuch, Dok. XI/27/96 vom 6. 12. 1996

Entwurf Fortpflanzungshilfegesetz (FHG) (1990): Bundesgesetz über die medizinische Fortpflanzungshilfe beim Menschen (Fortpflanzungshilfegesetz - FHG) sowie über Änderungen des allgemeinen bürgerlichen Gesetzbuches und des Ehegesetzes (zu JMZ 3.509/363-I 1/90), zit. als *Entwurf FHG 1990*

Fortpflanzungsmedizingesez (FMedG): Bundesgesetz, mit dem die Regelungen über die medizinisch unterstützte Fortpflanzung getroffen sowie das allgemeine bürgerliche Gesetzbuch, das Ehegesetz und die Jurisdiktionsnorm geändert werden (275. Bundesgesetz, ausgegeben am 4. Juni 1992, 105. Stück)

Gallup/Global 2000 (1996): *Was wollen die KonsumentInnen? Global 2000-Umfrage zur Akzeptanz von gentechnisch hergestellten Lebensmitteln in Österreich.* Internet, Global 2000 Homepage

Gentechnikgesetz (GTG): Bundesgesetz, mit dem Arbeiten mit gentechnisch veränderten Organismen, das Freisetzen und Inverkehrbringen von gentechnisch veränderten Organismen und die Anwendung von Genanalyse und Gentherapie am Menschen geregelt werden (510. Bundesgesetz, ausgegeben am 12. Juli 1994, 158. Stück)

Initiativantrag der Abg. Hosp, Stummvoll, Neisser und Koll. betr. ein „Bundesgesetz über das Verbot der Embryo-Manipulation", Antrag 156/A vom 25. 9. 1985 (= II-3306 der Beilagen zu den Stenographischen Protokollen des Nationalrates XVI.GP)

Initiativantrag der Abg. Gradischnik und Genossen betr. ein „Bundesgesetz über die medizinische Fortpflanzungshilfe beim Menschen", Antrag 406/A vom 17. 5. 1990 (= II-11145 der Beilagen zu den Stenographischen Protokollen des Nationalrates XVII.GP)

Ökonsult. Umweltforschung & Management Consulting Ges.m.b.H. (1996): *GENMAHLZEIT.* Unterlagen zur Präsentation der bundesweiten Umfrage unter 1593 ÖsterreicherInnen zum Thema Gentechnik in Österreich

Pressemitteilung der Kommission IP/97/259 vom 2. 4. 1997, zit. als *Kommission 2.4.97*

Regierungsbeschluß der Salzburger Landesregierung Nr. 15-K 10.094/273-1991 vom 31. 1. 1991

Regierungsvorlage: Übereinkommen über die biologische Vielfalt samt Anlagen und Erklärung (Convention on Biological Diversity) (1994) (= 1617 der Beilagen zu den Stenographischen Protokollen des Nationalrates XVIII.GP), zit. als *Konvention*

Regierungsvorlage: Bundesgesetz, mit dem Arbeiten mit gentechnisch veränderten Organismen, das Freisetzen und Inverkehrbringen von gentechnisch veränderten Organismen und die Anwendung von Genanalyse und Gentherapie am Menschen geregelt werden (Gentechnikgesetz - GTG) (= 1465 der Beilagen zu den Stenographischen Protokollen des Nationalrates XVIII.GP)

Richtlinie des Rates vom 23. April 1990 über die Anwendung genetisch veränderter Mikroorganismen in geschlossenen Systemen, zit. als *90/219/EWG*

Richtlinie des Rates vom 23. April 1990 über die absichtliche Freisetzung genetisch veränderter Organismen in die Umwelt, zit. als *90/220/EWG*

Stenographisches Protokoll der 87. Sitzung des Nationalrates der Republik Österreich, XVIII.GP, zit. als *Sten. Prot./87*

Stenographisches Protokoll der 166. Sitzung des Nationalrates der Republik Österreich, XVIII.GP, zit. als *Sten. Prot./166*

Stenographisches Protokoll der 168. Sitzung des Nationalrates der Republik Österreich, XVIII.GP, zit. als *Sten. Prot./168*

Stenographisches Protokoll der 116. Sitzung des Nationalrates der Republik Österreich, XX.GP, zit. als *Sten. Prot./116*

Südwestfunk Baden-Baden (1994): *Faust III - Auf dem Weg zum künstlichen Leben.* Fernsehdokumentation, zit. als *Faust III, 1994*

Verordnung (EG) Nr. 258/97 des Europäischen Parlaments und des Rats vom 27. Januar über neuartige Lebensmittel und neuartige Lebensmittelzutaten, zit. als *VO 258/97*

Verordnung (EG) Nr. 1813/97 der Kommission vom 19. September 1997 über Angaben, die zusätzlich zu den in der Richtlinie 79/112/EWG des Rates aufgeführten Angaben auf dem Etikett bestimmter aus genetisch veränderten Organismen hergestellter Lebensmittel vorgeschrieben sind, zit. als *VO 1813/97*

Verordnung (EG) Nr. 1139/98 des Rates vom 26. Mai 1998 über Angaben, die zusätzlich zu den in der Richtlinie 79/112/EWG aufgeführten Angaben bei der Etikettierung bestimmter aus genetisch veränderten Organismen hergestellter Lebensmittel vorgeschrieben sind, zit. als *VO 1139/98*

Monographien und Artikel

A

Aagard, Herbert (1993): Technik und Gesellschaft am Beginn der Neuzeit, 87-105, in: **Albrecht,** Helmuth/Charlotte **Schönbeck** (Hg.): *Technik und Gesellschaft.* Düsseldorf: VDI-Verlag (Technik und Kultur; 10)

Abels, Gabriele (1991): *Die genetische Durchleuchtung des Menschen: Traum der Wissenschaft - Alptraum der Gesellschaft? Die Geschichte des US-amerikanischen Human Genome Project (HGP) 1985-1990 und die sozialen Folgen im Bereich der humangenetischen Beratung und pränatalen Diagnostik in der Bundesrepublik Deutschland.* Diplomarbeit am Institut für Politikwissenschaft im Fachbereich Gesellschaftswissenschaften und Philosophie an der Philipps-Universität Marburg

Albrecht, Helmuth/Charlotte **Schönbeck** (Hg.) (1993): *Technik und Gesellschaft.* Düsseldorf: VDI-Verlag (Technik und Kultur; 10)

Albrecht, Helmuth (1993a): Zum Gesamtwerk „Technik und Kultur", V-XV, in: **Albrecht,** Helmuth/Charlotte **Schönbeck** (Hg.): *Technik und Gesellschaft.* Düsseldorf: VDI-Verlag (Technik und Kultur; 10)

Albrecht, Helmuth (1993b): Technik als gesellschaftliches Phänomen, 3-31, in: **Albrecht,** Helmuth/Charlotte **Schönbeck** (Hg.): *Technik und Gesellschaft.* Düsseldorf: VDI-Verlag (Technik und Kultur; 10)

Albrecht, Helmuth (1993c): Technik - Gesellschaft - Zukunft, 451-474, in: **Albrecht,** Helmuth/Charlotte **Schönbeck** (Hg.): *Technik und Gesellschaft.* Düsseldorf: VDI-Verlag (Technik und Kultur; 10)

Albrecht, Stephan (1989): Regulierung und Deregulierung bei der Nutzung der modernen Biotechnologie in der EG und der Bundesrepublik, in: *Demokratie und Recht*, Jg. 17, Heft 3, 279-293

Albrecht, Stephan (1995): Wie politisch ist die politische Regulierung von technologischen Innovationen? - Zum Beispiel Biotechnologie, 137-151, in: **Martinsen,** Renate/Georg **Simonis** (Hg.): *Paradigmenwechsel in der Technologiepolitik?* Opladen: Leske + Budrich Vlg.

Altner, Günter (1991): *Naturvergessenheit. Grundlagen einer umfassenden Bioethik.* Darmstadt: Wissenschaftliche Buchgesellschaft

Amendt, Gerhard (1988): *Der neue Klapperstorch. Über künstliche Befruchtung - Samenspender - Leihmütter - Retortenzeugung. Die psychischen und sozialen Folgen der Reproduktionsmedizin.* Freiburg: Ikaru Vlg.

Anders, Günther (1980): *Die Antiquiertheit des Menschen.* 2 Bände. München: Vlg. C.H. Beck

Andersen, Mikael Skou/Duncan **Liefferink** (Hg.) (1997): *European Environmental Policy. The pioneers*. Manchester/New York: Manchester University Press (Issues in Environmental Politics)

Appendix 2 (1998): Eurobarometer 1996 survey results, 239-275, in: **Durant**, John/Martin W. **Bauer**/George **Gaskell** (Hg.): *Biotechnology in the Public Sphere. A European Sourcebook*. London: Science Museum

Arditti, Rita/Renate **Duelli Klein**/Shelley **Minden** (Hg.) (1985): *Retortenmütter. Frauen in den Labors der Menschenzüchter*. Reinbek/ Hamburg: Rowohlt Taschenbuch Vlg. (rororo Frauen aktuell; 5538)

Armytage, Walter H. G. (1965): *The Rise of the Technocrats. A Social History*. London-Toronto: Routledge & Kegan/University of Toronto Press (Studies in Social History)

Auhagen-Stephanos, Ute (1989): Kinderwunsch, Kinderwahn, in: *Zeitschrift für Sexualforschung*, 2/4, 349-357

B

Bachmayer, Helmut (1990): Gentechnik in der pharmazeutischen Forschung und zur Produktion von Arzneimitteln, 44-54, in: **Bundesministerium für Land- und Forstwirtschaft** (Hg.): *Gentechnik in Biotechnologie, Land- und Forstwirtschaft. Möglichkeiten und Folgenabschätzung*. Dokumentation der Informations- und Diskussionsveranstaltung an der Universität für Bodenkultur, Wien, am 1. und 2. März 1990. Wien: AV-Druck (Sonderausgabe der Zeitschrift „Förderungsdienst")

Baggott, Rob (1998): The BSE Crisis. Public Health and the „risk society", 61-78, in: **Gray,** Pat/Paul ´t **Hart** (Hg.): *Public Policy Disasters in Western Europe*. London-New York: Routledge (Routledge Research in European Public Policy; 3)

Bangemann, Martin (1993): Die Chance nutzen, in: *Edition Zeitthema*, Heft 2, 20-24

Balkenohl, Manfred/Hans **Reis**/Carl **Schirren** (1987): *Vom beginnenden menschlichen Leben. Ethische, medizinische und rechtliche Aspekte der Gentechnologie und der Fortpflanzungsmedizin*. Hildesheim: Bernward Vlg.

Barling, David (1995): The European Union and the Legislating of the Application and Products of Genetic Modification of Technology, in: *Environmental Politics*, Vol. 4, No. 3, 467-474

Barta, Heinz/Werner **Ernst**/Hans **Moser** (Hg.) (1994): *Wissenschaft und Verantwortlichkeit*. Innsbruck: WUV-Universitätsverlag (Veröffentlichungen der Universität Innsbruck)

Barta, Heinz (1994): Recht, Gesellschaft und Verantwortlichkeit am Ende der „Moderne", 78-131, in: **Barta,** Heinz/Werner **Ernst**/Hans **Moser**

(Hg.): *Wissenschaft und Verantwortlichkeit.* Innsbruck: WUV-Universitätsverlag (Veröffentlichungen der Universität Innsbruck)
Bartels, Ditta (1986): Genetische Manipulation an Krebsgenen, 70-83, in: **Kollek,** Regine/Beatrix **Tappeser**/Günter **Altner** (Hg.): *Die ungeklärten Gefahren der Gentechnologie.* Dokumentation eines öffentlichen Fachsymposiums vom 7.-9. März 1986 in Heidelberg. München: J. Schweitzer Vlg. (Gentechnologie: Chancen und Risiken; 10)
Baumann-Hölzle, Ruth/Alberto **Bondolfi**/Hans **Ruh** (Hg.) (1990): *Genetische Testmöglichkeiten. Ethische und rechtliche Fragen.* Frankfurt/M.-New York: Campus Vlg. (Gentechnologie: Chancen und Risiken; 20)
Bayertz, Kurt (1987): *GenEthik. Probleme der Technisierung menschlicher Fortpflanzung.* Reinbek/Hamburg: Rowohlt Taschenbuch Vlg. (rowohlts enzyklopädie; 450)
Bechmann, Gotthard/Helga **Nowotny**/Werner **Rammert**/Otto **Ullrich**/ Richard **Vahrenkamp** (Hg.) (1982): *Technik und Gesellschaft.* Jahrbuch 1. Frankfurt/M.: Campus Vlg.
Bechmann, Gotthard (Hg.) (1993): *Risiko und Gesellschaft. Grundlagen und Ergebnisse interdisziplinärer Risikoforschung.* Opladen: Westdeutscher Vlg.
Bechmann, Gotthard (1993): Einleitung: Risiko - ein neues Forschungsfeld?, VII-XXIX, in: **Bechmann,** Gotthard (Hg.): *Risiko und Gesellschaft. Grundlagen und Ergebnisse interdisziplinärer Risikoforschung.* Opladen: Westdeutscher Vlg.
Beck, Ulrich (1986): *Risikogesellschaft. Auf dem Weg in eine andere Moderne.* Frankfurt/M.: Suhrkamp Vlg. (edition suhrkamp; Neue Folge; 365)
Beck, Ulrich (1988): *Gegengifte. Die organisierte Unverantwortlichkeit.* Frankfurt/M.: Suhrkamp Vlg. (edition suhrkamp; Neue Folge; 468)
Beck, Ulrich (1989): Risikogesellschaft. Überlebensfragen, Sozialstruktur und ökologische Aufklärung, in: *APuZ*, Jg. 39, B36/89, 3-13
Beck, Ulrich (1991): *Politik in der Risikogesellschaft.* Frankfurt/M.: Suhrkamp Vlg. (suhrkamp taschenbuch; 1831)
Beck, Ulrich (1993): *Die Erfindung des Politischen. Zu einer Theorie reflexiver Modernisierung.* Frankfurt/M.: Suhrkamp Vlg. (edition suhrkamp; Neue Folge; 780)
Beck-Gernsheim, Elisabeth (1991): *Technik, Markt und Moral. Über Reproduktionsmedizin und Gentechnologie.* Frankfurt/M.: Fischer Taschenbuch Vlg. (Sachbuch 10636)
Beck-Gernsheim, Elisabeth (Hg.) (1995): *Welche Gesundheit wollen wir? Dilemmata des medizintechnischen Fortschritts.* Frankfurt/M.: Suhrkamp Vlg. (edition suhrkamp; Neue Folge; 956)

Beck-Gernsheim, Elisabeth (1995): Genetische Beratung im Spannungsfeld zwischen Klientenwünschen und gesellschaftlichem Erwartungsdruck, 111-138, in: **Beck-Gernsheim,** Elisabeth (Hg.): *Welche Gesundheit wollen wir? Dilemmata des medizintechnischen Fortschritts.* Frankfurt/M.: Suhrkamp Vlg. (edition suhrkamp; Neue Folge; 956)

Behrens, Maria/Sylvia **Meyer-Stumborg**/Georg **Simonis** (Hg.) (1995a): *Gentechnik und die Nahrungsmittelindustrie.* Opladen: Westdeutscher Vlg. (Sozialverträgliche Technikgestaltung; 33)

Behrens, Maria/Sylvia **Meyer-Stumborg**/Georg **Simonis** (1995b): Von den Nachbarn lernen? Die deutsche Nahrungsmittelindustrie im gesellschaftlichen Konflikt um die Einführung der Gentechnik, in: *polis,* 32/1995 (Arbeitspapiere aus der FernUniversität Hagen), 49-89

Berger, Berthold/Helmut **Gaugitsch**/Karl **Kienzl** (1992): *Gentechnologie in Diskussion.* Wien: UBA (UBA-Tagungsberichte; 5)

Bernat, Erwin (Hg.) (1985): *Lebensbeginn durch Menschenhand. Probleme künstlicher Befruchtungstechnologien aus medizinischer, ethischer und juristischer Sicht.* Graz: Leykam Vlg. (Grazer Rechts- und Staatswissenschaftliche Studien; 41)

Bernat, Erwin (1989a): Rechtsfragen im Zusammenhang mit der Kryokonservierung humaner Gameten und Embryonen, in: *ÖRZ,* Jg. 67, Heft 3, 52-54

Bernat, Erwin (1989b): *Rechtsfragen medizinisch assistierter Fortpflanzung.* Franfurt/M.-Paris: Peter Lang Vlg. (Recht & Medizin; 17)

Beyme, Klaus von (1989): Postmoderne und politische Theorie, in: *PVS,* Jg. 30, Heft 2, 209-229

Beyme, Klaus von (1992): *Theorie der Politik im 20. Jahrhundert. Von der Moderne zur Postmoderne.* Frankfurt/M.: Suhrkamp Vlg. (Suhrkamp-Taschenbuch Wissenschaft; 969)

Birnstiel, Max (1992): Einführungsvortrag, schriftliche Fassung, 27-33, in: *EK-B/Bd.3*

Bizer, Johann (1990): VGH Kassel stoppt Gentechnik, in: *KritJ,* Jg. 23, 127-129

Blank, Robert H. (1982): *The Political Implications of Human Genetic Technology.* Boulder: Westview Press (Westview special studies in science, technology, and public policy)

BMFT (Hg.) (1985): *In-vitro-Fertilisation, Genomanalyse und Gentherapie.* Bericht der Benda-Kommission im Auftrag des Bundesministeriums für Forschung und Technologie. Frankfurt/M.-München: J. Schweitzer Vlg. (Gentechnologie: Chancen und Risiken; 6)

Bock, Michael (1988): *Recht ohne Maß. Die Bedeutung der Verrechtlichung für Person und Gemeinschaft.* Berlin: Dietrich Reimer Vlg. (Schriften zur Kultursoziologie; 10)

Bolognese-Leuchtenmüller, Birgit (1992a): Gutachten zum Themenschwerpunkt Gesellschaft, Demokratie und Grundrechte, 115-134, in: *EK-B/Bd.3*

Bolognese-Leuchtenmüller, Birgit (1992b): Ethische Gratwanderung und politische Herausforderung, in: *Edition Zeitthema. Gen & Technik II. Schutz vor/für Wissenschaft?*, Heft 2, 20-23

Bolz, Norbert (1989): Der geklonte Mensch - der letzte Mensch, 269-283, in: **Schuller,** Alexander/Nikolaus **Heim** (Hg.): *Der codierte Leib. Zur Zukunft der genetischen Vergangenheit.* Zürich-München: Artemis Vlg.

Bonß, Wolfgang (1990): Zwischen Emanzipation und Entverantwortlichung - Zum Umgang mit den Risiken der Gentechnologie, 183-205, in: **Grosch,** Klaus/Peter **Hampe**/Joachim **Schmidt** (Hg.): *Herstellung der Natur?* Stellungnahmen zum Bericht der Enquete-Kommission „Chancen und Risiken der Gentechnologie". Frankfurt/M.-New York: Campus Vlg. (Gentechnologie: Chancen und Risiken; 21)

Bonß, Wolfgang (1991): Unsicherheit und Gesellschaft - Argumente für eine soziologische Risikoanalyse, in: *Soziale Welt*, Jg. 42, Heft 2, 258-277

Bora, Alfons (1994): Schwierigkeiten mit der Öffentlichkeit. Zum Wegfall des Erörterungstermins bei Freisetzungen nach dem novellierten Gentechnikgesetz, in: *KritJ*, Jg. 27, 306-322

Böhret, Carl (1986): Politik und Technik. Eine Aufgabe fachwissenschaftlicher und multidisziplinärer Forschung, 12-22, in: **Hartwich,** Hans-Hermann (Hg.): *Politik und die Macht der Technik.* 16. wissenschaftlicher Kongreß der DVPW, 7. bis 10. Oktober 1985 in der Ruhr-Universität Bochum; Tagungsbericht. Opladen: Westdeutscher Vlg. (Wissenschaftlicher Kongreß der DVPW; 16)

Böhret, Carl (1988): Technikfolgen als Problem für die Politiker, 85-117, in: **Zöpel,** Christoph (Hg.): *Technikkontrolle in der Risikogesellschaft.* Bonn: Vlg. Neue Gesellschaft

Bradbury, Judith A. (1989): The Policy Implications of Differing Concepts of Risk, in: *Science, Technology, & Human Values*, Vol. 14, No. 4, 380-399

Brandstetter, Wolfgang/Johannes **Huber**/Herbert **Janisch**/Andreas **Laun** (Hg.) (1985): *Künstliche Befruchtung. Versuch einer Standortbestimmung in medizinischer, strafrechtlicher und moraltheologischer Sicht.* Wien: Facultas Universitätsvlg.

Brauer, Dieter (Hg.) (1995): *Biotechnology. Legal, Economic and Ethical Dimensions.* Weinheim-Tokio: VCH Verlagsgesellschaft (Biotechnology; 12)

Broda, Christian (1985): Einleitungsreferat, 17-29, in: **Bundesministerium für Umwelt, Jugend und Familie** (Hg.): *Familienpolitik und künstliche Fortpflanzung.* Österreichische Enquete am 4. und 5. Dezember 1985 in Wien, Palais Auersperg. Wien: Wiener Vlg.

Broda, Christian (1988): Die künstliche Befruchtung beim Menschen - Zuverlässigkeit und zivilrechtliche Folgen, 237-244, in: **Markl,** Peter (Hg.): Neue Gentechnologie und Zellbiologie. Chancen, Risiken, Probleme. Wien: Edition S - Vlg. der Österreichischen Staatsdruckerei

Bröchler, Stefan (1995): Perspektivenwechsel in der Technikfolgenabschätzung?, 209-224, in: **Martinsen,** Renate/Georg **Simonis** (Hg.): *Paradigmenwechsel in der Technologiepolitik?* Opladen: Leske + Budrich Vlg.

Brünner, Christian (1992): Technikfolgenabschätzung, in: *Monatshefte,* Jg. 48, Heft 3-4, 33-35

Bullard, Linda (1986): Die öffentliche Auseinandersetzung um die Gentechnologie in den USA, 24-36, in: **Kollek,** Regine/Beatrix **Tappeser**/Günter **Altner** (Hg.): *Die ungeklärten Gefahren der Gentechnologie.* Dokumentation eines öffentlichen Fachsymposiums vom 7.-9. März 1986 in Heidelberg. München: J. Schweitzer Vlg. (Gentechnologie: Chancen und Risiken; 10)

Bultmann, Antje/Friedemann **Schmithals** (Hg.) (1994): *Käufliche Wissenschaft. Experten im Dienst von Industrie und Politik.* München: Droemersche Verlagsanstalt Th. Knaur Nachf.

Bundesministerium für Gesundheit, Sport und Konsumentenschutz (1992): Expertise betreffend Inhalt der gentechnikrelevanten Regelungen der EG und des EWR, 331-335, in: *EK-B/Bd.3*

Bundesministerium für Land- und Forstwirtschaft (Hg.) (1990): *Gentechnik in Biotechnologie, Land- und Forstwirtschaft. Möglichkeiten und Folgenabschätzung.* Dokumentation der Informations- und Diskussionsveranstaltung an der Universität für Bodenkultur, Wien, am 1. und 2. März 1990. Wien: AV-Druck (Sonderausgabe der Zeitschrift „Förderungsdienst")

Bundesministerium für Umwelt, Jugend und Familie (Hg.) (1985): *Familienpolitik und künstliche Fortpflanzung.* Österreichische Enquete am 4. und 5. Dezember 1985 in Wien, Palais Auersperg. Wien: Wiener Vlg.

Bundesministerium für Umwelt, Jugend und Familie (Hg.) (1988): *Die ethische Herausforderung der modernen Gen- und Reproduktions-*

technologie im menschlichen Bereich. Enquete, 17. Februar 1988, Palais Prinz Eugen. Wien: Wiener Vlg.

Bundesministerium für Wissenschaft und Forschung (Hg.) (1991): *Gentechnologie im österreichischen Recht*. Studie im Auftrag des BMWuF. Wien: Manz Vlg.

Bundesministerium für Wissenschaft und Verkehr (1997): *Forschungsbericht 1997*. Wien: BMWV

Burgstaller, Manfred (1991): Gentechnologie und österreichisches Strafrecht, 295-361, in: **Bundesministerium für Wissenschaft und Forschung** (Hg.): *Gentechnologie im österreichischen Recht*. Studie im Auftrag des BMWuF. Wien: Manz Vlg.

Burmeister, Klaus/Weert **Canzler**/Rolf **Kreibich** (Hg.) (1991): *Netzwerke. Vernetzungen und Zukunftsgestaltung*. Dokumentation des Symposiums „Vernetzungen - Netzwerke und Zukunftsgestaltung" am 9. Dezember 1989 in Berlin. Weinheim-Basel: Beltz Vlg. (Zukunftsstudien; 2)

Busek, Erhard (1991): Vorwort, XI-XII, in: **Bundesministerium für Wissenschaft und Forschung** (Hg.): *Gentechnologie im österreichischen Recht*. Studie im Auftrag des BMWuF. Wien: Manzsche Verlags- und Universitätsbuchhandlung

C

Cantley, Mark F. (1995): The Regulation of Modern Biotechnology: A Historical and European Perspective. A Case Study in How Societies Cope with New Knowledge in the Last Quarter of the Twentieth Century, 505-681, in: **Brauer,** Dieter (Hg.): *Biotechnology. Legal, Economic and Ethical Dimensions*. Weinheim-Tokio: VCH Verlagsgesellschaft (Biotechnology; 12)

Chargaff, Erwin (1985): Wenig Lärm um Viel. Bemerkungen zur genetischen Bastelsucht, 312-327, in: **Flöhl,** Rainer (Hg.): *Genforschung - Fluch oder Segen? Interdisziplinäre Stellungnahmen*. München: J. Schweitzer Vlg. (Gentechnologie: Chancen und Risiken; 3)

Corea, Gena (1988): *MutterMaschine. Reproduktionstechnologien - von der künstlichen Befruchtung zur künstlichen Gebärmutter*. Frankfurt/M.: Fischer Taschenbuch Vlg. (Die Frau in der Gesellschaft; 4713)

Corea, Gena (1989): Das Manhattan-Projekt der Reproduktionstechniker, 139-154, in: **Weikert,** Aurelia/Johanna **Riegler**/Lisbeth N. **Trallori** (Hg.): *Schöne neue Männerwelt. Beiträge zu Gen- und Fortpflanzungstechnologien*. Wien: Vlg. für Gesellschaftskritik (Aufrisse-Buch; 7)

D

Dachs, Herbert/Roland **Floimair** (Hg.) (1993): *Salzburger Jahrbuch für Politik 1993*. Salzburg: Residenz Vlg.

Dachs, Herbert/Peter **Gerlich**/Herbert **Gottweis**/Franz **Horner**/Helmut **Kramer**/Volkmar **Lauber**/Wolfgang C. **Müller**/Emmerich **Tálos** (Hg.) (1997): *Handbuch des politischen Systems Österreichs. Die Zweite Republik*. Wien: Manzsche Verlags- und Universitätsbuchhandlung

Daele, Wolfgang van den (1982): Genmanipulation. Wissenschaftlicher Fortschritt, private Verwertung und öffentliche Kontrolle in der Molekularbiologie, 133-164, in: **Bechmann,** Gotthard/Helga **Nowotny**/ Werner **Rammert**/Otto **Ullrich**/Richard **Vahrenkamp** (Hg.): *Technik und Gesellschaft*. Jahrbuch 1. Frankfurt/M.: Campus Vlg.

Daele, Wolfgang van den (1985a): Genetische Rationalisierung und Grundrechtsschutz. Verfassungspolitische Aspekte der Anwendung der Genetik auf den Menschen, 135-149, in: **Steger,** Ulrich (Hg.): *Die Herstellung der Natur. Chancen und Risiken der Gentechnologie*. Bonn: Vlg. Neue Gesellschaft

Daele, Wolfgang van den (1985b): *Mensch nach Maß. Ethische Probleme der Genmanipulation und Gentherapie*. München: Vlg. C.H. Beck (Beck'sche Schwarze Reihe; 299)

Daele, Wolfgang van den (1989a): Das zähe Leben des präventiven Zwanges, 205-227, in: **Schuller,** Alexander/Nikolaus **Heim** (Hg.): *Der codierte Leib. Zur Zukunft der genetischen Vergangenheit*. Zürich-München: Artemis Vlg.

Daele, Wolfgang van den (1989b): Kulturelle Bedingungen der Technikkontrolle durch regulative Politik, 197-230, in: **Weingart,** Peter (Hg.) (1989a): *Technik als sozialer Prozeß*. Frankfurt/M.: Suhrkamp Vlg. (Suhrkamp-Taschenbuch Wissenschaft; 795)

Daele, Wolfgang van den (1995): *Akzeptanzprobleme von Innovationen am Beispiel der Gentechnik. Über den Umgang mit hypothetischen Risiken: Diskursergebnisse aus einer partizipatorischen Technikfolgenabschätzung*. Referat und anschließende Diskussion bei der Tagung „Politik und Biotechnologie", 22.-23. Juni 1995, Institut für Höhere Studien, Wien. Persönliche Mitschrift

Daele, Wolfgang van den (1996): *Grüne Gentechnik im Widerstreit: Modell einer partizipativen Technikfolgenabschätzung zum Einsatz transgener herbizidresistenter Pflanzen*. Weinheim-Tokio: VCH Verlagsgesellschaft

Däubler-Gmelin, Herta (Hg.) (1986): *Forschungsobjekt Mensch: Zwischen Hilfe und Manipulation*. Vorschläge der Sozialdemokratischen Partei Deutschlands zur Lösung von Problemen der Unfruchtbarkeit und der Anwendung gentechnologischer Methoden beim Menschen.

München: J. Schweitzer Vlg. (Gentechnologie: Chancen und Risiken; 7)

Damm, Reinhard/Dieter **Hart** (1987): Rechtliche Regulierung riskanter Technologien. Am Beispiel der Gentechnologie nach Vorlage des Berichts der Enquete-Kommission „Chancen und Risiken der Gentechnologie“, in: *KritV*, Jg. 2, 183-216

Dawkins, Richard (1994): *Das egoistische Gen.* Heidelberg-Oxford: Spektrum Akademischer Vlg.

Diskussion beim Symposion „Gen & Recht. Schutz und/oder Behinderung - USA versus Europa“ (1992), in: *Edition Zeitthema. Gen & Technik II. Schutz vor/für Wissenschaft?*, Heft 2, 46-47

Diskussion „Keine Akzeptanz ohne offene Diskussion“ (1993), in: *Edition Zeitthema*, Heft 2, 25-30

Dolata, Ulrich (1993): Nischen- oder Schlüsseltechnologie? Technologische Entwicklungstrends und ökonomische Perspektiven der neuen Biotechnologie, in: *WSI-Mitteilungen*, Jg. 46, Nr. 11, 736-746

Dolata, Ulrich (1996): Gentechnik in Deutschland, in: *Blätter für deutsche und internationale Politik*, Jg. 41, Heft 5, 577-586

Dommelen, Ad van (Hg.) (1996): *Coping with deliberate release: the limits of risk assessment.* Tilburg-Buenos Aires: International Centre for Human and Public Affairs

Douglas, Mary/Aaron **Wildavsky** (1982): *Risk and Culture. An Essay on the Selection of Technological and Environmental Dangers.* Berkeley-New York: Univ. of California Press

Dreitzel, Hans Peter (1971): Rationales Handeln und politische Orientierung, 14-53, in: **Koch,** Claus/Dieter **Senghaas** (Hg.): *Texte zur Technokratiediskussion.* Frankfurt/M.: Europäische Verlagsanstalt (Kritische Studien zur Politikwissenschaft)

Dubiel, Helmut (1986): Neokonservativismus, neue soziale Bewegungen und das Verhältnis von Technik und Politik, 69-74, in: **Hartwich,** Hans-Hermann (Hg.): *Politik und die Macht der Technik.* 16. wissenschaftlicher Kongreß der DVPW, 7. bis 10. Oktober 1985 in der Ruhr-Universität Bochum; Tagungsbericht. Opladen: Westdeutscher Vlg. (Wissenschaftlicher Kongreß der DVPW; 16)

Durant, John/Martin W. **Bauer**/George **Gaskell** (Hg.) (1998): *Biotechnology in the Public Sphere. A European Sourcebook.* London: Science Museum

E

Edlbacher, Oskar (1986): Künstliche Zeugungshilfe - eine Herausforderung für den Gesetzgeber? Eine Erwiderung auf Bernat, in: *ÖJZ*, Jg. 41, Heft 11, 321-327

Edlbacher, Oskar (1988): Eimutter, Ammenmutter, Doppelmutter, in: *ÖJZ*, Jg. 43, Heft 14-15, 417-422

Eichener, Volker/Rolf G. **Heinze**/Helmut **Voelzkow** (1991): Von staatlicher Technikfolgenabschätzung zu gesellschaftlicher Techniksteuerung, in: *APuZ*, Jg. 41, B43/91, 3-14

Ellul, Jacques (1964): *The Technological Society*. New York: Vintage Books

Ellul, Jacques (1972): *The Political Illusion*. New York: Vintage Books

Enders, Christoph (1986): Die Menschenwürde und ihr Schutz vor gentechnologischer Gefährdung, in: *EuGRZ*, Jg. 13, Heft 7, 241-252

Enquete-Kommission des deutschen Bundestages/Wolf-Michael **Catenhusen**/Hanna **Neumeister** (Hg.) (1990): *Chancen und Risiken der Gentechnologie*. Dokumentation des Berichts an den Deutschen Bundestag. Frankfurt/M.-New York: Campus Vlg. (Gentechnologie: Chancen und Risiken; 2) (auch erschienen als BT-DR 10/6775), zit. als *Enquete et al. 1990*

Entwurf eines Bundesgesetzes, mit dem die zivilrechtlichen Folgen der künstlichen Befruchtung geregelt werden (1987), in: *ÖRZ*, Jg. 65, Heft 10, 220

Epp, Astrid (1998): *Divergierende Konzepte von „Verfahrensgerechtigkeit". Eine Kritik der Procedural Justice Forschung*. Berlin: WZB (FS II 98-302)

Ernst & Young (1995): *Biotech '95: Return, Restructure, Renewal. Industry Annual Report*. Internet

Ezrahi, Yaron/Everett **Mendelsohn**/Howard **Segal** (Hg.) (1994): *Technology, Pessimism, and Postmodernism*. Dordrecht-London: Kluwer Academic Publishers (Sociology of the Sciences. A Yearbook; XVII/1993)

F

Feichtinger, Wilfried/Peter **Kemeter** (1985): Über die In-vitro-Fertilisierung beim Menschen, 59-71, in: **Bernat,** Erwin (Hg.): *Lebensbeginn durch Menschenhand. Probleme künstlicher Befruchtungstechnologien aus medizinischer, ethischer und juristischer Sicht*. Graz: Leykam Vlg. (Grazer Rechts- und Staatswissenschaftliche Studien; 41)

Feil, Erich (1994): *Gentechnikgesetz (GTG)*. Wien: Linde Vlg.

Felt, Ulrike/Judith **Kröll** (1998): Ecce Homo Xerox?, in: HEUREKA!, Heft 3, 6-7

Fetscher, Iring (1986): Technik als Weg zur Freiheit? Zur politischen Philosophie einer emanzipatorischen Hoffnung, 23-36, in: **Hartwich,** Hans-Hermann (Hg.): *Politik und die Macht der Technik*. 16. wissenschaftlicher Kongreß der DVPW, 7. bis 10. Oktober 1985 in der Ruhr-

Universität Bochum; Tagungsbericht. Opladen: Westdeutscher Vlg. (Wissenschaftlicher Kongreß der DVPW; 16)

Fischer, Heinz (1990): Beweggründe und Auswirkungen der Geschäftsordnungsreform des Nationalrates, 265-278, in: **Khol,** Andreas/ Günther **Ofner**/Alfred **Stirnemann** (Hg.): *Österreichisches Jahrbuch für Politik 1989*. Wien: Vlg. für Geschichte und Politik/München: R. Oldenbourg Vlg.

Fischer, Klaus (1992): Die Risiken des wissenschaftlichen und technischen Fortschritts, in: *APuZ*, Jg. 42, B15/92, 26-38

Fleckenstein, Joachim O. (1965): *Naturwissenschaft und Politik. Von Galilei bis Einstein*. München: Vlg. Georg D. W. Callwey

Floimair, Roland (Hg.) (1990): *Fortpflanzungsmedizin im Spannungsfeld*. Symposion am 10./11. Mai 1990 im Bildungshaus St. Virgil. Salzburg: Schriftenreihe des Landespressebüros

Flöhl, Rainer (Hg.) (1985): *Genforschung - Fluch oder Segen? Interdisziplinäre Stellungnahmen*. München: J. Schweitzer Vlg. (Gentechnologie: Chancen und Risiken; 3)

Flöter, Jürgen (1993): Lukratives Gen-Investment, in: *Südwind*, Jg. 14, Heft 10, 18-19

FORVMDISKUSSION Genethik : Gentechnik Teil 1, (1990), in: *FORVM*, Jg. 37, Nr. 433/435, 52-59

FORVMDISKUSSION Genethik : Gentechnik Teil 2, (1990), in: *FORVM*, Jg. 37, Nr. 442/443, 38-42

FORVMDISKUSSION Genethik : Gentechnik Teil 3, (1990), in: *FORVM*, Jg. 37, Nr. 444, 64-69

Forschungsjournal Neue Soziale Bewegungen: Schwerpunktheft „Gegenexperten in der Risikogesellschaft", *NSB*, Jg. 3, Heft 1

Forsthoff, Ernst (1971): *Der Staat der Industriegesellschaft. Dargestellt am Beispiel der Bundesrepublik Deutschland*. München: Vlg. C.H. Beck (Beck'sche Schwarze Reihe; 77)

Freudenberg, Andreas/Klaus **Röhring**/Norbert **Stennes** (1990): *Gentechnik. Grundwissen über den politisch-ethischen Dialog*. Frankfurt/M.-New York: Campus Vlg.

Friedrich-Naumann-Stiftung (Hg.) (1985): *Biotechnik und Gentechnologie - Freiheitsrisiko oder Zukunftschance?* Dokumentation eines Fachkongresses am 7. und 8. 1. 1985. München: J. Schweitzer Vlg. (Gentechnologie: Chancen und Risiken; 5)

Friedrichsen, Gisela (1993): *Gentechnologie. Chancen und Gefahren*. Heidelberg: Hüthig Verlagsgemeinschaft (Heidelberger Wegweiser)

Frischenschlager, Friedhelm (1990): Zur Geschäftsordnungsnovelle 1988. Die steckengebliebene Parlamentsreform, 279-299, in: **Khol,** Andreas/Günther **Ofner**/Alfred **Stirnemann** (Hg.): *Österreichisches*

Jahrbuch für Politik 1989. Wien: Vlg. für Geschichte und Politik/ München: R. Oldenbourg Vlg

G

Gaskell, George/Martin W. **Bauer**/John **Durant** (1998a): The representation of biotechnology: policy, media and public perception, 3-12, in: **Durant**, John/Martin W. **Bauer**/George **Gaskell** (Hg.): *Biotechnology in the Public Sphere. A European Sourcebook*. London: Science Museum

Gaskell, George/Martin W. **Bauer**/John **Durant** (1998b): Public perceptions of biotechnology in 1996: Eurobarometer 46.1, 189-214, in: **Durant**, John/Martin W. **Bauer**/George **Gaskell** (Hg.): *Biotechnology in the Public Sphere. A European Sourcebook*. London: Science Museum

Gaugitsch, Helmut/Karl **Kienzl**/Alois **Palmetshofer**/Helge **Torgersen** (1992): *Freisetzungen gentechnisch veränderter Organismen. Wege zur Beurteilung ökologischer Auswirkungen*. Wien: FTB/UBA (UBA-Tagungsberichte; 6)

Gaugitsch, Helmut/Helge **Torgersen** (1994): *Umweltauswirkungen gentechnisch veränderter Organismen. Freisetzungskriterien international und in Österreich*. Wien: ITA/UBA (UBA-Tagungsberichte; 12)

Gerlach, Florian (1993): *Das Genehmigungsverfahren zum Gentechnikgesetz*. Baden-Baden: Nomos Vlg. (Schriftenreihe Biotechnologie und Recht; 2)

Gerlich, Peter (1992): Gutachten zum Themenschwerpunkt Gesellschaft, Demokratie und Grundrechte, 135-142, in: *EK-B/Bd.3*

Gill, Bernhard (1991a): Gen-ethisches Netzwerk (GEN) - Auf daß die Vergangenheit nicht zur Zukunft werde, 76-81, in: **Burmeister,** Klaus/ Weert **Canzler**/Rolf **Kreibich** (Hg.): *Netzwerke. Vernetzungen und Zukunftsgestaltung*. Dokumentation des Symposiums „Vernetzungen - Netzwerke und Zukunftsgestaltung" am 9. Dezember 1989 in Berlin. Weinheim-Basel: Beltz Vlg. (Zukunftsstudien; 2)

Gill, Bernhard (1991b): *Gentechnik ohne Politik. Wie die Brisanz der Synthetischen Biologie von wissenschaftlichen Institutionen, Ethik- und anderen Kommissionen systematisch verdrängt wird*. Frankfurt/M.-New York: Campus Vlg. (Gentechnologie: Chancen und Risiken; 28)

Gill, Bernhard (1996): Germany: splicing genes, splitting society, in: *SPP*, Vol. 23, No. 3, 175-179

Ginzky, Harald (1993): „Ballast" über Bord. Zur Novellierung des Gentechnikgesetzes, in: *Wechselwirkung*, Jg. 15, Nr. 62, 33-36

Gottweis, Herbert (1988): Politik in der Risikogesellschaft, in: *ÖZP*, Jg. 17, Heft 1, 3-15
Gottweis, Herbert (1995a): *Governing Molecules: The Politics of Genetic Engineering in Britain, France, Germany, and in the European Union.* Habilitationsschrift an der Geisteswissenschaftlichen Fakultät der Universität Salzburg
Gottweis, Herbert (1995b): Genetic Engineering, Democracy, and the Politics of Identity, in: *Social Text*, 42, Spring 1995, 127-152
Gottweis, Herbert (1995c): German politics of genetic engineering and its deconstruction, in: *Social Studies of Science*, 25/95, 195-235
Gottweis, Herbert (1996): Making Life Governable: Genetic Engineering Regulation in the European Union, Papier präsentiert beim Workshop „Biotechnologie und Politik", 16.-18. Mai 1996, Senatsinstitut für Politikwissenschaft, Salzburg
Gottweis, Herbert (1997): Biotechnologiepolitik, 664-669, in: **Dachs,** Herbert/Peter **Gerlich**/Herbert **Gottweis**/Franz **Horner**/Helmut **Kramer**/Volkmar **Lauber**/Wolfgang C. **Müller**/Emmerich **Tálos** (Hg.): *Handbuch des politischen Systems Österreichs. Die Zweite Republik.* Wien: Manzsche Verlags- und Universitätsbuchhandlung
Gottweis, Herbert/Michael **Latzer** (1997): Technologiepolitik, 652-663, in: **Dachs,** Herbert/Peter **Gerlich**/Herbert **Gottweis**/Franz **Horner**/Helmut **Kramer**/Volkmar **Lauber**/Wolfgang C. **Müller**/Emmerich **Tálos** (Hg.): *Handbuch des politischen Systems Österreichs. Die Zweite Republik.* Wien: Manzsche Verlags- und Universitätsbuchhandlung
Görg, Christoph (Hg.) (1994): *Gesellschaft im Übergang. Perspektiven kritischer Soziologie.* Darmstadt: Wissenschaftliche Buchgesellschaft
Grabner, Petra M./Elisabeth **Wolfgruber** (1992): Kinder machen - Über den politischen Umgang mit der Reproduktionsmedizin in Salzburg, in: *ÖZP*, Jg. 21, Heft 1, 43-57
Grabner, Petra/Helge **Torgersen** (1998): Österreichs Gentechnikpolitik - Technikkritische Vorreiterrolle oder Modernisierungsverweigerung? in: *ÖZP*, Jg. 27, Heft 1, 5-27
Gray, Pat/Paul ´t **Hart** (Hg.) (1998): *Public Policy Disasters in Western Europe.* London-New York: Routledge (Routledge Research in European Public Policy; 3)
Greiffenhagen, Martin (1971): Demokratie und Technokratie, 54-70, in: **Koch,** Claus/Dieter **Senghaas** (Hg.): *Texte zur Technokratiediskussion.* Frankfurt/M.: Europäische Verlagsanstalt (Kritische Studien zur Politikwissenschaft)
Greven, Michael Th./Peter **Kühler**/Manfred **Schmitz** (Hg.) (1994): *Politikwissenschaft als Kritische Theorie. Festschrift für Kurt Lenk.* Baden-Baden: Nomos Verlagsgesellschaft

Grosch, Klaus/Peter **Hampe**/Joachim **Schmidt** (Hg.) (1990): *Herstellung der Natur?* Stellungnahmen zum Bericht der Enquete-Kommission „Chancen und Risiken der Gentechnologie“. Frankfurt/M.-New York: Campus Vlg. (Gentechnologie: Chancen und Risiken; 21)

Gründel, Johannes (1990): Theologisch-ethische Aspekte zur Beurteilung der Fortpflanzungsmedizin, 35-45, in: **Floimair,** Roland (Hg.): *Fortpflanzungsmedizin im Spannungsfeld.* Symposion am 10./11. Mai 1990 im Bildungshaus St. Virgil. Salzburg: Schriftenreihe des Landespressebüros

Gutachten der Kommission der Österreichischen Rektorenkonferenz für In-Vitro-Fertilisation (1986), 12-31, in: *Bericht BMWuF 1986*

H

Hart, Dieter (1989): Rechtspolitik und Gentechnologie. Bestehende Regelungen, Regelungsvorschläge der EG-Kommission und der Bundesregierung, in: *KritJ*, Jg. 22, 99-109

Hartfiel, Günter/Karl-Heinz **Hillmann** (1982): *Wörterbuch der Soziologie.* Stuttgart: Kröner Vlg. (Kröners Taschenausgabe; 410)

Hartwich, Hans-Hermann (Hg.) (1986): *Politik und die Macht der Technik.* 16. wissenschaftlicher Kongreß der DVPW, 7. bis 10. Oktober 1985 in der Ruhr-Universität Bochum; Tagungsbericht. Opladen: Westdeutscher Vlg. (Wissenschaftlicher Kongreß der DVPW; 16)

Haupt, Herbert/Klara **Motter**/Thomas **Barmüller**/Elfriede **Hänfling** (1992): Technikfolgen-Abschätzung am Beispiel der Gentechnologie (Teil 1), in: *Freie Argumente*, Jg. 19, Folge 4, 22-28

Haupt, Herbert/Klara **Motter**/Thomas **Barmüller**/Elfriede **Hänfling** (1993): Technikfolgen-Abschätzung am Beispiel der Gentechnologie (Teil 2), in: *Freie Argumente*, Jg. 20, Folge 1, 40-50

Heitler, Walter (1990): Die Definition des Menschen und ihre Folgen, 473-487, in: **Herbig,** Jobst/Rainer **Hohlfeld** (Hg.): *Die zweite Schöpfung. Geist und Ungeist in der Biologie des 20. Jahrhunderts.* München-Wien: Carl Hanser Vlg.

Hempel, Hans-Peter (1989): Gentechnologie - und wohin mit der Moral?, 176-204, in: **Schuller,** Alexander/Nikolaus **Heim** (Hg.): *Der codierte Leib. Zur Zukunft der genetischen Vergangenheit.* Zürich-München: Artemis Vlg.

Herbig, Jobst/Rainer **Hohlfeld** (Hg.) (1990): *Die zweite Schöpfung. Geist und Ungeist in der Biologie des 20. Jahrhunderts.* München-Wien: Carl Hanser Vlg.

Heydemann, Berndt (1990): Freisetzung gentechnisch veränderter Organismen - Chancen und Risiken, 98-111, in: **Grosch,** Klaus/Peter **Hampe**/Joachim **Schmidt** (Hg.): *Herstellung der Natur?* Stellungnahmen zum Bericht der Enquete-Kommission „Chancen und Risiken der Gentechnologie". Frankfurt/M.-New York: Campus Vlg. (Gentechnologie: Chancen und Risiken; 21)

Hobsbawm, Eric (1995): *Das Zeitalter der Extreme. Weltgeschichte des 20. Jahrhunderts*. München-Wien: Carl Hanser Vlg.

Hofer, Karin (1995): *Vom Wachstumshindernis zur nachhaltigen Entwicklung? Entwicklungslinien im Umweltdiskurs der Europäischen Union*. Diplomarbeit an der Geisteswissenschaftlichen Fakultät, Senatsinstitut für Politikwissenschaft, Universität Salzburg

Hofer, Robert (1994): *Verfassungsrechtliche Aspekte der Gentechnologie*. Diplomarbeit aus Verfassungsrecht, Universität Salzburg

Hofinger, Christoph/Günther **Ogris** (1997): *Wählerstromanalyse des Gentechnik- und Frauenvolksbegehrens 1997*. Forschungsbericht des Institute for Social Research and Analysis (SORA). Wien: SORA

Hohlfeld, Rainer (1989): Die zweite Schöpfung des Menschen - eine Kritik der Idee der biochemischen und genetischen Verbesserung des Menschen, 228-248, in: **Schuller,** Alexander/Nikolaus **Heim** (Hg.): *Der codierte Leib. Zur Zukunft der genetischen Vergangenheit*. Zürich-München: Artemis Vlg.

Hoppichler, Josef (1991): *Das Prinzip Verantwortungslosigkeit. Die Folgen der Gen- und Biotechnologie für die Landwirtschaft*. Wien: Bundesanstalt für Bergbauernfragen (Forschungsbericht; 30)

Horner, Franz (1993): Fortpflanzungsmedizin in Salzburg - weltanschauliche und gesellschaftspolitische Aspekte, 168-184, in: **Dachs,** Herbert/Roland **Floimair** (Hg.): *Salzburger Jahrbuch für Politik 1993*. Salzburg: Residenz Vlg.

Huber, Johannes (1992): Gen-Technik, Gen-Ethik, in: *Edition Zeitthema. Gen & Technik II. Schutz vor/für Wissenschaft?*, Heft 2, 24-26

Huber, Joseph (1990): Technikbild und Weltbild. Kontroversen zur Technik, in: *gdi impuls*, Jg. 8, Nr. 1, 39-49

Huber, Susanne/Manfred **Stelzer** (1991): Öffentlich-rechtliche Rechtsfragen der Gentechnologie, 1-189, in: **Bundesministerium für Wissenschaft und Forschung** (Hg.): *Gentechnologie im österreichischen Recht*. Studie im Auftrag des BMWuF. Wien: Manz Vlg.

Hutschenreiter, Gernot (1992): Technologieförderung in Österreich. Evaluierung der Technologieförderungsprogramme der Bundesregierung 1985/1987, in: *WIFO Monatsberichte*, Jg. 65, Nr. 9, 481-487

Hutschenreiter, Gernot/Hannes **Leo** (1992): Künftige Aufgaben der österreichischen Technologiepolitik, in: *Wirtschaftspolitische Blätter*, Jg. 39, Nr. 4, 453-460

Hutschenreiter, Gernot/Norbert **Knoll**/Manfred **Paier**/Fritz **Ohler** (1998): *Der Österreichische Technologiebericht 1997, Kurzfassung.* Internet, BMWV Homepage

IJ

Idel, Anita/Rolf **Kamphausen** (1986): Angepaßte Landrassen - oder Nutztiere aus der Retorte? - Der fragwürdige Beitrag der Gentechnologie zur Tierzüchtung, 136-152, in: **Kollek,** Regine/Beatrix **Tappeser**/Günter **Altner** (Hg.): *Die ungeklärten Gefahren der Gentechnologie.* Dokumentation eines öffentlichen Fachsymposiums vom 7.-9. März 1986 in Heidelberg. München: J. Schweitzer Vlg. (Gentechnologie: Chancen und Risiken; 10)

Illich, Ivan (1975): *Selbstbegrenzung. Eine politische Kritik der Technik.* Reinbek/Hamburg: Rowohlt Vlg.

Ingersleben, Sigurd von (1985): Gentechnologie als Innovationsstrategie, in: *Blätter für deutsche und internationale Politik*, Jg. 30, Heft 11, 1378-1387

Inglehart, Ronald (1971): The Silent Revolution in Europe: Intergenerational Change in Post-Industrial Societies, in: *American Political Science Review*, Vol. LXV, No. 4, 991-1017

Interview mit Prof. Max Birnstiel (1991): Gentechnik gegen Krebs und Aids, in: *io Management Zeitschrift*, Jg. 60, Nr. 3, 12-17

Interview mit Klara Motter, Lothar Müller und Heribert Steinbauer (1992): Politik am Prüfstand, in: *Edition Zeitthema. Gen & Technik II. Schutz vor/für Wissenschaft?*, Heft 2, 4-7

Ismayr, Wolfgang (1996): Enquete-Kommissionen des Deutschen Bundestages, in: *APuZ*, Jg. 46, B 27/96, 29-41

Jasanoff, Sheila/Gerald E. **Markle**/James C. **Petersen**/Trevor **Pinch** (Hg.) (1995): *Handbook of Science and Technology Studies.* Thousand Oaks-New Delhi: Sage Publications

Jungk, Robert/Hans Josef **Mundt** (Hg.) (1988): *Das umstrittene Experiment: Der Mensch.* 27 Wissenschaftler diskutieren die Elemente einer biologischen Revolution. Dokumentation des Ciba-Symposiums „Man and His Future". Frankfurt/M.-München: J. Schweitzer Vlg. (Gentechnologie: Chancen und Risiken; 16)

Jülich, Ralf, unter Mitarbeit von Sven **Deimann** (1998): *Öffentlichkeitsbeteiligung in gentechnikrechtlichen Zulassungsverfahren im internationalen Vergleich.* Die Ausgestaltung von Informations- und Partizipationsrechten in den EU-Mitgliedstaaten, der Schweiz und Norwegen. Berlin: WZB (FS II 98-301)

K

Kaiser, Markus (1990): Entstehung, Entwicklung und Struktur der Antigen-Bewegung, in: *NSB*, Jg. 8, Heft 3, 85-95

Kamphausen, Rolf (1990): Gentechnik in der Tierproduktion, 67-72, in: **Grosch,** Klaus/Peter **Hampe**/Joachim **Schmidt** (Hg.): *Herstellung der Natur?* Stellungnahmen zum Bericht der Enquete-Kommission „Chancen und Risiken der Gentechnologie". Frankfurt/M.-New York: Campus Vlg. (Gentechnologie: Chancen und Risiken; 21)

Katholische Presseagentur (Hg.) (1987): Instruktionen über die Achtung vor dem beginnenden menschlichen Leben und die Würde der Fortpflanzung. Antworten auf einige aktuelle Fragen, Sonderpublikation 87/2

Kaufmann, Arthur (1985): Der entfesselte Prometheus. Fragen der Humangenetik und der Fortpflanzungstechnologien aus rechtlicher Sicht, 259-277, in: **Flöhl,** Rainer (Hg.): *Genforschung - Fluch oder Segen? Interdisziplinäre Stellungnahmen.* München: J. Schweitzer Vlg. (Gentechnologie: Chancen und Risiken; 3)

Kevles, Daniel J. (1985): *In the Name of Eugenics. Genetics and the Uses of Human Heredity.* New York: Alfred A. Knopf Vlg.

Khol, Andreas/Günther **Ofner**/Alfred **Stirnemann** (Hg.) (1990): *Österreichisches Jahrbuch für Politik 1989.* Wien: Vlg. für Geschichte und Politik/München: R. Oldenbourg Vlg.

Khol, Andreas/Günther **Ofner**/Alfred **Stirnemann** (Hg.) (1998): *Österreichisches Jahrbuch für Politik 1997.* Wien: Vlg. für Geschichte und Politik/München: R. Oldenbourg Vlg.

Kiper, Manuel (1986): Herbizidresistente Pflanzen - toxikologische und ökologische Aspekte, 95-103, in: **Kollek,** Regine/Beatrix **Tappeser**/Günter **Altner** (Hg.): *Die ungeklärten Gefahren der Gentechnologie.* Dokumentation eines öffentlichen Fachsymposiums vom 7.-9. März 1986 in Heidelberg. München: J. Schweitzer Vlg. (Gentechnologie: Chancen und Risiken; 10)

Kloepfer, Michael/Kilian **Delbrück** (1990): Zum neuen Gentechnikgesetz (GenTG), in: *Die öffentliche Verwaltung*, Jg. 43, Heft 21, 897-906

Koch, Claus/Dieter **Senghaas** (Hg.) (1971): *Texte zur Technokratiediskussion.* Frankfurt/M.: Europäische Verlagsanstalt (Kritische Studien zur Politikwissenschaft)

Koch, Claus (1994): *Ende der Natürlichkeit. Eine Streitschrift zu Bio-Technik und Bio-Moral.* München-Wien: Carl Hanser Vlg.

Köck, Wolfgang (1993): Die rechtliche Bewältigung technischer Risiken. Bestandsaufnahme und Ausblick vor dem Hintergrund der Risiko-Debatte, in: *KritJ*, Jg. 26, 125-145

Kollek, Regine/Beatrix **Tappeser**/Günter **Altner** (Hg.) (1986): *Die ungeklärten Gefahren der Gentechnologie.* Dokumentation eines öffentlichen Fachsymposiums vom 7.-9. März 1986 in Heidelberg. München: J. Schweitzer Vlg. (Gentechnologie: Chancen und Risiken; 10)

Kollek, Regine (1986): Sicherheitsaspekte der experimentellen Arbeit mit Retroviren, 49-69), in: **Kollek,** Regine/Beatrix **Tappeser**/Günter **Altner** (Hg.): *Die ungeklärten Gefahren der Gentechnologie.* Dokumentation eines öffentlichen Fachsymposiums vom 7.-9. März 1986 in Heidelberg. München: J. Schweitzer Vlg. (Gentechnologie: Chancen und Risiken; 10)

Kollek, Regine/John **Collins** (1986): Die Entstehungsgeschichte von AIDS. Ein Streitgespräch mit Regine Kollek und John Collins, 89-94, in: **Kollek,** Regine/Beatrix **Tappeser**/Günter **Altner** (Hg.): *Die ungeklärten Gefahren der Gentechnologie.* Dokumentation eines öffentlichen Fachsymposiums vom 7.-9. März 1986 in Heidelberg. München: J. Schweitzer Vlg. (Gentechnologie: Chancen und Risiken; 10)

Koslowski, Peter (1989): Risikogesellschaft als Grenzerfahrung der Moderne. Für eine post-moderne Kultur, in: *APuZ*, Jg. 39, B36/89, 14-30

Koslowski, Peter (1991): Genetisierung und Verlust der Gestalt, in: *APuZ*, Jg. 41, B 6/91, 43-54

Kourilsky, Philippe (1989): *Genetik - Gentechnik - Genmanipulation. Riesenmoleküle als Handwerker des Lebens.* München-Zürich: Piper Vlg.

Kowarik, Ingo/Herbert **Sukopp** (1986): Ökologische Folgen der Einführung neuer Pflanzenarten, 111-135, in: **Kollek,** Regine/Beatrix **Tappeser**/Günter **Altner** (Hg.): *Die ungeklärten Gefahren der Gentechnologie.* Dokumentation eines öffentlichen Fachsymposiums vom 7.-9. März 1986 in Heidelberg. München: J. Schweitzer Vlg. (Gentechnologie: Chancen und Risiken; 10)

Kramer, Helmut (1997): Strukturentwicklung der Außenpolitik (1945-1996), 715-739, in: **Dachs,** Herbert/Peter **Gerlich**/Herbert **Gottweis**/ Franz **Horner**/Helmut **Kramer**/Volkmar **Lauber**/Wolfgang C. **Müller**/Emmerich **Tálos** (Hg.): *Handbuch des politischen Systems Österreichs. Die Zweite Republik.* Wien: Manzsche Verlags- und Universitätsbuchhandlung

Kreil, Günther (1992a): Kein Handlungsbedarf für ein Gentechnik-Gesetz, in: *Edition Zeitthema. Gen & Technik II. Schutz vor/für Wissenschaft?*, Heft 2, 10-13

Kreil, Günther (1992b): „Wehret den Anfängen“, in: *Edition Zeitthema. Gen & Technik II. Schutz vor/für Wissenschaft?*, Heft 2, 28-29

Kresbach, Georg (1991): Gewerblicher Rechtsschutz und Gentechnologie nach österreichischem Recht, 225-263, in: **Bundesministerium**

für Wissenschaft und Forschung (Hg.): *Gentechnologie im österreichischen Recht*. Studie im Auftrag des BMWuF. Wien: Manz Vlg.

Krimsky, Sheldon (1982): *Genetic Alchemy: The Social History of the Recombinant DNA Controversy*, Cambridge/Mass.: MIT Press

Krimsky, Sheldon (1991): *Biotechnics & Society: The Rise of Industrial Genetics*, New York: Praeger

Krohn, Wolfgang (1989): Die Verschiedenheit der Technik und die Einheit der Techniksoziologie, 15-43, in: **Weingart,** Peter (Hg.): *Technik als sozialer Prozeß*. Frankfurt/M.: Suhrkamp Vlg. (Suhrkamp-Taschenbuch Wissenschaft; 795)

Krücken, Georg (1994): „Risikosoziologie". Stand und Perspektiven der sozialwissenschaftlichen Risikoforschung, 207-225, in: **Rammert,** Werner/Gotthard **Bechmann** (Hg.): *Technik und Gesellschaft*. Jahrbuch 7. Frankfurt/M.-New York: Campus Vlg.

Kübler, Friedrich (1985): *Verrechtlichung von Wirtschaft, Arbeit und sozialer Solidarität*. Frankfurt/M.: Suhrkamp Vlg. (Suhrkamp-Taschenbuch Wissenschaft; 537)

Kübler, Friedrich (1985): Einleitung, 7-10, in: **Kübler,** Friedrich (1985): *Verrechtlichung von Wirtschaft, Arbeit und sozialer Solidarität*. Frankfurt/M.: Suhrkamp Vlg. (Suhrkamp-Taschenbuch Wissenschaft; 537)

Küng, Valentin/Othmar **Käppeli** (1994): Technikfolgen-Abschätzung der Gentechnologie. Auf dem Wege zu einem rationalen Diskurs, in: *Gaia*, Jg. 3, Nr. 4, 188-198

Künzler, Ingrid (1990): *Macht der Technik - Ohnmacht des Rechts? Regelungsbedarf und Regelungsmöglichkeiten im Bereich Gentechnologie*. Frankfurt/M.-Paris: Peter Lang Vlg. (Bielefelder Rechtsstudien. Schriftenreihe für Gesetzgebungswissenschaft, Rechtstatsachenforschung und Kriminalpolitik; 1)

Küster, Hansjörg (1993): Technik und Gesellschaft in frühen Kulturen der Menschheit, 35-54, in: **Albrecht,** Helmuth/Charlotte **Schönbeck** (Hg.): *Technik und Gesellschaft*. Düsseldorf: VDI-Verlag (Technik und Kultur; 10)

L

Ladurner, Paul (1988): Der Stand der Gesetzgebung über die künstliche Fortpflanzung (Eine Stellungnahme zum neuen „Entwurf eines Bundesgesetzes, mit dem die zivilrechtlichen Folgen der künstlichen Fortpflanzung geregelt werden"), in: *ÖJZ*, Jg. 43, Heft 14/15, 422-427

Ladurner, Paul (1991): Ein neues Fortpflanzungshilfegesetz. Einige kritische Bemerkungen zum Entwurf, in: *ÖJZ*, Jg. 46, Heft 9, 289-293

Langenohl, Ewald (1992): Gutachten zum Themenschwerpunkt Risikoforschung und Sicherheit, 50-86, in: *EK-B/Bd.3*

Langthaler, Monika (1996): Pressekonferenz: Umweltpolitik ohne Konzept und ohne Haftung. Die Ökobilanz des Konsolidierungsprogramms. Vergleich der Regierungsübereinkommen 1990, 94 und 96, Internet

Lanz-Zumstein, Moni (Hg.) (1986): *Embryonenschutz und Befruchtungstechnik.* Seminarbericht und Stellungnahmen aus der Arbeitsgruppe „Gentechnologie" des Deutschen Juristinnenbundes. München: J. Schweitzer Vlg. (Gentechnologie: Chancen und Risiken; 9)

Lauber, Volkmar (1979): Efficiency and After: The Dilemma of the Technicized State, in: *Alternative Futures*, Vol. 2, No. 4, 47-65

Lauber, Volkmar (1997): Austria: a latecomer which became a pioneer, 81-118, in: **Andersen**, Mikael Skou/Duncan **Liefferink** (Hg.): *European Environmental Policy. The pioneers.* Manchester/New York: Manchester University Press (Issues in Environmental Politics)

Laun, Andreas (1985): Thesen zur ethischen Bewertung der In-Vitro-Fertilisation aus der Sicht eines katholischen Moraltheologen, 69-90, in: **Brandstetter**, Wolfgang/Johannes **Huber**/Herbert **Janisch**/ Andreas **Laun** (Hg.): *Künstliche Befruchtung. Versuch einer Standortbestimmung in medizinischer, strafrechtlicher und moraltheologischer Sicht.* Wien: Facultas Universitätsvlg.

Leisinger, Thomas (1990): Gentechnologie und Umwelt, 69-85, in: **Bundesministerium für Land- und Forstwirtschaft** (Hg.): *Gentechnik in Biotechnologie, Land- und Forstwirtschaft. Möglichkeiten und Folgenabschätzung.* Dokumentation der Informations- und Diskussionsveranstaltung an der Universität für Bodenkultur, Wien, am 1. und 2. März 1990. Wien: AV-Druck (Sonderausgabe der Zeitschrift „Förderungsdienst")

Lenk, Hans (1994): *Macht und Machbarkeit der Technik.* Stuttgart: Reclam Vlg. (Universal-Bibliothek; 8989)

Lenk, Kurt (1986): Theorie des Topos „Technischer Staat", 45-51, in: **Hartwich,** Hans-Hermann (Hg.): *Politik und die Macht der Technik.* 16. wissenschaftlicher Kongreß der DVPW, 7. bis 10. Oktober 1985 in der Ruhr-Universität Bochum; Tagungsbericht. Opladen: Westdeutscher Vlg. (Wissenschaftlicher Kongreß der DVPW; 16)

Leo, Hannes (1992): Technologiepolitik in Österreich, in: *CA-Quarterly*, Nr. I-II/92, 23-27

Leskien, Dan (1992): Gutachten zum Themenschwerpunkt Gesellschaft, Demokratie und Grundrechte, 143-168, in: *EK-B/Bd.3*

Levidow, Les/Susan **Carr**/René von **Schomberg**/David **Wield** (1995): *Deliberate Release Directive 90/220: EU-Level Policy Issues.* 'GMO Releases: Managing Uncertainty about Biosafety'. A Study of the Implementation of EC Directive 90/220. Open University

Levidow, Les/Susan **Carr**/René von **Schomberg**/David **Wield** (1996): Bounding the Risk Assessment of a Herbicide-Tolerant Crop, 81-102, in: **Dommelen,** Ad van (Hg.): *Coping with deliberate release: the limits of risk assessment.* Tilburg-Buenos Aires: International Centre for Human and Public Affairs

Lewisch, Peter (1990): Leben und sterben lassen. Zur Frage verbrauchender Experimente an Embryonen, in: *ÖJZ*, Jg. 45, Heft 5, 133-142

Loebenstein, Edwin (1987a): Die Zukunft der Grundrechte im Lichte der künstlichen Fortpflanzung des Menschen (Teil 1), in: *JBl*, Jg. 109, Heft 21/22, 694-703

Loebenstein, Edwin (1987b): Die Zukunft der Grundrechte im Lichte der künstlichen Fortpflanzung des Menschen (Schluß), in: *JBl*, Jg. 109, Heft 23/24, 749-757

Loibl, Gerhard/Manfred **Stelzer** (1997): *Nationale Souveränität im Gentechnikrecht. Völkerrechtliche und europarechtliche Vorgaben für eine weitgehende Regelung der Gentechnik.* Rechtsgutachten im Auftrag des Bundeskanzleramts: Wien

Lorenz, Sönke (1993): Technik und Gesellschaft im Mittelalter, 71-86, in: **Albrecht,** Helmuth/Charlotte **Schönbeck** (Hg.): *Technik und Gesellschaft.* Düsseldorf: VDI-Verlag (Technik und Kultur; 10)

Lubitz, Werner/Gabriele **Halfmann** (1992): Gutachten zum Themenschwerpunkt Risikoforschung und Sicherheit, 87-100, in: *EK-B/Bd.3*

Luf, Gerhard/Richard **Potz** (1991): Probleme der Verrechtlichung der Gentechnologie, 362-428, in: **Bundesministerium für Wissenschaft und Forschung** (Hg.): *Gentechnologie im österreichischen Recht.* Studie im Auftrag des BMWuF. Wien: Manz Vlg.

Luginbühl, Marianne (1992): *Menschenschöpfungsmythen. Ein Vergleich zwischen Griechenland und dem Alten Orient.* Frankfurt/M.-Wien: Peter Lang Vlg. (Europäische Hochschulschriften: Reihe 15, Klassische Sprachen und Literaturen; 58)

Lyon, Nancy (1990): Die Reproduktionsmedizin als Kulturzerstörung, 75-84, in: **Floimair,** Roland (Hg.): *Fortpflanzungsmedizin im Spannungsfeld.* Symposion am 10./11. Mai 1990 im Bildungshaus St. Virgil. Salzburg: Schriftenreihe des Landespressebüros

M

Mai, Manfred (1991): Technikfolgenabschätzung zwischen Parlament und Regierung, in: *APuZ*, Jg. 41, B43/91, 15-25

Mai, Manfred (1992): Technikblindheit des Rechts - Technikignoranz der Juristen? Anmerkungen zum Verhältnis „Technik und Recht“ aus der Sicht der Soziologie, in: *ZfRSoz*, Jg. 13, Heft 2, 257-270

Markl, Peter (Hg.) (1988): Neue Gentechnologie und Zellbiologie. Chancen, Risiken, Probleme. Wien: Edition S - Vlg. der Österreichischen Staatsdruckerei

Martin, Hans-Peter/Harald **Schumann** (1996): *Die Globalisierungsfalle. Der Angriff auf Demokratie und Wohlstand.* Reinbek/Hamburg: Rowohlt Vlg.

Martinsen, Renate/Josef **Melchior** (1994): *Innovative Technologiepolitik. Optionen sozialverträglicher Technikgestaltung. Mit einer Fallstudie über Österreich.* Pfaffenweiler: Centaurus-Verlagsgesellschaft

Martinsen, Renate/Georg **Simonis** (Hg.) (1995): *Paradigmenwechsel in der Technologiepolitik?* Opladen: Leske + Budrich Vlg.

Martinsen, Renate (Hg.) (1997a): *Politik und Biotechnologie. Die Zumutung der Zukunft.* Baden-Baden: Nomos Verlagsgesellschaft

Martinsen, Renate (1997b): Sozialverträglichkeit als Leitbild der Technikgestaltung? Grenzen des Konzepts am Beispiel der Sozialverträglichkeitsregelung des österreichischen Gentechnikgesetzes, 209-233, in: **Martinsen,** Renate (Hg.): *Politik und Biotechnologie. Die Zumutung der Zukunft.* Baden-Baden: Nomos Verlagsgesellschaft

Meadows, Dennis/Donella **Meadows**/Erich **Zahn**/Peter **Milling** (1972): *Die Grenzen des Wachstums. Bericht des Club of Rome zur Lage der Menschheit.* Stuttgart: Deutsche Verlags-Anstalt

Meadows, Donella H. et al. (1977): Technology and the Limits to Growth, 59-81, in: **Teich,** Albert H. (Hg.): *Technology and Man's Future.* New York: St. Martin's Press

Mehring, Reinhard (1992): *Carl Schmitt zur Einführung.* Hamburg: Junius Vlg. (Zur Einführung; 76)

Meixner, Otto (1990): Rechtliche Rahmenbedingungen für die Gentechnik in Österreich, 98-107, in: **Bundesministerium für Land- und Forstwirtschaft** (Hg.): *Gentechnik in Biotechnologie, Land- und Forstwirtschaft. Möglichkeiten und Folgenabschätzung.* Dokumentation der Informations- und Diskussionsveranstaltung an der Universität für Bodenkultur, Wien, am 1. und 2. März 1990. Wien: AV-Druck (Sonderausgabe der Zeitschrift „Förderungsdienst")

Merchant, Carolyn (1994): *Der Tod der Natur. Ökologie, Frauen und neuzeitliche Naturwissenschaft.* Müchen: Vlg. C.H. Beck (Beck'sche Reihe; 1084)

Meyer-Abich, Klaus Michael (1989): Von der Wohlstandsgesellschaft zur Risikogesellschaft. Die gesellschaftliche Bewertung industriewirtschaftlicher Risiken, in: *APuZ*, Jg. 39, B36/89, 31-42

Mikl, Markus/Helge **Torgersen** (1996): Austria's biotechnology regulation: from 'virtual releases' to public protest, in: *SPP*, Vol. 23, No. 3, 195-200

Misa, Thomas J. (1992): Theories of Technological Change: Parameters and Purposes, in: *Science, Technology & Human Values*, Vol. 17, No. 1, 3-12
Müller, Lothar (1990): Meldepflicht für Gentechnik. Gesetzliche Regelungen der Gentechnologie, in: *Zukunft*, Jg. 45, Heft 5, 18-20
Müller, Lothar (1991): Gentechnologie - Herausforderung für Politik und Recht, in: *Akzente*, 1/91, 25-27
Müller-Neumann, Markus/Heike **Langenbucher** (1991): Gentechnik und Humangenetik, in: *APuZ*, Jg. 41, B 6/91, 3-11

N

Nass, Gisela (1986): Ökologische und toxikologische Auswirkungen der Verwendung herbizidresistenter Pflanzen, 104-110, in: **Kollek,** Regine/Beatrix **Tappeser**/Günter **Altner** (Hg.): *Die ungeklärten Gefahren der Gentechnologie.* Dokumentation eines öffentlichen Fachsymposiums vom 7.-9. März 1986 in Heidelberg. München: J. Schweitzer Vlg. (Gentechnologie: Chancen und Risiken; 10)
Neisser, Heinrich (1986): Die Kontrollfunktion des Parlaments, 651-721, in: **Schambeck,** Herbert (Hg.): Österreichs Parlamentarismus. Werden und System. Berlin: Vlg. Duncker & Humblot
Nentwich, Michael (1993): *Spezifische nationale Spielräume bei der Umsetzung der EG-Richtlinie „über die absichtliche Freisetzung genetisch veränderter Organismen in die Umwelt" (RL 90/220/EWG) anläßlich eines EWR- bzw. EG-Beitritts Österreichs.* Wien: FTB/UBA (UBA Reports; 93-074)

O

o.A. (1992a): Wissenschaft, ja aber ..., in: *Edition Zeitthema. Gen & Technik. Fortschritt Gentechnologie oder Irrweg?*, Heft 1, 10-14
o.A. (1992b): Politik im Grenzland, in: *Edition Zeitthema. Gen & Technik. Fortschritt Gentechnologie oder Irrweg?*, Heft 1, 6-8
OECD (1991): *Technology in a Changing World.* Paris: OECD
Ohler, Fritz/Wolfgang **Polt** (1992): Zur österreichischen Beteiligung an den F&E-Rahmenprogrammen der EG - Reduzierte Erwartungen, in: *Informationen über multinationale Konzerne*, Nr. 3/92, 3-8
Öhlinger, Theo/Manfred **Nowak** (1985): Grundrechtsfragen künstlicher Fortpflanzung, 31-48, in: **Bundesministerium für Umwelt, Jugend und Familie** (Hg.): *Familienpolitik und künstliche Fortpflanzung.* Österreichische Enquete am 4. und 5. Dezember 1985 in Wien, Palais Auersperg. Wien: Wiener Vlg.
Öhlinger, Theo (1990): Gentechnik - Die Rechtslage im internationalen Vergleich, 18-27, in: **Renner-Institut** (Hg.): *Gentechnik - Was wissen*

und was wollen wir? Enquete der SPÖ, der SPÖ-Frauen und des Dr.-Karl-Renner-Institutes am 5. Februar 1990. Wien: Gutenberg

Öhlinger, Theo (1991a): Kurzfassung, XIII-XV, in: **Bundesministerium für Wissenschaft und Forschung** (Hg.): *Gentechnologie im österreichischen Recht.* Studie im Auftrag des BMWuF. Wien: Manz Vlg.

Öhlinger, Theo (1991b): Gentechnik im österreichischen Recht. Ergebnisse des Forschungsprojektes und Überlegungen pro futuro, 429-458, in: **Bundesministerium für Wissenschaft und Forschung** (Hg.): *Gentechnologie im österreichischen Recht.* Studie im Auftrag des BMWuF. Wien: Manz Vlg.

ÖKOBÜRO (1994): *Das ökologische Arbeitsübereinkommen. Vorschlag der Umweltorganisationen für das ökologische Arbeitsprogramm der XIX. Gesetzgebungsperiode.* Wien: Ökobüro

Otterbein, Karl (1995): FAO - Aus Fehlern gelernt? Interview mit Hartwig de Haen, Beigeordneter FAO-Generaldirektor, in: *epd-Entwicklungspolitik*, Aktueller Beitrag 6, Oktober 1995, 1-6

P

Panesar, Arne Raj/Christa **Knorr** (1989): Ökologische Gefahren der Freisetzung, 207-221, in: **Thurau,** Martin (Hg.): *Gentechnik - Wer kontrolliert die Industrie.* Frankfurt/M.: Fischer Taschenbuch Vlg. (Fischer Taschenbücher; 4121)

Paul, Jobst (1994): *Im Netz der Bioethik.* Duisburg: DISS (Duisburger Institut für Sprach- und Sozialforschung)

Paurisch, Gertrude/Beate **Frakele**/Elisabeth **List** (1988): *Kinder machen: Strategien der Kontrolle weiblicher Fruchtbarkeit.* Wien: Wiener Frauenvlg. (Reihe Frauenforschung; 6)

Peissl, Walter (1996): Technology Assessment in Austria - a tentative attempt, in: *International Journal of Technology Management*, Vol. 11, iss. 5-6, 604-612

Peissl, Walter/Helge **Torgersen** (1996): Internationale Institutionalisierungsformen von Technikfolgen-Abschätzung - Vorbilder für Österreich?, 30-66, in: **Tichy,** Gunther (Hg.): *Technikfolgenabschätzung in Österreich. Entscheidungshilfe in einer komplexen Welt. Beispiele aus der Praxis.* Wien: Vlg. der Österreichischen Akademie der Wissenschaften/ITA

Perlas, Nicanor (1995): Nachhaltige Landwirtschaft: Zweifel am FAO-Konzept, in: *epd-Entwicklungspolitik*, Aktueller Beitrag 6, Oktober 1995, 7-14

Perrow, Charles (1987): *Normale Katastrophen. Die unvermeidbaren Risiken der Großtechnik.* Frankfurt/M.-New York: Campus Vlg. (Theorie und Gesellschaft; 8)

Posch, Willibald (1988): *Rechtsprobleme der medizinischen assistierten Fortpflanzung und Gentechnologie. Gutachten.* Wien: Manzsche Verlags- und Universitätsbuchhandlung (Verhandlungen des Zehnten Österreichischen Juristentages Wien 1988)

Pötsch, Johanna (1991): Das neue Gespenst, in: *a3-umWelt*, Jg. 4, Heft 12, 78-82

Primrose, Sandy B. (1990): *Biotechnologie. Grundlagen, Anwendungen, Perspektiven.* Heidelberg: Spektrum der Wissenschaft Verlagsgesellschaft

Puntscher Riekmann, Sonja (1996): Von der Beherrschung zur Überwindung der Natur. Versuch einer Theorie der Macht über die Natur, in: *ÖZP*, Jg. 25, Heft 2, 121-135

Purdue, Derrick (1995): Hegemonic Trips: World Trade, Intellectual Property and Biodiversity, in: *Environmental Politics*, Vol. 4, No. 1, 88-107

Putz, Robert (1996): *Die österreichische Technologiepolitik und ihre Herausforderungen.* Diplomarbeit an der Geisteswissenschaftlichen Fakultät, Senatsinstitut für Politikwissenschaft, Universität Salzburg

R

Rahner, Karl (1985): Zum Problem der genetischen Manipulation, 173-197, in: **Flöhl,** Rainer (Hg.): *Genforschung - Fluch oder Segen? Interdisziplinäre Stellungnahmen.* München: J. Schweitzer Vlg. (Gentechnologie: Chancen und Risiken; 3)

Rammert, Werner/Gotthard **Bechmann** (Hg.) (1994): *Technik und Gesellschaft.* Jahrbuch 7. Frankfurt/M.-New York: Campus Vlg.

Reiter, Johannes (1991): Ethische Aspekte der Humangenetik und Embryonenforschung, in: *APuZ*, Jg. 41, B6/91, 25-31

Rhomberg, Klaus (1992): Gutachten zum Themenschwerpunkt Gesundheitswesen, 185-198, in: *EK-B/Bd.3*

Riedel, Eibe H. (1986): Gentechnologie und Embryonenschutz als Verfassungs- und Regelungsproblem, in: *EuGRZ*, Jg. 13, Heft 16, 469-478

Rifkin, Jeremy (1986): *Genesis zwei. Biotechnik - Schöpfung nach Maß.* Reinbek/Hamburg: Rowohlt Vlg.

Roland, Alex (1992): Theories and Models of Technological Change: Semantics and Substance, in: *Science, Technology & Human Values*, Vol. 17, No. 1, 79-100

Ropohl, Günter (1994): Ethik und Technikbewertung, 11-33, in: **Schlosser,** Horst Dieter (Hg.): *Gesellschaft Macht Technik.* Vorlesungen zur Technikgenese als sozialer Prozeß. Frankfurt/M.: Ges. zur Förderung Arbeitsorientierter Forschung und Bildung

Rose, Steven (1986): Gentechnologie und biologische Waffen, 7-20, in: **Kollek,** Regine/Beatrix **Tappeser**/Günter **Altner** (Hg.): *Die ungeklärten Gefahren der Gentechnologie*. Dokumentation eines öffentlichen Fachsymposiums vom 7.-9. März 1986 in Heidelberg. München: J. Schweitzer Vlg. (Gentechnologie: Chancen und Risiken; 10)

Rosenkranz, Walter (1992): Gutachten zum Themenschwerpunkt Gesundheitswesen, 180-184, in: *EK-B/Bd.3*

Roßnagel, Alexander (1992): Die parlamentarische Verantwortung für den technischen Fortschritt, in: *ZRP*, Jg. 25, Heft 2, 55-60

Ruckenbauer, Peter (1998): Gentechnik - Glaubenskrieg oder Zukunftschance, 591-611, in: **Khol,** Andreas/Günther **Ofner**/Alfred **Stirnemann** (Hg.): *Österreichisches Jahrbuch für Politik 1997*. Wien: Vlg. für Geschichte und Politik/München: R. Oldenbourg Vlg.

Ruderisch, Dagmar (1992): Rechtliche und rechtspolitische Fragen der Humangenetik, in: *ZRP*, Jg. 25, Heft 7, 260-264

Ruis, Helmut (1990): Gentechnik: Prinzipien, Chancen, Risiken, 24-43, in: **Bundesministerium für Land- und Forstwirtschaft** (Hg.): *Gentechnik in Biotechnologie, Land- und Forstwirtschaft. Möglichkeiten und Folgenabschätzung*. Dokumentation der Informations- und Diskussionsveranstaltung an der Universität für Bodenkultur, Wien, am 1. und 2. März 1990. Wien: AV-Druck (Sonderausgabe der Zeitschrift „Förderungsdienst")

Ruis, Helmut (1992a): *Bemerkungen zur Problematik unterschiedlicher Risiken bei der Anwendung gentechnischer Methoden in verschiedenen Bereichen*. Unveröff. Manuskript

Ruis, Helmut (1992b): *Additives oder synergistisches Modell der Abschätzung von Risiken der Gentechnik - ein Versuch zur Klarstellung*. Unveröff. Manuskript

S

Saage, Richard (1986): Historische Dimension und aktuelle Bedeutung des Topos „Technischer Staat", 52-68, in: **Hartwich,** Hans-Hermann (Hg.): *Politik und die Macht der Technik*. 16. wissenschaftlicher Kongreß der DVPW 7. bis 10. Oktober 1985 in der Ruhr-Universität Bochum; Tagungsbericht. Opladen: Westdeutscher Vlg. (Wissenschaftlicher Kongreß der DVPW; 16)

Saretzki, Thomas (1994): Technokratie, Technokratiekritik und das Verschwinden der Gesellschaft. Zur Diskussion um das andere politische Projekt der Moderne, 353-386, in: **Greven,** Michael Th./Peter **Kühler**/Manfred **Schmitz** (Hg.): *Politikwissenschaft als Kritische Theorie. Festschrift für Kurt Lenk*. Baden-Baden: Nomos Verlagsgesellschaft

Saretzki, Thomas (1995): The genetic turn. Anmerkungen zur „kritischen" Risikotheorie am Beispiel der Freisetzung gentechnisch veränderter Organismen, 303-324, in: **Martinsen,** Renate/Georg **Simonis** (Hg.): *Paradigmenwechsel in der Technologiepolitik?* Opladen: Leske + Budrich Vlg.
Satzinger, Gabriele (1995): How to create a consensus. Ein Rückblick, in: *Juridikum*, Jg. 7, Heft 5, 30-33
Schaller, Christian (1997): Österreichs Weg in die Europäische Union - E(W)G/EU-Diskurs in Österreich, 53-62, in: **Dachs,** Herbert/Peter **Gerlich**/Herbert **Gottweis**/Franz **Horner**/Helmut **Kramer**/Volkmar **Lauber**/Wolfgang C. **Müller**/Emmerich **Tálos** (Hg.): *Handbuch des politischen Systems Österreichs. Die Zweite Republik.* Wien: Manzsche Verlags- und Universitätsbuchhandlung
Schambeck, Herbert (Hg.) (1986): Österreichs Parlamentarismus. Werden und System. Berlin: Vlg. Duncker & Humblot
Schambeck, Herbert (1992a): Grundrechte in westeuropäischen Verfassungen, in: *ÖJZ*, Jg. 47, Heft 19, 634-643
Schambeck, Herbert (1992b): Über Grundwerte und Grundprinzipien europäischer Verfassungen, in: *ÖJZ*, Jg. 47, Heft 22, 745-755
Schelsky, Helmut (1965): *Auf der Suche nach Wirklichkeit.* Gesammelte Aufsätze. Düsseldorf-Köln: Eugen Diederichs Vlg.
Schelsky, Helmut (1965): Der Mensch in der wissenschaftlichen Zivilisation, 439-480, in: **Schelsky,** Helmut: *Auf der Suche nach Wirklichkeit.* Gesammelte Aufsätze. Düsseldorf-Köln: Eugen Diederichs Vlg.
Schindele, Eva (1990): Gläserne Gebär-Mutter. Vorgeburtliche Diagnostik - Fluch oder Segen. Frankfurt/M.: Fischer Vlg.
Schlag, Martin (1992): Die Herausforderung der Biotechnologie an die österreichische allgemeine Grundrechtsdogmatik, in: *ÖJZ*, Jg. 47, Heft 2, 50-55
Schlosser, Horst Dieter (Hg.) (1994): *Gesellschaft Macht Technik.* Vorlesungen zur Technikgenese als sozialer Prozeß. Frankfurt/M.: Ges. zur Förderung Arbeitsorientierter Forschung und Bildung
Schlüter, Hermann (1989): Die Botschaft der Gene - das Ende des Menschen?, 249-268, in: **Schuller,** Alexander/Nikolaus **Heim** (Hg.): *Der codierte Leib. Zur Zukunft der genetischen Vergangenheit.* Zürich-München: Artemis Vlg.
Scholtze, Elisabeth (1992): Forschung und experimentelle Entwicklung in Österreich 1985 bis 1992, in: *Statistische Nachrichten*, Jg. 47, Heft 12, 936-947
Scholtze, Elisabeth (1994): Finanzierung der Ausgaben für Forschung und experimentelle Entwicklung in Österreich, in: *Statistische Nachrichten*, Jg. 49, Heft 6, 475-478

Schramm, Engelbert (1990): Die Verwissenschaftlichung der Oppositionsbewegungen, in: *Prokla*, Jg. 20, Nr. 79, 22-36

Schrank, Franz (1991a): Genomanalyse und Arbeitsrecht, 265-276, in: **Bundesministerium für Wissenschaft und Forschung** (Hg.): *Gentechnologie im österreichischen Recht*. Studie im Auftrag des BMWuF. Wien: Manz Vlg.

Schrank, Franz (1991b): Gentechnologie und Arbeitnehmerschutz, 277-294, in: **Bundesministerium für Wissenschaft und Forschung** (Hg.): *Gentechnologie im österreichischen Recht*. Studie im Auftrag des BMWuF. Wien: Manz Vlg.

Schuller, Alexander/Nikolaus **Heim** (Hg.) (1989): *Der codierte Leib. Zur Zukunft der genetischen Vergangenheit*. Zürich-München: Artemis Vlg.

Science Museum (1994): *UK National Consensus Conference on Plant Biotechnology. Final Report*. Science Museum London, Internet

Segal, Howard (1994): Technology, Pessimism, and Postmodernism: Introduction, 1-10, in: **Ezrahi,** Yaron/Everett **Mendelsohn**/Howard **Segal** (Hg.): *Technology, Pessimism, and Postmodernism*. Dordrecht-London: Kluwer Academic Publishers (Sociology of the Sciences. A Yearbook; XVII/1993)

Seifert, Franz/Helge **Torgersen** (1996): Die Bewertung der Bio- und Gentechnologie. Österreich im EU-Vergleich, in: *SWS-Rundschau*, Jg. 36, Heft 1, 47-72

Seiler, Achim (1993): Biotechnologie und Dritte Welt, in: *Wechselwirkung*, Jg. 15, Nr. 64, 23-28

Selb, Walter (1988): Zum „Entwurf eines Bundesgesetzes, mit dem die zivilrechtlichen Folgen der künstlichen Fortpflanzung geregelt werden", in: *JBl*, Jg. 110, Heft 2, 69-80

Selb, Walter (1991): Zum Entwurf eines Gentechnikgesetzes, in *JBl*, Jg. 113, Heft 12, 749-756

Selb, Walter (1992a): Gut Ding braucht Weile, in: *FORVM*, Jg. 39, Heft 460/61, 25-27

Selb, Walter (1992b): Gesetzliche Ordnung des Machbaren, in: *Edition Zeitthema. Gen & Technik II. Schutz vor/für Wissenschaft?*, Heft 2, 48-51

Senghaas, Dieter (1971): The Technocrats. Rückblick auf die Technokratiebewegung in den USA, 282-292, in: **Koch,** Claus/Dieter **Senghaas** (Hg.): *Texte zur Technokratiediskussion*. Frankfurt/M.: Europäische Verlagsanstalt (Kritische Studien zur Politikwissenschaft)

Shapiro, Sidney A. (1990): Biotechnology and the Design of Regulation, in: *Ecology Law Quarterly*, Vol. 17, No. 1, 1-70

Sibatani, Atuhiro (1986): Offene Fragen in der Debatte um die Sicherheit der Gentechnologie, 39-48, in: **Kollek,** Regine/Beatrix **Tappeser**/Günter **Altner** (Hg.): *Die ungeklärten Gefahren der Gentechnologie.* Dokumentation eines öffentlichen Fachsymposiums vom 7.-9. März 1986 in Heidelberg. München: J. Schweitzer Vlg. (Gentechnologie: Chancen und Risiken; 10)

Sohn, Werner (1994): Zwischen technologischer Aufhebung der Gesellschaft und Politisierung der Technologie, 239-254, in: **Görg,** Christoph (Hg.): *Gesellschaft im Übergang. Perspektiven kritischer Soziologie.* Darmstadt: Wissenschaftliche Buchgesellschaft

Spaniol, Jörg (1992): *Parlamentarische Technikpolitik? Das Beispiel der Enquete-Kommission 'Chancen und Risiken der Gentechnologie'.* Diplomarbeit an der Universität Duisburg

Smits, Ruud/Jos **Leyten**/Pim den **Hertog** (1995): Technology assessment and technology policy in Europe: New concepts, new goals, new infrastructures, in: *Policy Sciences*, Vol. 28, No. 3, 271-299

Snow, Charles Percy: *The two cultures and the scientific revolution: the Rede lecture 1959.* Cambridge: University Press

Sonnabend, Holger (1993): Technik und Techniker in der antiken Gesellschaft, 55-70, in: **Albrecht,** Helmuth/Charlotte **Schönbeck** (Hg.): *Technik und Gesellschaft.* Düsseldorf: VDI-Verlag (Technik und Kultur; 10)

Stacher, Alois/Heidrun **Karlic** (1992): Gutachten zum Themenschwerpunkt Gesundheitswesen, 169-179, in: *EK-B/Bd.3*

Spangenberg, Joachim H. (1992a): Gut Ding braucht Eile! Eine Replik auf das vorstehende Referat von Walter Selb, in: *FORVM*, Jg. 39, Heft 460/61, 27

Spangenberg, Joachim H. (1992b): Genrecht zwischen Anspruch und Wirklichkeit, in: *Edition Zeitthema. Gen & Technik II. Schutz vor/für Wissenschaft?*, Heft 2, 52-56

Stark, Carsten (1994): *Autopoiesis und Integration. Eine kritische Einführung in die Luhmannsche Systemtheorie.* Hamburg: Kovac Vlg.

Staudinger, Karl (1990): Halbherzige Demokratie - Die Geschäftsordnungsreform 1988 des Nationalrates, 301-315, in: **Khol,** Andreas/Günther **Ofner**/Alfred **Stirnemann** (Hg.): *Österreichisches Jahrbuch für Politik 1989.* Wien: Vlg. für Geschichte und Politik/München: R. Oldenbourg Vlg.

Steger, Ulrich (Hg.) (1985): *Die Herstellung der Natur. Chancen und Risiken der Gentechnologie.* Bonn: Vlg. Neue Gesellschaft

Steiner, Johannes Wolfgang (1987): Ausgewählte Rechtsfragen der Insemination und Fertilisation, in: *ÖJZ*, Jg. 42, Heft 17, 513-518

Steinhardt, Martina (1991): Das Gentechnikgesetz oder Wie Gesetze nicht entstehen sollten, aber vermutlich alle entstanden sind, in: *FORVM*, Jg. 38, Nr. 456, 32-33

Steinhöfler, Karl Heinz (1995): Technologiepolitische Leitlinien für einen Kleinstaat wie Österreich, 73-95, in: **Martinsen,** Renate/Georg **Simonis** (Hg.): *Paradigmenwechsel in der Technologiepolitik?* Opladen: Leske + Budrich Vlg.

Stellungnahme der Arbeitsgemeinschaft zur Förderung des biologischen Landbaus (1992), 212, in: *EK-B/Bd.3*

Stellungnahme der Bundesarbeitskammer (1992), 218-219, in: *EK-B/Bd.3*

Stellungnahme der Bundeskammer der Gewerblichen Wirtschaft (1992), 220-224, in: *EK-B/Bd.3*

Stellungnahme des Gen-ethischen Netzwerks Österreich (1992), 236-249, in: *EK-B/Bd.3*

Stellungnahme der Gewerkschaft der Privatangestellten (1992), 250-251, in: *EK-B/Bd.3*

Stellungnahme des Katholischen Familienverbands Österreichs (1992), 257-259, in: *EK-B/Bd.3*

Stellungnahme der Vereinigung Österreichischer Industrieller (1992), 287-288, in: *EK-B/Bd.3*

Stelzer, Manfred (1993): Sicherheit durch Recht oder Rechtssicherheit?, in: *FORVM*, Jg. 40, Nr. 473-477, 56-61

Stelzer, Manfred (1995a): Jenseits klassischen Polizeirechts, in: *Juridikum*, Jg. 7, Heft 5, 34-38

Stelzer, Manfred (1995b): Probleme des neuen Gentechnikgesetzes, Vortrag, in: *ÖJZ*, Jg. 50, Heft 1, 25-26

Stelzer, Manfred (1996): Umfang der Öffentlichkeitsbeteiligung und Parteistellung im gentechnikrechtlichen Genehmigungsverfahren, in: *Zeitschrift für Verwaltung*, 1/96, 17-22

Stolz, Armin (1985): Grundrechtsaspekte künstlicher Befruchtungsmethoden, 109-124, in: **Bernat,** Erwin (Hg.): *Lebensbeginn durch Menschenhand. Probleme künstlicher Befruchtungstechnologien aus medizinischer, ethischer und juristischer Sicht.* Graz: Leykam Vlg. (Grazer Rechts- und Staatswissenschaftliche Studien; 41)

SWS-Bildstatistik (1997): Technikskeptizismus, in: *SWS-Rundschau*, Jg. 37, Heft 3, 337-344, zit. als *SWS 1997*

T

Tappeser, Beatrix (1992): Gutachten zum Themenschwerpunkt Risikoforschung und Sicherheit, 101-107, in: *EK-B/Bd.3*

Teich, Albert H. (Hg.) (1977): *Technology and Man's Future*. New York: St. Martin's Press

Teschemacher, Rudolf (1992): Gutachten zum Themenschwerpunkt Patentierung, 208-210, in: *EK-B/Bd.3*

Teubner, Gunther (1985): Verrechtlichung - Begriffe, Merkmale, Grenzen, Auswege, 290-344, in: **Kübler,** Friedrich: *Verrechtlichung von Wirtschaft, Arbeit und sozialer Solidarität*. Frankfurt/M.: Suhrkamp Vlg. (Suhrkamp-Taschenbuch Wissenschaft; 537)

Teusch, Ulrich (1993): *Freiheit und Sachzwang: Untersuchungen zum Verhältnis von Technik, Gesellschaft und Politik*. Baden-Baden: Nomos Verlagsgesellschaft

Theisen, Heinz (1991): Zur Demokratieverträglichkeit von Bio- und Gentechnologie, in: *Soziale Welt*, Jg. 42, Heft 1, 109-130

Thurau, Martin (Hg.) (1989): *Gentechnik - Wer kontrolliert die Industrie*. Frankfurt/M.: Fischer Taschenbuch Vlg. (Fischer Taschenbücher; 4121)

Tichy, Gunther (Hg.) (1996): *Technikfolgenabschätzung in Österreich. Entscheidungshilfe in einer komplexen Welt. Beispiele aus der Praxis*. Wien: Vlg. der Österreichischen Akademie der Wissenschaften/ITA

Torgersen, Helge/Markus **Mikl**, unter Mitarbeit von Walter **Peissl** (1992a): *Gutachten für die parlamentarische Enquete-Kommission Technikfolgen-Abschätzung am Beispiel Gentechnologie*. Vorläufige Fassung. Wien: ÖAW/FTB

Torgersen, Helge/Markus **Mikl**, unter Mitarbeit von Walter **Peissl** (1992b): Gutachten für die parlamentarische Enquete-Kommission Technikfolgenabschätzung am Beispiel Gentechnologie, 290-330, in: *EK-B/Bd.3*

Torgersen, Helge/Markus **Mikl** (1995): *How to handle a virtual reality*. GMO Releases: Managing Uncertainties about Biosafety. Country Report on Austria (final Report). Wien: Austrian Academy of Sciences/Institute of Technology Assessment

Torgersen, Helge/Franz **Seifert**, unter Mitarbeit von Martin **Waldhäusl** (1995): *Die Sozialverträglichkeitsbestimmung von gentechnischen Produkten. Zwischen Anspruch und Wirklichkeit*. Studie des Instituts für Technikfolgenabschätzung der Österreichischen Akademie der Wissenschaften im Auftrag des Bundesministeriums für Gesundheit und Konsumentenschutz, Wien: ITA

Torgersen, Helge (1996): *Die Einführung von Exotic Species der Kommunikation*. Kommentar zu M. Behrens: Von den Nachbarn lernen? Die deutsche Nahrungsmittelindustrie im gesellschaftlichen Konflikt um die Einführung der Gentechnik. Kommentar im Rahmen des

Workshops „Biotechnologie und Politik“, 16.-18. Mai 1996, Senatsinstitut für Politikwissenschaft, Salzburg

Töller, Annette Elisabeth (1998): *Die Komitologie. Funktionsweise und Reformperspektive.* Vortragspapier für die Tagung „Europa zwischen Integration und Ausschluß“, 5.-7. Juni 1998, Universität Wien

Trallori, Lisbeth N. (1990): *Vom Lieben und vom Töten. Zur Geschichte patriarchaler Fortpflanzungskontrolle.* Wien: Vlg. für Gesellschaftskritik (Österreichische Texte zur Gesellschaftskritik; 17)

Trallori, Lisbeth N. (1995): „Verbesserung“ und Vernichtung. Zum Selektionsparadigma in der Humangenetik, in: *Weg und Ziel*, Nr. 2, 6-11

Traube, Klaus (1988): Technikkontrolle, 19-32, in: **Zöpel,** Christoph (Hg.): *Technikkontrolle in der Risikogesellschaft.* Bonn: Vlg. Neue Gesellschaft

Treusch-Dieter, Gerburg (1986): La femme n'existe plus. Fragen feministischer Politik aus der Perspektive der Gen- und Fortpflanzungstechnologie, in: *Ästhetik und Kommunikation*, Jg. 17, Heft 65/66, 69-80

Treusch-Dieter, Gerburg (1994): *Von Müttern, Genen und Rechtlosigkeit.* Referat und anschließende Diskussion im Rahmen der Veranstaltungsreihe „Die Lust und Last der Differenz“, 15. November 1994, Kapitelsaal, Salzburg. Persönliche Mitschrift

Tuppy, Hans (1988): Referat, 11-25, in: **Bundesministerium für Umwelt, Jugend und Familie** (Hg.): *Die ethische Herausforderung der modernen Gen- und Reproduktionstechnologie im menschlichen Bereich.* Enquete, 17. Februar 1988, Palais Prinz Eugen. Wien: Wiener Vlg.

U

Ueberhorst, Reinhard (1990): Technologiepolitik - was wäre das? Über Dissense und Meinungsstreit als Noch-nicht-Instrumente der sozialen Kontrolle der Gentechnik, 202-227, in: **Grosch,** Klaus/Peter **Hampe**/Joachim **Schmidt** (Hg.): *Herstellung der Natur?* Stellungnahmen zum Bericht der Enquete-Kommission „Chancen und Risiken der Gentechnologie“. Frankfurt/M.-New York: Campus Vlg. (Gentechnologie: Chancen und Risiken; 21)

Umweltbundesamt (Hg.) (1991): *Gen- und Biotechnologie. Nutzungsmöglichkeiten und Gefahrenpotentiale - Handlungsbedarf für Österreich zum Schutz von Mensch und Umwelt.* Wien: Umweltbundesamt (Monographien; 28)

Umweltbundesamt (Hg.) (1993): *Beurteilungskriterien für Freisetzungen gentechnisch veränderter Organismen. Vorschläge für eine Vorgangsweise zur Bewertung von Freisetzungsanträgen in Österreich.* Wien: Umweltbundesamt (Monographien; 39)

Umweltbundesamt (1996): *Faktensammlung des Umweltbundesamtes zu möglichen Gefährdungen für die menschliche Gesundheit und die Umwelt durch das Produkt „Roundup Ready Soybean" der Firma Monsanto.* Unveröff.

V

Virt, Günter (1992): Gutachten zum Themenschwerpunkt Ethik/Bioethik, 199-207, in: *EK-B/Bd.3*

Vogel, Sebastian (1992): *Lexikon Gentechnik.* Reinbek/Hamburg: Rowohlt Taschenbuch Vlg. (rororo science sachbuch; 9192)

W

Wagner, Peter (1988): Sind Risiko und Unsicherheit neu oder kehren sie wieder?, in: *Leviathan*, Jg. 16, Heft 2, 288-296

Wagner, Wolfgang/Helge **Torgersen**/Franz **Seifert**/Petra **Grabner**/Sigrid **Lehner** (1998), Austria, 15-28, in: **Durant**, John/Martin W. **Bauer**/ George **Gaskell** (Hg.): *Biotechnology in the Public Sphere. A European Sourcebook.* London: Science Museum

Waldhäusl, Martin (1995): Soziale Unverträglichkeit - Rechtlicher Rahmen und Anknüpfungspunkte in der österreichischen Rechtsordnung, 7-33, in: **Torgersen,** Helge/Franz **Seifert,** unter Mitarbeit von Martin **Waldhäusl** (1995): *Die Sozialverträglichkeitsbestimmung von gentechnischen Produkten. Zwischen Anspruch und Wirklichkeit.* Studie des Instituts für Technikfolgenabschätzung der Österreichischen Akademie der Wissenschaften im Auftrag des Bundesministeriums für Gesundheit und Konsumentenschutz, Wien: ITA/ÖAW

Walter, Katharina (1995): *Das neue Gentechnikgesetz. Vorkehrung gegen Mißbrauch oder Einschränkung der Wissenschaftsfreiheit?* Wien: Ludwig Boltzmann Institut zur Analyse wirtschaftspolitischer Aktivitäten

Walters, Rhodri (1992): The Office of Technology Assessment of the US Congress: A Model for the Future?, in: *Government and Opposition*, Vol. 27, No. 1, 89-108

Weidenbach, Thomas/Beatrix **Tappeser** (1989): *Der achte Tag der Schöpfung. Die Gentechnik manipuliert unsere Zukunft.* Köln: Vlg. Kiepenheuer & Witsch

Weikert, Aurelia/Johanna **Riegler**/Lisbeth N. **Trallori** (Hg.) (1989): *Schöne neue Männerwelt. Beiträge zu Gen- und Fortpflanzungstechnologien.* Wien: Vlg. für Gesellschaftskritik (Aufrisse-Buch; 7)

Weinberg, Alvin M. (1977): Can Technology Replace Social Engineering?, 22-30, in: **Teich,** Albert H. (Hg.): *Technology and Man's Future.* New York: St. Martin's Press

Weingart, Peter (1983): Verwissenschaftlichung der Gesellschaft - Politisierung der Wissenschaft, in: *ZfS*, Jg. 12, 225-241

Weingart, Peter/Jürgen **Kroll**/Kurt **Bayertz** (1988): *Rasse, Blut und Gene. Geschichte der Eugenik und Rassenhygiene in Deutschland.* Frankfurt/M.: Suhrkamp Vlg.

Weingart, Peter (Hg.) (1989a): *Technik als sozialer Prozeß.* Frankfurt/M.: Suhrkamp Vlg. (Suhrkamp-Taschenbuch Wissenschaft; 795)

Weingart, Peter (1989b): „Großtechnische Systeme" - ein Paradigma der Verknüpfung von Technikentwicklung und sozialem Wandel?, 174-196, in: **Weingart,** Peter (Hg.) (1989a): *Technik als sozialer Prozeß.* Frankfurt/M.: Suhrkamp Vlg. (Suhrkamp-Taschenbuch Wissenschaft; 795)

Weizsäcker, Christine und Ernst Ulrich von (1986): Fehlerfreundlichkeit als evolutionäres Prinzip und ihre mögliche Einschränkung durch die Gentechnologie, 153-161, in: **Kollek,** Regine/Beatrix **Tappeser**/ Günter **Altner** (Hg.): *Die ungeklärten Gefahren der Gentechnologie.* Dokumentation eines öffentlichen Fachsymposiums vom 7.-9. März 1986 in Heidelberg. München: J. Schweitzer Vlg. (Gentechnologie: Chancen und Risiken; 10)

Weizsäcker, Christine von (1992): Einführungsvortrag, schriftliche Fassung, 43-49, in: *EK-B/Bd.3*

Welser, Rudolf (1991): Gentechnologie und schadensersatzrechtliche Haftung, 191-223, in: **Bundesministerium für Wissenschaft und Forschung** (Hg.): *Gentechnologie im österreichischen Recht.* Studie im Auftrag des BMWuF. Wien: Manz Vlg.

Westphalen, Raban Graf von (1995): Informationspflicht der Exekutive in der Technikfolgen-Abschätzung, 237-251, in: **Martinsen,** Renate/ Georg **Simonis** (Hg.): *Paradigmenwechsel in der Technologiepolitik?* Opladen: Leske + Budrich Vlg.

Wheale, Peter R./Ruth M. **McNally** (1988): *Genetic Engineering. Catastrophe or Utopia?* New York: St. Martin's Press

Wheale, Peter R./Ruth M. **McNally** (1993): Biotechnology Policy in Europe: a critical evaluation, in: *SPP*, Vol. 20, No. 4, 261-279

Winner, Langdon (1977): *Autonomous Technology. Technics-out-of-Control as a Theme in Political Thought.* Cambridge-London: The MIT Press

Winner, Langdon (1986): *The Wale and the Reactor. A Search for Limits in an Age of High Technology.* Chicago-London: The University of Chicago Press

Winter, Gerd (1986): Über den Umgang des Rechts mit neuen Techniken. Das Beispiel Gentechnologie, 188-201, in: **Kollek,** Regine/Beatrix **Tappeser**/Günter **Altner** (Hg.): *Die ungeklärten Gefahren der Gen-*

technologie. Dokumentation eines öffentlichen Fachsymposiums vom 7.-9. März 1986 in Heidelberg. München: J. Schweitzer Vlg. (Gentechnologie: Chancen und Risiken; 10)

Winter, Gerd (1991): Entfesselungskunst. Eine Kritik des Gentechnik-Gesetzes, in: *KritJ*, Jg. 24, 18-30

Wolf, Rainer (1986): Das Recht im Schatten der Technik, in: *KritJ*, Jg. 19, 241-262

Wolf, Rainer (1987): Zur Antiquiertheit des Rechts in der Risikogesellschaft, in: *Leviathan*, Jg. 15, 357-391

Wolf, Rainer (1988): „Herrschaft kraft Wissen" in der Risikogesellschaft, in: *Soziale Welt*, Jg. 39, 164-187

Wright, Susan (1986): Die Sozialgeschichte der Kontroverse um die rekombinante DNS in den USA, 177-187, in: **Kollek,** Regine/Beatrix **Tappeser**/Günter **Altner** (Hg.): *Die ungeklärten Gefahren der Gentechnologie*. Dokumentation eines öffentlichen Fachsymposiums vom 7.-9. März 1986 in Heidelberg. München: J. Schweitzer Vlg. (Gentechnologie: Chancen und Risiken; 10)

Wright, Susan (1994): *Molecular Politics: Developing American and British Regulatory Policy for Genetic Engineering*, 1972-82, Chicago: Chicago University Press

Wurzel, Gabriele/Ernst **Merz** (1991): Gesetzliche Regelungen von Fragen der Gentechnik und Humangenetik, in: *APuZ*, Jg. 41, B 6/91, 12-24

Z

Zacherl, Nikolaus (1992): Gutachten zum Themenschwerpunkt Forschung - Entwicklung - Industrie, 108-114, in: *EK-B/Bd.3*

Zechendorf, Bernhard (1992): Humangenomanalyse - ein wissenschaftspolitisches Experiment, in: *ÖZP*, Jg. 21, Heft 1, 59-78

Zeger, Hans (1995): Zeig her Deine Gene, in: *Juridikum*, Jg. 7, Heft 5, 29-30

Zimmerli, Walther Ch. (1985): Dürfen wir, was wir können? Zum Verhältnis von Recht und Moral in der Gentechnologie, 59-85, in: **Flöhl,** Rainer (Hg.): *Genforschung - Fluch oder Segen? Interdisziplinäre Stellungnahmen*. München: J. Schweitzer Vlg. (Gentechnologie: Chancen und Risiken; 3)

Zögernitz, Werner (1990): Motive und Auswirkungen der Geschäftsordnungsreform des Nationalrates, 243-264, in: **Khol,** Andreas/Günther **Ofner**/Alfred **Stirnemann** (Hg.): *Österreichisches Jahrbuch für Politik 1989*. Wien: Vlg. für Geschichte und Politik/München: R. Oldenbourg Vlg.

Zöpel, Christoph (Hg.) (1988): *Technikkontrolle in der Risikogesellschaft*. Bonn: Vlg. Neue Gesellschaft

Zöpel, Christoph (1988): Technikbeherrschung - eine Einleitung, 7-17, in: **Zöpel,** Christoph (Hg.): *Technikkontrolle in der Risikogesellschaft.* Bonn: Vlg. Neue Gesellschaft

Zweig, Stefan (1993): *Die Welt von Gestern. Erinnerungen eines Europäers.* Frankfurt/M.: Fischer Vlg.

Tages-, Wochen- und Monatszeitungen[1]

a3-umWelt
APA-Journal
Der Spiegel (Spiegel)
Der Standard (Standard)
Die Furche (Furche)
Die Presse (Presse)
die tageszeitung (taz)
die umweltberatung
Die Woche (Woche)
Die Zeit (Zeit)
European Voice
Falter
Financial Times (FT)
FORVM (Forum)
Frankfurter Allgemeine Zeitung (FAZ)
Frankfurter Rundschau (FR)
Handelsblatt (HBl)
HEUREKA!
Internationale Wirtschaft
io Management Zeitschrift
Kurzinformationen des österreichischen Ökologie-Instituts (ÖI-Kurzinformation)
Monatszeitschrift des Wirtschafts- und Sozialwissenschaftlichen Instituts des Deutschen Gewerkschaftsbundes (WSI-Mitteilungen)
Nachrichten und Stellungnahmen der Katholischen Sozialakademie (KSÖ)
Nature
Neue Arbeiter Zeitung (Neue AZ)
Neue Kronen Zeitung (NKZ)
Neues Volksblatt
Notizen
ÖkoForum
Ökologische Briefe (ÖB)
profil
Raiffeisen Zeitung
Salzburger Nachrichten (SN)

---

[1] Tageszeitungsartikel wurden, soweit möglich, mit Seitenangaben zitiert. Bei Materialien aus bereits bestehenden Archiven waren diese Angaben allerdings nur zum Teil verfügbar. Solche Artikel konnten daher nur mit dem entsprechenden Datum zitiert werden.

Spektrum der Wissenschaft (Spektrum)
Süddeutsche Zeitung (SZ)
The Independent (Independent)
Time
Tiroler Tageszeitung
trend
Weltwoche
Wiener Zeitung
WirtschaftsWoche